# 한국전쟁 관련 프랑스외무부 자료 Ⅳ

## (1952. 01. 01~1952. 06. 30)

# 한국전쟁 관련 프랑스외무부 자료 IV(1952. 01. 01~1952. 06. 30)

초판 1쇄 발행   2021년 2월 22일

| | |
|---|---|
| 옮긴이 | 이지순 · 박규현 · 김영 |
| 발행인 | 윤관백 |
| 발행처 | 圖출판 **선인** |

| | |
|---|---|
| 등 록 | 제5-77호(1998.11.4) |
| 주 소 | 서울시 마포구 마포대로 4다길 4(마포동 324-1) 곳마루 B/D 1층 |
| 전 화 | 02) 718-6252 / 6257 |
| 팩 스 | 02) 718-6253 |
| E-mail | sunin72@chol.com |

정가   46,000원
ISBN   979-11-6068-453-7   94900
        979-11-6068-449-0   (세트)

· 잘못된 책은 바꿔 드립니다.
· www.suninbook.com

* 본 『한국전쟁 관련 프랑스외무부 자료 I~VI』은 한국학진흥사업단의 토대연구지
  원사업에 의해 수행되었음(과제번호: AKS-2016-KFR-1220002).

# 한국전쟁 관련 프랑스외무부 자료 IV

## (1952. 01. 01~1952. 06. 30)

이지순 · 박규현 · 김영 옮김

19세기 중반 프랑스 외방전교회의 한국 전교 때부터 관계를 맺어 온 프랑스는 1839년(己酉年) 조선 정부가 프랑스 사제 3인을 비롯한 수많은 천주교 신자들을 처형한 '기유박해'를 일으키자 극동함대를 파병하여 '병인양요'를 일으켰다. 1866년 프랑스함대의 조선 침범으로 벌어진 병인양요 이후 조선과 프랑스 사이에 우호통상과 천주교 포교의 자유를 주요 내용으로 하는 한불우호통상조약이 체결되며 양국 간의 외교관계가 본격화되었다. 1900년을 전후한 시기 대한제국 정부 내 고용된 외국인 중 프랑스인들이 다수를 점했던 사실은 한국과 프랑스 양국관계의 긴밀성을 보여주는 증거가 되기도 한다. 하지만 을사늑약 체결 이듬해인 1906년 8월 외교관계는 단절되었고, 주한 프랑스공사관은 영사관으로 변경되었다. 그 뒤로는 정식 외교관계는 아니지만 개별적인 한불관계가 지속되었다. 1919년 임시정부가 상해 프랑스 조계에 설립되어 1932년까지 독립운동의 근거지로 삼기도 했다. 독립을 위한 임시정부의 첫 외교무대가 1919년 파리강화회의였던 점도 양국 간의 밀접한 관계를 보여준다. 1919년 김규식을 비롯한 신한청년당 대표단이 파리강화회의에 참가하였지만, 일본의 방해로 김규식은 파리강화회의 본 회의장에 들어가지 못했다. 다만 회담장 밖에서 일제 식민지배의 불법과 부당함을 알리는 활동을 전개할 수 있었을 뿐이다. 서구열강 중 임시정부를 공식적으로 처음 인정한 것도 드골의 프랑스 임시정부였다. 1945년 8월 15일 이후 식민지 조선이 해방되고 38도선을 경계로 남북한에 미소군정이 설치되었으며, 이러한 상황은 의도치 않게 국제 사회의 주목을 받게 되었다. 1947년 냉전(coldwar)이 본격화되며 한반도는 양측의 각축장이 되어버렸다. 프랑스와 한국의 외교관계는 1949년 정식 수립되어 주한프랑스공사관이 다시 문을 열었다. 이 무렵 프랑스는 베트남을 비롯한 동남아시아의 문제 때문에 동아시아에 대한 관심이 높았고 한반도에 대한 관심 역시 커지는 상황이었다.

1950년 6월 25일 한국전쟁이 발발하자 프랑스는 유엔 안전보장이사회 상임이사국이자 회원국으로서 전투부대 파병을 결정했다. 파병 결정에는 미국의 압력도 작용했지만 다른 한편으로는 동아시아에 대한 프랑스의 관심도 반영되었다. 베트남 문제로 인해 군을 직접 파견할 수 없었던 프랑스는 예비역과 현역으로 구성된 1개 대대와 보충대를 합해 프랑스대대(사령관: 몽클라르Ralph Monclar 중장)를 조직했다. 이렇게 조직된 프랑스대대는 1950년 11월 29일 부산항에 입항한 이후 미 제2사단의 일원으로 참전하여 지평리전투, 철의 삼각지대를 비롯한 각종 고지전(단장의 능선 전투가 대표적임)에 참가하여 눈에 띄는 전적을 올렸다. 프랑스대대는 휴전협정이 체결된 직후 1953년 10월에 한반도에서 철수했다.

한국전쟁에 공식적으로 참전한 국가만 미국을 비롯해 16개국이며, 여기에 중국과 소련을 합하면 세계 모든 강대국이 가담한 국제전적 성격을 지닌 전쟁이었다. 하지만 그동안의 한국전쟁 연구는 미국, 러시아(구소련), 중국 등 관련국들이 생산한 자료들에 근거해 진행된 탓에 남북한, 미국, 중국, 소련 등에 집중되어왔다. 우리는 이들 국가 외에도 유엔의 회원국으로서 유엔군으로 무장병력을 파견한 국가들, 아니면 중립국의 지위 때문에 비무장부대(예를 들어 병원선 등)를 파견한 국가들, 그 외에도 유엔 총회나 1954년 제네바정치회담 등에 참가한 국가들이 있고, 그들이 생산한 자료들이 있다는 점에 주목할 필요가 있다. 특히 프랑스는 한국과 이전부터의 밀접한 외교관계를 토대로 꾸준히 한국 관련 자료들을 생산·수집·분류·보관하고 있으니, 가장 중요한 근현대사 자료로는 한국의 독립운동 관련 사료와 한국전쟁 사료를 들 수 있다. 한국전쟁 관련 프랑스외무부 자료 속에는 주로 도쿄 주재 프랑스대사관 및 베이징, 도쿄, 워싱턴, 생 페테르부르크, 런던 등 세계 주요 도시 주재 프랑스대사관이 프랑스외무부에 전달한 한국전쟁 관련 보고서들이 포함되어 있다. 프랑스는 유럽의 참전국들을 대표하는 국가 중 하나로서 한국전쟁에 대해 방대한 양의 외교문서를 남겼다.

한국전쟁은 냉전문제에 관련된 대표적인 전쟁이다. 또 한편으로는 탈냉전의 문제와도 직간접적으로 연결되어 있다. 이러한 복합적 국제관계 상황에서 프랑스 자료들은 향후 한국전쟁을 비롯한 냉전과 탈냉전 연구에서 무척 중요하다. 프랑스는 미국과 보조를 맞추거나 미국의 발표에 따라 정보를 수집했음에도 미국과 항상 동일한 입장을 취한 것이 아니라 자국의 독립적인 시각을 견지했다. 이러한 까닭에 프랑스의 한국전쟁 자료는 한국전쟁의 단면을 다각도에서 이해하는 데 매우 중요한 자료가 될 수 있다. 본 자료집이 담고 있는 외교문서를 보면 휴전협상의 과정이 미국의 입장이 유엔에서 관철되는 과정이었다고 평가할 수 있지만, 유엔 총회나 휴전회담 전개 과정에서 프랑스가 반드시 미국과 보조를 맞추었다고 보기는 어렵다. 달리 말하면, 제2차세계대전 이후 달라진 미국의 위상이 절대적으로 반영되기는 하지만 프랑스 또한 유엔에서 자국의 입장을 관철시키려고 노력했음을 알 수 있다. 또한 직접 휴전협상국은 아니었으나 각국에 파견된 외교관들을 통해 포로가 된 프랑스 포로들의 귀환을 시도하기도 했다. 당시 프랑스는 한반도보다는 베트남을 비롯한 인도차이나반도에 관심을 기울이고 있었다. 그렇기에 조기 종전을 내세우며 미국과는 다른 입장에서 휴전협상을 인식했고, 프랑스외무부 자료에서는 이러한 프랑스의 입장을 구체적으로 확인할 수 있다.


그동안 한국현대사 연구, 그중 한국전쟁 연구에서 프랑스의 인식과 대응을 정리하는 작업은 활발하지 못했으며 그에 관한 연구도 드문 편이다. 무엇보다 프랑스 사료를 폭넓게 확보하고 깊이 있게 분석하기에는 '언어의 장벽'이 너무 높았기 때문이었다. 반면 프랑스어나 프랑스사 연구자들은 한국현대사를 학문적으로 접근하는 데 일정한 한계를 가졌다. 예를 들어, 국방부 군사편찬연구소에서 한국전쟁기 유엔군의 활동을 정리한 성과가 있으나 프랑스대대의 활동에 초점이 맞춰진 까닭에 단순한 전투의 나열에 그쳤으며, 한국전쟁에 대한 프랑스의 인식과 대응, 각종 활동 등은 제대로 검토할 수 있는 자료라고 할 수 없었다. 본 프랑스외무부 자료집은 이러한 기존 연구의 한계를 뛰어넘을 수 있는 '프랑스 자료의 국역화'라는 점에서 무척 중요한 시도라 할 수 있다.

본 자료집에 실린 프랑스 자료는 미국(워싱턴)과 유엔(뉴욕), 일본, 영국, 소련에 주재한 프랑스 외교관들을 통해 수집된 정보가 주를 이루지만, 그 외에도 세계 각지의 프랑스 외교관들을 통해 수집된 정보를 담고 있다. 이러한 수집 정보를 통해 한국전쟁 당시 프랑스가 어떠한 부분에 집중하고 있으며, 각국에서 한국전쟁의 어떠한 면이 쟁점으로 제기되고 있는가를 검토할 수 있다. 다만, 프랑스의 동향과 동아시아에 대한 프랑스의 인식과 대응을 확인할 수 있는 자료가 많지 않은 것은 아쉬움으로 남는다. 본 자료집의 문서군이 한국전쟁이 핵심적인 주제인 까닭에 그것에 집중될 수밖에 없었다. 본 자료집에 편철된 프랑스 자료의 구체적인 내용을 살펴보면 다음의 몇 가지로 구분할 수 있다.

첫째, 한국전쟁의 발발과 전개, 협정까지의 상세한 과정을 살펴볼 수 있다. 한국전쟁은 한반도에서 발생한 전쟁이지만 미국과 유엔이 개입하는 순간부터 그 성격은 국제전으로 전환되었다. 특히 유엔은 한국전쟁 초기부터 전쟁에 적극적으로 개입했다. 1950년 6월 25일 한국전쟁이 발발하는 순간부터 미국이 참전과 동시에 유엔에 전쟁을 포함한 한국 문제를 상정했기 때문이다. 이때 프랑스는 유엔 회원국의 일원으로 참가했으나 미국의 입장에 일방적으로 동조하지는 않았다. 프랑스는 각국에 주재하는 프랑스 외교관을 통해 여론, 언론 보도, 각국 정부의 입장 등에 대한 정보를 수집하여 자료로 축적하였다. 미국(뉴욕, 워싱턴 등)과 일본뿐 아니라 소련(모스크바)과 중국(베이징), 유럽 각국(동유럽 포함), 동아시아(예를 들어 버마의 랑군) 등 전 세계 각지에 주재하는 프랑스 외교관들을 통해 한국전쟁의 시기별 쟁점에 대한 현지의 여론을 수집하였다. 예를 들면 중공군의 참전 이후 유엔군이 패배하게 되자 미국이 원자폭탄 사용을 검토했을 때, 프랑스는 이러한 원자폭탄 사용 문제에 대한 각국의 여론을 점검하였다. 본 자료집에서는 그러한 프랑스의 정보 수집을 구체적으로 확인할 수 있으며, 이를 통해 한국전쟁 당시 프랑스가 미국의 입장에 동조하면서도 자국만의 독자적인 입장에서 한국전쟁을 어떻게 인식하고 대응했는지를 구체적으로 확인할 수 있다. 한편 한국전쟁 관련 연구자들은 이러한 내용을 통해 한국전쟁에 대한 각국 동향의 직간접적인 정보 인용이 가능할 것이다.

둘째, 한국전쟁기 전황(戰況)의 구체적인 전개를 살펴볼 수 있다. 널리 알려졌듯이 한국전쟁은 '북한의 기습남침 - 낙동강 방어전 - 인천상륙작전과 북진 - 중공군의 개입과 후퇴 - 전선의 고착과 고지전'의 과정을 거치며 전황이 전개됐다. 각 시기별로 각각의 전황이 달라지고 있다. 프랑스 자료는 도쿄의 맥아더 사령부(연합군 최고사령부, SCAP, Supreme Commander Allied Powers)에서 발표하거나 미국 정부가 발표한 전황 소식을 수집하여 반영하고 있다. 물론 미국 주도의 연합군 사령부를 통한 정보라는 한계가 있으나 그러한 정보에 대한 프랑스의 개별적 시각이나 견해를 엿볼 수 있기도 하다.

프랑스는 많은 정보를 맥아더사령부나 미국 정부를 통해 수집하고 있으나, 때로는 각국에 주재한 현지의 외교관들을 통해 수집하고 있었다. 그런 결과로 때로는 미국의 발표와는 다른 정보를 가지고 있기도 했다. 예를 들어 중공군의 참전에 대한 정보 가운데 난징(南京, 창하이) 주재 프랑스 전권공사 장켈레비치가 1950년 11월 12일자로 보낸 '제국주의의 아시아 개입에 대한 시위'라는 전문에서는 "주한 미군의 잔인성과 중국을 향한 미국의 침략 의도에 반대하는 중국 인민들"의 시위와 그에 대한 반응, 그리고 이것이 중국 지원군으로의 입대 등 한국전쟁에 미치는 영향을 기술하고 있다. 또한 중국 내 반공주의 활동에 대한 정보도 수집(상하이 탄약고의 폭발과 뒤이은 난징의 병기창고 폭발 및 인명피해 등)해 보고하고 있다.[1] 이와 같은 프랑스의 정보 수집 활동은 미국이 아닌 자국의 외교관들을 통해 수집한 정보이며, 어느 정도 제한된 미국의 정보와는 차별화된다고 평가할 수 있다.

---

[1] 문서번호 96-98.

한국전쟁의 전황과 관련한 자료도 다양한 층위로 세분된다. 한국전쟁에 대해 거시적 측면에서 접근한 자료가 있는가 하면, 각각의 전투가 어떻게 전개되고 있는가를 확인할 수 있는 정보도 수집되고 있다. 한국군의 초기 패전과 지연전, 인천상륙작전과 유엔군의 북진, 중공군의 개입, 고지전, 휴전회담 등의 전체적인 전개 양상을 볼 수 있는 정보가 기록되었다. 다른 한편으로 개별 전투 상황을 보고하거나, 맥아더 장군의 북한 정부에 대한 요구, 중공군의 개입에 뒤이은 압록강 수풍댐에 대한 검토 등의 매우 세밀한 정보를 수집하고 있다. 또한 중공군의 개입 이후 전선이 교착되자 프랑스는 '비무장지대(중립지대)'의 설정을 검토하며, 관련국 주재 외교관들을 통해 이것에 대한 정보를 수집하기도 했다. 중국의 참전 이후에는 미국 정부가 최후의 공격을 계획하자 뉴욕에 있던 주유엔 프랑스대사는 유엔군 사령부의 임기 연장에 대해 반대 입장을 밝히기도 했다.[2] 아울러서 공산 측이 제기한 미국의 세균전, 휴전회담 전개 과정에서 제기되는 주요 쟁점 등을 구체적으로 확인할 수 있다. 이렇듯 프랑스 자료는 한국전쟁의 전체적인 전개 양상 외에도 그것의 구체적인 전개 양상을 세밀하게 파악하는 데도 유용한 자료이다.

셋째, 각국에 파견된 프랑스 외교관들을 통해 수집한 각국의 동향을 기록하고 있다. 한국전쟁 초기 소련의 입장은 모스크바 주재 외교관을 통해 소련의 보도와 소련의 예상되는 대응 등에 대한 정보를 수집하며 자체적으로 소련의 입장을 평가하고 있다. 예를 들어 "한국문제는 소련에 있어 별다른 위험 없이 미국의 항전 의지를 측정할 수 있는 기회"라고[3] 평가하는 것과 같이 미국과는 다른 입장에서 한국전쟁 및 소련에 대해 접근하고 있다. 이 점은 유엔에서의 활동에서 두드러지게 나타난다. 즉 프랑스는 미국의 입장에 동조하면서도 개별적인 쟁점에서는 영국과 보조를 맞추는 게 나타나기도 한다.

넷째, 한국전쟁기 프랑스 자료에는 전황 외에도 후방의 상황을 파악할 수 있

---

[2] "우리는 현 상황에서 유엔군 사령부(원문은 통합사령부. 인용자)의 임기 연장에 긍정적이지 않을 것이라는 사실도 추가할 수 있습니다." 미국 정부의 한국에서의 마지막 공격 결정. 문서번호 3043-3045.

[3] 북한군의 성과. 문서번호 1444-1449.

는 자료도 포함되었다. 예를 들어 1950년 10월 25일자 주유엔 프랑스대사 쇼벨이 뉴욕에서 보낸 전문에는 한국의 피난민을 위해 필수적인 피난민 원조용 모포 100만 장을 요청하고 있다. 물론, 이것은 유엔군사령부에서 유엔을 통해 요청한 것이기는 하지만, 이전의 30만 장 이후 추가로 요청한 것이었다.[4] 후방의 구호 활동에 외에도 후방에서 벌어지고 있는 한국의 정치 상황에 대한 보고도 이루어지고 있다. 아울러서 한국전쟁 기간 한국의 국내 상황에 대해서도 프랑스가 예의주시하고 있음을 확인할 수 있다. 주로 한국 주재 유엔위원단의 외교관들을 통한 정보가 많기는 하지만 미국의 일방적인 정보와는 다른 프랑스만의 인식이 담겨 있음을 볼 수 있다.

다섯째, 본 자료집은 한국전쟁기 유엔군의 일원으로 참전한 프랑스군의 활동을 구체적으로 확인할 수 있다. 특히, 프랑스군은 지평리 전투에서 중공군의 공세에도 불구하고 승리함으로써 중공군의 남하를 저지하였다. 다음은 지평리 전투에서의 프랑스군의 활약과 승리를 기록한 외교문서의 내용이다. "지평리 전투는 한국의 전투 중에서 가장 영광스러운 전투 중의 하나로 남을 것입니다. 그곳은 3천 명 정도의 거주민이 사는 작은 도시로, 2월 4일 미군과 프랑스 부대가 주둔하고 있었습니다. 언덕들로 둘러싸여 깊숙이 자리한 이 촌락은 강력한 방어선을 굳건히 지키고 있었습니다. 2월 12일까지 중국 전위부대들은 정찰부대만이 접근해왔습니다. 2월 13일, 적군은 보루를 집중적으로 포위하고자 4개 사단과 함께 그곳에 대한 공격을 개시했습니다. 적군의 돌파에도 불구하고, 제23연대의 사령관은 매 순간 부대의 결집과 각 소대들 간의 연락을 유지하는 데 성공했습니다. 접전 중 적군을 연합군 방어 진지 한가운데로 이끌었습니다. 군화도 신지 않고 팔에 붕대를 맨 부상자의 지휘를 받은 프랑스 지원병들은 침략자를 향해 격렬하게 달려들었고, 상대를 첫 번째 요새 지역 경계까지 몰고 갔습니다. 용기와 끈기로 똘똘 뭉친 미군과 프랑스군은 4일간 그들과 떨어져 있는 연합군 부대의 어떤 지원도 없이 무수한 적군들을 쉼 없이 물리치는 데 성공했습니다." 이 전투에서 프랑스 전사들의 활약은 미국 사령관의 찬사를 받았다.

---

[4] 문서번호 2314.

제23연대를 지휘하는 차일즈 중령은 특히 다음과 같이 말했다. "프랑스 군인들은 그 어떤 찬사로도 모자랍니다. 그들이 어떤 진지를 공격하면, 그들은 그곳을 점령해버리고 맙니다. 그들이 그것을 차지하고자 하면, 그들은 차지하고 맙니다. 만일 여러분이 그들에게 방어해야 할 지역을 정해주면 그들은 여러분이 돌아올 때 거기에 있을 것입니다. 그들은 제가 만난 이들 중 가장 전투적인 사람들입니다."[5] 그러나 프랑스는 한국보다는 인도차이나 반도가 중요했던 까닭에 정규군을 파견하지 않고 예비군을 파견했다. 이러한 프랑스의 입장에 대해 미국도 인식하며 이해하고 있었다. 아울러서 전선이 고착되는 가운데 포로로 잡히는 프랑스 군인들이 나타나게 되자 자연스럽게 프랑스의 관심도 전황뿐 아니라 포로 문제에 관심을 기울였다. 그리하여 중국을 통하여 프랑스 출신 포로들의 현황을 건네받기도 하는 등 포로 문제에 대해 관심을 기울였음을 확인할 수 있다.

1950년대 초 국제정치에서 프랑스의 위치는 몇 가지로 규정될 수 있다. 소련의 위협에 대항한 서독의 재무장에 대한 거부 입장, 미국의 지원을 받으면서도 국제적으로 제2군 세력으로 추락한 데 대한 반발로 반미주의 강화, 나치독일 타도에 있어 소비에트연방의 기여를 인정하는 공산주의자들의 득세, 전 세계적 탈식민주의화 과정에서 인도차이나(베트남)와 알제리의 문제가 바로 그것이다. 1950년 6월 한국전쟁 발발에 대한 프랑스 내 반응은 이 네 가지 긴장노선이 극도로 복잡하게 상호작용하는 가운데 나타났다. 본 자료집은 프랑스가 이러한 다면적 상황과 시각 하에서 한국전쟁에 어떻게 대응했는가를 보여줄 수 있을 것이다. 한국전쟁 관련 방대한 프랑스외무부 자료의 번역은 이제까지 국내에서 이루어진 적이 없는 최초의 작업으로서, 이는 한국전쟁의 발발과 전개, 협정까지의 상세한 과정을 새롭게 조명해낼 수 있는 한국 현대사 사료의 중요한 부분을 발굴·구축하는 의의를 지닐 것이라 확신한다. 향후 본 자료집을 활용한 한국전쟁에 대한 후속 연구가 보다 풍부하게 활성화되고 진척되기를 기대한다.

[5] 프랑스 군대의 활약. 문서번호 641.

끝으로, 본 자료집이 나오기까지 도움을 아끼지 않은 많은 분들께 깊은 감사의 마음을 전한다. 누구보다 한국전쟁 당시의 국내외 상황의 이해, 역사 용어의 올바른 선택과 주석 작업 등을 위해 많은 가르침을 주신 노영기 교수와 도종윤 교수, 그리고 프랑스 외무부 자료수집과 프랑스어의 적확한 번역에 도움을 준 로르 쿠랄레(Laure Couralet) 씨에게 무한한 감사의 마음을 전한다.

성균관대학교 프랑스어권문화융합연구소 소장
이 지 순

1952년
1월 1일~6월 30일

# 【1】 휴전협정을 지연시키는 양측의 조건들(1952.1.1)


| [ 전         보 ] | 휴전협정을 지연시키는 양측의 조건들 |
|---|---|
| [ 문 서 번 호 ] | 3670 |
| [ 발   신   일 ] | 1952년 1월 1일 10시 30분 |
| [ 수   신   일 ] | 1952년 1월 1일 15시 00분 |
| [발신지 및 발신자] | 도쿄/드장(주일 프랑스대사) |


1. 유엔대표들은 다양한 선언을 통해 어제인 12월 30일 유엔의 제안이 포함하고 있는 타협의 중요성을 강조했습니다(본인의 전보 제1663호, 사이공 공문 제1707호 참조). 터너 장군은 휴전을 보장하는 중요한 네 가지를 유엔은 이미 포기했었다고 알려주었습니다. 이는 다음과 같습니다.


  1) 공중 감시
  2) 전초 출입구를 이루는 한국 북쪽 연안 해안
  3) 중립화 지대 통제를 관할하는 합동정전위원회 같은 단일 기구를 통한 감독과 통제의 일원화. 비참전국 대표들로 이루어진 제3기구가 이 중립 지대를 감독하는 책임을 맡는 것
  4) 합동군사 팀 대신 중립 팀에 의한 감독


다섯 번째 보장에 대해 반쯤 양보한 유엔은 비행장 수리 및 건설을 금지하는 것에 대해서는 강경합니다. 고스란히 유지된 유일한 보장은 군사 현실에 기초한 방어선입니다(의제 제2항).

니콜스 공군 준장에 의하면 지금까지 유엔이 마지못해 한 가장 중요한 양보는 상공 비행권을 포기한 것이라고 말합니다.

유엔도 그런 ㅁㅁㅁ한 위험을 수용했을까요? 상공 감시가 지상 감시보다 훨

씬 효율적이기 때문에 공산군이 비행장을 확장하는 상황에 유엔이 직면해 있는 것입니다.

2. 공산군은 유엔이 한 양보가 한 걸음 나간 것이라는 점을 인정했습니다. 그래도 그들은 군사비행장 건설 금지는 절대로 받아들일 수 없다고 계속 주장했습니다. 공산군에 따르면 유엔사령부도 휴전기간에만 항공기를 제작해야 하고 어떠한 새로운 기기도 한국에서 재생산될 수 없습니다. 앞서 공산군은 제트기 덥 먼스터가 압롱강과 평양 상공을 원격에서 지날 수 있다는 것을 지켜본 바 있습니다. 공산군 측은 휴전 협정 체결 때의 수준만큼 보유고를 유지하기 위해 지금 한국에 제트기 도입하는 것을 더 과장해서 반대했었습니다.

(이하 판독 불가)

국방부에 전달 요망.

드장

## 【2】 한국 휴전협정과 극동 분위기에 대한 미국 내, 열강 내 다양한 시각(1952.1.1)

| [ 전        보 ] | 한국 휴전협정과 극동 분위기에 대한 미국 내, 열 강 내 다양한 시각 |
|---|---|
| [ 문 서 번 호 ] | 2-14 |
| [ 발    신    일 ] | 1952년 1월 1일 20시(현지 시간), 12시(프랑스 시간) |
| [ 수    신    일 ] | 1952년 1월 1일 12시 20분 |
| [발신지 및 발신자] | 워싱턴/보네(주미 프랑스대사) |

보안

2급 비밀

판문점 협상이 계속 어려움에 부딪혀도, 미 국무부의 고위 계층에서는 결국 휴전협정이 체결될 거라는 기대를 계속하고 있습니다.

예상치 못한 공산군의 공격 재개 가능성에 대한 참모부의 염려가 매우 커도 이에 대한 의견은 공유하고 있습니다. 여기서는 대개 의제 제3항의 논의에서 미 협상 팀이 보이는 고집을 인정하고 있습니다.

미 국방부는 개성과 판문점 협상에 참여한 대표들이 31일부터 보이는 태도로 휴전이라는 생각에 뒤늦게 억지로 동조했습니다. 반면 국무부는 회담장을 떠나면서는 토의를 속행하는데 있어서 어떠한 유연성도 보이지 않았고, 몇 주 전부터 사건의 수순과 판문점 회담이 가능한 한 빨리 수용할만한 타협에 이르는 것을 원하지 않는 의견의 압력에 너무 민감합니다. 어쩌면 빠른 타협이 이루어질 거라는 낙천적인 이 가정이 지금부터 한국 협상의 정치적 양상에 대해 자문하게 합니다. 미 국무부는 휴전협정이 어떻게 될지의 통지가 유엔총회에서 이루어지기를 계속 바라고 있습니다. 이것이 국무부로서는 파리 총회 건이 종결되기 전에 협정이 체결되기 바라는 부가적인 이유입니다. 미 국무부는 한국문제의 근원적인 해결이 불가능하다고 보는 것 같습니다. 선거 해에는 동맹국들이 바라는 대로 논의를 확대하는 것을 워싱턴 정부가 수용할 수 있도록 극동에 대한 모든 질문에 의회의 열정이 매우 격렬할 것으로 여기고 있습니다. 이러한 조건 속에서 미 국무부는 외교협상에서 중국 문제를 다룰 위험을 거의 감수하지 않을 것입니다. 그래서 우리는 우선 휴전협정이 있다면, 휴전협정 체결 이후 어떤 범위에서든 한국문제만이 아닌 모든 문제를 논의하는 게 적합하지 않다는 것을 예상해야합니다.

그들이 해야 할 것을 정하는 미 의회의 조치들은 사실 그런 것이고, 어쨌든, 영국이나 우리가 내년 중에 아시아 문제 전체를 다룰 회담을 여는데 미국이 동의하게 할 수 있을지는 의문입니다.

이런 상황에서 한국 결의안 3항은 한국의 지리적 틀을 벗어날 수 없을 것입니다. 변화되기는 아직 힘들다고 봅니다. 사실 미 정부가 휴전조항을 중공군사령관과 논의하는데 이르렀다면, 정세의 압박을 통해서만 거기에 이르렀을 것입니다. 미 정부는 회담의 완전히 군사적인 특성에 대해 매우 강조했었습니다. 그래서 완곡하지만은 않게 중국 공산당 측이 한국에서 작전 중인 그들 부대에 붙인 '인민지원군'이라는 말에서 논의를 끌어내기까지 했습니다. 물론 미 행정부는 자신들이 집요하게 인정하지 않는 정부에 소속된 자들과 순전히 군사적인 회담을 장기적으로 갖는다는 것이 내포하는 모순에 민감합니다. 하지만 이러한 모순이 지속되는 것이 불평등한 대립을 해야 하는 의회에서 맹비난에 대처하기에는 훨씬 더 낫다고 여기는 것 같습니다. 정부 차원에서 미 행정부가 무시하고 싶어 하는 어떤 체제[1]와의 협상을 어떻게든 개시하지 않으려는 이 같은 의도는, 아시다시피 가능성이 있다고 거의 착각할 수 없는 몇몇 회원국들이 중립위원회 계획을 떠올리도록 했습니다.

가당치 않더라도 이 제안은 지금 지배적인 분위기를 잘 보여주고 있는 것입니다. 베이징 정부와 최소한의 교섭도 거부하는 것을 더 정당화하기 위해, 미 정부는 무용할 수도 있는 일을 보여주어야 합니다. 미 국무부는 평화적인 방법

---

[1] 중국 공산당 정부.

으로 한국이 통일될 거라는 가능성을 믿지 않습니다. 중국의 의도를 극도로 의심하면서 베이징이 추구하는 절대적인 목적은 남한 정복이라고 여기고 있습니다. 미 국무부는 휴전 협정이 한 번 체결되면, 마오쩌둥 정부의 군대가 분계선을 다시 넘는 것을 막는데 전면전에 대한 두려움이면 충분하기를 기대하고 있습니다. 아마도 남한에서 계속 주둔할 수는 없는 미군을 점진적으로 철수시키기를 바라는 미 국무부는 리지웨이 장군 부대와 교대할 남한 사단들을 훈련시키고 무장시키는데 필요한 유예기간을 갖고 싶어 합니다.

이처럼 다른 이유로 아직은 이런 사실을 알리는 것을 경계하는 미 정부는 38선도 아닌 군사분계선으로 한국을 나누는 것이 가장 나쁘지 않은 한국문제 해결안이라는 것을 고려해보는 경향을 띱니다. 휴전협정 체결 때 이르게 될 이 해결안에 앞서 워싱턴은 법률안에 대해 독자적으로 규칙이 만들어진 상황을 나타낼 수도, 그에 대한 통합과정을 바꿀 수도 없을 정치적 협상을 무익한 것으로 간주하려는 경향입니다. 상대편이 법안을 원하고 있으며 계속 합의할 수 있을 거라고는 생각지 않습니다.

앞선 의견들은 인도차이나 문제에 대한 미국의 몇 가지 양상을 알려주고 있습니다. 만약 이루어지기만 한다면 한국전쟁의 종식은 처음에는 침략국을 불러들였지만, 남한을 방어할 수 있도록 그 침략국을 38선 이북, 선 저 너머로 물리쳤다는 미 정책에 대한 확실한 성공을 나타내줄 것입니다. 처음으로, 완전한 승리까지 전쟁을 주도할 수도 있었다는 후회로 나타날 쓰라린 감정이 남지 않는 것은 아닐 것입니다. 물자와 인명 피해로 나타난 전쟁의 값비싼 대가 즉, 꼭 그래야 했기에는 너무나 제한적이었던 군사작전이 결국 결과에 비해 너무 많은 희생이 따랐었다는 감정 말입니다. 보통 이런 비판은 지금부터 공화당 계층에서 제기되고 있습니다.

우리는 참모장들이 한국 전장(戰場)은 정치적 이유로만 확인될 수 있었다고 평가했던 것을 기억하고 있습니다. 사실 참모장들은 올해 한국 군사작전이 끝나는 것을 정말 보고 싶어 했습니다. 하지만 그들의 유일한 행동과 그들 부하들의 행동은 이 경우, 새로운 무기 테스트와 미래의 군단 훈련에 필요한 범위의 교육용 작전을 펼치려는 희망 보다는 적대행위 종식 이후 정치적 이유로 재무장 노력을 늦추는 것을 미국이 보게 된다는 그들의 두려움을 부각시키고 있었습니다. 그들에게 한국 전장은 1950년 추계 공세 실패 이후, 한국 전선이 유엔 전략에서 동등하기 보다는 약한 요소를 나타냈을 일반적인 전쟁의 틀에서는 어떤 경우에도 결정적인 해결책이 없는 것 같았습니다. 그들의 이런 생각이 만주 폭격을 검토하는 문제를 완강하게 거부하게 했습니다. 한국전쟁이 끝나고 특히 미국의 재무장 속도가 미국의 불안감에도 불구하고 유지된다면, 참모부는 어쩌면 주변 전쟁에 관해 이전 방지책을 다시 생각해낼 것입니다. 미 정부와 여론이 인도차이나 전쟁의 쟁점에 대해 성장하는 의식을 보이는 것과 중국의 공격으로 생길 수 있는 결과에 대한 불안감이 더욱 커지는 것은 확실합니다. 각하처럼 저 역시 꼭 개최가 필요하다고 여겨지는 다음번 3국 회의에서 이 감정은 틀림없이 우리에게 유리할 것입니다. 하지만 이것이 행정부와 사령부가 행동으로 개입하기 꺼리는 사건을 협정의 길로 이끌기에는 충분치 않을 겁니다. 3국 회의에서 미국 대표들은 어쩌면 우리 군대에게 공군과 해군 지원만 약속할 법을 막겠다고 할 수도 있을 겁니다. 저의 예상이 틀리기를 바라지만 현 단계에서 인도차이나에 미군 파병을 얻어내기는 어렵다고 생각됩니다.

그러므로 미국의 지원은 우리가 통킹²⁾에서 일어나는 중국의 공격을 막을 만큼 신속하고 대대적이지 않을 수도 있습니다. 베이징정부에게 이런 시도를 단념하게 하는 것이 더 필요하다는 것은 그러니까 미 정부가 효과적으로 애쓸 수 있는 일입니다. 오직 전면전에 대한 두려움이 한국에서의 휴전상태를 연장시킬 수 있을 것입니다. 그 두려움이 남하하는 중공군을 막기에 충분할 것입니다. 판문점에서 협정이 이루어지면, 미국과 꼭 15개국의 틀만은 아닐 수도 있는 동맹국들의 공식적인 선언이 있을 것입니다. 이는 한국에서 분계선을 넘는다는 것 뿐 아니라 국민군 또는 '인민지원군'이 전선을 넘는다는 것은 전면전으로 악화될 것이라는 불안감을 주는, 즉 공산주의 세계에 확신을 주는 현재로서는 적어도 일시적이라도 그들 상호 입장에 대한 양측의 태도를 지키는 가장 좋은 방법 같습니다. 그런 발의의 위험은 ㅁ ㅁ ㅁ로 보일 수도 있습니다. 제가 보기에 그러

2) 현재의 북부 베트남.

한 위험은 통킹에 중공군 개입을 야기할 결과와는 거리가 먼 것 같습니다.

각하가 제게 전달하고자 했던 정보를 분석 후, 저는 어쨌거나 위험천만한 일이 될 수 있는 인도차이나에 대한 중국 공격이 꼭 필연적인 것은 아닌 것 같다는 말을 덧붙여야겠습니다. 어쨌든 중국의 공격 가능성은 공산집단이 한국전쟁을 아시아에서의 새로운 공격으로 옮겨가기 위해 이용하는 것이기 보다, 전면 협상이 없을 때 개시될 수도 있는 개별 분쟁에 대한 협의를 그동안 중단하기 위해서입니다.

보네

## 【3】 비행장 건설과 포로문제 협의에 대한 공산 측 입장(1952.1.2)

[ 전        보 ]  비행장 건설과 포로문제 협의에 대한 공산 측 입장
[ 문 서 번 호 ]  4
[ 발     신    일 ]  1952년 1월 2일 16시 15분
[ 수     신    일 ]  1952년 1월 3일 12시 00분
[발신지 및 발신자]  모스크바/샤테뇨(주소련 프랑스대사)


회의사무국으로

어제와 오늘 아침 신문은 한국 휴전협정에 대한 신화통신의 12월 30일, 12월
31일자 통신문 2편을 수록했습니다.

12월 30일 통신문

"12월 29일 재검토된 미국의 제안을 분석하고, 우리 대표는 제3항에 대한
분과위원회가 어제 개최한 회의에서 이 제안을 강조했다.

(부분 판독 불가)

상대편은 휴전 기간 동안 현재의 군사 장비, 무기, 탄약을 교체할 권리를
유지하기 위해, 혹은 한국에서 교대라는 명목으로 군대 확장을 위해 분명 애
쓰고 있다. 이런 경우 우리 역시 미국의 제안에 동의할 수 없다는 것을 보여주
었다.

게다가 우리는 의제 제3항 4조에 양측 어느 편에서도 휴전 기간 동안 한국
에 전투기를 도입하지 말자고 분명한 명시 조항을 포함한다는데 동의했다. 또

한 우리는 중립국 대표자들로 구성된 사찰기구가 양측 혹은 휴전위원회 구성원 중 한 명의 요청이 있을 시 휴전협정 위반에 대한 조사를 긴급히 착수하자고 요구하는 상대측의 제안도 수용했다.

우리는 우리의 증대된 공군력 앞에 상대측이 느끼는 두려움을 고려하면서 휴전의 영속성을 보장하기 위한 이번 제안에 동의했다. 그래서 상대측은 더 이상 우리 편의 비행장 건설 제한을 계속 요구할 아무 근거가 없는데도, 우리 군사력 증대를 막겠다는 구실로 우리 내정에 간섭하는 것이 전제가 되는 일을 요구하고 있다.

상대측의 수정 제안이 이런 요구를 유지하고 있지만, 우리는 분명히 이에 반대하고 결코 동의하지 않을 것이다. 우리는 수차례 명확하고 확고한 우리의 입장을 분명히 밝혔었다. 우리는 결코 우리의 내정에 간섭하는 것을 허락하지 않을 것이다. 한국 영토에 건설 및 재건은 순전히 내무 행정의 일이다.

휴전회담은 우리의 내정에 관여할 권한이 없으며, 우리는 어떠한 내정간섭도 인정할 수 없다.

우리 대표는 이처럼 비상식적인 요구가 회담 전개에 있어서 가장 중요한 장애물임을 보여주었다. 모든 진행의 실현과 이런 실현의 신속성은 상대측이 이런 장애물을 제거하는 것에 전적으로 달려있다.

제4항에 대한 분과위원회 회기에서 상대측은 우리가 잡은 모든 포로에 대한 완전한 자료 제공을 다시 요구했다. 우리 대표는 우리가 잡은 포로와 현재 우리 수중에 있는 포로 수가 차이 나는 것에 대해 우리가 이미 충분한 설명을 했다고 강조했다. 그러나 의제 제4항을 최대한 빨리 해결하기 위해 우리는 상대측이 요구한 자료를 가능한 한 자세히 제공할 준비가 완전히 되어있다. 하지만 상대측도 우리가 요구했던 바대로 우리의 44,000명을 수용하고 있는 장소와 그와 관계된 다른 자료에 대한 정보를 우리에게 제공해야 한다. 자료 교환은 모든 포로의 조속한 석방과 본국송환에 관한 문제를 검토하는데 대해 어떠한 영향도 끼치면 안 된다. 상대측은 이 문제의 해결을 더 늦추기 위한 어떠한 핑계도 대면 안 된다".

## 12월 31일 통신문

"의제 제3항을 다루는 분과위원회가 개최한 오늘 회기에서 우리 대표는 한국 내정 간섭과 한국의 주권을 침해하는데 반대하는 우리의 입장을 분명히 다시 표명했다.

비행장 배치와 재건축 문제는 아무도 간섭할 수 없는 내정이라는 것을 우리 대표는 명확하게 보여주었다. 상대방이 이러한 비상식적인 요구를 고집하는 한 회담 진전은 불가능 할 것이며 협상이 지체된 모든 책임을 져야 한다.

의제 제4항 담당 분과위원회 회기에서, 상대측은 우리대표에게 우리 포로에 대한 주요 자료를 계속 제출하지 않고 있다. 미리 문제를 복잡하게 만들려고 애쓰면서 자기들이 만든 포로에 대한 보충자료를 우리에게 요구했다. 그러면서 즉각적인 석방과 억류된 모든 포로의 본국 송환 원칙 수용을 거부했다.

우리 대표는 양측 간의 자료 교환이 국지적이어야 한다고 강조했고, 상대측은 우리의 원칙을 계속 거부하고 회담의 모든 진전을 이루는 것을 막는 핑계로 정보 문제를 구실 삼을 어떠한 이유도 없었다".

샤테뇨

## 【4】 휴전협상 진전 상황(1952.1.2)

| [ 전        보 ] | 휴전협상 진전 상황 |
|---|---|
| [ 문 서 번 호 ] | 5 |
| [ 발      신      일 ] | 1952년 1월 2일 □시 30분 |
| [ 수      신      일 ] | 1952년 1월 2일 02시 |
| [발신지 및 발신자] | 도쿄/드장(주일 프랑스대사) |

사이공 공문 제2호

1. 유엔대표 리비 제독에 따르면, 1월 1일 어제 전쟁포로에 대해 열린 토론은 우호적인 분위기에서 전개되었다고 합니다. 공산군은 그들이 제공한 목록에는 실려 있지 않은 공산군이 억류 중인 50,000명의 유엔군 포로에 대해 요구한 정보를 주기로 '화끈하게' 알렸습니다.

2. 반대로 제3항에 대한 논의는 교착 상태입니다. 공산 측 대표 세팡 장군은 짧은 회기에서 유엔이 12월 29일 제출한 제의를 완전히 거부했습니다(본인의 전보 제2663호 참조).

3. 평양라디오는 1월 1일 북한 2개 폭격부대가 이날 아침 10여 대의 비행기를 파손하고 몇몇 선박을 적중시켜 폭발하게 하는 등 김포비행장과 인천항을 폭격했다고 주장했습니다.

김일성은 신년 메시지에서 북한 편에서 추종하는 민주주의 군이 결국 조선에서 미군을 철수시키게 될 거라고 했습니다. 그는 러시아와 중국의 원조에 감사해 했습니다.

펑더화이 장군은 1952년의 가장 위대한 승리를 보장하기 위해 전투기술을 향상시키고, 군율과 정치교육을 강화하라고 중공군을 격려했습니다. 그는 휴전협상은 미국이 계속 북조선의 내정을 간섭하려고 주장하는 탓에 아직 이루어지지 않았다고 했습니다.

드장

## 【5】 포로 및 민간인 교환에 대한 유엔의 제안(1952.1.3)

| | |
|---|---|
| [ 전　　　　보 ] | 포로 및 민간인 교환에 대한 유엔의 제안 |
| [ 문 서 번 호 ] | 11 |
| [ 발　신　일 ] | 1952년 1월 3일 04시 |
| [ 수　신　일 ] | 1952년 1월 3일 □시 |
| [발신지 및 발신자] | 도쿄/드장(주일 프랑스대사) |

□□□ 공문

1. 분과위원회 유엔대표 리비 제독은 1월 2일 체결된 협정에 대한 조항과 아직 계류 중인 조항들을 명시한 긴 분량의 문서를 공산군 대표단에 전달했습니다.

1) 공산 측은 휴전협정 체결 후 모든 포로의 석방을 원하고 있다. 유엔은 공정한 형식 하에서라면 이에 동의한다.

2) 공산 측은 그들이 나포한 수천 명의 유엔군 군인을 그들 군대에 편입시켰다. 그들은 이 병사들이 재교육 받고 전선에서 해방되었다고 주장하고 있다. 이 포로들 대부분이 공산군 대오에 있음에도 그들의 자유로운 선택이라고 설명되고 있다.

유엔의 관점에서 보자면, 전쟁포로를 집단으로 북·중 공산군대에 편입시킨 것은 전쟁법과는 반대되는 것이고, 그와 관련된 권리를 침해하는 것이다. 압력이 가해졌을 것이 분명하기 때문이다. 유엔사령부는 공산군에 강제로 가입시킨 남한 포로는 전쟁포로라는 그들의 신분으로 복귀되어야 한다고 생각한다.

또, 1950년 6월부터 공산군은 대한민국 소속의 수많은 민간인을 징집했고 한국 탈영병들을 그들의 사병으로 받아들였다. 이러한 행위는 받아들일 수 없다. 탈영병은 전쟁포로로 취급되어야 할 것이다.

3) 공산 측은 모든 전쟁포로는 잡혔을 당시 소속되어 있던 한쪽 편으로 송환되어야 한다고 생각하고 있다. 반대로 유엔사령부는 대한민국 양민은 전쟁이라는 불행한 일로도 취소될 수 없는 권리를 갖는다고 여긴다. 때문에 공산군 대열 소속으로 싸우는 동안 유엔군이 나포한 사람들의 처분을 정하는 것은 유엔사령부의 소관일 뿐이다.

4) 전쟁의 □□□으로 한반도를 가로질러 이동한 사람들이 그들의 주거지를 다시 회복할 수 있어야 한다는 것에 유엔사령부는 반대하지 않으며, 해당 조치가 휴전협정에 포함되어야 한다고 생각한다.

포로 교환에 대해, 유엔사령부는 공산 측의 요구사항을 충분히 고려한 견해를 채택했다. 유엔사령부는 포로의 전원 석방에 동의한다. 하지만 모든 본국송환은 자유의사에 따르고 당사자의 자유선택에 부합해야 한다고 생각한다. 이 원칙은 공산당이 인정하는 것처럼 포로가 된 양측 병사들 뿐 아니라, 현재는 북한군 대오에 속해있는 강제로 징집된 이전 대한민국 군인, 공산군에 강제로 편입된 대한민국 국민, 공산군 측에서 싸웠으나 현재는 포로나 민간인 신분으로 유엔 측에 수용되어 있는 대한민국 시민, 또 양측의 피난민에게도 적용되어야 한다. 이는 다음의 집단에 대한 문제이다.

a) 북한군이나 중국인민지원군으로 판명되고 현재 전쟁포로로 유엔이 억류하고 있는 약 16,000명의 대한민국 국민.

b) 우선 전쟁포로로 잘못 추산되었으나 억류자로 분류된 약 38,000명의 대한민국 국민.

c) 북한군이나 중국인민지원군에 의해 잡혔다가 북한인민군에 편입된 대한민국 군인 전원.

d) 1950년 6월 25일 이후 북한인민군에 징집된 대한민국 양민 전원.

e) 현재 인민군과 중국인민지원군에게 포로로 있는 약 11,000명의 유엔군과 한국군인.

f) 현재 유엔군이 전쟁포로 수용하고 있는 약 116,000명의 인민군과 중국 인민지원군 병사.

g) 양측에 수용된 외국 민간인.

h) 1950년 6월 25일 당시 한쪽 편의 지배하에 있던 영토의 양민이었던 민간인과 휴전협정 체결 시에 다른 편의 영토 내에 있는 민간인 전원. 본국송환에 대한 당사자의 선택은 공정한 중립기구의 감독과 보장 하에서 표명되어야 한다. 국제적십자위원회는 이 임무를 수행하는데 최선의 기구일 것이다. 전쟁 포로의 경우에 있어서 선택은 양측 교전국이 동시에 보는 지점에서 표명되어야 할 것이다.

어떤 편도 포로교환에서 군사적 이익을 얻지 않도록 하기 위해, 모든 포로는 자신을 포로로 만들었던 상대편에 대해 다시 무기를 들지 않겠다고 서약해야 할 것이다.

2. 1월 2일 유엔사령부 제안 원문은 다음과 같습니다.

1) 본국 송환을 선택한 전쟁 포로는 한쪽 편에 수감된 모든 포로가 이 같은 방법으로 전부 교환될 때까지 1 대 1 기준으로 교환되어야 한다.

2) 이 활동이 끝난 이후, 아직도 전쟁포로를 가진 측은 다른 편에 억류된 외국인 민간인, 휴전협정 체결 당시 상대편의 지배 영토에 있으면서 본국 송환을 선택한 반대편의 기타 민간인에 대해 1 대 1 교환을 기본으로 모두를 송환해야 할 것이다. 그래서 교환된 포로는 자신을 석방한 측에 대해 다시 무기를 들지 않겠다고 서약할 것이다.

3) 송환되기를 원치 않은 전쟁포로는 전부 포로의 신분에서 벗어나게 되고 한국전쟁에서 무기를 다시 들지 않겠다는 맹세를 하고 석방될 것이다.

4) 휴전협정 체결 시에 상대편 지배권 내에 있을 한쪽 편의 나머지 모든 민간인은 그들이 원한다면 송환될 것이다.

5) 본국송환에 대한 선택이 아무 압력도 없이 이루어지는 것을 보장하기 위해 국제적십자위원회 대표는 교환지점에서 모든 전쟁포로와 휴전협정

체결 시에 상대편 지배권 내에 있는 한쪽 편의 모든 민간인에게 질문할 수 있는 권한이 주어질 것이다.

6) 제2항, 제4항, 제5항에서 양측 편의 민간인과 기타 개인은 1950년 6월 25일에 대한민국 또는 조선민주주의인민공화국 소속의 양민과 같은 사람들이다.

3. 요컨대, 유엔의 제안은 억류하고 있는 상대편 군대에 편입되어 있었을 수도 있는 병사까지 포함한 모든 전쟁 포로의 석방을 계획하고 있습니다. 따라서 이는 본국송환에 관한 모든 포로교환은 공산 측이 표명한 원칙과 일치합니다. 그러므로 모든 강제적인 송환은 없을 것이고 개인 선택의 자유를 허가합니다. 이 제안은 포로 송환 뿐 아니라, 피난민, 예전 자기 집을 회복할 수 있기를 원하는 모든 사람에 대해서도 계획하고 있습니다. 이 제안은 선택권이 완전 자유롭게 실행되는 것을 보장하는 기구도 계획하고 있습니다.

공산 측은 전쟁포로 전원의 석방과 강제 송환을 요구했고, 유엔사령부는 전쟁포로로 감시를 받아야 하는 사람들의 석방과 송환되기를 원하는 사람들의 송환이 더 공정하다고 제안합니다.

또한 이것은 피난민의 이익을 고려한 것이자 그들의 ㅁㅁㅁ이 휴전협정으로 해결될 것이라고 생각한 것입니다.

유엔사령부는 공산 측에 이 제안에 조속히 동의하기를 요청하고 있습니다.

국방부에 전달 요망.

드장

## 【6】 김일성, 펑더화이, 마오쩌둥의 신년사(1952.1.4)

| [ 전 　　　보 ] | 김일성, 펑더화이, 마오쩌둥의 신년사 |
|---|---|
| [ 문 서 번 호 ] | 9 |
| [ 발 　신 　일 ] | 1952년 1월 4일 07시 30분 |
| [ 수 　신 　일 ] | 1952년 1월 4일 10시 45분 |
| [발신지 및 발신자] | 모스크바/샤테뇨(주소련 프랑스대사) |

한국 휴전협정에 관해 언론은 오늘 아침 1월 1일자 신화통신 보도문을 재수록하고 있습니다.

　"새해인 오늘, 우리 대표들은 의제 제3항과 제4항 검토담당 분과위원회가 개최한 회기에서 양측 간에 남아있는 분쟁을 해결하고 휴전협정 체결 후 모든 포로의 빠른 석방을 용이하게 하기 위해 양측이 다시 노력할 것을 제안했다.

　포로들의 정보교환에 대해 우리는 이미 현재 우리가 수용하고 있는 포로에 대한 정보를 모두 제공했으며, 상대편이 지금까지 제공했던 불충분한 정보를 보충하기를 기대하고 있다.

　우리가 수용하고 있는 포로 전원에 대해 상대편이 요구한 정보에 우리는 그들 중 대부분이 전장(戰場)에서 이미 석방되었었다고 수차례 설명한 바 있다. 그래도 우리는 상대측과 동등한 근거로 정보교환을 하기 위해 되도록 이 문제에 대한 모든 자료를 확인하려는 준비를 계속 하고 있다."

신문은 또한 김일성이 조선인민군 병사와 장교에게, 펑더화이가 중국인민지원군에게 보내는 신년사 발췌문도 재수록하고 있습니다.

조선인민군 최고사령관 김일성은 다음과 같이 표명하였습니다.

"미 침략자들은 조선을 향한 저들의 비열한 목표를 포기하지 않고 침략 전쟁을 계속하고 있다. 그들을 기다리고 있는 것은 수치스러운 패배뿐이다. 우리 장교와 병사들은 이미 획득한 대성공을 공고히 하고, 새로운 승리를 위한 영웅적 행위를 더욱 증대시켜야 한다. 또한 군인의식을 완성하고, 전술을 개선하고, 정치사상 수준을 올리고, 끊임없이 군사 경험을 교환하고, 인민과의 관계를 더욱 긴밀히 하고, 이러한 임무에 각자의 모든 노력을 기울여 우리의 전투력을 강화해야 한다."

펑더화이 장군의 신년사는 다음과 같습니다.

"1950년 6월 미 제국주의자들이 일으킨 침략 전쟁은 우리 조국의 안보와 극동의 평화에 심각한 위협을 초래했다. 미 침략자들은 대만을 점거한 동시에, 중국 인민과 전 세계 인민이 경고하고 폭로했음에도 불구하고 무자비하게 한국인들을 죽이고 중국 북동부 영공을 침범했다. 그들은 한국을 점령하고 중국 대륙 측에도 저들의 침략을 펼치려 시도하면서 압록강까지 전쟁의 화염을 내뿜었다. 그들의 군사적 실패와 한국문제의 평화적 해결안을 지지하는 전 세계 인민의 압력으로, 미 침략자들은 1951년 7월 휴전협상 개시를 수용해야 했다. 그런데 이미 5개월 전부터 계속되어온 회담에서 그들은 시답잖은 지연전술과 협상을 중지시키기 위한 책략을 계속 사용했다. 저들은 침략 전쟁을 계속하기 위한 공격입장을 고수하기 위해 전쟁을 통해서는 다다를 수 없었던 침략 목표의 실현, 즉 조선민주주의인민공화국에 대한 내정간섭을 협상 테이블 주위에서 얻으려는 시도를 했으나 모두 실패하였다. 우리는 적의 정치적이고 군사적인 작전을 좌절시키기 위해 신경써야 한다."

신문들은 베이징에서 1월 1일 있었던 신년하례식에서 마오쩌둥의 담화문 원문을 재수록했습니다. 중화인민공화국 주석은 다음과 같이 선언했습니다.

"나는 인민 정부 노동자, 인민지원군과 인민해방군의 소대원과 소대장들, 모든 민주 정당들, 모든 인민 단체, 모든 국가 소수 집단, 조국 전체의 인민으로서 우리 모두가 노동 전선에서 승리하기를 기원한다."

"나는 미 침략에 대항하는 투쟁 전선에서 승리를 거두어 한국에 원조할 수 있기를 기원한다."

"나는 국방 전선에서 승리하기를 기원한다."

"나는 농지개혁 전선에서 승리하기를 기원한다."

"나는 혁명가에 대한 활동 탄압운동 전선에서 승리하기를 기원한다."

"나는 문화 전선과 교육 전선에서 승리하기를 기원한다."

"나는 사회 각계각층과 지식인층의 사상적 재교육 전선에서 승리하기를 기원한다."

"나는 다시 시작된 전선에서도 승리하기를 기원한다. 이 전선 위에 있는 인민들, 특히 우리나라 관리들은 구 사회가 우리에게 남겨놓은 이 더러운 것들을 치워버리기 위해 부패에 대해, 비생산적인 소비와 관료주의에 대해 준엄하고 결정적인 전투를 시작해서 넓게 확장하게 했다."

"동무들, 1951년 우리는 이 모든 전선에서 매우 중요한 수많은 승리를 거두었다. 우리 공동의 노력으로 우리는 1952년 이루어질 이 모든 임무 수행에 있어서 더 많은 성공을 희망하고 있다."

"중화인민공화국 만세."

샤테뇨

# 【7】설비 및 포로교환에 대한 공산 측 입장(1952.1.4)

[ 전        보 ]   설비 및 포로교환에 대한 공산 측 입장
[ 문 서 번 호 ]   11
[ 발    신    일 ]   1952년 1월 4일 16시 30분
[ 수    신    일 ]   1952년 1월 4일 20시 50분
[발신지 및 발신자]   모스크바/샤테뇨(주소련 프랑스대사)

한국 휴전협상에 대해 오늘자 신문은 신화통신 통신문을 게재했습니다.

"어제 의제 제3항 검토 담당 분과위원회가 개최한 회기에서 미국은 한국 영토에서의 설비 제한으로 우리나라의 내정에 간섭하고자, 양측의 주권을 제한하는 휴전협정에 대한 몰상식한 주장을 계속하면서 자신들의 비상식적인 요구를 고집스레 계속해왔다.

우리 대표는 이 터무니없는 논거에 반박하면서 30여 일 간 진행되어온 협상에서 상대편에 보여주었던 것은, 우리는 어떠한 순간에도 우리나라에 대한 내정 간섭을 할 수 있는 조항이 휴전협정에 포함되는 것을 용납하지 않겠다는 점이다. 그럼에도 상대편은 회담을 고의로 지연시킬 목적만으로 이 같은 비이성적인 요구를 집요하게 계속하고 있다.

의제 제4항 검토 담당 분과위원회 회기 때, 상대측은 우리가 제출한 포로 전원 석방에 대한 원칙에 동의한다고 구두로 알렸다. 하지만 그들은 솔직히 포로 전원의 송환을 거부했고, 실질적으로는 일대일 원칙에 기초한 교환을 제안했다. 지금 상대측은 우리 포로 176,679명을 억류하고 있고 우리는 저들 측의 11,569명을 수용하고 있다. 상대편 제안의 목적은 갖가지 구실로 우리 포로 165,110명을 계속 억류하겠다는데 있는 것이다. 우리 대표는 우리가 어떠한 경우에도 우리의 수많은 포로를 억류하려는 시도를 감추지 않고 드러내

고 있는 이 제안은 받아들일 수 없다는 것을 보여주었다. 전 세계 평화를 사
랑하는 인민들 누구도 무례하고도 수치스러운 제안을 그대로 받아들일 수는
없다."

샤테뇨

## 【8】 포로교환에 대한 협정 전개 사항과 이승만의 휴전협정 반대(1952.1.4)

| [ 전 보 ] | 포로교환에 대한 협정 전개 사항과 이승만의 휴전<br>협정 반대 |
|---|---|
| [ 문 서 번 호 ] | 1 |
| [ 발 신 일 ] | 1952년 1월 4일 13시 02분 |
| [ 수 신 일 ] | 1952년 1월 4일 12시[1] |
| [발신지 및 발신자] | 도쿄/드장(주일 프랑스대사) |

1. 어제 1월 3일, 공산 측은 포로 교환 및 송환, 민간인 송환에 대한 1월 2일자 유엔사령부의 제안을 단호히 거부했습니다(본인의 전보 제11호 참조).

공산 측은 이 제안이 공산군 포로 대부분의 교환을 미루고 그들 수중에 남겨 놓으려는 것이라고 주장했습니다. 게다가 그들은 유엔 신문이 발행한 뉴스를 인용했습니다. 그 뉴스에 따르면 많은 수의 중국 포로들은 장제스와 연결해주기를 요구한 것 같습니다.

그들은 포로들에게 중공 복귀를 선택하도록 둘 것이라는 '자유'에 대해 회의적인 모습을 보였습니다.

유엔대표 리비 제독은 공산 측은 전혀 유엔군의 제안을 이해하고 있지 않거나 일부러 틀린 해석을 하고 있다고 반박했습니다. 그는 공산 측에 다시 한 번 이 제안을 검토해보고 다음날로 토의를 미루자고 청했습니다.

제3항 담당 분과위원회에서, 북한 비행장 확장 권리를 강력히 요구하고 있는 공산 측의 주장이 모든 진전을 계속 가로막고 있습니다.

유엔대표는 이 주장 때문에 유엔대표단뿐 아니라 전 세계가 휴전을 추구하는 데 있어서 공산군의 진정성을 의심하기 시작했다고 인정했습니다.

---

1) 시차로 인한 표기로 추정됨.

2. 어제 부산 주재 외교사절단의 한 서기관은 중국인 포로 20,000명의 80%가 중공으로 돌아가길 원하지 않는 구 국민당 병사들이라고 알려주었습니다. 그들은 자신을 죽이려 하는 반동분자들을 중국에서 떼어놓으려고 한국 전선에 파병되었던 것입니다.

3. 같은 날, 남한 외무장관 변영태는 공산군 측이 남한 민간인 30,000명을 억류하고 있다고 주장하며 그들의 즉각적이고 무조건적인 석방을 요구했습니다.

오늘 『재팬뉴스』가 재수록한 인터뷰에서 이승만 대통령은 한반도 분단을 유지하고 공산군 뜻대로 좌우될 모든 휴전에 반대할 것을 트루먼 대통령에게 요청하기 위해 워싱턴을 방문할 가능성을 시사했습니다. 이 대통령은 공산 측과 협정에 이르기 위해 우방국인 미국이 한국의 안보를 포기하는 것은 아닐까, 또 한국인이 수용할 수 없는 조건으로 휴전협정을 체결하는 것은 아닐까 하는 불안을 표했습니다.

국방부에 보고 요망.

드장

## 【9】 공산 측, 설비 및 포로교환에 대한 유엔의 입장 비판(1952.1.5)

[ 전 　　　 보 ]　공산 측, 설비 및 포로교환에 대한 유엔의 입장 비판
[ 문 서 번 호 ]　28
[ 발 　신 　일 ]　1952년 1월 5일 15시 30분
[ 수 　신 　일 ]　1952년 1월 5일 21시 30분
[발신지 및 발신자]　모스크바/사테뇨(주소련 프랑스대사)

한국 휴전협상에 대해 오늘자 신문은 신화통신의 통신문을 게재했습니다.

"어제 의제 제3항 검토 담당 분과위원회가 개최한 회기에서 한국에서의 설비를 제한하려고 이와 같이 한국의 내정에 간섭하기 위한 주장을 펴면서 미국은 또 다시 비상식적인 요구를 계속했다.

그들은 환상적인 논거를 제시했다. 논거에 따르면 그들은 한국에서의 외국군 철수와 38선에 군사분계선 설치에 대해서는 완전히 반대하고, 휴전 기간 동안 증원군 교대 및 파병을 무제한적으로 실행할 수 있도록 요구하는 것이 지속가능한 휴전을 보장하기 위한 것이라 한다. 또한 그들은 협상을 중단하겠다고 우리를 위협하면서 비이성적인 그들의 요구를 수용하라고 강요하려 했다.

우리 대표는 이 같은 터무니없는 논거에 답하면서 회담 초기부터 일어난 일들을 설명했다. 상대편은 사실 협상을 전장에서 얻지 못했던 것을 얻는데 이용하려 애쓰는 동안 우리가 한국문제의 완전한 평화적 해결을 위해 계속 취했던 입장을 보여주면서 말이다.

회담 초기에도 상대편은 우리 후방에서는 먼 군사분계선을 멋대로 정하고자 제안했다. 우리 측의 단호한 반대에 부딪힌 후에는 조직적으로 회담을 중지시키려 애썼다. 그러나 하계, 추계 공세가 완전히 실패한 결과로 준엄한 교훈을 얻은 후, 상대편은 회담 테이블에 돌아와야 했다.

지속가능한 휴전을 보장하고 우리 군사력에 대해 상대편이 갖는 불안감을 제거하기 위해, 우리는 휴전기간 동안 어떠한 군용기도 한국에 남기면 안된다고 분명히 밝히면서 양측 중 어느 편도 한국에 어떠한 군대도, 무기도, 탄약도 남기지 말자고 제안했다. 휴전은 양측이 이 약속에 충실해야 지속가능할 것이다. 그러나 상대측은 갖은 핑계로 우리나라의 내정에 개입하려는 목적으로 계속 더 악착스럽게 애쓰고 있다. 우리는 이러한 몰상식한 요구를 결코 받아들이지 않을 것이다.

우리 대표는, 우리는 각 국가의 존엄한 주권과 평화를 수호하면서 올바르고 합리적인 휴전과 평화를 쟁취하게 할 수 있는 모든 노력에는 결코 거부하지 않을 것이며, 휴전과 평화가 쟁취되지 않는 한 우리는 계속 투쟁하기로 했다고 선언했다.

의제 제4항 검토 담당 분과위원회가 개최한 회기에서, 우리 대표는 일대 일을 기본 원칙으로 포로교환에 대한 1월 2일 상대측 제안을 단호하게 거부했다.

우리 대표는 상대측이 독단적으로 12월 18일 전달된 명단에 북한인 포로 44,000명 이상을 포함시키지 않았었다는 것을 보여주었다. 또한 우리 대표는 상대편이 계속해서 이미 이 명단에 등재된 16,000명 이상도 제외될 것이라고 공공연히 선언했었음을 보여주었다. 1월 2일 제안에서 상대측은 1대 1과 '자발적 송환'을 기본으로 하는 교환이라는 명목 하에 우리 편 소속 포로 160,000명 이상을 억류해두려고 하는 데까지 갔다.

전 세계 인민들은 의심하지 않을 수 없으며, 이 무례하고도 수치스러운 술책을 규탄하고 있다".

샤테뇨

# 【10】 휴전협상 진행 상황(1952.1.5)

| [ 전 보 ] | 휴전협상 진행 상황 |
|---|---|
| [ 문 서 번 호 ] | 17 |
| [ 발 신 일 ] | 1952년 1월 5일 08시 45분 |
| [ 수 신 일 ] | 1952년 1월 5일 14시 00분 |
| [발신지 및 발신자] | 도쿄/드장(주일 프랑스대사) |

사이공 공문 제10호

어제 1월 4일, 제3항 분과위원회에서는 비행장 문제에 대해 어떠한 입장 변화도 없었습니다. 유엔대표는 비행장 건설 권리를 유지하겠다는 공산 측의 주장이 평화적인 의도라기보다는 호전적인 목적이라고 지적했습니다.

제4항 분과위원회에서 공산 측은 자발적인 송환 원칙에 반대하는 데 집중했습니다. 유엔대표는 휴전 뒤에 포로를 계속 수용할 의사가 전혀 없었다는 점과, 본국 송환을 원하는 모든 민간인도 그러한 방법을 받아들일 것이라고 강조했습니다.

공산 측은 환자 및 부상자를 즉각 교환하자는 유엔군의 제안을 다시 한 번 거부했습니다.

어제 니콜스 장군은 유엔이 협상에 대해 했던 모든 타협은, 노력에 답하기는커녕 이에 대한 뉴스를 계속 기대하던 공산 측은 무력함의 표시로 해석했다고 밝혔습니다. 사실 중공·북한 공산군은 휴전 조건을 받아쓰게 하고 싶어 하는 것입니다.

국방부에 전달 요망.

드장

# 【11】 미국이 제안한 공동성명안에 프랑스가 동의한 배경(1952.1.5)

| | |
|---|---|
| [ 전　　　보 ] | 미국이 제안한 공동성명안에 프랑스가 동의한 배경 |
| [ 문 서 번 호 ] | 미상 |
| [ 발 　 신 　 일 ] | 1952년 1월 5일 16시 00분 |
| [ 수 　 신 　 일 ] | 미상 |
| [발신지 및 발신자] | 파리/외교단 |

1급 비밀
보안

런던 제152-157호
워싱턴 제149-154호

한국에 파병한 열강들의 성명안

본인의 이전 전보 참조

각하에게 알렸던 성명안 원문으로 며칠 전부터 우리 외무부와 미 대사관 간에 매우 적극적인 협상이 벌어졌습니다.

처음에 우리는 인도차이나를 가릴 만큼보다 일반적인 방법을 인정하게 하도록 애쓰는 동시에 우리가 보기에 너무 위협적인 미국 초안의 특징을 완화시키려 노력했습니다.

우리의 권고는 채택되지 않았으며, 특히 애치슨 개인 메시지로 표명된 미 국무부의 주장에 비추어, 저는 결국 다음의 내용으로 각하께 설명 드리는 조건에서 미국의 성명안에 동의하기로 결심했습니다.

협상의 마지막 단계에서 미대사는 한국에 주둔 중인 다른 열강들은 이 성명 안에 동의했다는 것, 그래서 다시 기한이 필요한 조사를 하기는 불가능하다는 것을 강조했습니다. 미 정부는 이 성명서가 한국 휴전의 중요한 조건이며, 성명서 조항이 더 이상 지체 없이 정해져야 한다고 여기고 있습니다. 주불 미국대사 브루스[1]의 설명에 따르면, 미 사령부는 휴전협정 체결을 위해서는, 적대행위의 재개를 막는 보장을 충분히 할 만큼 강한 성명 발표가 이루어지지 않으면 사실 지금까지 계속해왔던 몇 가지 요구 사항을 포기해야 할 지점인 것 같습니다.

저는 애치슨 국무장관에게 1월 4일 사신(私信)을 보냈습니다.

저는 이 메시지를 통해, 프랑스 정부는 한국 휴전이 극동 상황을 나중에 악화시키는 것을 피할 수 있도록 어떠한 주의도 소홀히 하지 않을 의무가 있다는 것을 상기시킨 후에, 다음의 두 가지 유보사항을 달아 성명안에 동의했습니다.

1. 성명의 마지막 부분은 합의에 어떠한 변경도 내포할 수 없을 것이다. 이 합의에 따르면 분쟁에 있어서 영토 확장을 야기할 수 있는 모든 조치는 사전 협의의 대상이 되어야 한다.

2. 만약 인도차이나의 상황이 더욱 악화하면, 특히 한국 전선에서의 적대행위 종식의 간접적인 결과로 그렇다면, 우리는 침략에 저항한 관련 열강들의 연대가 한국에서와 같이 신속하고 효율적으로 나타날 수 있도록 미국에 의지할 것이다.

저는 프랑스에게 있어서는 본질적으로 중요한 이 마지막 사항에 대한 미 국무장관의 동의를 받게 되기 바란다고 표명했습니다.

---

[1] 데이비드 브루스(David K. E. Bruce, 1898-1977). 주불 미국대사. 프랑스, 영국, 독일 3개국 대사를 모두 지낸 유일한 인물.

런던으로: 영국 정부는 이 성명서에 관한 어떠한 이의도 표명하지 않았는지 아는 것이 중요할 것 같습니다.

외교단

## 【12】 한국에 증대된 중공군 병력(1952.1.6)

| [ 전        보 ] | 한국에 증대된 중공군 병력 |
|---|---|
| [ 문 서 번 호 ] | 19-23 |
| [ 발  신  일 ] | 1952년 1월 6일 02시 |
| [ 수  신  일 ] | 1952년 1월 7일 10시 10분 |
| [발신지 및 발신자] | 도쿄/드장(주일 프랑스대사) |

보안

국방부에 긴급 전달 요망
사이공 공문 제11호

1. 유엔사령부는 최근 북한에서 한국 주둔 중공군과 직접 연관된 여러 중공군 지원부대를 확인했습니다. 이는 한반도에서 그들의 새롭고 막대한 병력 증대로 표출됩니다. 이 보충 병력은 다음과 같이 배정되었습니다.

　　　3개 전술지원 포병연대
　　　1개 대공연대
　　　별개의 1개 안보연대
　　　4개 공병연대
　　　7개 수송연대

37,000명으로 이루어진 이 부대에 1, 2, 3, 4기지에 속한 보급병 40,000명이 추가되었습니다. 새로 확인된 병력 수는 그래서 77,000명입니다.

분계선이 정해졌을 때 400,000명, 12월 20일에 555,000명이었던 한국 주둔 중공군은 1월 4일 643,000명으로 증가했습니다.

425,000 - 제3, 9, 13, 19, 20군단 병력 수
(77),000 - 위에 언급한 지원군
(10)1,000 - 안보군
2,800 - 대전차사단
24,000 - 4개 포병사단
9,600 - 2개 기갑사단
5,300 - 2개 기병사단

11월부터 250,000명이 넘은 이 증원군은 유엔의 공군 활동에도 불구하고 야간 수송과 위장으로 올 수 있었습니다.

최근 정보에 따르면, 만주에서 전선 근처에 있던 제55, 56, 57군으로 이루어진 새로운 중공 제17병단이 현재 한국에 있는 것 같습니다. 잘 훈련된 부대로 구성된 이 병단은 바로 작전에 투입될 수 있는 80-100,000명으로 이루어진 것 같습니다.

2. 미 참모본부에 심각한 것으로 간주된 위 정보는 중공군 사령부가 지금까지 한국에서 인도차이나 개입을 위해 남중국으로 대규모 병력을 철수시키지 않았다는 것을 확인해주는 것입니다.

반면 판문점에서는 공산군 대표자들이 막무가내 같은 고집으로 북한에 공군 인프라를 마음대로 발전시킬 수 있는 권한을 요구하고 있으며, 중공 지상군의 체계적인 증강은 병력 뿐 아니라 물적 시설로도 불안한 조짐을 이루고 있습니다.

우리로서는 상대편이 충실하게 평화적 해결을 향한 노정이 될 수 있는 정전을 추구하는 대신에, 우리를 함정에 빠뜨리려는 것은 아닌지 자문하게 됩니다.

드장

# 【13】 휴전협정 진행 상황(1952.1.6)

[ 전        보 ]   휴전협정 진행 상황
[ 문 서 번 호 ]   24
[ 발   신   일 ]   1952년 1월 6일 01시 30분
[ 수   신   일 ]   1952년 1월 5일 10시 30분
[발신지 및 발신자]   도쿄/드장(주일 프랑스대사)


사이공 공문 제16호

1. 판문점에서

1월 5일 제3항 분과위원회 회기는 양측이 서로 강도 취급하며 욕설이 오가는 것으로 악화되었습니다. 감독 문제가 휴전의 본질이자 미래의 관건이라는 것을 강조한 후, 유엔대표는 유엔군의 피해를 준비하기 위해 자기들이 거기 있는 것은 아니라고 강조하기에 이르렀습니다. 그들은 휴전하는 동안 비행장 건설을 용인할 수 없을 거라고 단호히 말하고, 이 점에 관한 입장에는 변함이 없을 거라는 말도 덧붙였습니다. 공산 측 역시 자신들의 태도를 절대 바꿀 수 없다고 선언했습니다.

2. 제4항 분과위원회 회의에서, 공산 측은 유엔대표단이 1월 2일 제시한 전쟁포로와 민간인 포로, 피난민에 대한 규정전체를 고려하고 있는 제안의 6개 항목 각각에 이의를 제기했습니다(본인의 전보 제11호 참조). 4시간 이상의 회기 끝에 유엔 분과위원회 제1대표는 더욱 더 긴 논의가 예상된다고 알려주었습니다.

국방부에 전달 요망.

드장

## 【14】 한국문제에 대한 소련의 의도 분석(1952.1.8)

| [ 전       보 ] | 한국문제에 대한 소련의 의도 분석 |
|---|---|
| [ 문 서 번 호 ] | 40-46 |
| [ 발   신   일 ] | 1952년 1월 8일 08시 15분 |
| [ 수   신   일 ] | 1952년 1월 8일 20시 00분 |
| [발신지 및 발신자] | 모스크바/샤테뇨(주소련 프랑스대사) |

본인의 전보 제19호 참조

판문점 협상이 다시 교착 상태가 되었을 때 스탈린 메시지와 비신스키 제안은 특별한 중요성을 띠고 있습니다. 우리는 이 이중 제안에서 극동에서의 심각한 상황 악화를 예고하는 것을 봐야만 하는 것은 아닌지 자문해 볼 수도 있습니다.

비신스키가 안전보장이사회에서 한국문제를 다루고자 하는 목적은 무엇인가? 총회에서 이에 대한 권한을 박탈하고 싶은 것인가? 소련 정부 역시 북아시아 운명에 관심을 드러내고 싶은 것인가? 같은 질문들 말입니다.

어쩌면 우리가 가정한대로, 비신스키가 채택되지 못했던 자신의 계획을 다시 검토하기를 기대하는 것이라면 이 제안은 거의 한 가지 목적뿐입니다. 바로 판문점에서는 중국, 또 파리에서는 소련이 한국전의 평화적 해결을 돕기 위해 계속 펼쳤던 노력이 무익했노라고 전 세계 여론을 설득하는 것입니다. 이렇게 베이징과 모스크바는 중국에 대한 미국의 공격의도에 대해 입증한 것으로 간주할 것이고, 북중이 정전협상을 중단하고 38선에서 전면공세를 개시하게 할 수도 있습니다. 지난 몇 달 동안 엄청나게 위력을 키워 이미 상대방을 월등히 압도하는 것 같은 공군의 지원을 받은 그들은 어쩌면 지금은 유엔군의 2차 후퇴까지 시킬 수 있을 정도라고 평가됩니다.

버마를 통한 공격 위협과 태국의 암묵적 동조로 신화통신과 타스통신, 비신스키가 동시에 매우 분명히 했던 암시는 중·미를 이제 남중국에 두게 할 것이고, 또 한편으로는 판문점 협상의 최종 중단이 남쪽을 향한 중국 공산군 증강의 신호가 될 수 있다는 것을 우리에게 보여줍니다.

사실 모스크바가 원하지 않는 3차 세계대전 발발을 유발하는 게 아닐까 염려하게 될 수도 있습니다. 그래서 통킹을 직접 공격하면서 초래할 위기를 의식한 마오쩌둥이 지금은 인도차이나 후방을 공격하려 하면서, 불안해하지도 않고 현재 타협을 원하지도 않는 프랑스 정부가 협상하게 하려 애쓰고 있습니다.

베이징과 모스크바 정부는 중공군의 버마와 태국 북쪽 지방 침입 덕에, 또 이미 이 나라에 배치한 병력의 지원으로 랑군과 방콕에서 정부의 위기를 야기하는 것과, 따라서 그들 나라의 '중립성 존중'을 보장하기 위해 필요한 조치를 행할 권위 있는 유력인사의 출현이 용이하도록 하려는 것일 수도 있습니다.

그러한 행동 계획의 수정은 아마도 현재 마오쩌둥의 모스크바 방문이 임박하다는 소문에 대한 중요한 근거가 될 것입니다. 또한 이것은 최근 스탈린의 선언 행위를 설명해줄 것입니다. 극동의 상황이 빠르게 악화되면 일본이 미국으로부터 더 높은 압력을 받게 될 것이라는 점은 확실합니다. 먼저 그렇게 하면서 지금부터 그의 호의에 대한 일본의 여론을 확인하면서, 스탈린은 아직 요시다 정부에서 반대세력을 사주하려고도, 만만치 않은 인접국과의 전투에 참여한 일본을 보게 될까 두려워하는 모든 ㅁㅁㅁ에 대한 불안감을 악화시키려 하지도 않습니다. 따라서 총사령관의 메시지는 단지 자기편으로 끌어들이려는 시도일 뿐 아니라 대비인 것도 같습니다. 곧 주한 미군의 상황이 악화되고, 결국 놀란 여론이 포기하던지, 일본 중립성 존중에 반드시 필요한 보장을 미국으로부터 얻어 내던지 하라고 압박하고 있는 요시다 정부를 강제하기 위해 이번에는 위협을 행사하는 크렘린을 보게 될지도 모를 일입니다.

샤테뇨

## 【15】 휴전협상 진행 상황에 대한 신화통신 통신문(1952.1.8)

[ 전        보 ]  휴전협상 진행 상황에 대한 신화통신 통신문
[ 문 서 번 호 ]  50
[ 발    신    일 ]  1952년 1월 8일 15시
[ 수    신    일 ]  1952년 1월 8일 21시
[발신지 및 발신자] 모스크바/샤테뇨(주소련 프랑스대사)

오늘자 신문은 신화통신의 1월 5일, 1월 7일자 2개의 통신문을 게재했습니다.

1월 5일 통신문

의제 제3항과 제4항 검토 위원회에서 아직 어떠한 진전도 없었다. 상대측은 우리나라의 내정에 간섭하려는 주장을 계속 펼쳤고, 휴전협상이 진행 중일 때 상대측이 억류하고 있는 전쟁포로 전원의 석방과 소환을 거부했다.

1월 7일 통신문

어제 열린 의제 제3항 분과위원회 회기에서 미국은 협상을 중단하겠다고 우리를 위협하면서 우리나라의 내정을 간섭하고 한국에 건설을 제한하려는 비이성적인 주장을 받아들이라고 협박하려 했다. 그들은 우리가 그들 제안을 받아들이지 않으면 협상이 포탄과 폭탄, 총탄에 놓이게 할 작정임을 공공연하게 선언했다.

우리 대표는 벌써 오래전부터 상대측이 전쟁의 위협으로 협상으로 향하는 길을 막으려한다고 강조했다. 그들은 이러한 방법으로 우리가 그들의 말도 안되는 주장을 받아들이게 하려고 한다.

하지만 '군사적 압력'으로 인한 그들의 주장은 누구도 두렵게 할 수 없다.

우리는 한국의 내정에 간섭하고자 하는 모든 비상식적인 주장에는 계속 반대해 왔으며 앞으로도 계속 반대할 것이다.

(부분 판독 불가)

상대측이 그들 논거의 모순을 밝히는 것과는 거리가 멀다는 것과 미국 제
안에 대한 우리 주장의 장점을 더 확인하고 있다.

사실 이 제안은 우리가 잡고 있는 전쟁포로 전원의 석방과 송환을 요구하는
것으로 되어 있으나, 동시에 우리 병사 대부분을 인질로 잡고 있으려 하면서,
이를 위해 일대일 원칙이라는 비인간적인 교환 방법을 사용하려는 것이다.

동시에 상대측은 우리 병사들을 이승만, 장제스 무뢰한들의 뜻대로 ☐ ☐ ☐
을 원하지 않는다고 표명하는 포로가 되게 하려고 한다. 우리 대표는 다시 공
식적으로 단호하게 이 바보 같은 제안을 거부했고, 의제의 ☐ ☐ ☐ 위해 양측
이 정전협상이 조인되자마자 포로 전원의 석방과 송환이라는 원칙을 ☐ ☐ ☐
강조했다.

샤테뇨

한국전쟁 관련 프랑스외무부 자료 Ⅳ(1952. 01. 01~1952. 06. 30)

# 【16】 정전 협상 진행 상황(1952.1.8)

[ 전        보 ]  정전 협상 진행 상황
[ 문 서 번 호 ]  178-181
[ 발    신    일 ]  1952년 1월 8일 20시 00분(현지 시간), 9일 02시 30
               분(프랑스 시간)
[ 수    신    일 ]  1952년 1월 9일 03시 00분
[발신지 및 발신자]  워싱턴/보네(주미 프랑스대사)


우편 전달

뉴욕 공문 제3호(우편 전달)

오늘 한국에 대한 주 2회 미 국무부 회의에서 미 대표는 일주일 전부터 판문점에서 열린 회담은 휴전협상으로 한걸음의 진척도 없었다고 했습니다. 히커슨을 대신한 극동담당 차관보 알렉시스 존슨은 공산 측 대표들이 유엔대표단의 제안에 더 이상 격렬한 공격을 하지 않았다고 했습니다. 미 당국자들에게 있어서 이는 중공·북한이 더 이상 판문점 회담 결과의 진전을 보는데 관심이 없음이 명백한 것입니다.

제3항에 대한 논의는 특히 비행장 복구에 대한 문제입니다. 1월 3일 이 논의가 진행될 때 중국 대표는 협상개시 후 처음으로 북한에서 유엔군의 진군과 1950년 말 중국 '인민지원군'의 개입으로 결정되었던 한국의 전선에 가해왔던 위협을 지적했다는 것은 흥미롭습니다.

리지웨이 장군 대리는 북한이 1950년 6월 25일 안보리 결의안을 따랐더라면, 유엔군이 결코 한국에 진입하지 않았을 거라고 응수했습니다.

지난주 공산 측 대표는 정책에 관한 논의를 통과시키고자 한다는 인상을 주

었습니다. 그들은 특히 압록강을 넘으려 했던 유엔군을 비난하면서 미 공군의 안둥과 창하이 폭격을 시사했습니다.

의제 제4항 논의 분과위원회에서 포로 교환 문제를 논의할 때, 차이청원 대령은 뚜렷한 이유도 없이 갑자기 대만 문제를 논의할 준비가 되었다고 말했습니다.

중공-북한 대표단은 일대일 교환, 선서에 의한 석방, 교환을 감독할 기구 등 전쟁포로에 대한 유엔의 제안에 완전히 반대한다는 입장을 유지했습니다. 또한 환자나 부상 포로 교환을 즉각 시행하자는 유엔의 요구를 두 차례 거부했습니다.

그런데 공산 측의 이전 입장을 완전히 재주장하는 선언으로 시작했던 1월 7일 회담에서, 중공-북한은 이전 회기들에서와 같은 격렬함을 보이지는 않았습니다.

결국 워싱턴에서는 현재 한국의 정전협정에 관한 공산 측의 의도를 살펴보기 위해서는 판문점보다는 유엔총회 쪽으로 옮겨야 한다고 여기는 경향입니다.

보네

## 【17】 휴전협상에 대한 공산 측 입장 통신문(1952.1.9)

| | |
|---|---|
| [ 전 보 ] | 휴전협상에 대한 공산 측 입장 통신문 |
| [ 문 서 번 호 ] | 60 |
| [ 발 신 일 ] | 1952년 1월 9일 15시 30분 |
| [ 수 신 일 ] | 1952년 1월 9일 21시 |
| [발신지 및 발신자] | 모스크바/샤테뇨(주소련 프랑스대사) |

오늘 아침 신문은 한국 휴전회담에 대해 다음과 같은 베이징 주재 타스통신 통신문을 게재했습니다.

1월 7일자 개성의 신화통신은 상대편이 한국의 내정에 간섭하고자 계속 한국에서의 건설제한권을 요구하고 있다고 보도했다. 모든 논거를 철저히 고찰한 후 미국은 의제 제3항 검토 분과위원회 회기 때, 다량의 비행기가 한국에 들어왔다고 우리를 비난했다.

통신에 따르면 우리 대표는 이러한 비난을 인정하지 않고 "당신들이 퍼뜨린 소문은 터무니없고 아무런 근거도 없다. 그걸 반박하는데 시간을 허비할 만한 가치도 없다. 회담과는 별개로 우리 내정에 간섭할 권리를 얻겠다는 당신들의 몰상식한 주장을 뒷받침하기 위해 회담에서 이런 중상모략을 사용한 지 이미 3일째이다"라고 했다.

우리 대표는 "사실 외국 증원군을 한국에 서둘러 투입한 것도 당신들이다. 일본에서 새로운 부대를 한국에 투입했다고 솔직히 인정한 바 있지 않은가. 이 때문에 기만과 소문으로 협상을 중단하고, 협정을 폐기하고, 여론의 관심을 돌리기 위한 새로운 시도로 전 세계 사람들을 속이는데 성공하지 못하는 것이다"라고 덧붙였다.

의제 제4항 분과위원회 회기에서, 우리 대표는 상대측이 1월 2일 제출한 제안에 대한 비판에 전념했으며, 최근 상대측의 한 설명에 집중했다. 어떠한 설득력 있는 논거도 찾을 수 없었음에도 상대측은 계속 잘못된 자신들의 주장을 지키려고만 했다.

우리 대표는 양측의 절대적인 책무는 모든 포로를 석방, 송환하고, 피난민 전원이 귀환할 수 있도록 돕는 것이며, 여기에는 어떠한 보충 조건도 허용될 수 없으며, 말할 것도 없이 서로 종속적인 것 같은 이 두 가지의 혼동을 받아들일 수 없다고 했다.

우리는 직접 공개적으로 우리가 억류하고 있는 포로 전원을 석방하고 송환할 것이며, 휴전협정이 체결되자마자 모든 피난민의 귀환을 도울 것이라고 선언했다.

동시에 "최근 당신들이 한 설명을 보면 당신들의 제안은 귀측이 억류하고 있는 우리 측 포로 대부분을 붙잡아두고, 그들이 송환되길 원하지 않는 다는 구실로 북중 인민을 철천지원수에게 넘기려는 목적임을 더 분명히 확인해주고 있다. 하지만 그러한 핑계로는 적대행위 중지 이후 포로 전원의 신속한 석방과 송환이라는 기본원칙을 위반하게 할 수 없다"고 하였다.

샤테뇨

# 【18】 포로교환에 관한 수정안과 양측 입장(1952.1.9)

| | |
|---|---|
| [ 전 보 ] | 포로교환에 관한 수정안과 양측 입장 |
| [ 문 서 번 호 ] | 35 |
| [ 발 신 일 ] | 1952년 1월 9일 01시 |
| [ 수 신 일 ] | 1952년 1월 9일 13시 50분 |
| [발신지 및 발신자] | 도쿄/드장(주일 프랑스대사) |

　1. 1월 5일, 7일, 8일 휴전협상은 정체 상태였습니다. 그런데 유엔대표는 현재 공산군이 분해된 비행기들을 한국에 들여오고 있는 것 같다는 정보를 인용했습니다. 유엔대표는 이 기기들이 조립되었을 때 북한 비행장망의 확대와 더불어 유엔군에 야기하는 위협을 강조했습니다.

　공산군 대표는 유엔사령부가 조직적으로 협상을 지체시키고 좌절시키려 한다고 재차 이야기했습니다. 그들은 어떠한 새로운 논거도 제시하지 않고, 침묵과 야유, 빈정거림을 되풀이 하며 회담에 무관심한 것처럼 했습니다.

　리지웨이 장군과 협의하기 위해 1월 7일 도쿄에 온 조이 제독은 하루하루 지날 때마다 공산군이 지속가능한 휴전을 원한다고 여기기 힘들어진다고 했습니다. 유엔대표단장에 따르면, 판문점의 논점은 틀에 박힌 성격이 아니었다고 합니다. 공산군의 내정에 관한 것이 아니라, 유엔군의 안전과 보호에 관한 것이었습니다. 공산군이 평화를 원한다면, 휴전기간 동안 군사비행장을 건설할 아무런 이유가 없습니다.

　2. 전쟁 포로에 대해, 유엔대표는 때로는 주의 깊고, 때로는 산만했으나 지금은 무조건 반대하기만 하는 공산 측 대표들 앞에서 1월 2일 제안을 계속 설명했습니다.

　유엔 측은 공산 측이 제기한 몇몇 문제를 다루고 어떤 해명을 하기 위해 수정안을 제시했습니다.

가장 중요한 변화는 공산 측이 모든 포로와 옛 남한 병사, 그리고 송환을 선택한 피난민이나 억류민들을 돌려보낸 후, 유엔사령부가 억류하고 있는 전쟁포로 전원의 자발적인 송환을 다룬 조항을 추가한데 있습니다.

이 이외에 수정안은 어떠한 내용 변화도 없으며, 특히 다음 6가지 사항을 다시 보여주고 있습니다.

1) 포로 전원 석방에 동의
2) 유엔이 수용하고 있는 포로를 억류된 외국 민간인, 현재 공산군 소속이나 원래 남한 병사, 피난민과 1 대 1 원칙으로 교환하기 앞서 먼저 전쟁포로의 1 대 1 교환 조항, 마지막으로 여전히 수용되어 있는 다른 모든 포로들도 석방이 이루어질 것임. 중공군 사령관과 북한인민군 사령관은 공산군이 억류하고 있는 유엔 포로와 직접 교환하지 않은 모든 공산군 포로들이 UN군에 대항하여 무기를 다시 들게 하지 않겠다고 공식적으로 약속해야 할 것
3) 송환을 선택하지 않은 포로들은 다시 한국전에 참여하지 않겠다는 선언을 한다는 조건으로 석방한다는 조항
3) 귀가를 선택한 포로의 송환에 대한 조항
5) 억류민이나 포로로 수용되어 있는 남한인이 원하면 북한으로 갈 수 있는 조항
6) 그들이 있는 곳에 머무는 것을 원할지 귀환하는 것을 원할지 포로와 피난민이 결정하기 위한 심문을 하도록 국제적십자위원회에 권고

유엔사령관은 마땅히 어느 누구도 자신의 의지에 반하는 송환은 이루어지지 않을 거라고 재차 강조했습니다.

사령관은 현재는 북한군에 소속된 남한인들이 전쟁포로로 간주될 것을 계속 주장하지는 않았지만, 남한인이 북한에 남아있거나 남한에 귀환하겠다는 선택권을 가져야 한다는 주장은 계속 했습니다.

국방부에 전달 요망.

드장

## 【19】 유엔 측의 포로교환에 대한 수정안(1952.1.9)

[ 전        보 ] 유엔 측의 포로교환에 대한 수정안
[ 문 서 번 호 ] 37
[ 발    신    일 ] 1952년 1월 9일 08시
[ 수    신    일 ] 1952년 1월 9일 13시
[발신지 및 발신자] 도쿄/드장(주일 프랑스대사)

사이공 공문 제20호
본인의 파리 공문 제35호, 사이공 공문 제19호 참조

전쟁포로 교환에 관한 1월 2일 유엔사령부 제안의 수정본

1. 현 본문에 기재된 조건에서 모든 전쟁포로는 석방될 것이라고 결정되었다.

2. 전쟁포로는 다음의 원칙으로 송환될 것이다.
1) 송환을 선택한 북한 인민군과 중국인민지원군이 수용 중인 전쟁포로는 송
   환을 선택한 유엔군이 수용 중인 전쟁포로와 동수(同數)로 교환될 것이다.
2) 유엔사령부는 유엔이 수용하고 있는 전쟁포로와 송환을 선택한 북한인민
   군이나 중국인민지원군이 억류하고 있는 외국 민간인 포로를 동수로 송환
   할 것이다.
   (1) 1950년 6월 25일 38선 이남에 거주했었고, 어떤 이유에서건 정전협정
       체결 시 북한인민군 소속이며 송환을 선택한 그 외 사람들
   (2) 1950년 6월 25일 38선 이남에 거주했었고 정전협정 체결 시 북한인민
       군이나 중국인민지원군 지배 영토에 있는 그 외 민간인들

3) 위의 교환이 이루어진 후에도 유엔사령부 감독 하에 있으며 송환을 선택한 포로들은 즉시 송환될 것이다.

4) 북한인민군 사령관과 중국인민지원군 사령관은 위의 2-2)와 2-3) 조항에 따라 송환된 전쟁 포로가 그 후 UN군에 대항하여 무기를 들도록 허락되거나 또는 강제되어서는 안 된다는 것을 엄숙히 약속해야 한다.

3. 송환을 선택하지 않은 모든 전쟁 포로는 그들이 한국전쟁에서 양측 어느 쪽에 대항해서도 무기를 들지 않겠다고 문서상의 보증을 하면 전쟁 포로의 신분으로부터 벗어날 것이다.

4. 휴전협정 조인 시에 UN군의 군사적 관할지에 있고, 1950년 6월 25일 당시 38선 이북에 거주했던 모든 민간인은 그들이 원한다면 북한인민군과 중국인민지원군 관할지로 갈 수 있도록 하고 원조할 것이다. 또한 휴전협정 체결 시에 북한인민군 및 중국인민지원군의 관할 하에 있는 영토에 있고, 1950년 6월 25일에 38선 이남에 거주했으며, 2)-(1), (2)의 조항에 따라 송환되지 않는 모든 민간인은 그들이 원하면 유엔사령부의 관할 하에 있는 영토로 갈 수 있도록 원조할 것이다.

5. 북한인민군 및 중국인민지원군 관할지로 갈 것을 선택하는 권리는 민간 억류자로 분류되어 유엔이 수용하고 있는 전원에게 확대될 것이다. 또 1950년 6월 25일에 38선 이남에 거주했을지라도 현재 전쟁 포로로 유엔군이 수용하고 있는 모든 이들에게도 확대될 것이다.

6. 송환에 대한 선택이 어떠한 압력도 없이 실행되는 것을 보장하기 위해 국제적십자사 대표들은 모든 전쟁 포로 및 위 2-2)-(1) 조항에 언급된 전원, 그리고 휴전협정 체결 시 다른 편 관할지에 있었던 민간인 전원과 교환 지점에서 회견하도록 허가될 것이다. 양측은 이 일을 수행하는 데 있어서 국제적십자위원회와 협력할 것이고, 필요한 모든 병참 및 행정적 준비를 할 것이다.

국방부에 전달 요망.

드장

# 【20】 판문점 협상에 대한 장 쇼벨의 인터뷰(1952.1.9)

| [ 전        보 ] | 판문점 협상에 대한 장 쇼벨의 인터뷰 |
|---|---|
| [ 문 서 번 호 ] | 미상 |
| [ 발     신     일 ] | 1952년 1월 9일 시간 미상 |
| [ 수     신     일 ] | 미상 |
| [발신지 및 발신자] | 미상 |

우선 문건

편집 및 보도사무국 추신

아래는 20시 전에는 간행되거나 방송되면 안 됨

판문점 협상에 대한 장 쇼벨[1]의 인터뷰[2]

유엔(파리). 1월 9일(AFP통신)

오늘 저녁 유엔 주재 상임대표 장 쇼벨은 프랑스라디오 방송에 대해 말하는 신문에 한국 휴전 협상에 대한 인터뷰에서 "공산당국이 개입한 모든 협상은 협상자의 인내를 시험한다는 것을 우리는 알고 있다"고 했다.

장 쇼벨은 판문점 협상 시 엄정하고 전문적인 특성을 강조하면서 유엔안보리 회원은 침공에 있어서 북한의 책임을 결코 의심할 나위가 없다고 여긴다는 점을 상기시켰다.

이어서 "판문점 협상가들은 자신들이 완벽하게 알고 있는 군사문제를 논의하

---

[1] 장 쇼벨(Jean chauvel, 1897-1979). 주유엔 프랑스대사, 유엔 상임대표단 단장.
[2] 프랑스어의 대소문자 구분, 강세와 문장 부호가 제대로 되어 있지 않을뿐더러 인쇄가 불량해 세세하고 정확한 판독이 불가한 문서 상태라 짐작 가능한 경우 번역을 시도함.

는 군인들입니다. 토의가 지연되더라도 그들은 다양한 조항에 대한 합의를 이루었습니다. 어떠한 개입 없이 평화기구가 계속 기능할 수 있으면 다음 체결은 가능할 것 같습니다"고 했다.

이어 유엔 정책위원회에 제출한 소련의 최근 제안을 환기시키면서 프랑스 대표 쇼벨은 다음과 같이 결론지었다.

> "한국문제를 안보리에 이관하는 것은 새로운 담당자 뿐 아니라 새로운 정부 대표가 개입되게 될 것입니다. 군 지휘관과는 다른 이 정부 대표자들은 모든 일을 정책적으로 다룹니다. 안보리처럼 어떤 형태로든 회합은 이루어질 것이며 또한 거부권에 대한 규칙도 작용한다는 것을 잊지 맙시다."

편집사무국 추신: 우리 202호「판문점 협상에 대한 장 쇼벨의 인터뷰」는 내일 목요일 20시까지 게재될 수 없음.

## 【21】 미 공습을 비판하는 공산 측 언론(1952.1.10)

| [ 전 보 ] | 미 공습을 비판하는 공산 측 언론 |
|---|---|
| [ 문 서 번 호 ] | 61 |
| [ 발 신 일 ] | 1952년 1월 10일 07시 30분 |
| [ 수 신 일 ] | 1952년 1월 10일 10시 30분 |
| [발신지 및 발신자] | 모스크바/샤테뇨(주소련 프랑스대사) |

'한국에서 미 공군의 야만스러운 행위'는 오늘자 타스통신의 긴 통신문 대상으로, 모든 신문의 주요 자리를 차지하며 재수록 되었습니다.

소련 특파원에 따르면, 1952년 1월 1차 회기 때 미군은 평양과 그 주변을 주야로 폭격했다고 합니다. 작년 한 해 동안 이 도시(평양)에 시행된 공습 횟수는 거의 2000회에 달하고, 주변부를 포함한 평양 지역에 1㎢ 당 평균 1천여 개의 폭탄이 투하되었다고 합니다. 여성, 아동, 노인 중 희생자 수는 15,000명, 부상자는 7,000여 명에 이릅니다.

다른 통신문은 『인민일보』 기사를 인용하고 있습니다.

(부분 판독 불가)

판문점에서 협상이 "난관"에 봉착하게 하고 그 상태를 유지하게 하는 미 공군의 공습이 계속 되었다.

(부분 판독 불가)

"우리의 전 인민은 미 제국주의가 평화를 싫어하고, 우리 인민을 증오하며, 그들이 선택한 길이 어떤 것이건 간에, 미 제국주의자들은 그들의 공격 목표를 이루지 못할 것이라는 점을 이해해야 한다. 중화인민군 및 중국인민지원군, 중국인민과 조선인민들은 오래전부터 미국이 협상을 단절할 경우 적의 침략 행위에 맞설 준비가 되어 있다. 이 침략 행위는 더욱 잔인한 패배를 겪게 될 것이다".

『인민일보』는 "미 공군이 우리 영토에 가한 많은 폭격은 우리 인민과 경제에 커다란 손해를 야기하고 수많은 희생자를 낳았다. 미 제국주의자들은 자신들의 잔인한 행위에 대해 무거운 벌을 받아야 할 것이다"하고 끝맺고 있습니다.

샤테뇨

## 【22】 미 공습에 대한 공산군 측 비판 기사(1952.1.10)

| | |
|---|---|
| [ 전 보 ] | 미 공습에 대한 공산군 측 비판 기사 |
| [ 문 서 번 호 ] | 65 |
| [ 발 신 일 ] | 1952년 1월 10일 14시 30분 |
| [ 수 신 일 ] | 1952년 1월 10일 17시 50분 |
| [발신지 및 발신자] | 모스크바/샤테뇨(주소련 프랑스대사) |

오늘 아침 소련신문은 『인민일보』 내용을 수록한 신화통신 뉴스를 재수록 했습니다.

"1951년 12월 8일 중국인민지원군 부대 대공포대(對空砲臺)가 북한의 X지점에서 미 폭격기 B-26 한 대를 격추시켰다. 낙하산으로 뛰어내린 후 포로가 된 비행사 해럴드 A. 스타이너[1](군번 A 0758878)에게서 이중으로 된 5개의 지도를 찾아냈다.

처음 2개는 한쪽은 베이징, 한쪽은 뤼순항.

세 번째 지도는 러허성[2] 지방과 선양.

네 번째 지도는 블라디보스토크와 개성.

다섯 번째 지도는 나가사키와 가고시마였다.

스타이너 비행사는 한국에 있는 동안 북한인민군과 중국인민지원군의 교통을 폭격하기 위해 총 25회의 야간 출격을 했다고 진술했다. 단 한 번의 주간 출격을 했는데 격추당한 것이다. 그는 최종 목표물과 공습 목표는 모른다고 했다. 일제사격 때 사망한 미 공군 대위 조종사만이 알고 있었다고 한다.

---

[1] 해럴드 A. 스타이너(Harold A. Steiner).

[2] 러허성(熱河省, Jehol). 중국 동북부에 있던 옛 성(省)으로서 일본군에 의해 만주국에 편입됨.

중화인민공화국 지도를 지닌 미 폭격기가 북한 상공을 비행했다는 것은 미 제국주의자들이 한국에서 침략전쟁을 확대할 의도를 지녔음을 명백히 보여주는 것이다"라고 통신문은 끝맺었습니다.

샤테뇨

# 【23】 협정 조항에 대한 양측의 이견(1952.1.10)

| | |
|---|---|
| [ 전 보 ] | 협정 조항에 대한 양측의 이견 |
| [ 문 서 번 호 ] | 36 |
| [ 발 신 일 ] | 1952년 1월 10일 01시 |
| [ 수 신 일 ] | 1952년 1월 10일 13시 |
| [발신지 및 발신자] | 도쿄/드장(주일 프랑스대사) |

사이공 공문 제22호

1. 의제 제3항에 대해 공산군은 12월 29일 유엔군 제안과 너무나 흡사하지만 비행장 건설 권한에 대한 어떠한 제한도 포함되어 있지 않은 반대 제안을 1월 9일 제출했습니다. 이 새로운 제안문을 내면서 세계 패권주의 및 제국주의로 비난받는 미국에 대한 공격도 함께 했습니다. 유엔대표들은 공산군의 반대 제안을 수용할 수 없다고 했습니다.

포로 교환에 대해, 중공-북한은 모든 설명을 받았음에도, 1월 2일 유엔이 제시한 수정안에 동의하지 않았습니다(본인의 전보 파리 제37호, 사이공 제20호 참조). 공산군은 이 계획안을 채택하면 매우 많은 수의 포로가 유엔 수중에 남게 될 거라고 계속 주장했습니다. 사실 그들은 관련된 개개인의 개인적 희망과는 별개로 송환이 의무적으로 이루어지기를 바랍니다.

2. 1월 9일자 AP통신 보도에서 전날 언론에 이루어진 성명이 비관적인 표현으로 해석되었다는 것을 확인한 조이 제독은 자신이 유엔대표단 단장으로서 낙관적으로도 비관적으로도 할 수 있는 권한이 없다고 말했습니다. 조이 제독은 현재 공산군이 완강해도 경우에 따라서 그들의 선의를 보일 거라는 희망을 피력했습니다.

드장

# 【24】 유엔 측이 보는 휴전협정 교착 상태에 대한 분석(1952.1.11)

[ 전        보 ]  유엔 측이 보는 휴전협정 교착 상태에 대한 분석
[ 문 서 번 호 ]  56
[ 발   신   일 ]  1952년 1월 11일 01시
[ 수   신   일 ]  1952년 1월 11일 11시
[발신지 및 발신자]  도쿄/드장(주일 프랑스대사)

사이공 공문 제26호

휴전협정이 개시된 지 6개월이 지났으나 여전히 교착상태입니다.

비행장 문제는 의제 제5항에 대한 원칙 합의에 계속 걸림돌이 되고 있습니다. 유엔대표는 어제 재조사 이후 1월 9일 공산군의 반대제안이 유엔군의 안전에 대해 매우 중요한 문제를 제기했기 때문에 수용되지 못했다는 것을 확인했습니다.

제4항 분과위원회에서 유엔대표는 공산군의 이의가 4가지 조항이라고 했습니다.

1. 자유의사에 따른 송환
2. 피난민과 포로의 교환
3. 북한군에 강제 징집된 남한인 조사
4. 어떤 종류의 포로도 한국전쟁에서 더 이상 무기를 들지 않겠다는 선언

유엔대표는 공산군이 포로의 전원 석방으로 그들의 병력과 노동력을 증가시키려 하는 것이라고 말을 맺었습니다.

국방부에 전달 요망.

드장

# 【25】 공산군 공군력과 병력 추정(1952.1.11)

| [ 전　　　보 ] | 공산군 공군력과 병력 추정 |
|---|---|
| [ 문 서 번 호 ] | 1181-1183 |
| [ 발　신　일 ] | 1952년 1월 11일 09시 |
| [ 수　신　일 ] | 1952년 1월 11일 14시 32분 |
| [발신지 및 발신자] | 도쿄/드장(주일 프랑스대사) |

사이공 주재 프랑스연합부 공문
본인의 이전 전보에 이어

만주 근처의 □□□ 비행장에 대해, 최근 아마 TU-2나 AF-2로 보이는 50여 대의 경량 폭격기를 관측했습니다. 미 참모본부에 의하면 이 비행기들이 있다는 것은 다음의 이유 중 하나에 의해 설명될 수 있다고 합니다.

1. 조종사 훈련
2. 같은 기종 105대가 주둔해 있던 만주 □□□에서의 악천후로 인한 비행기 이동
3. 위협용으로 공군력을 과시하고자 하는 공산군의 욕망
4. 공군의 공세 움직임을 위한 집중

6월 9일 시행된 정찰이 이 비행기들의 존재를 밝혀내지 못했다는 사실은 지금으로서는 마지막 가정이 가장 거리가 멀고 오히려 일시적인 주둔일 것 같습니다.

최근 □□□에 비해 적의 병력 수에는 눈에 띄는 변화가 아무 것도 없습니다. 6월 8일 추정인원으로는 북한군 269,200명, 중공군 685,600명으로 한국에

954,800명이 주둔해 있는 듯합니다. 만주에는 747,000명이 있는 것으로 추산되어, 한국 만주 현장에 총 1,700,000여 명이 주둔해있습니다. 560,000명으로 추산된 민병대로 구성된 예비 병력을 차치하더라도 말입니다.

국방부에 전달 요망.

드장

# 【26】 정전협상 조항에 대한 공산 측의 입장 보도문(1952.1.12)

[ 전        보 ]  정전협상 조항에 대한 공산 측의 입장 보도문
[ 문 서 번 호 ]  77
[ 발    신    일 ]  1952년 1월 12일 14시 30분
[ 수    신    일 ]  1952년 1월 12일 16시
[발신지 및 발신자]  모스크바/샤테뇨(주소련 프랑스대사)

오늘 아침 신문은 판문점 회담에 대한 신화통신의 1월 10일자 통신문을 수록했습니다.

오늘 제3항 담당 분과위원회 회기에서 우리 대표는 한국의 내정 간섭권을 얻으려는 상대편의 불합리한 논거에 재차 반대했다.

어제 우리 대표의 수정안 제출 이후, 의제 3항 합의에 대한 빠른 개입에 유일하고 심각한 난관은 한국에 비행장 건설을 제한하고, 한국 내정 간섭권을 얻으려는 상대편의 주장이다. 이는 이미 우리가 단호하게 거부한 바 있는 주장이다.

휴전 기간 동안 우리가 우리의 비행장을 재건축하거나 말거나, 우리는 이 불명확한 요구를 따를 수 없을 것이라고 선언했던 것처럼 미국은 이를 생색내면서 오늘 불합리의 경계에 도달했다.

여기에 우리 대표는 다음과 같은 답변을 했다.

"우리가 비행장을 건설하는지 안하는지의 문제는 우리 일입니다. 이 문제에 관한한 아무리 사소한 간섭도 받아들일 수 없습니다. 우리는 우리 자신의 일은 우리 스스로 결정하는 우리의 주권과 우리 영토 전체를 수호하기를 희망합니다. 우리 인민 전체와 우리 병사 및 장교들이 벌써 1년 넘게 이러한 이유로 싸우고 투쟁하고 있습니다. 누구에게든 단 한순간도 그들의 내정에 간섭하고 그들의 주권을 침해하게 하지 않을 것입니다."

제4항 분과위원회 회기에서, 우리 대표는 우리 제안이 원칙적으로 휴전협정 조인 이후 포로 전원의 즉각적인 석방과 송환을 주장한다는 것을 보여주었다. 또한 휴전협정 이후 우리는 피난민 전원을 무조건 송환할 것이라고 선언했다. 상대측의 제안은 '1 대 1 원칙의 교환' 방법을 적용해 인질로 있는 우리 포로 대부분을 계속 잡고 있겠다는 것이자, 우리 포로와 민간인을 '자유의사에 따른 송환'이라는 구실로 이승만과 장제스 도당들의 손에 맡기려는 것이다. 우리 대표는 이 같은 비현실적인 제안에 단호히 반대해 왔음을 다시 강조했다.

게다가 우리는 상대측에게 중국어로 작성된 완전한 괴뢰군 포로 명단을 넘겨주었다. 전에도 우리는 포로수용소에 대한 완전하고 충분한 자료를 상대측에 이미 제출했었다. 그래도 상대측은 중국어로 된 괴뢰군 포로 명단을 달라고 요구했고, 우리는 이 요구도 들어주었다. 상대측은 제4항 분과위원회 업무 초기부터, 포로 전원에 대해 완벽히 준비된 자료가 있으니, 자료교환을 요구했었다고 했지만, 사실 저들은 우리에게 낡은 서류더미만을 넘겨주었고, 각각 1,456명과 44,205명의 포로와 민간인에 관한 중요한 자료는 지금도 제시하지 않았다.

우리가 제출한 괴뢰군 포로에 대한 중국어 명단을 받은 이후에, 상대측은 문제의 1,456명과 44,205명의 포로와 민간인에 관한 정보를 제출하지 않았다는 것을 증명하기 위한 새로운 적용거리를 찾아야 했다. 그들은 낯 두껍게 그들의 ㅁㅁㅁ 언론이 역할을 잘 못했었다고 했다. 상대측의 태도는 의제 제4항을 해결하겠다는 희망의 진정성에 대해 의구심을 제기하지 않을 수 없다.

샤테뇨

# 【27】 중립국감독기구에 대한 공산 측 주장 전문(1952.1.12)

[ 전          보 ]  중립국감독기구에 대한 공산 측 주장 전문
[ 문 서 번 호 ]  60
[ 발     신     일 ]  1952년 1월 □□일 □□일 □□시
[ 수     신     일 ]  1952년 1월 12일 10시 00분
[발신지 및 발신자]  도쿄/드장(주일 프랑스대사)


1월 9일 방송에서 베이징라디오는 지난 12월 29일의 유엔 제안에 같은 날짜의 공산 측 반대제안 전문을 방송했습니다(본인의 전보 제2663호 참조).

인용

　양측에게 보다 높은 수준에서 정책협의에 대한 회의를 용이하게 하기 위한 군사휴전의 안정성을 보장하기 위해, 또 평화적 해결에 이르기 위해, 현재 진행 중인 휴전 협상이 체결되고 개시된 후 양측은 한국에 어떠한 군사인력의 증강도, 전투기나, 기갑차량, 무기나 탄약도 들여오지 않기로 약속한다.
　양측이 합의할 제한사항 중에서 군사인력의 모든 교체는 양측이 합의한 항(港)내에 입항부터 도항까지 현장에서 감독과 조사를 지휘할 중립국감독기구가 위촉될 수 있도록 군사정전위원회에 알려야할 것이다.
　각 측은 휴전협정 시행을 감독하고 휴전협정에 대한 모든 위반을 협상을 통해 해결할 군사정전위원회를 설립하기 위해 동수의 위원을 임명할 것이다.
　휴전협정에 정해진 감독과 조사 임무는 다음의 두 가지 조항에 따라 시행될 것이다.

　1. 비무장지대 내에서 책임은 직접 파견한 합동팀을 이용하는 군사정전위원회로 돌아온다.

2. 비무장지대 이외에, 양측이 합의한 입항과 도항이 이루어지는 항 내에
서, 체결될 휴전협정의 위반이 일어나는 곳에서의 책임은 중립국 대표
들의 감독기구에게 돌아간다.

군사정전위원회를 구성하고 중립국감독기구에 권한을 부여한 양측 또는
어느 일방의 휴전협정 위반에 대한 조사 요구에 관해서는 중립국감독기
구가 조사를 시행해야 할 것이다.

3. 양측은 양측이 서로 수용할 수 있고 한국전에 참전하지 않은 중립국이
제4항과 제5항에 규정된 감독과 조사 임무를 시행할 책임을 지닌 군사
정전 담당 중립국감독기구를 설립하기 위해 동수의 대표를 파견해달라
고 권고하기로 결정한다.

군사정전위원회를 대표하는 어느 일방 또는 양측에서 이 기능을 실행해
달라는 요청에 의해, 중립국감독기구는 양측이 합의한 입항과 도항가능
항구, 또 비무장지대 이외에 휴전협정 위반이 제보된 장소에 즉각 조사
팀을 파견하고 감독 및 조사 결과를 군사정전위원회에 보고할 것이다.

위에 규정된 기능을 수행함에 있어서 양측은 양측이 합의한 주요 교통 통
신선에 대한 모든 편의를 중립국조사팀에게 제공할 것을 합의할 것이다.

인용 끝.


1월 11일 베이징라디오에서 '최종'이라고 소개되었던 비행장 문제에 대해 단
순하게 묵과해버렸기 때문에 유엔은 공산 측의 반대제안을 거부했습니다.


국방부에 전달 요망.

드장

## 【28】 휴전협상 지연에 대한 공산 측 주장 기사문(1952.1.13)

[ 전        보 ]　휴전협상 지연에 대한 공산 측 주장 기사문
[ 문 서 번 호 ]　87
[ 발   신   일 ]　1952년 1월 13일 14시 30분
[ 수   신   일 ]　1952년 1월 13일 18시 40분
[발신지 및 발신자]　모스크바/샤테뇨(주소련 프랑스대사)

오늘자 신문은 1월 11일 판문점 협상 회기에 대한 신화통신 특파원 통신문을 게재했습니다.

　　의제 제3항 검토 분과위원회의 오늘 회기에서, 우리 대표는 상대측이 비행장 건설을 제한하며 우리의 내정을 간섭하기 위해 제기한 비이성적인 주장을 다시 거부했다. 우리 대표는 "우리는 어떤 형태로든지 휴전협정에 상대측이 우리 내정에 간섭할 수 있는 조치가 포함되는 것을 결코 인정하지 않을 것이다. 적대행위 중이거나 휴전기간 중에 우리가 군사설비를 건설하는지 아닌지 아는 문제는 우리가 우리의 필요에 따라 스스로 해결할 전적인 권리가 있는 문제이다. 이는 오직 내부 문제이며, 우리는 당신들이 우리의 내정에 관여하는 것을 결코 용인하지 않을 것"이라고 선언했다.
　　의제 제4항 검토 분과위원회 회기에서, 우리 대표는 지난달 회담의 종합평가를 준비했다. 대표는 상대측이 갖가지 구실로 우리 포로 병사들을 억류하고자 한 탓에 분과위원회가 아직 어떠한 결과에도 이르지 못했음을 보여주었다. 분과위원회 업무 첫 날부터 우리는 적대행위 종식 후 양측이 전쟁포로 전원을 석방하고 송환하자고 제안했었다. 하지만 상대측은 의제를 깊이 검토하기도 전에 선결해야 할 사전 조건을 내세웠다. 매우 공정하고 합리적인 우리 제안을 검토하는 것조차 거부하면서, 상대측은 우선 국제적십자위원회가 포로수용소를 방문할 수 있도록 해야 하고, 전쟁포로에 대한 자료 교환을 실행해야 한

다고 주장했다.

　사전 조건에 대한 이 같은 요구는 완전 정당하지 않았다. 마찬가지로 우리 제안을 검토하기 전에 전쟁포로에 대한 자료교환을 하는 것이 반드시 필요한 일은 아니었다.

　그럼에도 불구하고 협상이 성공에 이르고 상대측이 제기한 모든 구실에서 벗어나기 위해 우리는 12월 18일 전쟁포로에 대한 자료교환을 시행하는 것을 수용했다. 그런데 상대측이 만든 포로 명단, 유엔대표단이 우리에게 전달한 명단에는 많은 성들이 단지 영어표기에 따라서만 기재되어 있었다. 더구나 상대측 명단에 표시되었어야 할 우리 포로의 전체 인원수와 전술한 명단에 실제 표시된 수 사이에는 1456개 이름의 차이가 있었다. 게다가 그 명단에는 우리 포로 44,205명의 상황이 언급되어있지 않았다.

　결국 미국은 그들이 말하는 소위 일대일 원칙의 포로교환 계획을 제안한 것이다. 그러한 방법을 통해 우리 포로들을 인질로 억류하고, 자유의사에 의한 송환이라는 구실로 그들을 장제스와 이승만 도당에게 넘기려는 것이다. 우리는 휴전협정 체결 후 상대측 소속의 모든 피난민이 그들 가정으로 귀환하게 될 거라고 분명히 선언했다. 그런데도 상대측은 일대일 원칙으로 피난민과 전쟁포로 교환를 요구하기까지 했다. 우리 대표는 전쟁포로를 계속 억류하려는 이 터무니없는 시도가 지난 달 협정에 걸림돌이 되었다고 강조했다. 상대측이 이 말도 안 되는 주장을 완전히 포기하지 않는 한, 어떠한 협상의 진전도 이룰 수 없을 것이다.

샤테뇨

## 【29】 휴전협상에 임하는 공산군의 입장에 대한 밴 플리트 장군의 보고(1952.1.14)

| [ 전        보 ] | 휴전협상에 임하는 공산군의 입장에 대한 밴 플리트 장군의 보고 |
|---|---|
| [ 문 서 번 호 ] | 68 |
| [ 발    신    일 ] | 1952년 1월 14일 02시 30분 |
| [ 수    신    일 ] | 1952년 1월 14일 12시 |
| [발신지 및 발신자] | 도쿄/드장(주일 프랑스대사) |

사이공 공문 제52호

1. 전쟁포로에 대한 1949년 협정 제118조의 해석에 대해 법률 논의 중인 제4항 분과위원회 회기가 판문점에서 일요일에 열렸습니다. 유엔사령부는 118조가 해당 개인의 자유의사에 따른 동의에 기반한 송환에는 전혀 반대하는 것이 아니라고 주장합니다. 또 강제 송환은 같은 협정의 제6조에 반하는 것이라고 합니다.

공산 측은 전쟁포로가 어떠한 경우에도 송환될 권리를 포기할 수 없을 거라고 주장하기 위해 제7조를 내세우고 있습니다.

각 측은 서면으로 각각 해석을 작성했고 공산군은 유엔사령부의 해석을 '불합리'하다고 평했습니다.

제3항 분과위원회의 논의는 완전 진전이 없는 상태입니다.

2. 어제 밴 플리트[1]장군은 적군이 지상과 상공에 대규모 공격을 개시하고 있으며 아마 큰 참패를 당한 것 같다고 말했습니다.

하지만 공산군은 그들의 전쟁력, 대포, 장갑차, 비행기 등을 엄청나게 발전시

---

1) 밴 플리트(James Award Van Fleet, 1892-1992). 한국전쟁 당시 리지웨이 장군을 이은 미군 제8군 사령관 및 유엔군 사령관.

컸다고도 했습니다. 공산군은 미 제8군 보다 더 많은 대포를 보유하고 있었습니다. 하지만 가장 눈에 띠는 발전은 공군의 발전입니다. 그러나 그들의 비행기가 유엔군 전선에 대규모로 파견된다면 그들은 새가 죽어나가듯이 공격당할 것입니다. 밴 플리트 장군에 따르면 휴전협상은 커다란 기만행위일 것이라고 합니다. 공산군은 휴전을 원하는 것 같지만 전쟁은 그들이 기대했던 것보다 훨씬 더 많은 희생이 필요하다는 것이 밝혀질 필요가 있을 것입니다. 하지만 그들은 유엔군의 희생보다는 더 큰 이익을 끌어낼 '그들만의 조건에 따른' 휴전을 원할 겁니다. 그들이 지연책을 따르는 것인 바로 이러한 휴전을 얻기 위해서입니다.

밴플리트 장군은 끝으로 휴전협상 지연이 8군의 사기에 아무런 영향도 미치지 않았다고 했습니다.

드장

# 【30】정전협상 이견에 대한 공산 측 주장 보도문(1952.1.15)

| | | |
|---|---|---|
| [ 전 보 ] | 정전협상 이견에 대한 공산 측 주장 보도문 |
| [ 문 서 번 호 ] | 105 |
| [ 발 신 일 ] | 1952년 1월 15일 08시 |
| [ 수 신 일 ] | 1952년 1월 16일 14시 |
| [발신지 및 발신자] | 모스크바/샤테뇨(주소련 프랑스대사) |

신문은 오늘 아침 한국휴전협정에 대해 개성 주재 신화통신의 통신문을 수록했습니다.

"의제 제3항 검토 분과위원회가 어제 연 회기에서, 상대측은 공습과 기총소사 작전을 펼 수 있는 능력을 자랑했으며, 휴전협정 체결 이후에도 한국에 군사시설 건설 및 재건설을 다루는 문제에 있어서 개입할 수 있는 권리를 확보해야 한다고 했다.

그동안 상대측은 우리의 비행장이 자기의 안보를 위협할거라는 구실로 한국에 우리의 군사시설 건설권을 제한하기 위한 주장을 계속해왔다.

우리 대표는 상대방의 이 같은 모순된 논거에 대해 말하면서, 전시일지라도 상대측은 우리의 내정에 개입할 수 없고, 우리의 요새 건설에 대해 영향을 끼칠 수 없다고 분명히 선언했다. 그들의 공습이나 야만적인 기총소사에도, 우리의 반격을 막을 수 없으며 그들 공군에 막대한 피해를 입히는 것을 막을 수 없다고 말이다. 상대측도 그들의 범죄행위를 수행하는 데 있어서 그들 공군이 점점 더 강한 저항에 부딪히고 있다는 것을 인정하지 않을 수 없었다. 휴전협정 체결 후 우리가 한국에 요새를 건설하느냐 마느냐 하는 문제는 어떠한 경우에도 상대측의 개입 대상이 될 수 없는 단지 내정문제일 뿐이다.

의제 제4항 검토 분과위원회 회기에서 우리 대표는 포로교환이 '1 대 1' 기준으로 '자유의사에 따른 송환' 원칙에 따라 행해져야 한다는 구실로 우리 포로를 억류하고 장제스와 이승만 도당에게 넘기려는 상대측의 계획을 다시 완전히 폭로했다. 우리 대표는 상대측에 포로가 된 우리 병사 44,205명의 구금 장소와 상대측이 제공한 명단에는 빠져있는 1,456명에 대한 정보를 제공하라고 재차 요청했다. 상대측은 이전에 제공하기로 약속했던 포로에 대한 정보를 주거나 답을 하는 대신에 제네바 협정에서 핑계거리를 찾으려 애썼다. 우리 대표는 끊임없이 전술한 것처럼 제네바 협정 서명자는 우리가 아니라 상대편인데도 이 협정에 대한 조항들을 공공연하게 위배한 것은 바로 상대측이라고 말했다."

샤테뇨

## 【31】 유엔 측 제안에 반박하는 공산 측 입장 보도문(1952.1.17)

| | |
|---|---|
| [ 전　　　　보 ] | 유엔 측 제안에 반박하는 공산 측 입장 보도문 |
| [ 문 서 번 호 ] | 113 |
| [ 발　신　일 ] | 1952년 1월 17일 15시 30분 |
| [ 수　신　일 ] | 1952년 1월 17일 18시 |
| [발신지 및 발신자] | 모스크바/샤테뇨(주소련 프랑스대사) |

　오늘 아침 신문은 한국 휴전협정에 대해 1월 15일자 신화통신 통신문을 수록했습니다.

　1월 9일 중공·북한이 의제 제3항 검토 분과위원회 회의에 합리적인 한도 내에서 반드시 필요한 전쟁물자 교체를 허용하는 수정안을 제출하고 6일 동안 상대측은 한국에 우리 비행장을 배치할 우리의 권리를 제한하려는 주장을 계속했다. 상대측은 한국의 내정에 간섭하기 위해 헛된 시도를 뒷받침하는 온갖 논거를 제시했다. 우리 비행장이 상대측의 안보를 위협할 것이고, 상대측은 우리 군사시설을 파괴하기 위해 휴전기간에도 폭격 및 야만적인 기총소사를 할 수 있는 권리를 갖겠다는 상대측의 모순된 주장을 우리 대표는 전적으로 거부했다.
　오늘 상대측은 전시현상과 무기의 균형에 대해 되풀이하는 그들 주장을 또 다시 끄집어냈다. 우리 대표는 이에 대해 다음의 논거로 답하였다.

　"협상 초부터 우리는 한국문제에 대해 무조건적인 평화적 해결 정책을 확고부동하게 따랐습니다. 우리는 무든 외국군의 철수와 38선에 따른 군사분계선 설치를 주장했습니다. 우리는 한국전쟁을 이번에야 말로 종식시키기 위해 한국문제의 모든 양상에 대한 점진적이고 완전한 해결에 찬성한다는 의견을 표했습니다.

귀측은 국제적 긴장을 초래하고 전쟁에 대한 귀측의 정책을 계속하기 위해 전쟁을 지체시키고 휴전협정 체결 이후에도 한국에서 전쟁이 유지되도록 애쓰고 있습니다. 평화를 유지하려는 우리의 현명한 제안에 반대의사를 표할 뿐 아니라, 귀측의 공격 의도를 숨기기 위해 일부러 우리 제안에 대한 트집을 잡았습니다. 의제 3항 검토 중 우리에 대한 당신들의 의도가 완전히 밝혀졌습니다. 귀측의 직원으로 우리 후방을 자유롭게 감시하고 무제한적으로 부대와 무기, 탄약이 한국에 들어간다는 것을 뜻하는 군대 교대와 물자 이동을 요구하는 것은 분명 한국에서의 항구적인 전쟁상태를 유지하기 위해서라는 겁니다. 평화를 향한 첫걸음으로서 우리는 우선 한국의 휴전을 지지하는 전세계 평화를 애호하는 사람들의 희망을 충족시키려 노력하면서, 휴전 하는 동안 양측이 특히 전투기 같은 어떠한 원군도 한국에 들여오지 않기를, 조사는 중립국 대표들로 이루어질 것이며, 휴전위원회 중 어느 한쪽의 요청이 있을 시, 휴전협정 위반의 경우 중립국감독기구가 즉각 조사를 시행할 것을 약속하자고 제안했습니다. 우리는 이처럼 완전하고 수용가능하며, 공정하고 합리적이며 지속 가능한 휴전을 보장하기에 충분한 제안을 제시했습니다.

귀측이 같은 확신을 주고 실제로 ㅁ ㅁ ㅁ한다면, 우리 각각에게 어느 정도는 휴전 기간 동안 한국에서의 군사력 증가 가능성을 고려할 수 있었을 것입니다.

하지만 귀측은 계속 한국에 비행장 건설 제한을 두려는 자세를 유지하고 있고, 이 구실로 우리 내정에 간섭하려고 합니다. 우리의 입장은 확고하고 굳건하다는 것, 한국 내정에 어떠한 간섭도 허용하지 않을 것이라는 점을 귀측은 이해해야 할 겁니다. 우리가 한국 영토에 군사시설을 건설하는지 여부를 알고자 하는 문제는 전적으로 내정 문제입니다. 귀측은 협상에서 이 문제에 대해 흥정할 권리가 없습니다. 보통은 귀측이 이 일에 개입할 권한이 없다는 것은 말할 필요가 없는 일입니다. 1월 9일 우리의 제안은 의제 제3항에 대한 양 진영 사이에 있는 이견을 해결하기 위한 합리적이고 필요한 모든 조건을 포함하고 있습니다. 협상의 진전은 지금 한국 내정에 간섭할 권리를 획득하려는 비상식적인 귀측의 주장을 스스로 포기하는 것에 달려있습니다."

의제 제4항 검토 분과위원회 회기에서, 우리 대표는 특히 수용된 포로 중 10명의 사상자와 60명의 부상자를 발생시킨 1월 14일 저녁 9시 미 비행기에 의한 계동 제8포로수용소 폭격에 대한 화제로 상대편의 주의를 끌었다. 이어 우리 대표는 상대의 제안과 선언에 내포된 모순을 지적하고 여러 문제를 제기했다.

상대가 선언했던 제안의 제1항은, 다른 항에서는 이 석방이 더 이상 군사작전에 참여하지 않겠다는 '선서'로 이루어져야 한다고 했으면서도 모든 전쟁 포로가 석방되어야 한다고 하며, 송환은 '1 대 1'과 자유로운 동의를 기반으로 시행되어야 한다고 말하고 있다. 우리 대표는 우리 포로를 억류하고 그들을 장제스와 이승만 도당에게 인도하려는 명백한 시도를 포로 전원 송환으로 간주할 수 있는 것 아니겠냐고 물었다.

상대측도 모든 피난민이 귀환하는 것을 지원하는데 대해 우리와 동의한다고 했다. 그런데 왜 상대측은 의제의 분명한 문구에 저촉되도록 전투에 참여하지 않았던 민간인에 관한 문제와 전쟁 포로 문제를 연루시키는 것인가?

왜 '1 대 1' 기본으로 민간인과 전쟁포로 교환에 대한 합의를 요구하는가?

어떤 원칙에 근거해 우리 포로를 인질로 억류한다고 제안하는 것인가?

상대측은 또한 제안이 양측에게 유리할 거라고 결말지었다. 하지만 우리가 우리 포로 전원을 석방하고 송환하라고 요구하면서, 우리가 민간인 대 다른 인원으로 교환을 요구하며 상대편 포로 중 일부만 송환한다는 것에 동의할 것인가?

상대측은 우리에게 넘겨준 명단에는 빠져 있는 1,456명의 포로에 대한 자료와 다른 44,205명에 대한 정보 우리에게 주었다고 수차례 주장했으면서 지금까지 왜 우리에게 이 자료를 제공하지 않는가?

상대측은 내일 답을 주겠다고 하면서 우리의 질문에 답변하기를 다시 거부했다. 그러면서 동시에 내일의 답변은 오늘 답보다 꼭 더 나은 것은 아닐 거라고도 했다. 우리 대표는 상대측이 휴전협정 체결 이후 모든 포로의 석방과 송환이라는 원칙을 채택하고, 우리 측 포로를 인질로 억류하려는 자신들의 의도를 포기하면서 그들의 모순된 입장을 포기할 수 없었다는 것을 보여주었다.

샤테뇨

## 【32】 유엔 측 제안에 반박하는 공산 측 입장 보도문(1952.1.18)

| | | |
|---|---|---|
| [ 전           보 ] | 유엔 측 제안에 반박하는 공산 측 입장 보도문 |
| [ 문 서 번 호 ] | 122 |
| [ 발     신     일 ] | 1952년 1월 18일 15시 |
| [ 수     신   일 ] | 1952년 1월 18일 18시 30분 |
| [발신지 및 발신자] | 모스크바/샤테뇨(주소련 프랑스대사) |

  오늘 아침 신문은 한국 협상에 대한 1월 15일자 신화통신 통신문을 수록했습니다.

  의제 제3항 검토 분과위원회의 오늘 회의에서 우리 대표는 휴전기간 동안 한국에 증원군도 전투기도 들어오면 안 된다고 정한 1월 9일의 우리 측 제안을 발표했다. 우리 대표는 다음과 같이 말했다.

  "우리도 원하는 바대로 귀측이 정말 이런 보장을 해주기 원한다면, 양측 중 어느 한편의 공군력 증가는 있을 수 없는 일이 될 것이며, 공군력 증대를 허가할 수 없다는 구실로 우리 내정에 개입하려는 헛된 시도를 위해 한국에 비행장 건설 제한을 요구할 어떠한 이유도 절대 없을 것입니다.
  귀측은 한국에 비행장이 있는 한 우리가 항상 우리 공군력을 증강시키기 위해 한국에 비행기를 들여오는 위반을 할 수 있다고 말하고 있습니다. 협상 중에 우리가 휴전기간 동안 협정을 위반할 것이라고 하며 남을 헐뜯는 식으로 귀측이 주장하는 근거는 무엇이오?
  협상에서 체결될 조약을 준수하고 싶어 하지 않는다고 우리를 비난하는 근거는 무엇이오?
  사실, 이 비난은 귀측에 해야 합니다. 협상을 계속하고 싶다면 기본적으로 협상에 찬물을 끼얹는 그런 말도 안 되는 중상모략을 귀측은 중지해야 할 겁니다."

의제 제4항 검토 분과위원회 회기에서, 상대측은 전쟁포로와 피난민을 '1 대 1' 원칙으로 교환하는 것에 대한 그들 주장의 목적이 양측 모두에게 교통수단을 효과적으로 사용할 수 있게 해주는 것이라고 하면서 우리가 최근 제기한 문제에 대한 답변을 다시 거부했다.

"귀측은 우리 포로를 인질로 억류하려 애쓰는 사실을 계속 부인하고 있지만, 귀측 제안은 분명 포로와 민간인을 동수로 교환하자는 계획입니다. 이 제안이 검토되었을 때, 우리는 이 두 번째 조항을 명확히 해달라고 요청했었습니다. 이후 귀측은 귀측이 민간인 송환 보장을 요구했다고 주장했습니다. 귀측이 우리 포로를 인질로 억류하고자 하는 의도가 있는 것이 아니라면 이것이 의미할 수 있는 것은 무엇이란 말이오? 오늘도 귀측은 부정한 술책을 사용했습니다. 지금 귀측은 전쟁포로와 민간인을 교환하려는 의도는 없었다고 주장하고 있지만, 민간인과 포로의 동시 송환, 그리고 교통수단의 효과적인 사용을 계획하고 있습니다.

귀측은 귀측 제안 제2항의 내용과 귀측만의 설명을 이어갔습니다. 귀측은 비교적 더 많은 수의 포로를 억류하고 있었으며, 지금은 우리를 희생시켜 협박하기 위해 이러한 상황을 이용하길 원한다는 것을 보여주었습니다. 포로의 구성이 어떠하던 간에 모든 전쟁에서 포로들은 협박의 대상이 되거나 적어도 인질로 쓰일 수 없다는 것을 귀측은 알아야 합니다. 우리는 우리 포로를 인질로 억류하고 북조선 인민과 중국 인민을 최악의 적에게 인도하고자 하는 귀측의 제안에 단호히 반대합니다."

샤테뇨

## 【33】 미군의 포로수용소 폭격에 대한 공산 측 주장과 조사단 파견(1952.1.18)

| [ 전　　　　보 ] | 미군의 포로수용소 폭격에 대한 공산 측 주장과 |
|---|---|
| | 조사단 파견 |
| [ 문 서 번 호 ] | 90 |
| [ 발　신　일 ] | 1952년 1월 18일 03시 |
| [ 수　신　일 ] | 1952년 1월 18일 11시 |
| [발신지 및 발신자] | 도쿄/드장(주일 프랑스대사) |

1. 1월 15일, 17일에 양측 대표단은 논의를 계속했으나 각자의 입장을 조금도 바꾸지 않았습니다. 제3항과 제4항에 관한 협상은 전혀 진전되지 않았습니다. 공산 측은 분쟁의 시대를 다시 열려는 경향을 보였습니다.

1월 14일 계동 근처 제8수용소 폭격에 대한 그들의 주장과, 폭격되었다는 구실로 수용소를 드러내려 하지 않았던 그들의 증언은 유엔대표단으로 하여금 어제 전달된 메모에서 찾아보게 했습니다.

　　1) 수용소가 뚜렷하고 명백한 흔적이 있는가?
　　2) 수용소 부지가 유엔사령부가 제공한 지도나 사진에 정확히 표시되어 있
　　　는가?
　　3) 공산군은 제네바협정 제23조를 위반하는 전략지대 및 전략 기점 근처에
　　　수용소 설치를 포기하였는가, 유엔대표단이 각 측 참모장교로 구성된 합
　　　동위원회 창설을 제안했으며, 해당 민간인과 전쟁포로에게 안심되는 소
　　　재지에 수용소 두 곳을 결정했는가?

공산군 대표단은 답변을 준비했습니다.

또 한편 공산군은 아침에 유엔 비행기 한 대가 개성 중립지대에 폭탄을 투하했다고 주장했습니다.

현장조사를 실시하기 위한 연합단이 즉각 구성되었습니다.

2. 1월 17일 국제적십자위원회 대표 오토 레너[1] 박사와 그의 보좌관 알베르드 코카[2] 씨가 판문점에 갔습니다. 오후에 레너 박사는 협상 막사에 들어온 북한의 이상조 장군을 맞아, 김일성에게 직접 건네 줄 국제적십자위원회 총재 폴 뤼에게의 편지가 있다고 알렸습니다.

이상조 장군은 시간이 없다고 말하며, 레너 박사가 원한다면 공산군 안보장교에게 전할 수 있다고 했습니다. 레너 박사는 이 답변이 유엔대표단에 전달될 것이라고 안내받았지만 중립성을 염두에 둔 그는 답변이 직접 제네바에 타전되기를 요청했습니다.

저녁에 한 공산군 안보장교가 유엔 장교에게 공산군 장교들은 국제적십자위원회 대표들을 맞을 의향이 없으며 그들의 방문이 아무 필요 없다고 평가한다는 내용이 담긴 메시지를 전달했습니다. 휴전협정 체결과 발효 이후 적십자사가 양측에 준비할 수 있는 원조에 대한 그들의 관점은 이미 12월 24일 리지웨이 장군에게 개략적으로 설명된바 있습니다.

게다가 메시지는 회담지역에 적십자사 대표들이 있다는 것은 대표단 멤버만이 지역에 접근할 수 있다는 합의사항에 반하는 것이라고 지적하고 있습니다.

국방부에 전달 요망.

드장

---

[1] Otto Lehner.
[2] Albert de Cocat.

## 【34】 미국조치에 대한 영국의 입장(1952.1.19)

[ 전　　　보 ]　미국조치에 대한 영국의 입장
[ 문 서 번 호 ]　275-278
[ 발　신　일 ]　1952년 1월 19일 19시 10분
[ 수　신　일 ]　1952년 1월 19일 19시 20분
[발신지 및 발신자]　런던/마시글리(주영 프랑스대사)

보안

의회 연설 중 처칠은 특히 한국의 휴전협정이 중단될 경우 영국과 미국은 신속하고 단호하며 효율적인 해결이 되도록 협의했다고 말했습니다. 저는 어제 이든 외무장관에게 이 표현에서 중국에 대한 영-미의 정책 공조에 새로운 진전이 이루어졌다는 증거로 봐야 하는지 물었습니다. 이든 장관은 협의는 미 국무부가 알고 있는 성명안에 대한 것만 있을 뿐이라고 밝히며 부정적으로 답했습니다.

예상 가능했던 일이 실제로 일어난다면 미국이 염두에 두었던 어떤 계획들을 진전시켰던 것은 사실입니다. 미국은 특히 북한 영토 밖에 위치한 □ □ □ 집결지대를 폭격할 필요성을 강조했습니다. 영국 측으로서는 듣는 것에만 그쳤습니다. 다른 한편, 중국해안 봉쇄의 적절한 시기에 대해 거론되었습니다. 이전 경험에 의해 이 문제에 대해 정보를 잘 알고 있는 영국의 반응은 즉각적이었습니다. 영국은 상대에게 매우 중요한 수단이 실행되어야 할, 게다가 □ □ □ 할 작전의 어려움을 경고했습니다.

그래서 휴전협정 중단이 새로운 행동을 요구하는 것이라면, 협상이 열리게 될 것입니다. 협정은 반박이 필요할 것이라는 점을 인정하기 위해 있는 것입니다. 협정도, 이 반박의 성격에 대한 협의 개시도 없습니다.

이든 씨가 제게 매우 강력히 말했던 것이 바로 이것입니다. 처칠의 기질은 가야했던 것 보다 더 멀리 그를 이끌었고, 그때부터 미 대중은 영국정부가 명확한 확약을 취했다고 생각하는 근거가 되었습니다. 그래서 한국전쟁 개시에서 효과적으로 노력하는데 어떤 어려움이 생기려할 때마다 런던이 항상 워싱턴에 대해 실행했던 억제효과에서 이런 상황이 나올 수 있습니다.

마시글리

## 【35】 국제적십자위원회 방문을 허가하라는 인도의 중재(1952.1.19)

| [ 전　　　　보 ] | 국제적십자위원회 방문을 허가하라는 인도의 중재 |
|---|---|
| [ 문 서 번 호 ] | 531 |
| [ 발　신　일 ] | 1952년 1월 19일 20시 30분(현지 시간), 20일 02시 (프랑스 시간) |
| [ 수　신　일 ] | 1952년 1월 20일 04시 15분 |
| [발신지 및 발신자] | 워싱턴/보네(주미 프랑스대사) |

뉴욕 공문 제5호

　베이징 주재 인도 대리공사는 12월 중의 자국 훈령에 따라 국제적십자위원회 대표들이 유엔군 관할 포로수용소에 방문할 수 있도록 중국공산당 당국과 교섭했습니다.

　인도 대리공사는 베이징 정부가 이 일에 관한 권한이 없으며, 북한 정부에 이 탄원서를 제시하기로 합의한다는 것을 보장해야만 했습니다.

　이 정보는 영국 대사관 측에서 우리 직원에게 제공한 것입니다.

보네

## 【36】 협상 지연과 공산군 대표단에 대한 발포사건(1952.1.20)

| [ 전        보 ] | 협상 지연과 공산군 대표단에 대한 발포사건 |
|---|---|
| [ 문 서 번 호 ] | 미상 |
| [ 발      신      일 ] | 1952년 1월 20일 02시 00분 |
| [ 수      신      일 ] | 1952년 1월 20일 13시 30분 |
| [발신지 및 발신자] | 도쿄/드장(주일 프랑스대사) |

1. 1월 18일과 19일 의제 제3항, 제4항 논의는 양측 각각 질리도록 같은 논거만 되풀이하는 완전 정체 상태였습니다. 공산 측은 공군력의 잠재력을 평가하는데 있어서 주요 요소가 비행기 수에 있다는 것을 고려하면 안 된다고 계속 주장합니다. 그들에 따르면 휴전하는 동안 한국에서 현재 비행기 수에 대해서만 제한할 수 있다고 합니다.

전쟁포로에 대해서도 마찬가지로 정체 상황입니다. 이 점에 관해 리비 제독은 당사자의 자유의사에 따른 동의에 기초한 송환은 제네바 협정 제7조와 118조에 완전히 부합한다는 것을 보여주면서, 유엔사령부는 보는바와 같이 포기하지 않을 것이라고 알리는 선언문을 다시 읽었습니다.

2. 1월 19일 중공-북한 대표단이 새로운 사건을 알렸습니다, 중공-북한 대표단은 유엔군 비행기가 18일 오후 합의된 마크를 단 대표단 수송대에 발포했었다고 주장했습니다.

공산군 기자들에 따르면 수송대는 트럭 3대와 지프 1대로 이루어져 있고 2명의 부상자가 있었다고 합니다. 공격은 개성 근처에서 발생했다고 합니다.

유엔대표단은 조사를 약속했습니다.

국방부에 전달 요망.

드장

## 【37】협정 지연과 유엔군의 군사력 선전(1952.1.21)

| [ 전 보 ] | 협정 지연과 유엔군의 군사력 선전 |
|---|---|
| [ 문 서 번 호 ] | 100 |
| [ 발 신 일 ] | 1952년 1월 21일 02시 00분 |
| [ 수 신 일 ] | 1952년 1월 21일 10시 15분 |
| [발신지 및 발신자] | 도쿄/드장(주일 프랑스대사) |

사이공 공문 제49호

1. 어제 1월 20일 제3항 분과위원회 회기는 양측 대표들이 말없이 마주보기만 한 지 6분 만에 폐회했습니다.

2. 제4항 분과위원회에서 유엔대표는 관점을 접근시켜보려는 새로운 노력을 했습니다.

   1) 유엔대표는 전쟁에서 다시 무기를 들지 말자는 약속을 처음 언급한 그룹뿐 아니라 포로전원에 적용된다고 제안했습니다.
   2) 유엔사령부가 제안한 공산군 포로와 현재는 북한 소속이면서 송환을 희망하는 이전의 한국 민간인을 동수로 교환한다는 원칙에 대한 완화를 제시했습니다. 이런 조정은 공산군이 문제의 민간인 수에 대한 구체적인 정보를 제공해야 이루어질 수 있을 것입니다.

한국 남해안의 거제도에 수용된 17,000명 중 12,000명의 중국인 포로는 중국 공산당으로 송환되지 않으려고 유엔사령부에 보내는 탄원서에 혈서로 서명했습니다.

3. 1월 19일 밴 플리트 장군은 한국에 방문 중인 휴전협정대표단과 필리핀 기자대표단에 호소하면서 유엔군은 중국, 러시아, 북한이 지금 가져올 수 있는 모든 것을 쳐부술 수 있다고 선언했습니다.

"우리는 공산군과 싸울 것입니다. 필요하다면 그들을 몰살시킬 것입니다. 그들이 자유 인민을 공격할 모든 전선에서 그들을 몰아낼 것입니다. 유엔군은 사기가 올라있고, 유엔군의 훈련도 훌륭하며, 공급도 원활히 이루어지고 있습니다. 병사들은 이길 것이라고 생각하고 있습니다."

4. 어제 한국 주둔 미 제5공군 사령관 에베레스트[1] 장군은 적이 만주 은신처에서 공군을 보낸다 해도 제5공군 비행기를 파괴할 수도, 한반도를 떠나게 할 수도 없을 거라고 말했습니다. 적의 공군과 지상군 조합부대는 유엔군을 한반도에서 철수시킬 수 없을 것입니다. 하지만 장군은 적의 공군이 거추장스럽게 개입할 수도 있다면서 자신의 관점을 이렇게 요약했습니다.

1) 소련은 분명 높은 수준의 제트기를 제조할 수 있고 대량생산할 수 있다는 것을 보여주었다.
2) 제트기 사이에서는 공군투입 결과에 너무 집착하고 있다. 더 중요한 것은 제5공군이 적의 저항에도 불구하고 북한에서의 전술임무를 계속 완수할 수 있다는 것이다.
3) MIG-15는 지금까지 다양한 활용이 가능한 요격기로 밝혀지지 않았었다. MIG-15는 원래 매우 고성능으로 특화된 기능을 포함하고 있으나 제한하고 있는 요격기이다.
4) 한국에서 한 경험은 물자와 전술이라는 관점에서 볼 때 두 가지 면에서 가치가 있다. 즉 최고의 교훈을 얻어 그것을 더 유리하게 활용할 수 있는지 말이다.

---

1) Everest.

5. 리지웨이 장군은 1월 20일 진해에서 열리는 한국 육군사관학교 개교식을 위해 부산에 갔습니다. 그는 한국전쟁은 노예와도 같은 상태에서 자유의 승리로 끝날 수 있다고 주장했습니다.

국방부에 전달 요망.

드장

## 【38】 협상 지연과 적십자위원회의 접촉(1952.1.22)

| | |
|---|---|
| [ 전　　　보 ] | 협상 지연과 적십자위원회의 접촉 |
| [ 문 서 번 호 ] | 104 |
| [ 발　신　일 ] | 1952년 1월 22일 02시 00분 |
| [ 수　신　일 ] | 1952년 1월 22일 12시 00분 |
| [발신지 및 발신자] | 도쿄/드장(주일 프랑스대사) |

1. 제3항과 제4항에 대한 판문점 논의는 눈에 띠는 어떠한 변화도 없습니다. 어제 1월 21일에도 유엔대표단은 공산군의 태도에 최소한의 변화도 가져오지 않는 주장을 계속했습니다.

2. 어제 이루어진 성명에서 유엔 장교는 중공-북한 휴전협정 대표단 수송대가 1월 18일 평양 도로에서 습격을 당했다는 것을 부인했습니다. 하지만 그는 문제의 차량들이 대공포대와 교각 폭파 시 우연히도 한포에 도착했었다는 것은 인정했습니다. 유엔 장교는 면책 대상은 단 한 대인데, 취해진 조치와는 달리 공산군이 문제의 도로에 하루에 한 대 이상의 수송대를 각 방면으로 보낸다고 지적했습니다.

3. 21일, 적십자위원회 대표 오토 레너 박사는 뤼에게 사무총장이 김일성과 펑더화이 장군에게 보낸 메시지에 대한 답신을 북한의 이상조 장군에게 받았습니다.

북한 대표가 구두로 전한 정보에 따르면, 답신은 아마도 김일성이 아니라 남일 장군의 것이라고 합니다. 답신은 제네바로 타전되었으며, 경우에 따라서는 공개될 수도 있습니다.

국방부에 전달 요망.

드장

## 【39】 휴전협상 및 성명안에 대한 분분한 의견(1952.1.22)

[ 전      보 ]  휴전협상 및 성명안에 대한 분분한 의견
[ 문 서 번 호 ]  579-587
[ 발   신   일 ]  1952년 1월 22일 21시 30분(현지 시간), 23일 03시
                  20분(프랑스 시간)
[ 수   신   일 ]  1952년 1월 23일 03시 30분
[발신지 및 발신자]  워싱턴/보네(주미 프랑스대사)


보안


각하의 전보 제657호 참조


　밀레 씨는 오늘 히커슨 씨에게 성명안에 대한 국무부의 의견을 알렸습니다.
　히커슨 미 국무부 유엔담당 차관보는 이번 주 그의 부서가 심층적으로 검토
할 우리 제안에 분명 관심을 표했습니다.
　히커슨은 완전히 결정하지 않고, 한국에 파병한 16개국의 이름과 유엔 총사
령관의 자격으로 미 정부가 만든 성명을 유엔 사무총장에게 전달할 것을 지금
까지 고려하는 것 같습니다. 성명서는 유엔과 워싱턴 정부가 동시에 공개할 것
같습니다.
　지금까지 여전히 훈령을 기다리고 있는 에티오피아대사만 제외하고 모든 참
여국은 성명안에 원칙적인 동의를 했습니다. 호주대사는 16개국 대표들이 워싱
턴에서 서명한 문서가 이 협의를 구체적으로 표현하고 있다고 시사했습니다.
제 생각에는 채택될만한 이 제안에 대해 히커슨 씨는 아직 확고한 견해가 없는
것 같습니다. 그런 경우 절차는 다음과 같습니다.

1. 16개 당국이 워싱턴에서 성명서에 조인
2. 미 정부가 유엔 사무총장에게 성명서 전달
3. 유엔과 16개국 정부의 성명서 동시 공표

이런 방식은 우리와 미국, 호주의 제안을 종합한 것입니다. 오늘 우리 직원 밀레 씨가 히커슨과 가졌던 회담에서, 밀레 씨는 현재 판문점 협상 국면으로 미 당국자들이 점점 더 그들 성명안에 집착하는 것 같다고 합니다.

사실 성명안은 미 협상가들이 수 주 전부터 북한에 비행장 재건축 제한에 대한 보장을 얻으려 헛되이 시도한 것을 결국 대신하게 될 것 같습니다.

이 점에 대해 미 국무차관보는 판문점에 있는 유엔사령부 대표들은 경우에 따라서는 양보할 준비가 되어 있었다고 밀레 씨에게 매우 은밀하게 말했습니다. 어쨌든 아직 그럴 때는 아니라고 히커슨이 덧붙이기는 했습니다. 지금 미 정부가 전념하는 것은 비행장 문제보다 포로교환 문제이며, 이에 대한 만족스런 결과를 얻기 위해 조이 제독과 동료들이 그들이 판단하는 가장 적절한 순간에 비행장에 관한 그들의 이전 요구를 포기할 수도 있다는 것은 거의 의심할 나위가 없는 것 같습니다. 히커슨은 "우리는 귀환을 원하지 않는 북한인과 중국인을 공산군에 다시 보내는 것에 동의할 수 없다"고 강조했습니다.

판문점에서 협의에 이를 가능성에 대한 견해는 여기서는 계속 매우 분분한데, 게다가 얼마 전부터 약간의 불안함으로 더욱 그러합니다. 요즘 미국 신문에 게재된 기사는 이런 관점에서 의미가 있습니다. 『US뉴스&월드리포트』라는 잡지에서 한 조이 제독과의 인터뷰 공개는 특히 리지웨이 장군의 특사 자격으로 문제를 빨리 해결하고자 하는 희망 아니면, 어쨌든 공산군을 그들 책무에 직면하게 하려는 매우 분명한 의지 보여주고 있습니다.

지금 휴전 협상을 검토할 때, 극동의 전체 상황에 대한 미 참관인들의 불안에 유의해야 합니다. 그들에 따르면 일본과 동남아시아에 대한 코민포름의 목적은 한국에 대한 공산당의 계획만큼은 아니어도 모스크바와 베이징의 결정에 영향력을 행사하는 것일 겁니다.

이 점에 관한 모든 가정이 가능하지만 지금 점점 더 분명해지는 것은, 휴전협상이 중단되거나 협상을 위반하는 경우 분명하게 대응하겠다는 의지입니다. 그래도 분명한 것은 한국 정전 이후 중국이 동남아시아에 대한 공격을 개시하는 것은 협상의 위반이나 아니면 협상 정신의 위반으로 간주한다는 경향입니다.

그래서 이 점에 대해 베이징 정부를 통해 받은 공식 통보로 보아, 몇몇 감독관이 한국에 관한한 판문점에서 더 협조적인 태도가 아니었던 것은 휴전협상 지연이 결국 동남아시아에 대한 더 나쁜 징조는 아닌지 의심하고 있었기 때문입니다.

보네

## 【40】 공산군의 전투기 주둔 위치 변경(1952.1.22)

| [ 전        보 ] | 공산군의 전투기 주둔 위치 변경 |
|---|---|
| [ 문 서 번 호 ] | 588-590 |
| [ 발    신    일 ] | 1952년 1월 22일 21시 55분(현지 시간), 23일 03시 55분(프랑스 시간) |
| [ 수    신    일 ] | 1952년 1월 23일 04시 10분 |
| [발신지 및 발신자] | 워싱턴/보네(주미 프랑스대사) |

보안

뉴욕 공문 제6호(우편 전달)

한국에 대한 주 2회 회의 중 오늘은 12월 초부터 공산군이 중국 만주에서 그들의 요격 전투기 25%를 이전했다고 미 국방부 대표가 말했습니다.

지금 미 참모부는 북·중이 만주에 600대, 중국에 300대의 MIG기를 주둔하고 있다고 평가합니다.

본인의 전보 제529-530호에서 언급된 제트기 900대는 이 배치를 고려했던 것입니다.

이번 변경의 이유는 미 국방부가 다음 두 가지 가정 중 한 가지가 가능할 것으로 여기지만 아직 뚜렷하지는 않습니다.

적은 한국에서의 휴전 가능성이 현실적이며, 만주에 대량의 비행기를 보관하는 것은 무용하다고 여기거나, 반대로 휴전은 불가능하고 이 경우 위험스레 집중되어 있던 전투기를 만주, 안둥 지방에 분산시켜 놓는 것이 바람직하다고 여긴다는 것입니다.

미 국방부가 일부의 전투기 300대가 인도차이나 국경 근처로 향했다고 생각하는 이유가 있는지 호주 대표가 묻자, 미 군 당국은 이에 관한 어떠한 증거도 없으나 적의 제트기가 단 한 대도 북한에 주둔 중이지 않은 것 같다고 미 국방부 대변인이 답했습니다. 북한에서는 신안주와 평양 공항만 상태를 유지하고 있습니다.

보네

# 【41】 중국 공산군 전력 분석(1952.1.24)

[ 전        보 ]   중국 공산군 전력 분석
[ 문 서 번 호 ]   113-116
[ 발   신   일 ]   1952년 1월 24일 01시
[ 수   신   일 ]   1952년 1월 24일 12시
[발신지 및 발신자]   도쿄/드장(주일 프랑스대사)


보안


국방부, 런던, 워싱턴에 긴급 전달 요망
사이공 공문 제62-65호


1. 12월 마지막 주와 1월 초반 2주 간 관찰된 중국 비행대의 움직임은 북한에서 좀 더 멀리 떨어진 지대로 보내는 공군 구성의 완전 개편을 가리키고 있습니다. 가장 눈길을 끄는 일은 다른 부대가 교대하러 오지도 않았는데 그때까지 모두 안둥 근처에 주둔해 있던 제트기 부대를 안쪽으로 이동한 것이었습니다. 거기에서 만주의 대공 방어와 북한에서의 공산군 공군이 활동을 펼칠 가능성이 25% 감소되었습니다.

랴오양과 선양에 있는 경량폭격기 부대는 이동이 없습니다.

최초는 1952년 설립되었던 새로운 TU-25 공군사단은 한국의 공군작전지원지대가 아니라 난징-창하이 지역에 주둔했습니다.


2. 미 참모부는 이 개편을 두 가지 방법으로 설명할 수 있다고 생각합니다.

1) 적은 휴전협정 체결이 임박한 것으로 여기고 즉각 재편성을 시작해야 한다고 여긴다는 관점입니다.

2) 공산군이 더 이상 휴전 가능성을 고려하지 않는다는 관점입니다. 유엔 측이 볼 때 공산군은 급한 움직임, 특히 지상에서 막대한 손실을 야기할 수 있는 안동 지역의 갑작스런 폭격을 불안해합니다.

이 경우나 저 경우나, 아직 검증이 더 남아 있긴 하지만 국경 지역에 남아 있는 부대들로 현재의 방어 활동에 충분합니다.

(1) 적이 만주에서 공군을 근본적으로 축소한 것은 아니라고 해도, 이 지역, 특히 압록강 기지에서 제트기 부대를 눈에 띠게 감축했습니다.

(2) 비행기 수량 증가나 부대 이동뿐 아니라 아직 전술 전략적 배치의 폭넓은 전개가 나타나는 것은 아니지만 중국 대륙 공군은 매우 성장했습니다.

드장

## 【42】 휴전협상 및 대표단 상황(1952.1.24)

| [ 전 　 　 보 ] | 휴전협상 및 대표단 상황 |
|---|---|
| [ 문 서 번 호 ] | 123 |
| [ 발 　 신 　 일 ] | 1952년 1월 24일 03시 30분 |
| [ 수 　 신 　 일 ] | 1952년 1월 24일 13시 30분 |
| [발신지 및 발신자] | 도쿄/드장(주일 프랑스대사) |

1. 1월 22일과 23일 유엔대표는 의제 제3항에 대한 교착 상태에서 빠져나오기 위해 새로운 노력을 기울였습니다. 22일에는 비행장 건설을 금지하는 조항만 삽입되면 유엔의 12월 29일 제안(본인의 전보 제60호 참조)과 매우 비슷한 공산군의 1월 9일 제안을 완전히 수용할 준비가 되었다고 선언했습니다. 어제는 의정서에 실릴 구두성명으로 만족해야 했다고 알렸습니다. 중국 장군은 이 제안이 내정에 개입하려는 유엔의 주장을 반복하기만 하는 것은 아닌지 주목할 뿐이었습니다.

1월 23일 16시 총사령부 보고에 따르면 휴전하는 동안 공군의 축소 및 증대에 관한 그들의 계획을 표명하는 것에 대한 공산군의 완강한 거부는 전쟁을 연장하고 휴전하는 동안 유엔군의 안보에 무분별한 위협을 가하려는 의도로만 설명할 수 있습니다.

2. 포로 교환에 대한 논의는 여전히 제자리걸음입니다. 그런데 공산군은 낮에도 쉽게 알아볼 수 있도록 수용소를 표시하는 것에 동의했습니다. 또 대부분 외교관, 성직자, 특파원들인 백여 명의 민간인이 있는 수용소 부지를 알려주기로 했습니다.

3. 1월 22일 제3항 분과위원회 회의 때, 공산군 대표는 처음으로 유엔대표단장 조이 제독의 인격을 비난했습니다. 그는 허풍스런 어조로 미국 잡지 『US뉴

스&월드리포트』에 군사적 압박이 교착 상태를 극복하는 유일한 방법일 것이며, 공산군은 포탄과 총알이라는 말 말고는 다른 말은 이해하지도 못할 거라고 했던 조이 제독을 비난했습니다.

4. 어제 유엔대표단은 유엔비행기가 1월 18일 한포교 근처에서 실수로 합의된 면책 특혜를 받아야 했던 공산군대표단 수송대 위로 100여 파운드의 폭탄을 실제로 투하했다고 인정했습니다. 유엔대표단은 어떠한 손실도 야기하지 않은 이 사고에 유감을 표명했습니다.

1월 23일 베이징라디오는 미 비행기 한 대가 전날인 22일 12시 20분 경 개성 중립지대 상공을 낮은 고도로 비행했으며, 2시간 뒤 4대의 미 제트기가 회담 장소 상공을 선회했다고 주장했습니다.

5. 1951년 12월에 휴전협상 대표단 소속이었으며 제3항 분과위원회에서 유엔을 대표하고 있는 제7사단 전임 사령관 페렌바우어[1] 장군은 얼마 전 제301 알래스카 병참기지 사령관으로 임명되었습니다. 그를 대신해 제8군 사령부 장군 부관인 해리슨 장군이 후임으로 대표단에 합류했습니다.

6. 1월 23일 한국과 일본에 방문 중인 필리핀 의회 및 기자대표단과의 회담 중 리지웨이 장군은 강한 공격을 개시하는데 필요한 군을 배치했다고 발표했습니다.

휴전협상을 할 수 있는 측면에 대해 리지웨이 최고사령관은 모든 평가를 유보했습니다.

국방부에 전달 요망.

드장

---

[1] 클로드 B. 페렌바우어(Claude B. Ferenbaugh, 1899-1975). 한국전쟁 당시 제7보병사단장. 유엔 협상단에도 소속됨.

# 【43】 공산군 대표단을 향한 발포사건 진상조사와 그에 대한 기사문(1952.1.26)

| [ 전 보 ] | 공산군 대표단을 향한 발포사건 진상조사와 그에 대한 기사문 |
|---|---|
| [ 문 서 번 호 ] | 190 |
| [ 발 신 일 ] | 1952년 1월 26일 07시 30분 |
| [ 수 신 일 ] | 1952년 1월 27일 01시 30분 |
| [발신지 및 발신자] | 모스크바/샤테뇨(주소련 프랑스대사) |

신문은 1월 22일자 통신문을 「미 비행기의 중공-북한대표단 이동대열 공격에 대해」라는 제목으로 수록했습니다.

"오늘 1월 18일 우리 측 대표단 이동대열을 향한 일제 사격을 조사한 미 장교가 판문점에서 미군의 기관총 탄알들로 구멍투성이가 된 트럭을 보았다. 오늘 판문점회의에서, 군 차량에 있던 중공-북한대표단의 연락 장교 세 명 중 한 명이 증인으로 인정되었다.

세 장교 모두 1월 18일 16시 40분에 4대의 미 비행기가 중공-북한대표단 이동대열을 폭격하고 기총소사하기 위해 한포교 40미터 상공에서 차례로 급강하했으며, 사방에서 총탄이 트럭으로 비오듯 쏟아졌다고 주장했다.

2시간 45분간 지속된 조사 이후, 미국 연락 장교는 지금 어떤 결과를 도출할 수 있었다고 인정해야 했다. 그는 어쨌든 이동대열 공격에 대한 책임을 회피하려 하면서 증거를 검토해보기 위해 귀대해야할 것 같다고 말했다.

오늘 우리 연락 장교는 상대측이 1월 17일 미 비행기의 개성 중립지대 폭격에 대한 조치 채택을 지연시켰다는 사실에 대해 미군 장교의 주의를 다시 끌었다.

상대측이 비행기로 인한 협정 위반과 이러한 위반이 증가하는 것에 대

한 조치를 채택하는 데 보이는 성의 없는 태도는 전 세계의 이목을 끌어야
한다."

샤테뇨

# 【44】 유엔 측의 협상 수정안 제시(1952.1.26)

[ 전        보 ]  유엔 측의 협상 수정안 제시
[ 문 서 번 호 ]  514
[ 발    신    일 ]  1952년 1월 26일 02시
[ 수    신    일 ]  1952년 1월 26일 12시 30분
[발신지 및 발신자]  도쿄/드장(주일 프랑스대사)


사이공 공문 제90호

1. 어제 제3항 분과위원회 유엔대표 터너 장군은 1월 3일부터 답보 중인 논의를 촉진하기 위해 새로운 방법을 제시했습니다. 그는 양측의 참모부 장교들이 지금 의제 3항에 대한 휴전협정 상세 원문을 양측이 이미 동의한 원칙을 기본으로 수정하기 시작하자고 주장했습니다.

아직 진행 중인 유일한 사항, 즉 비행장에 관한 규제 문제를 검토하는 것에 관해, 터너 장군은 다음 세 가지 중 한 가지 방법을 주장했습니다.

1) 분과위원회의 논의를 따른다.
2) 이미 합의된 원칙 시행에 대해 참모부 장교들의 상세한 수정 작업이 이루어지기를 기다리면서 분과위원회 회의를 중단한다.
3) 비행장 문제는 이미 수용된 원칙에 관한 참모부 장교들의 수정 작업을 마친 후 논의와 권고를 위해 그들에게 맡긴다.

공산군은 이 새로운 제안을 검토하기 위해 다음날인 1월 26일까지 회의 중단을 요구했습니다.

제4항 분과위원회에서 공산군은 현재 유엔군이 억류하고 있는 전쟁포로들 외

에도 원래 한국 병사였다가 생포된 후 공산군에 입대했으며 유엔 전선으로 귀
환하는데 성공한 한국 병사처럼 유엔군이 민간인 수용자로 간주하는 많은 수의
한국 소속민을 공산군 통제 하에 다시 두기를 요구할 수도 있습니다.

이런 부류의 군인들은 전쟁포로로 분류되어야 합니다.

공산군은 이전엔 한국 소속이었으며 현재는 그들 부대 소속의 병사들은 송환
에 대한 자유선택을 표하는 것을 거부할 거라는 말을 덧붙였습니다.


국방부에 전달 요망.


드장

## 【45】 미군이 추정하는 공산군의 증대된 전략자산(1952.1.26)

[ 전        보 ]  미군이 추정하는 공산군의 증대된 전략자산
[ 문 서 번 호 ]  712-718
[ 발    신    일 ]  1952년 1월 26일 09시 30분(현지 시간), 15시 30분
                   (프랑스 시간)
[ 수    신    일 ]  1952년 1월 26일 16시 00분
[발신지 및 발신자]  워싱턴/보네(주미 프랑스대사)


보안

2급 비밀


뉴욕 공문 제7호


  미 국방부는 오늘 한국전쟁 참전국 대표들에게 휴전협정이 개시된 이후 한반도에서 공산군 전략자산 증가에 대한 다음의 수치를 제공했습니다.


  1. 1951년 7월 7일 북중 군대는 502,000명으로 추산되었다. 현재는 882,000명으로 추산된다. 이러한 증가는 1951년 7월부터 북한에 들어온 5개 군단, 2개 안보사단, 다양한 부대들을 거느린 중국 공산군 탓으로 여겨진다.
  이렇게 이 지역은 1951년 7월 10일 72개 사단 대신 지금은 89개 사단이 있는 것 같다. 이는 140%의 증가를 나타내는 것이다.
  반대로 북한군은 약 7,000여 명 감소된 듯하다.


  2. 우리는 또한 개성 협상 초기부터 총 160대 탱크를 보유한 제1, 제2, 제7포병사단, 미확인 로켓발사부대들을 보유한 대전차 31, 31사단 부대 등 중공군에

기갑부대의 출현과 포병대의 엄청난 강화가 탐지되었음을 주목했다.

화력의 증강은 지난 4월부터 일어난 변화를 잘 나타내고 있다. 이때부터 유엔전선에서 받은 공격은 다음과 같다.

| | |
|---|---|
| 1951년 4월 12일-20일: | 227번 |
| 1951년 5월 1일-10일: | 332번 |
| 1951년 9월 1일-10일: | 6,175번 |
| 1951년 10월 1일-10일: | 16,503번 |
| 1951년 11월 1일-10일: | 15,307번 |

3. 한편, 적군은 국경을 향하는 차량 이동량이 보여주는 것처럼 여러 가지 막대한 보급품을 비축하며 모았다. 지난 10월 28일, 29일 밤에는 7,000대 이상의 차량 수치가 기록되었다.

4. 가장 눈에 띄는 전개는 분명 공산군의 공군력 증대였다.

처음 것은 1951년 5월 31일, 두 번째는 1952년 1월 18일 수치이다.

| | |
|---|---|
| 제트요격기: | 400-900 |
| 재래식 요격기: | 200-250 |
| 공격기: | 170-160(유일하게 축소된 수치) |
| 경폭격기: | 130-240 |
| 수송기: | 100-150 |
| 통틀어: | 1951년 5월에 1,000대였던 것이 지금은 1,700대가 되었다. |

동시에 지난 6월에 최대 44회에서 1월 11일 321회나 될 만큼 요격기의 일간 출격 수치가 증가하는 동안 적의 공군 작전 센터가 남쪽으로 이동하고 있었다.

현재 레이더 유도 지상 방어 역시 현저히 향상되었다.

끝으로 미 참모본부는 공산군이 7월에 비해 현재 분명 매우 잘 균형 잡힌 우위의 전략자산을 절대적으로 배치하고 있다고 추정하고 있습니다.

보네

## 【46】 공산군 지역의 지도를 지니고 있던 미 포로군에 대한 보도(1952.1.27)

[ 전        보 ]  공산군 지역의 지도를 지니고 있던 미 포로군에 대한
                    보도
[ 문 서 번 호 ]  215
[ 발   신   일 ]  1952년 1월 27일 10시 30분
[ 수   신   일 ]  1952년 1월 27일 16시 15분
[발신지 및 발신자]  모스크바/샤테뇨(주소련 프랑스대사)


오늘 아침 신문은 베이징 지부 타스통신 공문을 게재했습니다.

  "『인민일보』는 오늘 1월 15일 신화통신 특파원 통신문을 게재했다.
  그에 따르면 1월 24일 한국 전선에서 중국인민지원군은 생포한 미군 비행
사에게서 베이징, 선양, 뤼순 지방, 달니와 블라디보스토크 군사 지도를 발견
했다고 한다.
  스트레이트라는 이 미군 포로는 올해 1월 1일 북한 R 51 공습에 참여한
제18전투폭격부대 소속 공군 소위로서 그의 전투기는 중국인민지원군의 대공
포격에 격추되었다. 스트레이트는 낙하산으로 뛰어내렸고 포로가 되었다. 그
에게서는 비행사들이 보통 사용하는 1/1,000,000 축척으로 복사된 베이징, 선
양, 뤼순 지방, 달니, 블라디보스토크 지도가 발견되었다.
  스트레이트의 증언에 따르면 부대 사령부의 명령에 대해 구체적인 임무를
수행하게 하도록 비행 때마다 항상 지녔다고 한다."


  통신문은 미군 포로들에게서 이미 수차례 베이징에 대한 군사지도를 발견한
바 있다고 끝맺고 있습니다.

                                                                              샤테뇨

# 【47】 휴전협정 수정안 주요 내용과 유엔 측 주장(1952.1.28)

[ 전        보 ]   휴전협정 수정안 주요 내용과 유엔 측 주장
[ 문 서 번 호 ]   164
[ 발     신     일 ]   1952년 1월 28일 07시 45분
[ 수     신     일 ]   1952년 1월 28일 13시 30분
[발신지 및 발신자]   도쿄/드장(주일 프랑스대사)


사이공 공문 제96호

1. 어제 1월 27일 공산군 협상대표는 제3항 논의를 계속 하기 위해 유엔사령부가 제안한 세 가지 제안 중 두 번째에 동의한다고 밝혔습니다(본인의 전보 제154호, 사이공 공문 제90호 참조).

1월 9일부터 완전히 정체상태였던 비행장 문제는 참모 장교들이 이미 합의한 원칙 시행을 대략 명확히 하고 협의문을 작성하기 기다리면서 잠시 내버려 둘 것입니다.

어제 열린 1차 회의에서 유엔장교들은 휴전협정의 기본 원칙을 상세히 적용한 초안을 즉각 제시했습니다.

타이핑된 18쪽 분량 45개 항으로 이루어진 이 문서는 다음의 기구를 계획하고 있습니다.

1) 각 측의 고급 장교 5명씩으로 구성되어 미래의 휴전협정에 대해 모든 중대한 위반사항을 발견하고 알리는 위원회. 그 위치는 판문점이 될 것이다.

2) 양측에서 임명한 3개 중립국 대표들 중 6명의 위원으로 이루어진 군사정전위원회에 보고하는 감시 기구. 중립국은 그 부대가 한국에서 적대행위에 참여하지 않은 나라들이라고 간주된다.

3) 감시 기구의 재량권을 맡을 40개 팀의 중립감시반.

어제 제출된 안은 비행장 금지에 관한 2개의 조항이 포함되어 있습니다. 이 조항들은 참모 장교들이 논의하지 않을 거라고 합의되었습니다.

1월 29일 재개해야 하는 장교 회의에서 유엔사령부는 대로우[1] 대령과 키니 대령, 레비 중령, 볼[2] 해군 대위가 대표하게 될 것입니다.

공산군 장교는 북한 장춘산 대령을 필두로 할 것입니다.

어제부터 유엔대표들은 정해지고 알려져야 할 성명안은 세 명의 총사령관이 대면할 회담 중에 리지웨이 장군, 김일성 장군, 펑더화이 장군이 조인해야 한다고 주장했습니다.

2. 1월 26일 열린 기자회견에서 리지웨이 장군은 판문점 회담의 미래가 미지의 요소들로 이루어져있다고 말했습니다. 그는 이어 현재의 협상은 극도로 까다롭고 어렵다고 했습니다. 우리는 주어진 상황에서 우리의 최선을 다할 것입니다.

국방부에 전달 요망.

드장

---

[1] Darrow.
[2] Ball.

## 【48】 포로교환에 대한 수정안 제시(1952.1.29)

| | |
|---|---|
| [ 전       보 ] | 포로교환에 대한 수정안 제시 |
| [ 문 서 번 호 ] | 168 |
| [ 발   신   일 ] | 1952년 1월 29일 00시 45분 |
| [ 수   신   일 ] | 1952년 1월 29일 10시 45분 |
| [발신지 및 발신자] | 도쿄/드장(주일 프랑스대사) |

사이공 공문 제100호

1. 1월 3일부터 답보 중인 전쟁포로에 관한 협상을 교착 상태에서 빠져나오게 하려고 리비 제독은 1월 28일 어제 1월 12일자 공산군 계획안에 보이는 몇몇 주장을 고려하여 유엔사령부가 거부한 군 송환과 유엔대표단이 개념을 명확히 하지 못했던 단체 석방만 제외하고 1월 8일자 수정안을 상세 보완한 협의안을 제시했습니다.

제독은 이 발의안이 빠른 휴전을 이루고자 하는 유엔사령부의 희망과 공산대표들이 분명히 함께하자고 말한 희망에 따른 것이라고 설명했습니다.

2. 다음은 채택되었다면 의제 제4항의 해결도 포함하여 14개 항으로 이루어진 유엔 협의문 초안의 주요 조치입니다.

휴전협정 체결 후, 양측은 각각 관리하던 영토에 국제적십자위원회 대표들이 오는 것을 인정하고 그들의 전통적 역할을 시행하도록 할 것이다. 전쟁포로와 민간인 석방이나 송환은 현행 휴전이 개시되면 최대한 빨리 협의된 환자와 중상자를 우선적으로 시작해 속행할 것이다.

교환은 판문점이나 전쟁포로교환위원회가 선택한 다른 비무장지대에서 시행될 것이다.

다음을 기준으로 이루어질 것이다.

1) 북한인민군과 중국인민지원군이 억류하고 있는 송환을 선택한 전쟁포로들은 유엔사령부가 억류 중인 송환을 선택한 전쟁 포로들과 동수로 교환할 것이다.

2) 유엔사령부는 송환을 택한 그들의 억류 포로를 송환할 것이고 1950년 6월 25일 38선 이남에 거주했었으나 상대편 관할 영토에 가기를 선택한 자들을 다음의 조건과 같은 인원 수로 인도할 것이다.

  (1) 북한인민군이나 중국인민지원군에 억류된 송환을 택한 외국 민간인

  (2) 1950년 6월 25일 38선 이남에 거주했었고 어떤 이유에서건 휴전 당시 북한인민군에 복무중인 송환을 원하는 기타 사람들

  (3) 1950년 6월 25일 38선 이남에 거주했었고 휴전 당시 북한인민군이나 중국인민지원군 관할 영토에 있던 송환을 택한 기타 민간인

3) 위 교환이 이루어진 후에도 유엔사령부에 억류된 송환을 희망하는 전쟁 포로들은 지체 없이 송환될 것이다.

2)와 3) 조항이 가리키는 포로에 대해 북한인민군 최고사령부와 중국인민지원군 사령부는 이후에 유엔사령부에 대항해 다시 무기를 들게 승인하거나 강요하면 안 된다고 약속한다.

송환을 원하지 않는 전쟁 포로들은 한국전에서 다시는 무기를 들지 않겠다는 약속 후 석방될 것이다.

유엔사령부가 민간인 수용자로 억류하고 있는 모든 이들은 1950년 6월 25일 38선 이남에 거주했었더라도 그들이 원한다면 북중 관할 영토에 가는 것을 허가하고 원조해야 할 것이다.

마찬가지로 6월 25일 38선 이남에 살았었고 상기 2)-(3) 조항에 의해 송환되지 않는 북한인민군과 중국인민지원군 관할 영토에 있는 모든 민간인은 그들이 원한다면 유엔군 관할 영토로 가는 것을 허가하고 원조해야 할 것이다.

전쟁포로교환위원회는 휴전 즉시 세워질 것이다. 양측의 요청에 의해 국제적 십자위원회가 세운 기술고문을 대동한 양측의 영관급 장교 3명씩으로 구성될 것이다. 포로위원회는 휴전위원회 감독 하에서 행동할 것이며 협정 조항의 실제 시행을 감시할 것이다.

이와 동시에 양측의 영관급 장교 각 2명씩으로 구성된 민간인교환위원회도 세워질 것이다. 이 위원회는 투표 없이 국제적십자위원회의 대표가 주재할 것이다.

송환에 관한 선택권이 어떠한 억압도 없이 실행되는 것을 보장하기 위해 국제적십자위원회 대표들은 교환 당사자에게 질의할 수 있어야 할 것이다. 이점에 있어서 양측은 대표들의 직무를 돕겠다고 약속한다.

양측은 가능한 빨리, 늦어도 휴전협정 체결 후 10일 안에 억류 중 사망자들에 대한 성명, 국적, 계급과 기타 신분증명, 사망 장소, 매장 장소 등을 상대편에 제공할 것이다.

3. 리비 제독은 상기에 요약된 계획안과 유엔이 수감하고 있는 12월 18일 명단을 수정해 중국인 전쟁포로 20,720명과 북한 전쟁포로 111,360명, 총 132,080명의 유엔군이 수용 중인 전쟁포로 명단을 제공했습니다.

12월 18일 명단은 총 132.474명이었습니다, 이 차이는 ▯▯▯의 결과입니다.

국방부에 전달 요망.

드장

# 【49】 전쟁포로 수정 명단 제출(1952.1.29)

[ 전        보 ] 전쟁포로 수정 명단 제출
[ 문 서 번 호 ] 779
[ 발    신    일 ] 1952년 1월 29일 20시 00분(현지 시간), 30일 02시
                   00분(프랑스 시간)
[ 수    신    일 ] 1952년 1월 30일 03시 45분
[발신지 및 발신자] 워싱턴/보네(주미 프랑스대사)


　오늘 미 국무부가 제공한 정보에 따르면, 이달 28일 판문점에서 유엔대표단
이 중공-북한대표단에게 전달한 수정 명단에는 20,720명의 중국군과 111,360명
의 북한군에 대한 성명, 계급, 부대가 포함되어 있습니다.

　이번 수정 명단에는 지난 12월 18일 전달된 명단보다 394명이 적습니다. 12
월 18일 이후 유엔사령부가 394명의 민간인이 실수로 전쟁포로로 계산된 것을
확인할 수 있었기 때문입니다. 그때부터 이들은 민간인 수용소로 이송되었습
니다.

보네

## 【50】 포로교환 협상 전개에 대한 공산 측 보도(1952.1.30)

[ 전 보 ] 포로교환 협상 전개에 대한 공산 측 보도
[ 문 서 번 호 ] 264
[ 발 신 일 ] 1952년 1월 30일 18시
[ 수 신 일 ] 1952년 2월 1일 09시
[발신지 및 발신자] 모스크바/샤테뇨(주소련 프랑스대사)

『크라스나야즈베즈다』[1]는 오늘 한국 휴전 협정에 대한 신화통신 개성 주재 통신원의 1월 28일 통신문을 게재했습니다.

"의제 제4항 검토 분과위원회 회의에서 상대측은 우리 전쟁 포로들이 소속된 부대와 그들의 계급에 대한 성의 있는 상세 자료를 주었다. 하지만 여전히 그들이 억류 중인 44,205명 우리 병사가 있는 수용소는 밝히지 않았다. 우리 대표는 우리 입장의 견고함은 양측의 모든 전쟁포로가 휴전협정 체결 시 무조건 석방되고 송환되어야 한다는 점에 있다고 했다.

그래서 의제 제4항에 적합한 해결책을 제시하기 위해 상대측은 자유의지에 의한 송환을 구실로 우리 병사들을 억류하고 있는데 대한 비상식적인 □ □ □을 끝내야 한다. 1월 28일로 정해진 참모 장교 회의는 회의 중 의제 제3항이 검토되어야 한다고 1월 29일로 연기되었다."

이 통신문은 8일 이후 판문점 회담에 대해 소련 언론이 간행한 첫 번째 논평입니다.

샤테뇨

1) 『크라스나야즈베즈다Krasnaya Zvezda』. 러시아 국방부 기관지.

# 【51】 휴전협정 진행 상황(1952.1.30)

| | | |
|---|---|---|
| [ 전　　　　보 ] | 휴전협정 진행 상황 |
| [ 문 서 번 호 ] | 미상 |
| [ 발　　신　　일 ] | 1952년 1월 30일 03시 30분 |
| [ 수　　신　　일 ] | 1952년 1월 30일 13시 |
| [발신지 및 발신자] | 도쿄/드장(주일 프랑스대사) |

사이공 공문 제102호

1. 1월 29일 분과위원회의 공산군 측 및 유엔 측 대표들은 1월 26일에 유엔 측이 제시한 54조항으로 된 문서를 공동으로 검토하는데 몇 시간을 할애했습니다. 진지한 작업 분위기에서 전개된 이번 검토는 이미 훑어본 원문 부분에 대해서는 가능한 한 넓은 합의 분야가 드러나게 했습니다.

10항에서 중국 대표가 제시한 경미한 변경은 휴전협정이 체결될 경우 중국이 북한에 공산군 관할 영토에서의 관리 책임을 북한에 맡길 것이라고 생각하게 합니다.

니콜스 장군은 유엔사령부가 논의 기준을 계속 세우고 있을 거라고 알려주었습니다. 어쨌든 결과는 불분명한 상태입니다.

2. 반대로 공산군 대표단은 전쟁포로에 관한 1월 27일 유엔수정안 상세 내역을 거의 검토하지 않았음이 드러났습니다. 공산군 대표단은 세부 내역 검토에 앞서 원칙에 대한 합의를 주장했습니다. 하지만 공산군 측은 자신들의 협의안에도 나타나는 두 가지 조항, 즉 환자와 부상자에 대한 우선 교환과, 포로 교환 조항에 대한 동의를 표했습니다.

3. 대한민국 육군 참모총장이자 이전 제2군단, 3군단 전투원이었던 유재흥 장군이 이형근 장군을 이어 휴전대표단이 되었습니다.

국방부에 전달 요망.

드장

# 【52】 미국의 야욕에 대한 공산 측 기사(1952.1.31)

| [ 전 보 ] | 미국의 야욕에 대한 공산 측 기사 |
|---|---|
| [ 문 서 번 호 ] | 275 |
| [ 발 신 일 ] | 1952년 1월 31일 18시 00분 |
| [ 수 신 일 ] | 1952년 2월 1일 14시 00분 |
| [발신지 및 발신자] | 모스크바/샤테뇨(주소련 프랑스대사) |

『누보탕』[1] 최근 호의 편집자에 따르면, 미국이 판문점 회담을 질질 끌게 한다면, 워싱턴 정치인들은 유엔의 리더임을 은근히 과시하고 있지만 새로운 군사적 사건을 이용하면서 한국 휴전이 일시적이면서 민심을 얻지 못하고 있는 적극적인 동맹을 깨뜨리는 것은 아닐까 두려워하고 있다고 합니다.

『누보탕』 같은 호의 태국에 대한 기사에서 B. 카베린[2] 기자는 "중국 북동쪽 국경까지 헤치고 나가지도 못했던 미국은 지금 이미 주요 전략 요충지라고 밝혔던 남아시아로 그들의 주의를 돌리고 있다"고 하며, 나라를 미국의 공격기지로 변환시켜야 하는 태국 국내 상황을 묘사하고 있습니다.

기자는 작년에 있었던 콜린스 장군의 방콕과 대만 방문에 대해 설명하면서, "외국 신문이 콜린스 장관과 그의 부하들이 태국 북부 지방에 장제스 군대를 보내고자 하는 새로운 계획을 회담 중에 검토했었다고 발표했다. 사실 이 군대 이동은 이미 상당히 대규모로 시행되었다. 그 목적은 중화인민공화국 국경을 침범하려는 강력한 작전을 준비하는 것이다"라고 주장합니다.

샤테뇨

---

[1] 『누보탕Nouveaux Temps』.

[2] B. Kaverine.

# 【53】 휴전협정 전개 상황(1952.2.2)

| | |
|---|---|
| [ 전　　　보 ] | 휴전협정 전개 상황 |
| [ 문 서 번 호 ] | 182 |
| [ 발　신　일 ] | 1952년 2월 2일 01시 30분 |
| [ 수　신　일 ] | 1952년 2월 2일 10시 |
| [발신지 및 발신자] | 도쿄/드장(주일 프랑스대사) |

사이공 공문

1. 참모장교들은 2월 1일 의제 제3항에 대한 유엔 협의안 검토를 마쳤습니다. 유엔사령부는 전선 후방 조사단 직무를 수행할 중립국으로 스위스, 스웨덴, 노르웨이를 선택했습니다. 공산군은 아직 그들의 선택을 알려주지 않았습니다. 유엔군은 양측에 '12개의 출입국항'을 설치하자고 제안했습니다. 공산군은 이 수를 3개, 즉 공산군 전선 후방의 신의주, 함흥, 청진과 유엔군 전선 후방의 부산, 인천, 수원으로 하자고 축소시켰습니다.

유엔사령부는 각 측에서 기동 출동 10개 팀 이상의 15개 조사단을 제안했습니다. 공산군은 기동출동조사단의 원칙에는 동의했으나 그 수에 대해서는 어떠한 말도 없었습니다. 출입국항 주변 조사지대에 대해 유엔이 제안한 30마일 폭에 공산군의 반대의사를 표명했습니다. 유엔이 제시한 협의안 검토 3일 후에도 다음 항목들, 즉 유엔군이 철수하길 바라는 38선 이남 섬들을 교대, 중립국 감시단 수, 감시단의 행동반경 및 휴전하는 동안 비행장 건설을 막는 주요 난관 등은 아직도 논의 중입니다.

2. 전쟁포로에 관한, 공산군은 국제적십자위원회를 중립으로 인정하는 것을 거부했으며, 교환 작전 원조를 거부했습니다. 공산군은 피난민 송환을 돕기

위한 유엔의 중립단 설치 제안도 무시했습니다.

국방부에 전달 요망.

드장

## 【54】 한국에 보유 중인 유엔 군사 자원에 대한 미 국방부의 보고(1952.2.2)

| [ 전        보 ] | 한국에 보유 중인 유엔 군사 자원에 대한 미 국방<br>부의 보고 |
| --- | --- |
| [ 문 서 번 호 ] | 825-828 |
| [ 발     신     일 ] | 1952년 2월 2일 11시(현지 시간), 16시(프랑스 시간) |
| [ 수     신     일 ] | 1952년 2월 2일 16시 10분 |
| [발신지 및 발신자] | 워싱턴/보네(주미 프랑스대사) |

보안

2급 비밀

매주 2회 열리는 한국에 대한 미 국무부회의에서, 오늘 국방부 대표가 휴전협정 개시 이후 한반도에서 유엔군의 자원에 대해 보고했습니다.

미 장교에 따르면 통합사령부는 지난 해 7월부터 한국에 '증강'되지 않았다고 합니다. 그래도 포병대는 개선되었으며, 밴 플리트 장군은 현재 6개월 전보다 탱크를 더 배치 중입니다.

물론, 유엔의 자원은 1951년 보다는 우월하지만, 국방부 대변인은 "완전히 증가한 것은 아니다"라고 밝혔습니다.

미 참모 장교가 설명하려고 했던 것은 한국 영토 방어 시스템입니다.

현재 유엔의 자원은 사실 매우 좋고 쉽게 이용가능하며 모든 것은 좀 더 개선시키기 위해 6개월 전부터 이루어진 것입니다. 그러기 위해 많은 공사를 했습니다. 많은 도로와 교각, 비행장이 건설되었고, 그래서 맥아더 시절에는 할 수 없었던 것으로, 1950년 겨울 작전 때 그토록 연결이 어려웠던 일을, 이제는 한반도를 쉽게 가로지를 수 있습니다.

게다가 많은 철조망이 모든 지역에서 유엔 전선을 방어하고 있습니다. 미국산 철사의 거의 대부분이 거기에 할애된 것 같습니다.

국방부에 따르면 가장 눈에 띄는 발전은 현재 125,000명, 10개 사단에 이르는 남한군의 교육과 설비가 이루어졌다는 것입니다. 남한군의 사기는 뛰어난 것 같으며, 미 참모부는 대규모 적대행위가 다시 취해질 경우 남한군을 크게 의지할 것 같습니다.

국방부 대표는 유엔군의 가치는 본질적으로 '방어적'이라는 것을 강조하고 싶어 했습니다.

공군에 대해, 적은 현재 제트전투기의 수에 있어서는 우위를 차지하고 있지만 제공권은 아닙니다.

유엔은 폭격기를 항상 더 많이 보유하고 있습니다.

보네

## 【55】 포로 송환 논의 전개 상황에 대한 공산 측 보도(1952.2.3)

[ 전            보 ]   포로 송환 논의 전개 상황에 대한 공산 측 보도
[ 문 서 번 호 ]   300
[ 발    신    일 ]   1952년 2월 3일 15시 00분
[ 수    신    일 ]   1952년 2월 3일 16시 30분
[발신지 및 발신자]   모스크바/샤테뇨(주소련 프랑스대사)

신문은 오늘 2월 1일자 신화통신 특파원 통신문을 수록했습니다.

  "오늘 열렸던 참모장교 회의 중 의제 제3항에 대해 검토되었다. 양측은 군
대 교대 시행 제한 문제에 대해 표출된 이견 때문에 논의를 일시 중지했다.
휴전조건과 전권을 갖게 될 직원 문제를 상세하고 구체적으로 논의했다. 분과
위원회 회기에서 북한대표와 중국 대표는 의제 제4항에 대해 38선 민간인 송
환 문제를 논의의 기준으로 삼자는 미국의 제안이 도의를 모르고 있다고 지적
했다. 민간인들은 이 제안대로 실행하는 것이 자신의 집으로 귀환하는 것을
돕기보다 부모와 헤어지게 될 수도 있다는 사실에 불안감을 나타내고 있다.
민간인 송환에 관한한, 우리는 적대 행위 중지 이후 동참하는 것에 완전히 동
의했다.
  북한 대표와 중국 대표는 휴전 조건에 이 원칙을 도입하기 위해 동의했다.
이 원칙만 따른다면 문제를 해결하는 것은 어렵지 않을 것이다. 이런 어려움
은 상대측이 민간인 송환 조건을 제기하기 원했을 때 표출되었다. 상대측은
이 문제에 대해 불안해 보인다고 말했다. 북한과 중국 대표단은 성의껏 문제
를 해결하는데 있어서 이미 제시된 원칙을 가지고 있었다면 아무런 걱정도 하
지 않았을 거라고 했다".

샤테뇨

# 【56】 조속한 협상 체결을 원하는 영국의 입장(1952.2.5)

| [ 전        보 ] | 조속한 협상 체결을 원하는 영국의 입장 |
|---|---|
| [ 문 서 번 호 ] | 587-589 |
| [ 발    신    일 ] | 1952년 2월 5일 15시 25분 |
| [ 수    신    일 ] | 1952년 2월 5일 15시 40분 |
| [발신지 및 발신자] | 런던/마시글리(주영 프랑스대사) |

보안

  영국 외무부 담당 부서는 유엔 회기 종료가 다가오기 때문에 한국 휴전협정
의 보다 빠른 전개를 해야 할 거라는 생각입니다. 회기가 계속 되는 한, 공산
측은 협상을 판문점에서 파리로 옮기자고 한 비신스키 제안이 받아들여지기를
바랄 수 있으며, 북한은 명백히 협상을 질질 끌려고 했습니다. 이 같은 지연 전
술은 파리 회기가 끝난 직후에는 더 이상 의미가 없습니다. 반대로 미국대표단
은 이번 회기로 최대한 빨리 끝내고 싶어 하는 모습을 보이는 것 같습니다.
  게다가 휴전협상 전개에 대한 최근 뉴스는 이 예상을 확신시켜주고 있는 것
같습니다. 그래서 외무부 관할 부서는 더 이상 파리 총회에서 아무것도 기대할
게 없다고 체념한 북한과 열강 16개국 사이에 공산 측에 줄 '경고'에 대해 이루
어진 합의로 보다 협조적이 된 미국 간에 협상이 더 길게 지체되지 않기를 바랍
니다.

마시글리

# 【57】 휴전협정 진행 상황(1952.2.5)

[ 전    보 ] 휴전협정 진행 상황
[ 문 서 번 호 ] 867-872
[ 발  신  일 ] 1952년 2월 5일 20시 40분(현지 시간), 6일 02시 45분
        (프랑스 시간)
[ 수  신  일 ] 1952년 2월 6일 02시 50분
[발신지 및 발신자] 워싱턴/보네(주미 프랑스대사)


1. 비행장 재건설 문제는 제외하고 한국휴전협정 의제 제3항에 대해 현재 계류 중인 중요한 문제들은 다음과 같습니다. 조사가 이루어질 출입항, 조사단의 수, 영해의 정의, 교대를 승인할 부대 수.


1) 출입항
공산군은 그들 측의 세 지역 청진, 신의주, 함흥을, 유엔 지역 측 세 곳인 인천, 남서울 쪽 비행장이 있는 수원, 부산을 제안합니다.
유엔대표단은 이 정도로는 불충분하며, 각 측에 10개 지역이 필요하다고 요구했습니다.


2) 조사단
이 조항은 출입항 수에 대한 협의가 이루어지지 않으면 해결 될 수 없습니다.
게다가 중공-북한은 조사단에서 대표 중립국에 관한 자신들의 선택을 알려주지 않습니다.
오늘 미 국무부에 도착한 정보에 따르면, 북경라디오가 비무장지대 공동조사단 수를 10개 팀으로 정한다고 합의했다는 발표를 했다고 합니다.

3) 영해

공산 측도 영해를 규정하는 것에는 동의했으나 연안에서 12마일 폭을 주장했습니다.

4) 부대 교체

중공-북한은 한 달에 25,000명으로 하자고 합니다. 리지웨이 장군 측 대표는 휴가 중인 병사들과 임시직으로 외부에서 동원된 직원을 제외하고 상시 40,000명을 주장합니다.

이 논의에서는 결정적으로 휴전협정이 체결되면 들어왔던 것보다 더 많은 부대가 철수하게 될거라고 주장했다는 점을 강조하는데 있습니다.

2. 의제 제4항에 대한 논의는 현재 2월 3일 중공-북한이 제시한 수정안에 대해 다루고 있습니다.

이 수정안에 포함된 것 중 몇 가지는 유엔을 대리하여 수용되었습니다.

공산 측은 국제적십자의 단독 지도하에 전쟁포로의 자유의지에 의한 송환과 교환을 하자는 것을 계속 거부하고 있습니다. 중공-북한에게 있어서 사실 이 기구는 정말로 중립적이지는 않다고 여기는 것 같습니다. 리지웨이 장군 측 대표는 이 반대 의사를 돌리기 위해 국제 적십자와 공산 적십자의 공동 감독을 주장했습니다. 또한 외국 민간인 포로 송환에 관한 조항이 상기한 공산 측 수정안에 추가되기를 요구했습니다.

본인의 전보 제851호에서 알린 바와 같이, 미 국무부에는 분위기에 있어서 확실히 우호적인 느낌이며, 현재 이러한 분위기 속에서 협상이 진행되고 있습니다.

보네

## 【58】 휴전협상 진행 상황(1952.2.7)

| | |
|---|---|
| [ 전        보 ] | 휴전협상 진행 상황 |
| [ 문 서 번 호 ] | 333 |
| [ 발 신 일 ] | 1952년 2월 7일 17시 |
| [ 수 신 일 ] | 1952년 2월 8일 12시 |
| [발신지 및 발신자] | 모스크바/샤테뇨(주소련 프랑스대사) |

한국휴전협정에 대해『이즈베스티야』는 오늘 2월 5일자 신화통신 통신문을 수록했습니다.

"오늘 열린 의제 제3항 검토 분과위원회 회기에서 우리 대표는 휴전협정이 체결되고 시행된 2달 후 양측이 모든 전쟁 포로를 송환할 의무를 지게하려는 우리의 제안은 양측이 수용하고 있는 포로 수의 차이를 고려하고 이송 조건에 부합하는 것이라고 강조했다.

하지만 상대측은 우리가 휴전 체결 및 시행 한 달 후에 우리가 수용하고 있는 포로의 전원 송환을 끝내라고 주장한다. 또 자기 측은 유예기간 90일까지 요구했다. 양측에 과해지는 법적 의무의 관점으로 볼 때, 이 제안은 불공정하며, 실질적인 관점에서도 불필요하기 때문에 우리는 이러한 제안을 받아들일 수 없다.

우리 대표는 무조건적인 석방과 포로 송환을 요구하는 우리의 신중한 원칙은 여전하다고 다시 한 번 단호히 말했다.

현재 우리의 새로운 제안이 소개된 후, 유일한 주요 난관은 상대측이 주장했으나 우리가 그 근거의 취약성을 내보이며 이미 거부한 바 있는 '자유의지에 의한 송환' 문제이다. 상대가 이 터무니없는 주장을 유지하는 한 회담은 어떠한 진전도 있을 수 없고, 의제 제4항에 대한 어떠한 협의도 이루어질 수 없다.

의제 제3항에 대한 참모장교 회의에서 양측은 2항 및 3항에 관한 휴전협정안 조항을 5번 수정했다.

대표단은 의제 제5항, 즉 '양측 관계 정부에게 하는 제안'을 심의하기 위해 2월 6일 본회의를 개최해야 한다".

샤테뇨

# 【59】 휴전협상 분위기와 이승만 기자회견(1952.2.8)

[ 전        보 ]   휴전협상 분위기와 이승만 기자회견
[ 문 서 번 호 ]   218
[ 발   신   일 ]   1952년 2월 8일 08시
[ 수   신   일 ]   1952년 2월 8일 □□시
[발신지 및 발신자]   도쿄/드장(주일 프랑스대사)


1. 관계 정부에게 보낼 권고안에 대한 공산 측의 제안이 워싱턴과 도쿄에서 아직 검토 중에 있는 동안, 어제 2월 7일 참모장교들은 이미 쌍방 모두 동의한 원칙을 기준으로 포로교환에 대한 협정안 작성을 시작했습니다. 유엔대표단은 이 작업이 원활하도록 수정하기 쉬운 임시본문을 제시했습니다.

의제 제3항 관련 참모 장교 회의에서 공산 측은 교대에 대한 그들의 입장을 완화했습니다.

유엔 측의 40,000명과 공산 측의 25,000명이라는 수치상의 차이를 줄이기 위해, 참모장교들은 공산 측의 수치는 일시적인 부재자를 제외하고 이해하기로 제안했습니다.

공산군이 협의하도록 격려하기 위해 유엔장교들은 다음 두 가지 사항에 대한 양보를 고려하도록 했습니다.

1) 양측 장교들이 그들 부대의 소재지를 알려주고, 공격력 증대가 가능한 집결은 삼가자는 요구를 단념할 수도 있다.

2) 유엔은 영해 경계를 12마일로 정하자는 공산 측의 주장을 고려해보거나 아예 모든 규정을 포기할 수도 있다.


2. 도쿄의 참모본부는 어제 판문점에서 적과 합세해 은밀한 거래를 하는 경향이 있는 기자들에게 경고를 보냈습니다.

홍보부장 웰치[1] 제독이 서명한 보고서는 술을 마시며 공산군 기자들과 과도하게 난잡한 생활을 하는 몇몇 특파원을 비난하며 이러한 행동이 유엔군의 안전에 위험한 것으로 규탄하고 있습니다.

특히 유엔포로 수용소에 사진기를 들여오고 이 포로들에 대한 인터뷰 기록을 하기 위해 적과의 수상쩍은 타협을 하는 것에 대해 맹비난했습니다. 유엔보고서는 특파원들의 충성심이나 청렴함에 대해서는 문제 삼지 않았습니다.

유엔군의 안보나 휴전협상 성공에 해를 끼치지 않는 한 그들의 행동에 대한 자유를 제한하고 싶지는 않지만 주의를 주었습니다.

3. 2월 6일 부산에서 기자회견 중 이승만 대통령은 유엔의 협상은 어떠한 자긍심도 자존심도 없으며, 수백 명의 그들 병사가 사망하거나 부상당하는 동안, 그들의 끝없는 토의는 아무 의미도 없다고 했답니다. 또 한국이 분단된 채로 남을 휴전협정이 수용된다면 북한과 마지막 한명까지 결사적으로 싸우는 것이 낫다는 말도 덧붙였다고 합니다.

국방부에 전달 요망.

드장

---

[1] 래리 D. 웰치(Larry D. Welch, 1934-), 제12대 미 공군 참모총장. 합동 참모본부 일원. 주요 군사 요직 거침.

## 【60】 전황과 휴전협상 진행 상황에 대한 히커슨의 보고(1952.2.8)

| | |
|---|---|
| [ 전 보 ] | 전황과 휴전협상 진행 상황에 대한 히커슨의 보고 |
| [ 문 서 번 호 ] | 964-968 |
| [ 발 신 일 ] | 1952년 2월 8일 20시(현지 시간), 9일 02시(프랑스 시간) |
| [ 수 신 일 ] | 1952년 2월 9일 03시 40분 |
| [발신지 및 발신자] | 워싱턴/대사관 행정실 |

뉴욕 공문 제9호

한국에 대한 주2회 미 국무부 회의에서 국방부 대표로 나온 히커슨 차관보는 남한에서 서부전선의 몇몇 고립 지역을 제외하고 지상 및 공군 활동이 매우 줄었다고 알린 후, 공산군 게릴라를 상대로 거둔 큰 성과를 강조했습니다. 한 달 전 7,000명으로 추산되던 게릴라 수가 현재는 약 4,000명쯤 되는 것 같습니다.

부대의 교대 간격이나 조사가 이루어질 출입항 수에 관한 의제 제3항 관련 휴전협정은 진전을 이루지 못했습니다. 중공-북한은 어떤 중립국이 조사단을 대표하길 원하는지 계속 알려주지 않고 있습니다.

의제 제4항에 대해 공산 측은 전쟁포로의 자유의지에 의한 송환을 계속 거부하고 양측에 송환 유예기간이 같아야 한다고 요구합니다. 포로교환 감독이 단지 국제 적십자사나 중립국감독단에 의해서만 보장된다는 것 역시 거부합니다. 어쨌든 공산 측은 공산 적십자와 북-중적십자가 대표하게 될 중립기구에 의한 교환과 송환 감독에는 동의하고 있습니다. 게다가 분과위원회는 현재 계류 중인 항목들이 있는 제4항에 관한 수정안을 위원회에 전달하자고 공동 합의했습니다. 미 국무부 대표는 수요일에 열린 휴전위원회 본회의 중 공산 측 제안의 대상이었던 의제 제5항을 간략히 설명했습니다. 히커슨 차관보는 미 정부의 의견에 대해, 한국 주재 유엔군 총사령관은 정치적 성격의 결정을 내릴 권한이 없으며, 예정된 회의 소집은 유엔의 결정에 의한 것이어야 한다고 적시했습니다.

물론 현 단계에서는 한국만으로 제한적인 공산 측 제안의 군사적 영향만이 판문점 논의의 대상이 될 수 있습니다. 특히 그로부터 한반도 평화와 관련된 다른 문제들에 대해 각국 정부에 할 권고안에 관한 공산 측 제안 제3항을 고려할 수 없다는 결과가 나옵니다.

히커슨이 오늘 전달한 공산 측의 제5항 관련 제안 문서를 오늘자 외교행낭을 통해 보내드리겠습니다.

대사관 행정실

## 【61】 휴전협상 진행 상황에 대한 신화통신 보도문(1952.2.9)

| [ 전 보 ] | 휴전협상 진행 상황에 대한 신화통신 보도문 |
|---|---|
| [ 문 서 번 호 ] | 343 |
| [ 발 신 일 ] | 1952년 2월 9일 08시 00분 |
| [ 수 신 일 ] | 1952년 2월 9일 18시 30분 |
| [발신지 및 발신자] | 모스크바/샤테뇨(주소련 프랑스대사) |

오늘 아침 신문은 한국 휴전협상에 대한 2월 6일자 신화통신 전문을 수록했습니다.

"오늘 본회의에 모인 대표단들은 의제 제5항, 즉 '양측의 각국 관련 정부에 전할 권고안을 검토하기 시작했다. 중공-북한대표단 수석대표 남일 장군은 의제 제5항 결의안에 대해 한국문제의 평화적 해결을 보장하기 위해 회담에 참여한 양측, 조선인민공화국 정부와 중국인민지원군 대표 측과 각국 유엔 관련 정부 측이 휴전협정 체결 및 시행 3개월 후 다음 사항을 검토하기 위한 정치회담에 모일 각 6명씩의 대표를 임명해야 한다고 원칙적으로 제안했다.

1. 한국에서의 모든 외국군 철수 문제
2. 한국문제의 평화적 해결 문제
3. 한반도 평화에 관한 기타 문제들

미국은 우리 제안을 주의 깊게 검토해 보겠노라고 했다.

의제 제5항 검토 분과위원회 회의에서 중공-북한은 분과위원회가 이미 검토한 문제를 심의할 책임을 참모장교들이 맡는데 동의했으며 이 문제들에 대한 협의가 이루어졌다. 의제 제5항 결의안을 진척시키기 위해 구체적인 방법을 정할 책임 역시 참모 장교들이 맡기로 하였다.

의제 제3항 검토 분과위원회 회기에서 미국은 군 교대와 후방 하역 장소에 대한 새로운 제안은 없다고 했다. 양측 간에 이 문제에 대한 중대한 이견이 존재하고 있다. 양측은 2월 7일 참모장교회의를 속행하기로 합의했다."

샤테뇨

## 【62】 종군기자들의 은밀한 거래에 대한 위험성(1952.2.9)

| | | |
|---|---|---|
| [ 전          보 ] | 종군기자들의 은밀한 거래에 대한 위험성 |
| [ 문 서 번 호 ] | 230-231 |
| [ 발     신     일 ] | 1952년 2월 9일 1시 30분 |
| [ 수     신     일 ] | 1952년 2월 9일 9시 55분 |
| [발신지 및 발신자] | 도쿄/드장(주일 프랑스대사) |

국방부에 긴급 전달 요망

본인의 전보 제218호 제2항 참조

판문점 주재 언론 특파원에 대해 사령관이 화가 난 것은 특히 공산군대표단을 수행한 『데일리워커』[1]의 앨런 위닝턴[2] 기자나 『스수아』[3]의 버체트[4] 기자와 몇몇 미국 기자들 간에 형성된 관계 때문이었습니다.

이 같은 결탁과 위스키 몇 병 때문에, 몇몇 미국 특파원은 포로수용소에 카메라를 가져가는데 성공할 수 있었고, 1월 26일, 27일, 2월 1일, 2일자 신문에 공개된 수감자들의 사진을 얻을 수 있었습니다. 전임 24사단장 딘 장군은 사진화보로 된 탐방 기사를 모두 받아보았습니다.

---

1) 『데일리워커Daily Worker』. 미국은 1924년, 영국은 1939년 창간된 공산당 기관지.

2) 앨런 위닝턴(Alan Winnington, 1910-1983). 영국 일간지 『데일리워커』의 중국 특파원으로 있던 중 한국전쟁이 발발하자 한국으로 파견됨. 골령골 학살현장을 방문해 목격자와 주민들을 인터뷰한 〈나는 한국에서 진실을 보았다(I saw the truth in Korea)〉 등의 기사를 1950년 8월과 9월에 보도.

3) 『스수아Ce Soir』.

4) 윌프레트 버체트(Wlfred Burchet, 1911-1983). 오스트리아 출신 언론인. 히로시마 피폭 현장 및 한국전쟁, 베트남 전쟁에 종군. 위닝턴 기자와 판문점 휴전 협상을 취재하고 포로수용소 실상을 알리기도 함.

유엔특파원과 공산군 간에 너무 친밀한 관계에 수반되는 비밀 누설이라는 위험 외에도, 사령부는 포로 주위에서 이루어진 요란한 공개로 미 여론에 대해 적이 공격하기 쉽고, 협상에 대한 불리한 영향을 미칠 위험이 있다고 여기고 있습니다.

드장

## 【63】 휴전협정에 한국정치 문제를 제외하는 데 동의한다는 조이 제독의 답변
   (1952.2.10)


| [ 전            보 ] | 휴전협정에 한국정치 문제를 제외하는 데 동의한 |
|---|---|
|  | 다는 조이 제독의 답 |
| [ 문 서 번 호 ] | 993-995 |
| [ 발      신      일 ] | 1952년 2월 10일 08시 15분(현지 시간), 14시 15분 |
|  | (프랑스 시간) |
| [ 수      신      일 ] | 1952년 2월 10일 14시 30분 |
| [발신지 및 발신자] | 워싱턴/보네(주미 프랑스대사) |


뉴욕 공문 제18-20호

조이 제독 답변 원문

 "의제 제5항의 기본에 대한 귀측의 제안은 우리의 심층적인 검토 대상이
되었습니다. 그와 더불어 우리는 몇 가지 요소를 발견하게 되었고 전체적으로
는 동의하는 바입니다. 우리가 꼭 필요하다고 여기지 않았던 것들이 있지만
이의는 없습니다. 우리가 생각하건대 명백해 보인다는 이유로 바람직하다고
여기는 주로 문구 작성 문제를 다룬 작은 수정 문구가 있습니다.

 유엔사령부는 의제 제5항에 대한 귀측의 기본 제안에 다음의 수정 문구를
제안하는 바입니다.

 총사령관들은 제기된 다른 문제들이 있지만 이번 휴전협정으로는 해결될
수 없는 것처럼, 민주적이고 독립적인 정부 하의 한반도 통일이라는 문제가
포함된 한국의 정치적 해결에 관한 문제를 검토한 바 없다. 한국문제의 평화
적 해결을 보장하기 위해 총사령관들은 관계 당국과 각국 정부에, 즉 조선민

주주의인민공화국 및 중화인민공화국 측과, 유엔 및 대한민국 측에 이 문제들이 한국문제 해결을 위한 고위 정치회담에서나, 적합해 보이는 다른 정치적 방법으로 보다 높은 수준으로 논의되기 위해 세 달의 유예 기간 후 조치가 취해질 것을 권고했다. 이 문제들이 포함하는 것은 다음과 같다.

1. 한국에서의 비한국군 철수
2. 한국문제의 평화적 해결
3. 한반도 평화와 관련된 기타 문제들

본인은 귀측에 유엔사령부 대표단 제안의 사본을 전달합니다."

보네

**【64】 제6차 유엔총회와 한국문제(1952.2.11)**

| [ 전        보 ] | 제6차 유엔총회와 한국문제 |
|---|---|
| [ 문 서 번 호 ] | 미상 |
| [ 발  신  일 ] | 미상 |
| [ 수  신  일 ] | 미상 |
| [발신지 및 발신자] | 파리/로베르 슈만(프랑스 외무부장관) |

다음 각국 주재 프랑스대사에게

워싱턴

모스크바

도쿄

런던

유엔총회와 한국문제

　제6차 유엔총회에서 한국문제는 다른 위원회들의 의제로도 다루어졌습니다. 제1위원회에서는 〈한국의 독립문제: 한국 통일과 재건에 대한 유엔위원회 보고〉라는 제목으로, 사회경제 이사회 보고에 대한 부분적인 검토를 하는 제2, 제3 합동위원회에서는 〈한국의 사회 경제적 발전을 촉진시킬 장기 조치〉에 대해 할애하면서 한국 재건에 대한 유엔의 중재자 역할을 검토합니다.

　지난 1월 9일 제1위원회에서 한국문제를 다룰 때, 소련 당국의 의견에 대해 다음 사항을 다루고, 한국의 휴전협정 체결의 경우에만 다시 속행하기로 결정했습니다. 1월 말, 제1위원회가 의제를 모두 고찰하자, 미국, 프랑스, 영국은 총회에 휴전협정 체결 이후 한국에 관한 전반적인 문제를 특별회기로 위임할 것을 제안했습니다. 정식 결의안으로 제출된 이 제안은 유엔사무국과 별개로 결정된 회의의 적법성을 문제 삼은 소련대표단의 반대에도 불구하고, 그러한 목적으로 총회의장이 소집해 2월 4일 열린 제1위원회와 제2, 제3 합동위원회의 공동 회기에서 논의 되었습니다.

기본적으로 정치적 성격의 논의가 휴전협상의 진전을 방해할 수도 있다고 주장하는 미, 프, 영 3개국은, 그와 달리 지금부터 한국문제를 총회에서 전념하면서 협상을 서두르자고 주장하는 소련에 반대했습니다. 말리크는 3국의 제안이 극동 전역에 미국의 공격을 확대할 준비를 하기 위한 견해로 볼 때 미국의 구실을 유지하기 위해 한국에 평화를 정착시키는 것을 지연시키려는 미국의 의지를 좀 더 잘 보여줄 뿐이라고 했습니다. 이 공격 확대 준비는 최근 워싱턴에서 3개국 참모총장 회의의 결정 및 트루먼 대통령과 처칠 수상 회담으로 드러났다고 말입니다.

그로스 씨는 그들의 비방에 2월 5일 본회의 때 했던 투표를 설명할 때 총회에서 문제를 다루길 원하는 소련과 반대라는 것을 보여주며 답했으며, 그 효과가 협상 전개에 거북해 질 수 있는 네 가지 요소를 문제에 담으려고 애썼습니다. 첫째, 휴전협정은 군사적 문제로만 엄격히 제한할 것을 각국이 동의했음에도, 소련은 외국군 철수 같은 정치적인 문제를 논의에서 다루기 원하고 있습니다. 둘째, 소련은 휴전선 윤곽 문제를 다시 거론하려 했습니다. 셋째, 소련은 현장에서 더 쉽게 협의할 수 있는 군사적 문제에 대한 논의를 파리 총회로 이전시키고자 합니다. 넷째, 소련대표들은 유엔협상대표들을 '미친' 또는 '야만적인'이라고 비난하면서 협상을 용이하게 하는 것이라고 주장했습니다.

결국 결의안은 위원회에 모인 나라와 거의 같은 수만큼의 다수결로, 즉 51대 5, 기권 2(칠레, 예멘)로 채택되었습니다. 결의안 원문을 첨부합니다(결의안 A/L. 107).

본회의 투표에 대한 설명은 폴란드 대표 베리키[1]에게는 말리크가 공격 준비라고 주장하며 서구 열강에게 향했던 비난을 강력히 다시 되풀이 할 수 있는

---

[1] Bericki.

기회가 되었습니다. 베리키 역시 자신의 발언 시간에, 중공에 대한 공격 준비를 조정하기 위해 워싱턴에서 미, 영, 프 3개국 참모총장 비밀 회담이 열린 것이라며 비난했습니다. 이 비밀회담이 1월 중순 브래들리 장군과 주앵[2] 장군, 슬림[3] 제독이 같은 목적으로 워싱턴에서 가졌던 회담 후 있었다고 하면서 말입니다.

이 같은 소련의 비난 양상은 다른 보고서에 분리해서 분석될 것입니다.

[2] 알퐁스 주앵(Alphonse Juin, 1888-1967). 나토 지휘관 및 프랑스 육군사령관 역임.
[3] 윌리엄 슬림(William Slim, 1891-1970). 호주 총독을 역임한 영국 군인.

## 【65】 휴전협정을 지체시키는 문제들과 소련의 입장(1952.2.17)

[ 전        보 ]  휴전협정을 지체시키는 문제들과 소련의 입장
[ 문 서 번 호 ]  280
[ 발    신    일 ]  1952년 2월 17일 20시
[ 수    신    일 ]  1952년 2월 17일 12시 55분
[발신지 및 발신자]  도쿄/미상

사이공 공문 제172호

긴급

1. 제3항 검토 참모장교 회의에서 공산 측은 휴전 협정 이행을 감시할 조사단에 위원을 파견할 중립국으로 폴란드, 체코슬로바키아, 소련을 추천했습니다.

공산측 은 또한 유엔사령부가 그들의 선택을 승인한다면, 유엔이 제안한 3개국인 스위스, 스웨덴, 노르웨이에 동의하겠다고 했습니다.

유엔 측장교들은 폴란드와 체코슬로바키아는 유엔사령부가 수용할 수 있지만 소련은 아니라고 했습니다.

거부의 이유에 대해 질문 받은 유엔 최고 장교는 그 이유는 명백하다고 답했습니다.

2. 그래서 2월 16일 비공식 보고에서 총사령부 정보국은 협상에 대해 설명했습니다. 임시 휴전협정 조약은 큰 틀에서는 합의하에 이미 작성되었습니다.

여섯 가지 문제가 보류 중입니다.

그중 세 가지는 공산 측으로서는 즉시 쉽게 해결할 수 있을 것입니다. 다만 논의를 지연시키기 위해서만 계속 다루고 있는 것일 뿐입니다. 중립국 지정 문

제 및 군부대의 월례 교대, 출입항 수가 바로 그것입니다.

나머지 세 가지 문제는 매우 중요한 것으로, 북한에 비행장 건설, 전쟁 포로의 자유의지에 의한 송환, 또 한국문제의 평화적 해결을 추구하기 위해 소집된 정부회담에서 앞으로 접근해야 할 문제들입니다.

이것이 모스크바 정부가 협상을 지체시키고 있는 이 모든 사항에 대한 요구를 관철시키고 싶어 하는 이유입니다. 모스크바 정부가 결정을 하고 나면, 휴전 협정 조건이 그럭저럭 정해질 것입니다.

파리의 국방부에 전달 요망.

## 【66】 종전을 위한 프랑스 포로들의 호소(1952.2.19)

| [전보(우편전달)] | 종전을 위한 프랑스 포로들의 호소 |
|---|---|
| [문서번호] | 58 |
| [발신일] | 1952년 2월 19일 |
| [수신일] | 1952년 2월 27일 18시 30분 |
| [발신지 및 발신자] | 홍콩/뷔종(주홍콩 프랑스총영사) |

한국에 있는 유엔 전쟁포로들이 적대행위의 빠른 종식과 평화 재건을 위해 했던 호소가 몇 주간 신문과 라디오를 통해 매우 광범위하게 퍼진 후, 중국 프로파간다 활동은 오늘 신화통신을 통해 "프랑스 혹은 베트남 주재 프랑스 용병부대 소속의 포로 313명이 베트남과 한국에 있는 미국 침략군 장교들과 사람들에게 한통의 편지를 보냈다"고 알렸습니다.

포로들은 베트남 인민에 맞서 참여하기를 강요받았던 전쟁의 불공정함을 자각했다고 밝혔습니다. 이들은 또한 "미국의 병사와 장교들을 총알받이로 만든 소수의 파렴치한 자본가들과 정치인들이 시작한" 한국전쟁의 본질 역시 이해하고 있습니다.

정의를 위해 싸운 한국인과 베트남인이 반드시 승리할 거라고 명시한 후, 편지는 한국에 있는 미국 장교와 사병들에게 전쟁을 끝내라고, 극동에서 미군과 프랑스군을 철수시키고 한국과 베트남에 평화를 복구시키라고 권고하는 것으로 끝맺고 있습니다.

뷔종

# 【67】 중립국 지정 문제에 대한 이견(1952.2.20)

| [ 전 보 ] | 중립국 지정 문제에 대한 이견 |
|---|---|
| [ 문 서 번 호 ] | 464 |
| [ 발 신 일 ] | 1952년 2월 20일 15시 30분 |
| [ 수 신 일 ] | 1952년 2월 20일 16시 15분 |
| [발신지 및 발신자] | 모스크바/샤테뇨(주소련 프랑스대사) |

신문은 오늘 한국 휴전협상에 대해 개성 지부 신화통신 특파원의 2월 18일자 전문을 수록했습니다.

"어제 열린 의제 제3항 검토 분과위원회 회의에서 중공-북한대표단은 우리가 제안한 중립국 후보에 반대하는 미국의 자세를 비난했다.

우리 참모 장교는 제3항에 대한 빠른 합의에 도달하기 위해 중립국 중 후보를 선택했고, 양측이 상대측이 제안한 모든 후보국에 대해 동시에 완전히 합의하자고 공식적으로 제안했다.

귀측이 제시한 협의안 제38조항은 중립국을 한국 작전에 군대가 참여하지 않은 나라로 규정하고 있다. 우리가 후보로 제시한 모든 나라들은 이 규정에 부합한다.

귀측은 우리가 제시한 중립국 중 어떤 나라, 특히 소비에트 연방을 중립국 후보로 반대하는데 정당성을 입증하지도 않았으며, 어떠한 방법으로도 입증할 수 없다. 소련은 유엔 참여국 중 한 국가이다. 소련은 한국전쟁 개입에 계속 격렬히 반대했었던 것뿐 아니라 한국문제의 평화적 해결에 이르도록 계속 투쟁해온 것 역시 사실이다. 소련이 중립국으로 제안될 수 없다면 세계에는 어떠한 중립국도 없는 것이다.

특히 귀측이 폴란드와 체코슬로바키아 후보국은 동의했으면서 소련은 거부했다는 것은 정말 놀라운 일이다. 그러한 태도는 이해하기도 어려울 뿐더러,

우리는 이에 강력히 반대한다. 휴전을 위해 우리는 귀측의 입장을 진지하게 재검토하고 근거 없는 반대를 철회할 것을 요청한다. 만약 승인 절차가 필요하다면, 양측은 상대측이 제안한 모든 후보국에 대한 동시 합의를 해야 한다고 생각한다. 그렇지 않으면, 양측 각각은 휴전협정안 제38조항에 따라 어떠한 승인절차 없이 후보 3개국을 임명해야 한다."

의제 제4항 검토 분과위원회 회의에서 최근 양측 간에 있었던 의견교환을 검토한 중공-북한대표단은 그들의 2월 14일자 제시안 중 몇몇 조항을 새로운 형식으로 제안했습니다.

오늘 오전 10시로 예정되었던 본회의는 19일 10시로 연기되었습니다.

샤테뇨

# 【68】 중립국 후보지 문제와 포로 및 민간인 문제를 대하는 미국에 대한 규탄 보도
   (1952.2.24)


| [ 전         보 ] | 중립국 후보지 문제와 포로 및 민간인 문제를 대하는 |
|---|---|
|                    | 미국에 대한 규탄 보도 |
| [ 문 서 번 호 ] | 503 |
| [ 발     신     일 ] | 1952년 2월 24일 14시 30분 |
| [ 수     신     일 ] | 1952년 2월 25일 20시 00분 |
| [발신지 및 발신자] | 모스크바/샤테뇨(주소련 프랑스대사) |


소련 신문은 오늘 한국의 휴전회담에 대한 2월 21일자 신화통신 전문을 수록
했습니다.

　어제 열린 의제 제3항 검토 분과위원회 회의에서 우리 참모장교는 우리가
제안했던 중립국 중 한 후보국에 대한 상대측의 독단적이고 근거도 없는 반대
를 재차 비판했다.
　미국대표단은 회의 중 터무니없는 발표를 했는데, 그 발표에 따르면 유엔
군 사령관의 의견에 따라 중립국 대표들로 구성된 감독위원회 위원들은 한국
에 근접해 있지 않으면서 한국문제에 관련되지 않은 나라 가운데 선정되어야
한다는 것이다.
　우리 참모장교들은 이 원칙을 거부하고 상대측 대표들에게 어떤 논리에 근
거해 한국 인접국이 중립국에서 제외되어야 하는지 물었다. 중공·북한 대표가
다음과 같이 말했다.
　"우리가 후보국으로 제안한 중립국들이 한국문제와 연루되었다면, 이는 한
국전쟁 개입에 강력히 반대했었으며 또 한국문제의 평화적 해결안에 찬성을
표했다는 사실로 설명됩니다. 우리가 제안한 모든 중립국은 양측이 합의한 규
정에 부합하는 것을 귀측은 인정하지 않을 수 없습니다. 귀측은 소련이 다른

어느 나라보다 더 강력히 한국전쟁 개입에 반대하고 전쟁의 평화적 해결을 위해 노력했다는 것을 더 이상 부정할 수 없습니다. 귀측은 우리가 제안한 중립국 중 어느 한 후보국을 거부하기 위한 어떠한 이유도 없으며, 어떠한 논거도 제시할 수 없습니다".

미 대표는 답변을 피했지만 어쨌든 그는 이것이 우리 측의 일방적인 논거이며, 이 문제를 논의하지는 않을 거라고 말했다. 우리 참모장교들은 합리적인 해결을 보장하고 우리가 제안했던 후보국에 제기된 반론을 무시하고자 양측이 각각 상대측이 제시한 중립국 후보국에 대해 동시에 합의하자고 했던 제안을 신중하게 검토해보라고 상대측에게 다시 요청했다.

의제 제4항 심의분과위원회 회의에서 양측 대표들은 2월 20일 우리 안건의 수정 조항 문구에 관해 의견을 교환했다.

소련 신문은 1월 24일부터 2월 17일까지 미 공군이 몇몇 북한 지역에 세균을 살포했다고 규탄한 신화통신 전문도 발표했습니다. 마지막으로 신문은 전쟁포로와 민간인을 상대로 미국이 저지른 범죄에 대한『인민일보』의 주장을 재수록하고 있습니다.

샤테뇨

## 【69】 거제도 학살 사건으로 미군을 비난하는 공산 측 기사(1952.2.25)

[ 전        보 ]  거제도 학살 사건으로 미군을 비난하는 공산 측 기사
[ 문 서 번 호 ]  512
[ 발    신    일 ]  1952년 2월 25일 16시 00분
[ 수    신    일 ]  1952년 2월 26일 20시 45분
[발신지 및 발신자]  모스크바/샤테뇨(주소련 프랑스대사)

신문은 오늘 한국 휴전회담에 대해 개성 지부 신화통신 통신원의 2월 23일자 전문을 수록했습니다.

어제 열린 의제 제3항 심의 참모장교 회의에서 우리 대표는 매월 교대인원을 35,000명으로, 각 측의 후방 하역항 수 5곳으로 정하자는 타협안을 제시했다. 이처럼 우리는 상대편의 모든 핑계를 무시하고 현재의 난관에서 협상을 끄집어내기 위해 새로운 노력을 했다.

제4항 검토 참모장교 회의에서 우리 대표는 미국이 소위 '자유의사'에 의한 송환을 주장하는 것으로 휴전협상을 막연히 지체시킬 뿐 아니라 중대한 범죄행위에 이르게 된다고 강조했다. 1951년 12월, 소위 '자유의사'에 따른 송환이라는 계획을 세운 미국은 거제도에서 중공·북한의 전쟁포로 학살을 기획했다. 이 참혹한 사건을 여전히 모두 기억하고 있는데, 최근 다시 이 섬에서 범죄행위가 발생했다.

명령에 따라 우리 참모장교는 이 섬에 있는 전쟁포로에 대해 상대가 저지른 잔인한 폭력행위를 더욱 거세게 항의했다. 참모 장교는 다음과 같이 항의했다.

"본인은 2월 18일 학살을 최대한 강력하게 항의할 책임이 있습니다. 그 학살의 결과 수많은 우리 측 포로들이 귀측의 행위로 거제도에서 주검으로 발견되었습니다.

이 범죄행위는 귀측이 포로를 잔인하게 다룬다는 잔혹성과, 포로가 된 우리 병사들을 정중히 대한다고 주장하며 협상 테이블에서 하는 말의 허위성을 낱낱이 보여주고 있습니다. 우리는 우리의 포로병을 민간인으로 간주하는 새로운 분류를 결코 인정하지 않을 것입니다. 우리는 최근 학살의 희생자를 포함해 귀측이 억류하고 있는 포로 44,000명에 대해 필요한 모든 정보를 우리에게 제공하기를 요청합니다. 귀측이 살해한 것은 그들 중 몇 명인지 정확히 헤아려야 할 것입니다. 귀측의 범죄행위는 새로운 분류법을 따르려는 불합리한 논거로 은폐될 수 없을 것입니다.

우리는 귀측에 대한 우리의 비난을 철회하지 않을 것이며, 전 세계 여론에 고발할 것입니다. 본인은 지금 분노를 금치 못할 이 범죄에 대한 조사에 착수할 권리를 확보하고 있습니다."

이 전문에 이어 부산 통신원 정보에 따라 『프라우다』는 미국이 거제도에서 한국전쟁 포로들의 반란을 '참혹하게' 진압한 것 같다고 알리고 있습니다.

끝으로 '주한 미국의 세균 무기 사용에 대한 중국인민들의 항의'를 보고하는 신화통신 뉴스를 주요 제목으로 수록했습니다.

그 기사에 중국 통신원은 중국전국노조연합 성명서의 문구를 인용하고 있습니다. 특히 "중국의 젊은 남녀들은 미 침략자들이 공정하고 합리적인 휴전협정 체결에 동의할 때까지 미국의 침략에 대한 투쟁 운동과 한국 원조 운동을 강화하겠다고 선언했다"고 합니다.

샤테뇨

## 【70】 중립국 선정, 출입항 수, 포로교환에 대한 협의 진행 상황(1952.2.26)

[ 전          보 ]  중립국 선정, 출입항 수, 포로교환에 대한 협의 진
행 상황
[ 문 서 번 호 ]  343
[ 발  신  일 ]  1952년 2월 26일 01시
[ 수  신  일 ]  1952년 2월 26일 10시
[발신지 및 발신자]  도쿄/드장(주일 프랑스대사)

사이공 공문 제203호

1. 휴전을 감독할 수 있는 중립국 중 소련이 등재되어야 한다는 공산 측 주장
으로 난항에 빠진 회담 상황에서 빠져나오기 위해, 유엔대표단은 어제 2월 25일
중립국 열강 수를 2개국, 즉 유엔사령부 측은 스위스와 스웨덴, 중공·북한 측은
폴란드와 체코슬로바키아로 하자고 제안했습니다. 공산 측은 유엔이 소련을 제
외시키려는 타당한 이유가 아무것도 없다고 반복하기는 했어도 새로운 제안을
단번에 거절하지는 않았습니다. 유엔은 공산 측이 답변하기 전에 이번 제안을
면밀히 검토해 달라고 했습니다.

다른 한편 공산군은 마지막 타협안으로서 각 측에 출입항 5군데로 제한하자
고 제안했습니다. 포로교환에 대한 토의는 진척이 없는 상태입니다.

2. 공산 측은 유엔비행기 4대가 일요일 하루 동안 판문점 상공을 비행했다고
주장하며 조사를 요구했습니다.

국방부에 전달 요망.

드장

# 【71】 미국의 세균전을 규탄하는 저우언라이 성명(1952.2.27)

| [ 전 　　　 보 ] | 미국의 세균전을 규탄하는 저우언라이 성명 |
|---|---|
| [ 문 서 번 호 ] | 77-79 |
| [ 발 　신 　일 ] | 1952년 2월 27일 14시 |
| [ 수 　신 　일 ] | 1952년 2월 27일 11시 25분 |
| [발신지 및 발신자] | 홍콩/뷔종(주홍콩 프랑스총영사) |

외무부는 한국 전선에서 세균 무기를 사용하는 것으로 비난받은 미국을 상대로 중공-북한 사령부가 제기한 이의에 대해 알게 되었습니다.

중국의 선전선동 활동이 미국에 대한 이번 규탄을 한국 사건에 대한 일반적인 관심의 틀을 훌쩍 넘겨 격렬하게 대규모로 계속 이어가고 있습니다.

3일 전부터 신문과 라디오의 흥분, 대표 인사들과 체제 구성에 대한 격렬한 항의는 제가 이미 외무부에 알렸던 바와 같이 각 언론의 각별한 자리를 차지해야 할 (본인의 전보 제53호 참조) '삼반운동'[1] 같은 다른 모든 선전 주제들의 빛을 바래게 할 정도였습니다. 저우언라이는 미 제국주의에 의해 저질러진 범죄를 정식으로 규탄하고, 미 제국주의는 목적을 달성하지 못할 것이며 전 세계 평화를 애호하는 사람들의 정당한 복수를 위협할 우려가 있다고 주장하는 성명을 발표했습니다. "나는 중국 인민의 이름으로 한국의 양민과 군대를 학살하기 위해 인류의 모든 원칙과 국제협약을 무시하고 세균 무기를 사용하는 범죄 행위를 저지른 미국을 전 세계 인민 앞에 규탄한다. 또한 나는 자유를 사랑하는 모든 인민들에게 미 정부의 무분별한 범죄를 종식시킬 적당한 조치를 취하라고

---

[1] 1952년 중국의 경제회복기에 마오쩌둥이 주도했던 숙청운동. 신흥 엘리트 집단을 통제하고 공산주의 정권을 공고히 하기 위한 목적으로 진행된 운동으로 반독직, 반낭비, 반관료주의를 기치로 함. 이후 1953년부터 증회(贈賄), 탈세, 국유자재의 절취, 노력과 시간 및 재료의 속임, 국가경제정보의 절취 등 '오독(五毒)'을 제거하자는 오반운동으로 이어짐.

호소한다"고 끝맺었습니다.

뷔종

## 【72】 협상 상황, 전쟁 피해규모, 중공의 전력 강화(1952.2.27)

| | |
|---|---|
| [ 전 보 ] | 협상 상황, 전쟁 피해규모, 중공의 전력 강화 |
| [ 문 서 번 호 ] | 미상 |
| [ 발 신 일 ] | 1952년 2월 27일 01시 00분 |
| [ 수 신 일 ] | 1952년 2월 27일 14시 30분 |
| [발신지 및 발신자] | 도쿄/드장(주일 프랑스대사) |

1. 2월 26일 공산군 대표단은 그 전날 휴전진행 감독을 실시할 중립국을 양측 각각 2개국씩, 즉 유엔 측의 스위스와 스웨덴, 중공·북한 측의 체코슬로바키아 와 폴란드로 하자는 유엔의 제안을 단호히 거부했습니다.

출입항 수에 대해서는 양측이 서로 입장을 유지하고 있습니다. 3곳을 주장하 는 공산 측은 5곳까지 받아들일 수 있다고 하고, 12곳을 주장하는 유엔측은 6곳 까지 수용하겠다고 합니다.

포로교환에 대해서는 특별한 변화가 없습니다.

2. 2월 26일 남한의 공표에 따르면, 1950년 6월부터 대한민국 군대의 인명피 해는 사망자, 부상자, 행방불명자 수가 200,000여 명에 달하고 민간인 희생자는 백만이 넘는다고 합니다. 8백만 명 이상의 피난민들이 그들의 집을 잃었습니다. 물자 손실은 80억 달러 수준으로 추산됩니다.

이러한 수치는 제34회 1919년 3 · 1 독립선언 기념식 전날 밝혀졌습니다.

3. 2월 25일 홍콩 전문에 따르면, 신화통신은 베이징 정부가 한국 주둔 중국 인민지원군에게 공군력 강화용 비행기 3,349대 구입에 충분한 금액을 재량껏 쓸 수 있도록 했다고 합니다.

국방부에 전달 요망.

드장

# 【73】증대된 공산군 공군 활동(1952.2.28)

[ 전        보 ]  증대된 공산군 공군 활동
[ 문 서 번 호 ]  365-366
[ 발  신  일 ]  1952년 2월 28일 08시 00분
[ 수  신  일 ]  1952년 2월 28일 13시 10분
[발신지 및 발신자]  도쿄/드장(주일 프랑스대사)


보안


국방부에 긴급 전달 요망

사이공 공문 제218-219호


2월 18일부터 □□일까지 주중에 공습지역에서 보인 MIG-15 출격은 1,387회에 이릅니다. 이 수치는 그때까지 가장 많았던 1,232회보다도 더 높은 수치였습니다.

적군 조종사는 그들의 통상적인 고도인 40,000피트나 그 이상으로 비행하며 더 정력적인 활동을 보였습니다. 안둥지방 근처 작전지는 항공부대 분산을 유지하면서 모든 공습지역에서 많은 조종사를 훈련할 수 있는 국내에서 온 비행기 교대 지점으로 계속 사용되고 있습니다.

선양과 국경지역 사이에 있는 비행장에 주둔하고 있는 비행기 수는 547대로 추산되었습니다. 이처럼 공산군 공군활동이 다시 심해진 것은 적이 한국 전역에서 그들의 통제 하에 방어 작전을 펼 준비가 되었다는 것이거나, 남한에 있는 유엔의 지상군, 해군, 공군기지에 대한 공격 활동이 준비되었다는 것을 가리킬 수도 있습니다.

드장

## 【74】 중립국 지정, 출입항 수, 부대 교대, 포로 송환에 대한 협의 진척 상황 (1952.2.29.)

| [ 전           보 ] | 중립국 지정, 출입항 수, 부대 교대, 포로 송환에 대한 협의 진척 상황 |
|---|---|
| [ 문 서 번 호 ] | 534 |
| [ 발      신      일 ] | 1952년 2월 29일 07시 30분 |
| [ 수      신      일 ] | 1952년 2월 29일 13시 |
| [발신지 및 발신자] | 모스크바/브리옹발(주소련 프랑스대사관 참사관) |

오늘 신문은 한국 휴전협상에 대한 개성 지부 신화통신 통신원의 2월 26일자 전문을 수록했습니다.

오늘 열린 의제 제3항 검토 참모장교 회의에서 우리는 미국이 고의로 협상을 질질 끄는 걸 원하는 게 아니라면, 후방 지역의 하역 장소와 부대 교대에 관한 우리의 타협안을 거부할 어떠한 이유도, 모든 면에서 중립국의 규정에 부합하는 우리가 제안한 중립국 후보국을 반대할 어떠한 이유도 없다고 선언했다.

미국은 어제 후보국의 수를 3개국 대신 2개국으로 정하자고 제안했다. 그들 딴에는 자기들이 스위스와 스웨덴을 지목할테니, 우리는 폴란드와 체코슬로바키아로 정하라는 것이다.

그런 술책으로 미국은 그전처럼 우리가 중립국으로, 감독위원회 위원국으로 제안한 소련을 아무런 이유도 없이 제외시키려 하고 있다. 하지만 우리가 중립국의 규정에 부합하는 후보국에 대한 근거 없는 반대를 고려할 수 없다. 우리는 미국의 제안에 동의하기를 단호히 거부한다.

의제 제4항 검토 참모장교 회의에서, 상대측은 휴전협정 체결 후 양측이 억류하고 있는 모든 전쟁포로의 석방과 송환 원칙 수용을 여전히 거부하고 있습니다. 양측은 기본에 대해서는 이미 이루어진 협의의 문구에 대한 의견교환만 단순히 계속하고 있습니다.

브리옹발

## 【75】 노동당 정부의 한국 정책에 대한 애틀리의 성명(1952.2.29)

| | |
|---|---|
| [ 전       보 ] | 노동당 정부의 한국 정책에 대한 애틀리의 성명 |
| [ 문 서 번 호 ] | 345-AS |
| [ 발   신   일 ] | 1952년 2월 29일 |
| [ 수   신   일 ] | 미상 |
| [발신지 및 발신자] | 런던/마시글리(주영 프랑스대사) |
| [수신지 및 수신자] | 파리/로베르 슈만(프랑스 외무부장관) |

노동당 정부의 한국 정책에 대한 애틀리의 성명[1]

주영 프랑스대사관이 전보 제930-941호 및 2월 29일 공문 제331호로 프랑스 외무부에 알렸던 바와 같이, 미 정부와 의견 교환 중 영국 정부가 동의한 한국 전쟁에 대한 몇 가지 약속에 대해 하원에서 이루어졌던 처칠의 발표는 노동당 내부에 격렬한 동요를 불러일으켰습니다. 노동당은 적절히 규정된 경우 사전협의 없이 만주에 있는 비행장 폭격이 있을 경우 영국 측에는 원칙적인 합의로 보이는 양보가 사실 양쪽에서 모두 이루어졌는지 모르고 있었습니다.

하원에서 모리슨[2] 씨의 좀 막연한 답변, 2월 28일자 노동당 신문의 침묵, 노동당 회의가 끝나고도 논쟁이 계속되었다는 사실, 이 점에 대해 어떠한 전문도 발표되지 않았다는 것 등은 처칠의 폭로가 이전 정부의 수장들을 아주 곤란한 처지에 놓이게 했다는 것을 보여주고 있습니다. 애틀리가 침묵을 깨뜨리고 하원에서 성명을 낭독하며 정부가 취한 약속의 내용에 대해 설명한 것은 어제 저

---

1) 1952년 당시 영국 정권은 보수당의 처칠이 1951년 수상이 되었으며 이전 정부가 애틀리가 이끌던 노동당 정부였음.

2) 허버트 모리슨(Herbert Stanley Morrison, 1888-1965). 영국의 정치가, 영국 노동당 간부. 1920-1950년대에 걸쳐 하원의원, 부총리, 추밀원 의장, 외무장관(1951.3-1951.10) 등을 역임.

녁이었습니다. 아래는 이번 성명서 전문입니다.

"한국전쟁에 관한 노동당 정부의 태도, 영국과 미국 정부 간에 비밀리에 교환된 몇 가지 연락 내용을 총리가 공개한 사실에 대해 몇 가지 오해가 있었으므로 본인은 지금 사실을 상세히 보고하고자 합니다.

극동에서 일어난 전쟁의 확대를 바라는 몇몇 미국 계층이 압력을 행사했었습니다. 검토된 작전으로는 대륙의 항구 봉쇄, 중국에 대한 군사작전, 만주 지역 도시 공습 등이 포함되어 있었습니다.

양 정부는 그러한 정책에 반대했습니다. 간혹 한국에서의 작전 지휘에 관한 의문이 제기되기도 했었고, 그러한 의문 사항이 양국 간 통신내용의 대상이 되었습니다.

이 문제 중 하나는 압록강 반대쪽에 있는 기지로부터 유엔군을 상대로 대규모 공습이 일어날 경우 취할 조치에 관한 것이었습니다.

그런 사태가 일어난다면 총사령관이 적의 공군기지를 공격하는 것을 막는다는 것은 말도 안 되는 일일 것이라고 강조되었습니다.

노동당 정부는 이 견해에 동의했으며, 그런 경우 영국 정부와 협의한 후, 또는 그럴 수 없을 정도로 위급할 시에는 한국 전장 현장에 있는 영국 연락장교와 협의 후 총사령관은 공격을 개시한 적의 비행장을 공격해도 된다고 미국에 알렸습니다.

한국의 작전지에서 군사활동을 제한한다는 일반적인 우리의 정책에 어떠한 저촉사항도 없었다는 점은 분명합니다."

외무부가 그를 주목하게 될 것이므로 애틀리는 적어도 1951년 5월 영-미 양국 간 이루어졌던 의견교환에 대해서는 처칠이 제공했던 정보를 이렇게 확인했습니다. 그런데 처칠에 따르면, 전직 총리 애틀리의 성명은 지난 9월 노동당 정부가 동의한 약속과는 전혀 관계없는 것이라고 합니다. 처칠이 사용한 표현을 상기해 보자면, "1951년 9월, 미국은 휴전협상이 중단되고 대규모 전투가 재개되는 경우 좀 더 제한적인 어떤 조치를 취해야 한다고 다시 제안했다"고 합니다. 영국 정부는 5월에 있었던 것과는 다른 사전협의를 요구하지 않은 이 제안에 동의했던 것입니다. 애틀리의 성명에도, 하원에서 이야기된 것이나 신문에 수록된 것에도 9월 의견교환에 대해 어떠한 명확함도 보여주고 있지 않습니다.

한편 애틀리가 맥아더 장군 해임 후 4월 말과 5월 초 의견교환이 이루어졌던 때의 분위기에서는 자신이 한 것이 지극히 정상적이라고 강조하지 않은 채 사실을 설명하는데 그쳤다는 것은 꽤 놀라운 일입니다. 우리도 잘 이해하다시피 이 기간을 떠올려보면, 사실 미국의 과감한 결정 이후, 영국 정부는 맥아더 장군이 총사령관일 때 이루어졌던 것보다 훨씬 덜 위험해 보이는 이 타협을 거부해야 한다는 생각을 할 수 없었을 겁니다. 때문에 애틀리는 그가 했던 것보다 더 강력히 사전협의 원칙은 유지되고 있었고, 당시 워싱턴 측으로서는 무시할 수 없는 타협이었다고 강조할 수도 있었을 것입니다.

이번 일에 있어서 모든 모호함이 해소되기는커녕, 애틀리와 모리슨이 자신들의 약한 입장을 생각해야 할 때 영국 노동당이 정부를 공격하기에 또 불신임 발의를 내기에 거의 불확실한 영역을 선택했다는 것은 특히 이상해 보입니다.

## 【76】 미군의 세균전에 대한 언론 보도(1952.3.2)

[ 전        보 ]  미군의 세균전에 대한 언론 보도
[ 문 서 번 호 ]  555
[ 발    신    일 ]  1952년 3월 2일 17시 00분
[ 수    신    일 ]  1952년 3월 3일 11시 30분
[발신지 및 발신자]  모스크바/브리옹발(주소련 프랑스대사관 참사관)

2월 29일 신화통신에 이어, 오늘 언론은 다음의 사항을 발표했습니다.

"2월 17일부터 25일까지 미 항공기는 우리 진지와 후방 여러 지역에 세균 보유 곤충을 다시 투하했다.

2월 17일, 미 항공기는 봉래호 동부와 Itchchong 남동쪽에 보균 곤충으로 가득한 작은 상자들을 투하했다. 상자가 열리자 날파리 떼가 나왔다. 2월 18일 미 항공기는 한포리 지역과 남촌 남쪽에 엄청난 양의 날파리 떼가 들어있는 작은 상자들을 또 투하했다. 2월 19일에도 미 항공기는 Pon Mion No, 박천리, 용봉리, 숙천 북동부 지역, 또 숙천 북동부의 Paribion, Sansipribion에서 발견된 날파리와 유사한 곤충을 투하시켰다.

곤충이 투하된 5곳마다 천에서 3천 평방미터까지 오염지역이 확대되고 있으며, 1평방미터마다 100-700마리의 곤충이 발견되고 있다.

2월 20일, 미 침략자들은 Pesokdon 지역과 Kukhvai 북동부에 우리가 점유하고 있는 진지에도 날파리와 유사한 곤충을 살포했다.

2월 22일 미 항공기는 보균 곤충이 들어있는 작은 상자 5개를 Sok Man Si와 노포리 지역, 원산 남부와 신관 북부에 투하했다. 그중 2개의 상자가 열렸고, 거기서 또다시 수많은 날파리 떼가 쏟아져 나왔다.

2월 23일 미 항공기가 투하한 수많은 검은 날파리 떼가 Sibionni 남동부 Sukhari 근처에서 나왔다.

2월 24일 미 항공기는 북위 131도와 Kukhvli 북동쪽 골짜기에 세균 곤충이 기어 다니고 있는 나뭇잎들을 뿌렸다.

2월 25일 미 항공기가 살포한 날파리들은 Suktonon 북쪽의 Pesokri 근처에서 발견되었다. 이 곤충들은 머리가 작으며 날개 하단부에 하얀 반점들이 있다. 이 곤충의 발은 끈적끈적한 물질로 덮여있다. 이 지역에서는 작은 흉곽과 하얀 반점으로 덮인 모기도 발견됐다. 미 침략자들이 한국에서 계속 세균을 사용하고 있다는 사실은 한국인들, 인민군 사병과 장교들, 중국인민지원군 사이에 엄청난 흥분상태를 불러일으켰다. 인민군 사병과 장교들 뿐 아니라 민간인들은 이 곤충을 박멸하기 위해 모든 수단을 동원하고 있다. 전염병의 확산을 막기 위한 대규모 예방조처가 실시되고 있다."[1]

보도는 루이 세이양[2]이 유엔 기구에 보낸 항의문을 실었습니다. 신화통신의 뉴스에 따르면 언론은 중국 의사, 세균과 기생충학 전문가를 한국에 보냈다고 보도하고 있습니다.

브리옹발

---

[1] 중국은 4월 25일 『인민일보』에 '미제국주의 세균전 죄행 조사단'의 조사결과 보고서를 공표함. 그 결론은 "2월 한 달 동안 미국 항공기가 살포한 곤충들은 모두 영하 8-9도에서 10여 도의 기온 하에서 발견된 것들이다. 눈 위의 곤충의 살포 면적은 일정한 넓이와 길이와 밀도를 유지하고 있었다. 햇빛을 등진 응달에 모여 있거나 혹은 일부가 얼어서 경직을 보였으며 어떤 것들은 조금 날 수 있었다. 게다가 적기가 투하한 곤충 중에는 종류가 완전히 다른 꽃파리, 검은 벼룩, 벼룩, 모기붙이, 거미 등이 섞여 있는 경우가 있었는데 이것은 이들 곤충이 결코 자연적으로 발생한 것이 아니라 항공기에서 살포됐다는 사실을 보여주는 것이다. 미군기가 살포한 곤충과 동물 및 독을 지닌 물건들은, 검사 결과 페스트간균, 피푸스균, 이질균, 콜레라 비브리오, 탄저 간균 등과 일부 바이러스를 지니고 있다는 사실을 알 수 있었었다. 한반도는 여러 해 동안 페스트가 발생되지 않았었다. 1947년 이래 콜레라도 발생하지 않았었다. 현재 페스트와 콜레라가 돌연히 추운 기후에 발생했다. 이것은 바로 미국 정부가 '세균전'을 진행한 직접적인 결과임이 분명하다. 이런 상황을 보면 미국 침략자가 한반도에서 '세균전'을 진행한 것은 의심할 수 없는 사실임을 알 수 있고, 그렇기 때문에 미국 정부는 그들이 진행한 '세균전'을 절대 부인할 수 없을 것이다"라고 함(국방부 군사편찬위원회, 『중국군의 한국전쟁사 3』, 315-316쪽에서 재인용).

[2] Louis Sailland.

# 【77】 포로교환에 대한 합의를 거부하는 공산 측(1952.3.2)

| | |
|---|---|
| [ 전 　　　 보 ] | 포로교환에 대한 합의를 거부하는 공산 측 |
| [ 문 서 번 호 ] | 389 |
| [ 발 　신 　일 ] | 1952년 3월 2일 02시 00분 |
| [ 수 　신 　일 ] | 1952년 3월 2일 09시 00분 |
| [발신지 및 발신자] | 도쿄/드장(주일 프랑스대사) |

사이공 고등판무관 공문 제234호

3월 1일, 공산주의자들은 포로에 대한 추가 정보를 교환하기로 한 12월 29일과 1월 1일 이룬 합의를 거부했습니다. 이들은 연합군이 억류민간인으로 구분했던 44,000명의 수감인원에 관한 상세한 보고를 유엔군사령부에 요구하고 있습니다. 동시에 그들은 자신들이 생포했었다고 인정한 남한군 53,000명에 대한 모든 설명도 거부했습니다. 병자와 부상자 포로의 즉각 교환에 대한 연합군의 다른 제안 역시 거부했으며, 상호 파견에 대한 유엔군사령부의 제안과 휴전 관리라는 유엔군사령부의 결정도 무시했습니다.

소련과 합의한 그들은 포로에 대해 알리거나 받아들이도록 혹은 자유 선택으로 각 편에 남을 수 있도록 하자면서 이미 그들이 제안한 것과 다른 어떤 해결책도 제시하지 않을 것이라는 것을 알렸습니다.

국방부에 전달 요망.

드장

## 【78】 한국에서 소련의 중립성에 대해(1952.3.3.)

| [ 전        보 ] | 한국에서 소련의 중립성에 대해 |
|---|---|
| [ 문 서 번 호 ] | 406 AS |
| [ 발   신   일 ] | 1952년 3월 3일 |
| [ 수   신   일 ] | 1952년 3월 2일 09시 00분 |
| [발신지 및 발신자] | 도쿄/드장(주일 프랑스대사) |

한국에서 소련의 중립성에 대해

『디타트』[1]의 소련 문제 전문가는 2월 29일 유엔대표들과 중공-북한 대표들이 판문점에서 이야기하는 문제에 대해 답변을 주려고 했습니다. 소련은 중립국으로, 즉 휴전조약 적용을 관리하는 국가로 임명될 수 있도록 고려되어야 할 것이라는 점입니다.

이 기자는 "이 문제에 대해서는 둘을 분리하는 것이 바람직하다. 즉 한국전쟁에서 실제로 소련이 중국과 북한에 군사원조를 했다는 문제와, '휴전' 감시를 위한 중립국으로 임명되고자 하는 소련의 갑작스런 희망에 대한 정치 해석이라는 문제 말이다"라고 합니다.

『디타트』기자는 모스크바 정부가 교전국에 군사 원조를 한 것이 명백한 사실이라도, 이 문제의 정치적 측면은 밝혀지지 않을 것이라고 합니다. 그는 다음과 같이 끝맺습니다.

"1950년대 말 중공군의 개입, 개성과 판문점 협상 때 주로 나타나는 한국전의 수많은 양상은 몇몇 감시원들이 한국문제에 있어서 소련과 중국 간에는,

---

[1] 『디타트Die Tat』 '실천'이라는 의미. 1909년 설립된 정치 문화에 대한 독일 월간지.

반박의 여지가 없는 자료를 기초로 구체적으로 규정하는 것은 아직 어렵지만 숨겨지기에는 골이 깊은 대립이 존재한다는 생각을 하도록 했다.

물론 중국인들처럼 한국인들도 판문점에서 중립국 감시단에 소련이 포함되기를 격렬히 요구했지만, 이는 다시 한 번 특별한 정치적 목적을 추구하는 북한인들이었음에 틀림없다. 한국에 개입한 이후 베이징 정부가 사용한 전권(全權)이 북한에서 깊은 불신을 야기하지 않았을 리 없다. 중립국 감시원들의 요청으로 한국협상에 소련인들이 개입하는 것은 틀림없이 중국 영향력의 축소를 야기하게 될 것이다".

"그래도 잠재적인 중·러 간 대립을 표면화시킬 수 있는 모든 가능성은 서구 열강의 흥밋거리가 될 것이다. 또한 소련을 중립국으로 여기는 것을 거부한다는 것이 군사적으로 정당화되었다하더라도 우리는 어떻게 정치적으로 효과적일 수 있는지 잘 이해하지 못하고 있다. 이 문제에 있어서 미군이 너무 일반적인 영향력을 행사하고 있으며, 정치 강령으로 수정하는 것이 바람직할 것 같다".

## 【79】 미국 세균전에 대한 『프라우다』 보도(1952.3.6)

| [ 전　　　　보 ] | 미국 세균전에 대한 『프라우다』 보도 |
|---|---|
| [ 문 서 번 호 ] | 584 |
| [ 발　신　일 ] | 1952년 3월 6일 07시 30분 |
| [ 수　신　일 ] | 1952년 3월 6일 11시 30분 |
| [발신지 및 발신자] | 모스크바/브리옹발(주소련 프랑스대사관 참사관) |

『프라우다』는 오늘 동부 전선에서 「미군이 한국에 저지르는 세균전」에 대한 조선중앙통신 특파원 보도를 재수록 했습니다.

　미 침략자들은 동해안 인근 지역들은 물론 양구 북쪽에 있는 북한인민군과 중국인민지원군 진지에 항공기를 이용해 보균 곤충들을 계속 투하시키고 있다.

　예컨대 미국 항공기는 보균 날개미들을 Manikhodon마을 지역 5개 지점에 살포했다. Soussouni, Nogymtchen, Khveian의 세 곳에는 거미를, Souin면과 양구 지역의 다섯 곳에는 전염성 파리를 살포했다.

　같은 날, 평양 북쪽 1㎞ 지점과 Kynkhva 북동쪽 3㎞ 두 곳에서는 파리와 이, 거미떼가 발견되었다.

　2월 27일, Limman면과 Tantchjon 지역 여섯 곳에 날개미와 이가 퍼졌다. 같은 날, Souin면과 양구 지역처럼 금강산에 있는 Tentchonkol 협로에서 파리와 모기떼가 발견되었다.

　특파원은 모든 보균 곤충들이 야간에 항공기에서 포탄 탄피나 각 9천 리터 용량의 금속 용기에 숨겨 투하된 것이며, 전염병을 막는 임무를 띤 분견대들이 곤충 박멸전을 계속 벌이고 있다고 덧붙였습니다.

브리옹발

# 【80】휴전협상과 세균전에 대해 미군을 비난하는 소련 언론(1952.3.6)

[ 전        보 ]   휴전협상과 세균전에 대해 미군을 비난하는 소련
                  언론
[ 문 서 번 호 ]   591
[ 발    신    일 ]   1952년 3월 6일 17시 00분
[ 수    신    일 ]   1952년 3월 7일 11시 51분
[발신지 및 발신자]   모스크바/브리옹발(주소련 프랑스대사관 참사관)


『크라스나야즈베즈다』[1]는 한국 휴전협상에 대한 3월 4일자 신화통신 뉴스를
게재했습니다.

　　의제 제3항 검토 담당 참모장교들이 오늘 개최한 회의 도중, 우리 대표는
인민군과 중국인민지원군이 우리가 제시한 모든 중립국 후보 대표들로 이루
어진 감독위원회를 단호히 배제하고 중립국이라는 정의에 완벽히 답하려는
시도에 반대하고 있음을 강조했다.
　　의제 제4항 논의 담당 소위원회 회의에서, 우리는 처음부터 전쟁포로 송환
에 관한 어려움이 생길 어떠한 이유도 절대 없었다고 말했다. 우리가 몇 주
전부터 계속 주장하던 바를 고려해 정당하고 합리적인 원칙에 따랐다면 이 문
제는 오래전에 해결되었을 것이다.
　　하지만 '자유의지에 따른 송환'이라는 미국의 요구는 계속 문제가 해결되지
못하게 하고 있고, 지금은 하루하루 80회도 더 되는 논의가 이루어진 후에도
협의를 이루지 못하게 하는 원칙이 되었다.
　　우리 대표는 이 중요한 문제가 보류 상태인 이유가 미국인들이 뜻밖에 너
무 완강하다는 사실에 있음에도 불구하고, 이 항목에 대해 시행하는 무의미한

---

1) 『크라스나야즈베즈다Krasnaya Zvezda』.

진행은 우리가 계속 애써왔던 노력과 협조로 설명될 수 있다고 했다. 우리 대표는 미국인들이 문제의 핵심을 잘 이해하고 자신들의 태도를 재검토해, '자유의지에 의한 송환'이라는 요구를 거둬들여야 할 것이라고 했다. 이렇게 하면 이 난관은 제거될 것이며, 이런 식으로 해야 진전이 이루어지게 될 것이라 말했다.

또 모든 신문들은 '미군의 잔혹행위에 대한 조선 인민의 저항'에 대해 보고하는 평양 주재 타스통신 뉴스를 게재했습니다. 소련 기자는 『노동신문』과 『민주조선』이 미군의 세균무기 사용을 증명하는 사진을 연달아 게재했다고 강조하면서, 조선 언론이 인류에 전대미문의 끔찍한 범죄를 저지른 '비인간적인 자들'을 인민재판으로 판단해달라고 요구하기 위해 노동자, 농민, 국제노동자연맹 대표, 북한기독교연합회 대표들로 조직된 수많은 집회와 모임을 보고하고 있다고 덧붙였습니다.

끝으로 "프라하 발 공문은 미국의 '추악한 범죄'를 비난하는 『루데프라보』[2] 기사를 간략히 분석하면서 '이 신종 범죄는 미국의 무능함을 표시'하는 것"이라고 했습니다.

브리옹발

---

[2] 『루데프라보Rude Pravo』. 1920년 창간된 체코슬로바키아 공산당 기관지.

## 【81】 휴전협상 진행 과정(1952.3.6)

| | |
|---|---|
| [ 전 　　　 보 ] | 휴전협상 진행 과정 |
| [ 문 서 번 호 ] | 425 |
| [ 발 　신 　일 ] | 1952년 3월 6일 03시 00분 |
| [ 수 　신 　일 ] | 1952년 3월 6일 17시 25분 |
| [발신지 및 발신자] | 도쿄/드장(주일 프랑스대사) |

1. 3월 5일, 공산 측은 나포했다고 인정한 남한 포로 50,000명의 명단 제공을 계속 거부했습니다. 그들은 이 수치가 휴전협상을 지연시킬 목적으로 유엔군사령부가 순전히 날조한 것이었다고 계속 주장합니다.

리비 제독은 유엔군사령부가 공산 측이 나포한 인사들에 관한 충분한 보고를 받지 못한 만큼, 50,000명의 존재를 부정하는 것은 이 인사들이 정식 명단에 올라 전쟁포로라는 신분을 얻을 때까지 협상의 길이 막히게 될 것이라고 강조했습니다.

동시에 유엔대표단은 공산군의 포로였으며 중공·북한이 제공한 보고서에는 없는 유엔군의 추가 명단을 제출했습니다. 이 명단은 공산군 방송, 가족 편지, 포로 심문, 공산당 정기간행물 등 이들에 관한 정보의 출처까지 기입한 174명이 포함되어 있습니다. 여기에는 프랑스 이름은 전혀 없습니다.

2. 제3항 담당 참모장교들은 새로 말할 것이 전혀 없다고 인정하고, 15분 후에는 다음날 만나기로 했습니다.

3. 3월 3일, 유엔 항공기가 압록강을 넘어온 72대의 MIG-15를 공격했습니다.

30분간 지속된 전투에서 5대를 격추시켰습니다.

드장

국방부에 전달 요망.

# 【82】 휴전협상과 래드포드 장군의 동향(1952.3.7)

[ 전        보 ]  휴전협상과 래드포드 장군의 동향
[ 문 서 번 호 ]  429-436
[ 발   신   일 ]  1952년 3월 7일 02시 00분
[ 수   신   일 ]  1952년 3월 7일 14시 42분
[발신지 및 발신자]  도쿄/드장(주일 프랑스대사)


보안


사이공 공문 제271-277호


　미 태평양해군 사령관 래드포드 장군이 기한을 한정하지 않고 3월 4일 도쿄를 방문했습니다. 2월 13일부터 일본에 주재하고 있는 군참모부 부단장 헐 장군은 참모장 부관이자 제3사무국장인 젠킨스[1] 장군과 군참모부 정보국장 플로이드 팍스[2] 장군을 만났습니다.

　조이 제독은 3월 3일 기념식에 참석 후 도쿄에 머물러 있었으며, 기념식 도중 제7함대 사령관이 마틴 제독에서 브리스코[3] 제독으로 교체되었습니다.

　총사령관 주위에 이 장군들이 동시에 있었던 것은 우연이 아닙니다. 얼마 전 유엔대표들이 목표를 이루었다고 여겼었다가 휴전협상이 그전보다 더 교착되는 때에 일어난 일입니다.

　한국 휴전협상의 연장, 협상 초기부터 반도에서 적군의 상황과 잠재력의 눈에 띄는 강화, 공중전에 드는 고비용, 미 여론의 커져가는 초조함과 염증, 대통

---

[1] 루벤 젠킨스(Reuben E. Jenkins). 미 9군단장.
[2] Floyd Parks.
[3] Robert Briscoe.

한국전쟁 관련 프랑스외무부 자료 Ⅳ(1952. 01. 01~1952. 06. 30)

령선거가 다가올수록 흥분하고 있는 정치계, 일본 주둔 미군 지위의 변화와 점령을 정리할 것이라는 제한적이지만 명백한 위험성, 미국의 대중국 자세, 중국의 지배와 영토에 대한 일본의 반감, 일본과 한국 근처 대규모 소련군의 존재는 미국이 태평양에서 고려해야 하는 전략 요인과 만큼이나 극동 국면에서의 입장도 계속 고려할 수밖에 없게 만듭니다.

한국에서는 어떠한 군사적 정치적 이슈도 보이지 않습니다.

한국사태의 전개에 관한 다양한 가설이 검토되었습니다. 미 지도부는 협상 중단이나 혹은 협상 체결 후의 휴전협상 위반이 일어날 수도 있다고 간주했습니다.

검토되지 않은 유일한 가능성은 중단도 합의도 아니라고 여겨지는 상태입니다.

현재 제기되는 중요한 문제 중 하나는 현재의 답보상태가 큰 무리 없이 무한정 길어지는 것은 아닐지, 아니면 어떤 방법이나 협상에서의 양보, 혹은 공중폭격은 제외하고 8개월 전부터 중단되었던 상대를 지치게 하지만 결정적이지는 않은 군사적 압박을 재개함으로써 답보상태에서 나오는 것이 더 바람직한 것은 아닌지 알아야 한다는 것입니다. 또한 적의 지상과 공중 총 공세가 결코 제외되지 않을 것이라는 가정에서 채택하는 '노선'이 문제입니다. 연합군의 위신이 크게 손상되지 않거나 완전 확고한 보장이 가능한 휴전협정을 포기하지 않은 채 판문점에서 새로운 양보가 가능할까요? 미국은 좀 더 합리적인 태도로 이끌 만큼 적에게 충분한 압력을 행사할 수 있을까요? 아니면 그들의 모든 세계 전략을 뒤집지 않고 대규모 공세에 효과적으로 반격할 수 있을까요? 미국은 앞의 두 가지 가능성으로 전면전의 위험이 매우 증가할 수 있음에도 유럽방위기구가 말려들게 되는 것처럼 극동에 군대를 투입하게 되는 것 아닐까요?

이쪽에 보류 중인 엄청난 문제들과 서반구의 안보에 관한 미국의 영향 때문에 트루먼 대통령과 딘 애치슨, 참모장교들, 리지웨이 장군 간의 다음 회담이 있을 거라는 소문이 미국에서 돌고 있는 것도 놀라운 일은 아닙니다.

2월 18일 래드포드 제독의 성명은 해결책은 아닐지라도, 현재 도쿄에서 열리고 있는 회담 과정에서 목표로 삼을 수 있는 가능성을 생각하게 합니다.

『US뉴스&월드리포트』 인터뷰에서 미 태평양해군 사령관은 미 해군이 중국 해안을 효과적으로 봉쇄할 수 있다고 단언한 바 있습니다.

드장

## 【83】 이승만을 비하하는 언론 기사 보고(1952.3.7)

| | |
|---|---|
| [ 전　　　　보 ] | 이승만을 비하하는 언론 기사 보고 |
| [ 문 서 번 호 ] | 438 |
| [ 발　신　일 ] | 1952년 3월 7일 08시 00분 |
| [ 수　신　일 ] | 1952년 3월 7일 19시 05분 |
| [발신지 및 발신자] | 도쿄/드장(주일 프랑스대사) |

브리옹발 씨로부터 부산 2월 29일 발신 도쿄 3월 7일 수신

　영자 신문 『코리안타임즈』는 오늘 매우 자극적인 내용을 실었습니다. 『뉴스위크』에 따르면 리지웨이 장군이 국방부에서 "이승만 대통령은 남한의 수장이 되기에는 너무 노쇠하고 너무 무기력하다"고 했다는 것입니다.

　신문은 곧바로 도쿄 주재 한국대표가 발표한 연합군최고사령부의 반박을 덧붙인 후, 이 대통령이 워싱턴 주재 한국대사관에 다음과 같은 내용의 타전했을 거라고 전보로 마무리했습니다.

　　"나는 리지웨이 장군이 결코 그런 말을 한 적이 없었다고 확신할뿐더러, 미 국방부가 한국대통령을 임명하는 것은 아니라는 사실을 그도 잘 알고 있으므로 『뉴스위크』 기사가 사실무근이라고 생각한다."

드장

# 【84】 미국 정책에 대한 존슨의 담화(1952.3.7)

[ 전        보 ]   미국 정책에 대한 존슨의 담화
[ 문 서 번 호 ]   1412-1415
[ 발    신    일 ]   1952년 3월 7일 □□시 00분(현지 시간)
                           1952년 3월 7일   14시 00분(프랑스 시간)
[ 수    신    일 ]   1952년 3월 7일 20시 30분
[발신지 및 발신자]   □□□/행정실

　얼마 전 한국으로 조사 시찰을 다녀온 존슨[1] 미 국무부 극동 담당 차관보는 필라델피아 담화발표에서 극동의 현 상황에 대한 종합 평가를 내렸습니다. 그는 지난 1년간의 발전 상황을 부각시켰습니다.

　존슨은 일본에서 얻은 긍정적인 결과를 언급하고, 샌프란시스코 회담과 태평양 안보협정 체결에 이르게 되었던 협상의 성공을 상기시킨 후, 한국에서의 미 정책에 있어서 강조될만한 대목을 언급했습니다. 그는 "우리 정책은 한국에서 전투를 제한하는데 있으며, 작전의 범위를 넓힐 의도가 없습니다. 이는 처음부터 우리의 정책이었습니다. 항상 우리의 정책이었단 말입니다. 모든 것은 공산 측에 달려있습니다. 그들이 전투를 확대하고 전 세계를 세계대전으로 밀어 넣길 바란다면, 그렇게 하는 것은 그들의 일일 뿐입니다. 우리와 유엔은 평화를 원하고 있습니다. 우리는 한국에서의 평화적 해결을 원하고 있지만, 우리의 원칙을 희생하는 대가로 그럴 수는 없습니다"라고 했습니다.

　이 중요한 선언은 어떤 계층, 특히 야당이 휴전협상이 난관에 봉착한 것은 아닌지, 실제로 협상이 개시된 것인지, 군사적 해결이 원하는 대로 되지 않는 것인지 문제 삼은 순간에 이루어졌습니다. 행정부는 미 정부의 평화에 대한 열

---

[1] 알렉시스 존슨(Alexis Johnson, 1908-1977). 미 국무부 극동담당 차관보. 동북아국장 권한대행, 한국전쟁 휴전에 일익을 담당. 체코슬로바키아, 태국, 일본 대사 등을 역임.

망을 재확인해주었으며, 한국전쟁을 연장한다는 것은 전면전이라는 심각한 위험을 내포하고 있다고 이해시키면서 야당의 이런 경향에 대응하고 싶어 했습니다. 어쨌든 존슨 씨는 공산 측의 새로운 공격이 동남아시아에서 개시될 경우에 대해 존 쿠퍼[2]가 중국과 소련 유엔대표 앞에서 했던 경고를 결론에서 상기시켰습니다. 끝으로 그는 극동 국민의 독립 열망은 미 정책의 목적에 부합한다는 사실을 어떻게든 극동 국민들에게 증명해야 한다고 강조했습니다. 어쨌든 간에, 한국에 대한 존슨 씨의 선언은 보수파에게도 공격받을 수 있었습니다. 반대로 정부는 적어도 선거 기간만큼은 평화적인 구상을 하고 있는 여론 앞에 공산주의 측의 도발에 대해서는 유리한 입장이 되기를 진심으로 바라고 있는 것 같습니다.

행정실

[2] John Cooper.

## 【85】 포로교환과 세균전에 대한 양측의 입장(1952.3.9)

| [ 전　　　보 ] | 포로교환과 세균전에 대한 양측의 입장 |
|---|---|
| [ 문 서 번 호 ] | 454 |
| [ 발　신　일 ] | 1952년 3월　9일 03시 00분 |
| [ 수　신　일 ] | 1952년 3월 10일 10시 30분 |
| [발신지 및 발신자] | 도쿄/드장(주일 프랑스대사) |

사이공 공문 제290호

1. 3월 7-8일 사이에 판문점의 공산 측 협상가들은 외국 문제를 논의에 포함시키기 위해 다양한 시도를 하는데 전념했습니다. 6일, 그들은 소련 팀이 미국의 전쟁 물자를 조사하기 위해 한국에서 올 수도 있다는 것에 매우 큰 의미를 부여하고 있다고 말했습니다.

7일, 공산 측은 휴전협정 체결 시 대만해협에 있는 제7함대를 철수하겠다는 약속을 연합군으로부터 얻어내려는 시도를 우회적으로 했습니다. 중공군 대령 Pu Shan이[1] 한국과 한반도에서 조회되는 모든 해상봉쇄에 관한 조항을 삭제하기 바란다는 제안을 했습니다. 연합군 장교들은 다른 것은 모두 제쳐두더라도 한국에 관한 군사문제를 논의하기 위해 그곳에 있었다는 것을 강조했습니다.

8일, 분과위원회 공산 측 대표들은 유엔군사령부를 향해 다소 애매한 위협을 표했습니다.

연합군이 불법적인 행위를 계속할 경우, 즉 전쟁포로가 강제 송환에 대한 반대를 표명하도록 계속 내버려 둔다면 사태는 한국만의 문제라는 범위를 넘어서

---

[1] 당시 중국군의 협상단에는 중국군 북동군관구 선전주임 세팡이 있었음. 위의 인물은 찾기 어려움. 발언 내용으로 볼 때 세팡일 가능성이 높음. 계급은 중국군 소장.

는 전개를 겪게 될 것이라고 한 것입니다.

같은 날, 연합군 대표들은 미군이 속한 유엔군을 중국에서 비밀리에 감금하고 있다고 공산 측을 공식적으로 비난했습니다. 리지 제독은 연합군이 명백한 증거를 갖고 있다고 주장했습니다. 너콜스[2] 장군은 지난 7월 체포된 중국 중위가 2명의 연합군 포로를 하얼빈으로 호송했으며 거기서 수천 명의 백인과 흑인, 또 남한 포로들을 보았다고 하는 증언을 인용했습니다.

리비[3] 제독은 자신의 이전 입장을 재확인하면서 전쟁포로 교환에 대한 다음의 세 가지 조건을 발표했습니다.

> 1) 공산 측이 집계를 거부한 남한군 53,000명을 포함해 연합군 포로 전원 귀환
> 2) 유엔군사령부는 강제 송환에 동의하지 않을 것이다.
> 3) 연합군은 철의 장막 뒤편으로 들어가고 싶어 하는 모든 민간인이나 공산 군 억류자들을 송환할 준비가 되어있다.

이에 대한 답변으로 북한의 이상조 장군은 명기된 성명서를 읽으면서 전쟁포로에게 가해진 소위 부당한 대우를 재차 규탄하고, 포로들 중 절망적인 청원서와 단식 투쟁을 야기할 만큼 비열한 대만의 명령을 비난했습니다. 앞서 언급된 위협이 공식화된 것은 바로 이 같은 비난에 이어진 것입니다.

3월 7일 베이징라디오는 만주에서 세균전을 확대하고 있다며 유엔군사령부를 비난했습니다. 공산 측의 통계에 따르면, 미 비행기 448대가 2월 29일에서 3월 5일 사이에 68번이나 만주 상공을 비행했으며, 안둥, 푸순, Kuantion, 린장에 보균 곤충이 들어있는 폭탄을 투하했다고 합니다.

3월 8일, 베이징라디오는 저우언라이가 미 정부에 세균전과 만주의 도시, 특

---

[2] 윌리엄 너콜스(William P. Nuckols, 1905-1981). 유엔사령부 정보 책임자 역임 후, 당시 극동 담당 홍보 담당관.

[3] 루트벤 리비(Rutheven E. Libby). 미군 해군소장. 휴전회담 미군 대표단. 제4의제분과(포로협상)위원회 소속.

히 안둥 폭격에 항의했다고 알렸습니다. 저우언라이는 중국 상공을 비행하고 세균무기를 이용하는 미 비행사들을 생포하면 그들을 전범으로 취급할 것이라고 발표했습니다.

국방부 공문.

드장

## 【86】 미군의 세균전을 비난하는 소련 언론 기사(1952.3.10)

[ 전　　　보 ]　미군의 세균전을 비난하는 소련 언론 기사
[ 문 서 번 호 ]　611
[ 발　신　일 ]　1952년 3월 10일 14시 00분
[ 수　신　일 ]　1952년 3월 10일 19시 05분
[발신지 및 발신자]　모스크바/브리옹발(주소련 프랑스대사관 참사관)

『크라스나야즈베즈다』는 3월 9일 국제란에 「미 침략자들의 새로운 범죄」라
는 제목으로 다음의 기사를 게재했습니다.

"한국에 주둔 중인 미군이 세균무기를 사용했다는 것은 누구나 알고 있다.
페스트와 콜레라, 그 밖의 다른 전염병을 유발하는 세균을 보유한 수많은 곤
충들이 인민군과 중국인민지원군 및 후방부대가 있는 곳에 조직적으로 살포
되었다. 미 비행기가 뿌려댄 곤충은 Itchong, Tchkhol, Pkhen Noan, 금화 등
북한강 위, 금강산 고개들, 또 다른 곳에서도 역시 발견되었다.
미 제국주의자들은 중국 북동쪽에서도 세균전을 펼치고 있다. 2월 29일부
터 3월 5일까지 448대의 미 비행기가 일련의 중국지역 상공을 선회하며 다량
의 보균 곤충을 살포했다. 미 제국주의자들이 저지른 이 신종 범죄는 세균무
기 사용을 금하는 국제협약을 명백히 위반한 것이자 인간으로서 최소한의 규
칙조차 위반한 것으로 보인다.
알다시피 주한 미군은 이미 비판받아 사용이 금지된 방식을 여러 번 사용
했었다. 1951년 5월 8일 조선민주주의인민공화국 정부가 유엔총회 의장과 안
보리 의장에게 보낸 항의문을 보면, 1950년 12월 미 개입주의자들은 임시점령
지 주민들에게 천연두를 퍼뜨렸다. 그들은 한국 전선에서 이미 여러 차례 유
독물질을 사용했다.
이러한 일들은 미군사령부가 미리 준비한 계획에 따라 주민 대량살상 수단

을 이용했다는 것을 증명하고 있다. 이미 1946년 "세균전에 관한 문제 위원회"의 조지 머크[1] 위원장은 보고서에서 육군성장관에게 미국이 실행한 세균전 분야의 일은 "2차 대전 주축국들이 행한 일을 넘어서는 것이었다"고 밝히고 있다. 몇 년 전부터 어떤 이들은 다른 무기들 중 생화학전에 관한 기본 틀을 준비하고 있다. 이로써 미 육군사관학교 웨스트포인트 졸업식에서 미군 장교들은 "심리전, 생화학전 및 방사선전" 등의 수단을 폭넓게 사용할 줄 알아야 한다고 선언했던 육군성장관 페이스[2]의 개입이 증명된다. 일본전쟁[3] 전범의 상세한 설명으로 알려진 미군사령부의 세균전 수단 이용 사실은 주의를 불러 일으킨다. 알다시피 도쿄에서 있었던 태평양전쟁 주범에 대한 조서를 발표할 때, 특히 하바롭스크[4]에서 1950년 있었던 조서에서도 소련 검사는 이시이 시로,[5] 와카마츠 드치로,[6] 키타노 카이토노[7]의 범죄를 폭로하는 문서를 제시했다. 1950년 2월 소련 정부는 국제특별군사재판에서 세균전 준비 주범들을 소환하자고 제안했다. 하지만 주일 미 점령군참모본부는 이 셋을 보호했다. 현재 이 전범들과 연합한 미 침략자들은 이들을 세균무기 연구와 생산이라는 그들의 이전 직책으로 되돌려 보냈다.

미 제국주의자들의 새로운 중죄는 모든 진보주의 인류를 격분하게 했다. 평화를 애호하는 사람들은 미 제국주의자들의 위험한 행위를 규탄한다. 중국 노동조합연맹은 미 제국주의자들의 비인도적인 범죄를 끝낼 수 있는 효과적인 조처를 취해달라고 세계노동조합연맹에 요청했다.

이 요구에 부합해 세계노동조합연맹은 미군의 야만적인 행위에 대한 단호한 항의문을 유엔 기구에 보냈다. 폴란드적십자총국 역시 인류가 금지한 전쟁 수단에 대한 강렬한 항의문을 작성하였다. 유사한 항의문들이 불가리아 의학 아카데미 회원과 집단들, 인민민주주의 국가들의 수많은 기관과 회사들, 전

---

[1] George Murk.
[2] 프랭크 페이스(Frank Pace, 1912-1988). 미 육군성장관(1950-1953).
[3] 태평양 전쟁을 의미하나 원문에 '일본전쟁'으로 표기되어 있음.
[4] 하바롭스크(Khabarovsk). 러시아(소련) 극동부 하바롭스크 지방의 행정중심도시.
[5] Ziro Isii. 이시히 시로(石井 四郎). 일본 관동군 731부대 부대장.
[6] Dziro Wakamatsu.
[7] Kasadzo Kitano.

세계의 진보인사들까지 여기에 동참했다.

자유를 사랑하는 모든 인민들처럼 소련 인민들도 이전에는 결코 본 적조차 없는 중죄를 한국에서 저지른 미 개입주의자들을 비난했다.

미 침략자들의 새로운 범죄는 전 인류의 적이라는 그들의 정체를 폭로하고 있는 것이다."

브리옹발

# 【87】 전선과 휴전협정 상황 및 공산권 언론보도(1952.3.10)

[ 전        보 ]  전선과 휴전협정 상황 및 공산권 언론보도
[ 문 서 번 호 ]  456
[ 발   신   일 ]  1952년 3월 10일 03시 00분
[ 수   신   일 ]  1952년 3월 10일 12시 09분
[발신지 및 발신자]  도쿄/드장(주일 프랑스대사)

사이공 공문 제291호

1. 3월 8일 언론 성명에서 밴 플리트 장군은 전선에 450,000명을 포함해 900,000명의 공산군이 한국에 집결하고 있다고 폭로했습니다. 하지만 아직은 어떠한 춘계공세 명령도 없었습니다.

미 8군사령관은 적군이 연합군보다 인력도 무기도 비행기도 더 많다고 명시했습니다. 하지만 만약 공산군이 1951년 4월과 5월처럼 무익한 희생을 치렀던 대규모 공격과 같은 새로운 공세를 가했었다면 그는 매우 놀랐을 것입니다. 연합군은 작년에 그랬듯이 그러한 공격을 무력화시킬 만큼 인원과 물자, 탄환을 충분히 보유하고 있습니다.

장군은 작전의 리듬을 늦출 필요성을 거의 인정하지 않았었다고 암시했습니다. 그는 계속 전진하는 것이 낫다고 여겼습니다. 하지만 휴전협상 초기부터 군사작전만큼이나 중요한 정치적 동기들이 생겨났습니다.

평화의 기회가 있었더라면 많은 인명피해를 피할 궁리를 하는 그들 인민의 소망에 따라 작전이 늦춰지자, 연합군은 휴전을 이룰 수 있다고 믿었습니다. 앞으로 미8군의 작전은 판문점 협상의 전개에 달려있습니다.

밴 플리트 장군은 155마일 전선에 중공군과 북한군이 연합군보다 두 배는 더 많은 포병대를 보유하고 있으며 평소보다 훨씬 거세게 포 공격을 하고 있다고

밝혔습니다. 어떤 점에서 그들은 하나의 목표물에는 1,000번 혹은 그 이상의 포격을 주저 없이 가하기도 했습니다. 그들은 탄환이 많습니다. 엄청나게 많은 양을 보유하고 있는 것 같습니다. 그래도 연합군 포병대가 더 월등합니다. 우리가 우위라고 느끼는 것이 바로 그 점입니다.

적군은 중국제와 미국제, 일제 야전포를 사용하고, 신형 중국제와 러시아(소련)제가 몇 문 있습니다.

연합군은 중공군과 북한군 부대가 충분한 병력이라는 것을 확인하고 오히려 놀랐었습니다. 우리가 적에게 엄청난 인명피해를 입혔던 끔찍한 포격을 가했을 때는 그렇지 않았었습니다.

전선에 그리고 또 별도로 공산군은 약 500대의 탱크를 배치했습니다. 하지만 그들은 가능한 한 이를 숨긴 채 기습용으로도 사용하지 않았습니다. 연합군은 적을 거의 생포하지 않아서 그들의 사기를 알기 어려웠습니다. 유엔 병사들의 정신 상태는 훌륭했습니다. 유엔군은 장비도 방어태세도 잘 갖추고 있으며, 특히 공군이 받쳐주는 강도 높은 훈련을 계속 소화하고 있습니다.

밴 플리트 장군은 남한군 부대가 이룬 발전에 만족감을 표했습니다. 남한부대는 사단 규모로 작년 가을부터 시작해 이번 여름까지 이어질 체계적인 훈련을 받아왔습니다.

2. 3월 9일 의제 3항 담당 참모장교 회의는 겨우 2분간 지속되었습니다. 서로 말할 거리가 전혀 없었던 협상자들은 다음날 만나기로 하는 데 그쳤습니다.

전쟁포로를 다루는 분과위원회에서 공산 측은 포로수용소에서 연합군의 부당하고 불법적인 행위에 대해 다시 비난했습니다. 포로문제에 간섭하는 대만의 지나친 음모를 암시하면서, 공산군 측은 이 점에 대해 다른 어떠한 해명도 하고 싶어 하지 않으면서 한국문제의 범위를 넘는 전개가 될 것이라는 위협을 되풀이 했습니다.

리비 제독은 미리 준비된 공산군 성명서는 의도적인 모욕이라고 응수했습니다. 제독은 기자들에게 공산군 대표들이 결코 호전적이거나 공격적으로 보이지는 않았다고 했습니다.

3. 어제 소비에트 연방 국가 방송국들은 미국이 한국과 중국에서 일으킨 인류역사상 전례 없는 범죄가 될 세균전에 대한 베이징라디오와 모스크바라디오 캠페인을 다시 시작했습니다.

국방부에 전달 요망.

드장

## 【88】 세균전 대책을 위한 소련권의 의학 원조에 대한 기사(1952.3.11)

| | |
|---|---|
| [ 전      보 ] | 세균전 대책을 위한 소련권의 의학 원조에 대한 기사 |
| [ 문 서 번 호 ] | 2159 |
| [ 발   신   일 ] | 1952년 3월 11일 13시 45분 |
| [ 수   신   일 ] | 1952년 3월 11일 15시 00분 |
| [발신지 및 발신자] | 본/퐁세(주서독 프랑스대사) |

3월 11일 몇몇 신문이 게재하고 AP통신이 방송한 뉴스에 따르면, 지난 2주간 소련권 의료인 회원들이 전염병 대책에 협력하기 위해 한국에 의무적으로 징집되었다고 합니다. 아마 국가 경찰이 이번 징집 활동을 갑자기 직접 처리하는 것을 은밀히 하기는 불가능한 일이었을 것입니다. 특히 세균학 전문의와 약사, 간호사들이 징집 요구 대상자들이었던 것 같습니다.

게다가 의약품 제조에 있어서 혈청과 백신 재고품 중 많은 부분이 한국에 보내지도록 동원되었다고 합니다. 결국 이 의약품을 최대한 제조하라는 조치가 취해졌다고 합니다.

프랑수아 퐁세

## 【89】 미 공격 규탄 여론을 담은 『프라우다』(1952.3.11)

```
[ 전      보 ]  미 공격을 규탄하는 여론을 담은 『프라우다』
[ 문 서 번 호 ]  617
[ 발  신  일 ]  1952년 3월 11일 14시 30분
[ 수  신  일 ]  1952년 3월 11일 18시 00분
[발신지 및 발신자]  모스크바/브리옹발(주소련 프랑스대사관 참사관)
```

오늘 『프라우다』는 "한국에서 저지른 미국의 중죄"에 대한 세계 여론의 반응을 다룬 졸리오-퀴리[1]의 호소문으로 특별면을 배치했습니다. 『프라우다』는 한국 국민과 중국 조직, 또 "프랑스 민주 언론", 베트남민주공화국 외무장관, 국제대학생연맹의 항의문에 근거를 두고 있습니다.

신문은 또한 지난 3월 10일 평양시를 무력 진압한 폭격에 대해 다룬 평양 주재 타스통신 뉴스를 게재했습니다.

브리옹발

---

[1] 프레데리크 졸리오-퀴리(Jean Frédéric Joliot-Curie, 1900-1958). 프랑스 핵 물리학자. 마리 퀴리와의 원자 연구로 노벨 화학상 수상. 방사능 연구. 세계평화옹호회의 의장으로서 평화운동에 공헌.

# 【90】 미군의 세균무기 이용에 대한 증거들(1952.3.12)

[ 전        보 ]  미군의 세균무기 이용에 대한 증거들
[ 문 서 번 호 ]  638
[ 발   신   일 ]  1952년 3월 12일 16시 30분
[ 수   신   일 ]  1952년 3월 12일 20시 15분
[발신지 및 발신자]  모스크바/브리옹발(주소련 프랑스대사관 참사관)


『프라우다』는 「미 침략자들의 끔찍한 중죄에 맞서는 국민들」이라는 헤드라인으로 세균전의 전개에 대해 제4면 절반을 할애했습니다. 신문은 Go Mo Jo가 졸리오-퀴리 씨에게 보낸 전보문과 세계민주청년연맹이 작성한 항의문을 실었습니다. 또한 『프라우다』는 2편의 타스통신 뉴스를 실었는데, 하나는 상하이 발로 다양한 중국기구의 선언을 분석하고 있으며, 또 하나는 로마 발로서 "이탈리아에서의 항의 물결"을 보고하고 있습니다.

하지만 이 지면의 가장 많은 부분은 「현대의 카니발」이라는 제목으로 『프라우다』 뉴욕 특파원 필리포프[1]와 리첸코[2]의 기사가 차지하고 있습니다. 이 두 명의 기자는 미 언론이 한국과 중국 정부의 선언에 대해 "결탁된 침묵"을 했다는 점과, 더 오랫동안 침묵하는 것이 불가능해짐에 따라 미 지도층이 "전략 변경"을 했다는 점을 상기시켰습니다.

이에 군정(軍政)과 애치슨의 반박이 있었으나 "필리포프와 리첸코는 미 제국주의자들이 이미 오래전부터 전쟁무기에 원자력병기나 대량살상무기와 더불어 세균무기를 포함시킨 것은 공공연한 비밀이라고 공격"했습니다.

그래서 그들은 미 군부 유력인사들의 진술과 신문의 여러 인용들을 재수록

---

[1] Fillippov.
[2] Litechko.

했습니다. 미국이 태평양전쟁의 일본과 2차대전 나치 전범들의 조력으로 메릴랜드의 육군성 연구실 디트릭 캠프[3]나 텍사스 랜돌프 공군기지 의과대학 같은 특수기관에서 오랫동안 세균전을 준비해왔다고 결론을 내렸습니다. 그들은 특히 1949년 7월 24일 AP통신이 300만 달러 이상의 디트릭 캠프 설립용 추가 예산 요구에 대해 "이 기금은 공격적인 측면 및 방어적인 측면의 세균무기 개발을 위해 사용될 것이다. 이 무기는 인간은 물론, 그들의 영양공급원인 동식물에게 역시 사용될 용이다. 가축과 파종한 땅은 세균무기를 사용하기에는 좋은 목표다"라고 했던 사실을 지적했습니다.

현재, 기사를 작성한 기자들은 미국이 전쟁에서 가장 비열하고 비인간적인 대량살상무기를 가장 중요한 지점에 준비했었다는 점을 자랑스러워한다고 덧붙였습니다. 이점에 대해 지난 1월 22일 찰스 럭스[4] 장군이, 1월 25일 미군 화학과 부장 윌리엄 크레이시[5]가 볼티모어에서 행한 발언을 인용하겠습니다.

담화에서 크레이시는 "본인은 화학무기와 세균무기야말로 최소한의 군비로 적의 저항력을 약화시키고 우리가 경제적 파탄에 이르지 않고 승리를 확신할 수 있는 방법이라고 진심으로 확신합니다. 우리는 세균무기의 가능한 모든 양상을 좀 더 빠르게 실험하고 개선시켜야 합니다"라고 발표했다고 합니다.

브리옹발

---

[3] 디트릭 캠프(Camp Detrich, 1943-1969). 나치 독일의 전염병 감염에 대한 생체실험과 페스트, 탄저병, 보툴리즘, 장티푸스 등 광범위한 생물학전 무기개발에 자극받아 설립한 미 육군의 화학 및 생물학적 세균전 비밀무기 프로그램 본부. 2,000여 명의 군 연구자, 500여 명의 민간인 연구원, 2,300여 명의 일반 작업자들이 공격용 화학무기 프로그램을 진행하고 있었다고 함.
[4] Charles Lucks.
[5] William Creasey.

## 【91】 세균전 비난 작전에 대한 연합군의 입장(1952.3.12)

| [ 전　　　보 ] | 세균전 비난 작전에 대한 연합군의 입장 |
|---|---|
| [ 문 서 번 호 ] | 476 |
| [ 발　신　일 ] | 1952년 3월 12일 02시 00분 |
| [ 수　신　일 ] | 1952년 3월 12일 13시 30분 |
| [발신지 및 발신자] | 도쿄/드장(주일 프랑스대사) |

사이공 공문 제304호

1. 순시 차 한국에 온 지 이틀 된 리지웨이 장군은 어제 3월 11일 부산에서 세균전에 관한 공산 측의 비난에 격렬히 항의 했습니다.

리지웨이 장군은 이 같은 거짓 증언이 다음에 일어날 수 있는 일을 예측할 수 없는 상황으로 휴전협상을 몰고 갔다고 했습니다. 그는 휴전협상 담당자들이 최근 매우 절망적이었던 공산주의에 대한 이데올로기적이고 정신적인 투쟁을 하고 있다고 말했습니다. 조이 제독과 협의하고 회담 원본을 검토한 후 장군은 협상 결과에 대한 어떠한 조짐도 기본적으로 발견할 수 없었다고 했습니다.

그는 청렴하고 원칙적인 연합군 대표단장의 임무가 얼마나 어려운지 강조했습니다. 그는 말하는 데 있어서 어떠한 절제도 볼 수 없고 그들 전략의 중요한 부분이라도 되듯이 거짓 주장으로 간주되는 말과 행동 사이의 모호한 관계만 존재하는 개인들과 일상적인 거래를 해야 했습니다.

총사령관에 따르면 소위 세균전이라며 심하게 비방 작전을 펴는 이유는 북한의 페스트 전염에 대해 총사령부에 전달된 정보에서 발견할 수 있었습니다. 적군이 그러한 방법을 사용한다는 것을 미리 정당화하려는 가능성을 장군은 비난하지 않았지만 그는 이 점에 대해 명확히 하고자 하지도 않았습니다. 불확실한 휴전을 보장하는 일에 관해, 장군은 합리적이고 면밀한 조사를 통해서만 할 수

있는 일이라고 했습니다. 장군은 계속 그런 식으로 협상 중 유엔사령관의 입장
에 대해 말했습니다.

리지웨이 장군은 밴 플리트 장군과 함께 사단장들을 방문하고, 8군단의 사기
에 만족을 표했습니다.


2. 어제 3월 11일 제4분과위원회 회의에서, 공산 측은 위협과 무례한 언행을
중단했습니다. 연합군 대표들은 근거 없는 비방을 더 오랫동안 듣기보다, 차라
리 철수하겠다고 경고했었던 바 있습니다. 그래도 어떠한 진전도 이루어지지
않았으며, 이런 답보상태로 리비 제독은 다음과 같이 말하기에 이르렀습니다.

"우리는 사실을 철저히 왜곡하는 귀하 측의 시도로 피곤하오."

국방부에 전달 요망.

드장

| [ 보　고　서 ] | 세균전에 대한 저우언라이의 성명 |
|---|---|
| [ 문 서 번 호 ] | 121/AS |
| [ 발　신　일 ] | 1952년 3월 12일 |
| [ 수　신　일 ] | 1952년 3월 12일 |
| [발신지 및 발신자] | 도쿄/드장(주일 프랑스대사) |
| [수신지 및 수신자] | 파리/슈만(프랑스 외무부장관) |

세균전에 대한 저우언라이의 성명

　3월 9일 도쿄에서 포착한 방송에서 베이징라디오는 지난 3월 8일 중국 상공을 침범하고 세균전이라는 수단을 사용한 미 정부를 비난한 저우언라이의 성명을 낭독했습니다.

　미 정부에 공식 항의를 하고 있는 저우언라이 성명의 번역문을 첨부합니다.

　이 항의문은 1952년 3월 9일 본인의 보고문 대상이었던 군사작전 내에 포함된 것입니다.

드장

## 【92-1】 별첨 1─세균전에 대한 저우언라이의 성명 번역문

1952년 3월 8일 베이징라디오 방송
저우언라이 성명

1월 28일 한국에서 시작된 대규모 세균전을 계속하면서 미 침략군은 2월 29일부터 1952년 3월 5일 간 68대의 비행편대를 보냈으며, 중국 북동쪽 상공을 448회나 침범했습니다. 미군은 푸순, Sinmin, 안둥, Kwatien, 린샹 및 기타 지역에 보균 곤충을 대량으로 보냈습니다. 그들은 린샹과 Changtienhokow 지역을 폭격하기도 했습니다. 여기 그 증거가 있습니다.

1. 2월 29일, 14개 비행편대에서 148회 출격 도중 미 비행기는 안둥, 푸순, 펑청 상공을 선회하고 이 도시에 곤충들을 살포하였다.

2. 3월 1일, 14개 비행편대가 86회 출격하여 푸순, 다둥, Changtienhokow, Chian 상공을 선회하고 흑벼룩 같이 생긴 곤충을 풀었다.

3. 3월 2일, 12개 미 비행편대가 70회 출격하여 푸순, 안둥, Tatungkow, Changtienhokow Kiuliengchen, Chian, Kwantian, Kiuliengchen 상공을 선회하고 이 주거 밀집지역에 모기와 벼룩을 쏟아 부었다.

4. 3월 3일, 5개 비행편대가 32회 출격하여 안둥과 시안(西安)에 이러한 공격을 반복했다.

5. 3월 4일, 미 비행기가 72회 출격하여 Langtow, kiuliencheng, Changtienhokow, Sinmin, Chian, Hungkiangkow의 상공을 선회했으며, 5000m 상공에서 피륙으로 된 두 개의 덩어리를 던졌는데, 이것은 약 2000m 상공에서 터졌다. 이어 도로마다 파리들이 무더기로 발견되었다. 이와 유사한 작전이 Sinmin과 Kwatien 지역에서도 관찰되고 있다. 이 지역들은 파리 떼가 휩쓸고 지나자마자 이어 메뚜기와 벼룩이 황폐화시켰다.

6. 3월 5일, 미 비행기 몇 대가 Anpingho와 Linkiang를 선회하고 폭격했다. 주민 두 명이 부상을 입고, 집 5채가 파손되었다.

미 정부가 중국 상공에 대한 침범을 뻔뻔스럽게 반복하는 일을 감행하고 공공연하게 도발하는 이상, 또한 보균 곤충 떼를 보내고 중국인들을 구분 없이 폭격하고 사격하고 죽이는 이상, 동시에 한국의 휴전협상을 지연시키고 한국전쟁을 연장하고 확대시키려는 목적으로 한국문제의 평화적 해결을 방해하는 이상, 중화인민공화국의 중앙인민정부는 미 정부 측의 이 야만적이고 도발적인 침략행위에 대해 본인이 공식 이의를 제기하도록 했습니다.

미 정부의 침략행위는 트루먼 대통령이 중국 영토인 대만을 침범하고 점령하기 위해 함대를 보내겠다고 발표했던 1950년 6월 27일부터 중화인민공화국에 대해 직접적이고 공공연히게 자행되었습니다.

1950년 8월 28일, 주한 미 침략군이 중국의 북동부를 침범할 군용기를 보내기 시작했습니다. 이와 같은 일이 몇 차례 반복 된 이후, 또 다른 비행기들이 정찰과 폭격을 위해 중국 상공을 비행했습니다. 지금도 미 정부는 보균 곤충 떼를 풀어버리는 비행기들을 중국 북동부 상공에 보내면서 국제협약을 위반하고 있습니다. 이는 분명 중국을 침략하고 중국 인민의 안보를 위협하려는 의도를 보이는 시도입니다. 중국 인민들은 이 같은 범죄 행위를 결코 용인하지 않을 것입니다.

그래서 중화인민 중앙정부는 앞으로 세균전을 진행하기 위해 중국 영토를 침범하는 미 공군 대원을 생포하면 이들을 전범으로 취급할 것입니다. 또한 중화인민정부는 치명적인 병원균을 살포하는 비행기로 중국 영토를 침입한 것으로 인해 발생하는 모든 결과에 대해 미 정부가 책임지도록 할 것입니다.

# 【93】 미국을 규탄하는 루마니아 언론들(1952.3.15)

| | | |
|---|---|---|
| [ 전 보 ] | 미국을 규탄하는 루마니아 언론들 |
| [ 문 서 번 호 ] | 69-70 |
| [ 발 신 일 ] | 1952년 3월 15일 15시 15분 |
| [ 수 신 일 ] | 1952년 3월 15일 22시 40분 |
| [발신지 및 발신자] | 부쿠레슈티/주디[1)(주루마니아 프랑스대사) |

　며칠 전부터 루마니아 언론은 한국에서뿐 아니라 중국 영토에까지 세균무기를 사용했음을 규탄하는 "미국의 범죄" 반대운동에 몰두하고 있습니다.

　범죄자에 대한 징계를 실제로 행하는 집회는 부쿠레슈티와 지방에서 열렸습니다.

　저우언라이의 엄중한 경고를 지지하는 신문들은 수많은 독자의 편지와 여러 조합 및 이 잔인한 범죄행위를 규탄하며 구성된 단체들의 청원을 게재했습니다. 오늘자 주간『코민포름』은 제1면의 반을 「20세기의 야만적인 행위에 대한 최후의 수단」이라며 할애했습니다.

　신문들은 트리그브 리 씨의 침묵이 유엔이 워싱턴을 따르는 증거라며 비난하고 있습니다. 딘 애치슨 씨의 국제심사 제안에서는 어떠한 암시도 없었습니다.

주디

---

1) 주루마니아 프랑스대사로 추정됨.

## 【94】 평화수호소련위원회의 결의문(1952.3.15)

| | |
|---|---|
| [ 전          보 ] | 평화수호소련위원회의 결의문 |
| [ 문 서 번 호 ] | 647 |
| [ 발     신     일 ] | 1952년 3월 15일 14시 00분 |
| [ 수     신     일 ] | 1952년 3월 15일 18시 50분 |
| [발신지 및 발신자] | 모스크바/브리옹발(주소련 프랑스대사관 참사관) |

본인의 이전 전보에 이어

평화수호소련위원회가 채택한 결의안 원문

"평화수호소련위원회의 요청으로 사회단체 대표, 노동자, 공무원, 학자, 작가, 예술가인 우리는 미 제국주의자들이 저지른 끔찍한 범죄, 즉 한국과 중국 북동부에서 세균무기를 사용한 것에 대해 모스크바 노동자의 이름으로 단호한 이의를 제기하기 위해 집회를 가졌다.

위에 언급된 지역에 이러한 무기를 적용한 것에 관해 신문에 게재된 조선민주주의인민공화국 외무장관 박헌영과 중화인민공화국 저우언라이의 성명서는 전 세계 모든 인민들의 분노를 촉발했다.

미 침략자들은 유엔기구의 깃발 아래 도시와 마을에 페스트와 콜레라, 티푸스 및 그 밖의 다른 전염병균을 비행기로 투하하며 평화를 사랑하는 한국과 중국의 주민들에게 세균무기를 사용하기 시작했다.

올바른 사람이라면 누구나 비인도적으로 저질러진 이 범죄에 분노를 표하고 있다. 그러한 범죄는 역사상 유래가 없으며, 야만적인 히틀러주의자들조차도 이 같은 수단을 이용하려 하지 않았었다.

미 간섭주의자들은 전 세계 모든 인민에게 대량살상무기인 세균무기 사용금지라는 국제협약을 위반한 자들이 되었다.

그들의 야만적인 행위는 아시아와 유럽 국가들을 끔찍한 질병으로 위협하고 있다. 인민의 양심은 인간 도덕의 기본권을 발로 짓밟는 인류 공공의 적인 비인도적이고 잔인한 범죄와 함께 할 수 없다.

전 세계 인민들의 의지를 표명하면서 1950년 제2차 평화의 사도 대회는 핵무기, 세균무기, 화학무기 및 기타 대량살상무기의 사용금지를 요청했었다. 미국은 이 국가들의 소리를 듣지 않았다.

제국주의자들의 상상을 초월한 범죄는 모든 소련인들의 마음에 깊은 분노를 일으켰다. 페스트와 콜레라, 또 다른 전염병을 퍼뜨린다는 위협으로 자유와 독립을 위해 투쟁하는 한국인의 의지를 꺾으려 하면서, 미 침략자들은 증오와 경멸의 대상이 되었다. 평화를 열망하는 전 인류는 한국 인민들 편이다. 자유를 사랑하는 모든 국가들과 함께 소련은 한국 인민들에게 형제와 같은 연대감을 표하는 바이다.

모든 소련 인민들처럼, 모스크바의 노동자들 역시 미 침략에 대한 투쟁과 평화 수호에 대한 중국위원회 의장의 성명, 또한 전 인류를 위해 모두가 세균무기의 사용을 용인하지 말자고 하는 세계평화이사회 의장 프레데리크 졸리오-퀴리의 호소를 지지한다.

우리는 인류가 세균전의 피해를 입지 않도록 세계평화이사회가 모든 조치를 취할 것이라고 확신한다.

우리 인민들은 새로운 세계대전을 주동하는 자들의 음모를 밝힐 수 있도록 경계를 강화해야 하며, 전 세계에서 평화를 위한 투쟁을 더욱더 펼쳐야 한다.

우리는 우리의 대부분이 평화의 전사들로 앞장 서있음을 보는 것이 자랑스럽다. 모든 소련 인민들과 더불어 모스크바 노동자들은 평화를 수호할 우리나라의 힘을 강화시키기 위해 쉴 새 없이 일하고 있다.

소련 외교정책, 스탈린의 평화정책 만세!

위대한 평화의 기수, 우리의 안내인이자 지도자인 스탈린 동무 만세!"

브리옹발

# 【95】 세균전을 규탄하는 조국통일민주주의전선의 호소문(1952.3.15)

| | |
|---|---|
| [ 전        보 ] | 세균전을 규탄하는 조국통일민주주의전선의 호소문 |
| [ 문 서 번 호 ] | 648 |
| [ 발    신    일 ] | 1952년 3월 15일 14시 00분 |
| [ 수    신    일 ] | 1952년 3월 15일 18시 00분 |
| [발신지 및 발신자] | 모스크바/브리옹발(주소련 프랑스대사관 참사관) |

본인의 이전 전보에 이어

　신문은 미국이 이미 1950년 말 북한에 세균무기를, 1951년 8월에는 화학무기를 사용했으며, 1월 28일부터 인민군과 중국인민지원군 진지, 또 이들의 후방에 보균 곤충을 계속 조직적으로 투하하는데 전념하고 있다고 알린 후, 미국이 이같은 '범죄행위'를 저지르고 있는 이유를 분석하는 내용으로 한국 국민에게 고하는 조국통일민주주의전선 중앙위원회의 호소문을 게재했습니다.

　조국통일민주주의전선의 호소문에 따르면, 그 이유는 첫째, 미국이 겨울과 이른 봄에 뿌려진 보균 곤충들이 눈에 띄지 않고 의심을 불러일으키지 않기를 바랐다는 점, 봄에 이 곤충들의 활동이 발견될 때쯤이면, 북한에 전염병이 만연하고 있다고 효과적으로 선동하는데 쓰일 수 있기 때문이라는 것입니다.

　두 번째는, 모든 방법을 동원해 휴전협상을 복잡하게 만들고자 하는 미 최고사령부가 북한의 군대 및 민간인들에게 뿐 아니라 전쟁포로와 사망자들에게서도 전염병을 발견하도록 하는 것이 대화를 다시 지연시키는 구실로 사용하기에 더 낫다고 여기기 때문이라는 것입니다.

　호소문은 "어떠한 방법으로도 적은 한국 국민을 겁주거나 무릎 꿇게 할 수는 없을 것이다"라고 주장하는 말로 끝맺고 있습니다.

　어쨌든 평양 공문은 세균전에 반대하는 한국인의 항의문을 보고하고 있으며,

베이징 공문은 미국의 세균무기 사용에 대한 조사위원회가 중국에서 창설되었음을 알렸습니다.

브리옹발

## 【96】 세균전을 진행하는 미국에 대한 반대운동과 소련의 의도에 대한 보고
   (1952.3.16)


[ 전        보 ]  세균전을 진행하는 미국에 대한 반대운동과 소련의
                의도에 대한 보고
[ 문 서 번 호 ]  655-662
[ 발    신    일 ]  1952년 3월 16일 08시 55분
[ 수    신    일 ]  1952년 3월 16일 11시 02분
[발신지 및 발신자]  모스크바/브리옹발(주소련 프랑스대사관 참사관)


　본인은 한국에서 세균무기를 사용하는 미국에 반대하는 운동이 어떻게 전개
되는지 공보실 전보로 그날그날 보고했습니다.

　캠페인이 폭넓게 전개되었던지라, 어쩌면 사람들은 미 정부가 인정하기에는
너무 조악한 선동 작전으로만 여겨 캠페인의 제안에 더 분명히 반응하지 않았
음을 유감스럽게 여길 수도 있습니다.

　요즘 크렘린이 이 비방 운동에 공공연하게 참여했다는 사실은 특히 아시아
민중들을 자극할 것이라고 생각할 만한 중요한 이유를 갖고 있다고 보여주는
것 같습니다.

　우리는 확실히 소련 언론이 몇 주 동안 베이징과 평양에서 받은 뉴스를 신중
하게 발표하는 것에 그쳤었다가, 3월 8일 갑자기 입장표명을 했다는 것을 기억
하고 있습니다. 이때부터 어조가 순식간에 고조되었으며, 그때부터 일을 담당한
것이 모스크바라는 것을 확인하는 데는 평화수호소련위원회가 그저께 준비한
회의 보고를 읽는 것으로 충분합니다.

　"인민의 높아져가는 분노"를 내세우며 "러시아(소련) 소비에트가 기수"인 평
화의 지지자들이라는 이름으로 행동하면서, 위원회는 미국의 범죄 실행을 포기
시키는 "조치를 취하라고" 세계평화위원회에 청했습니다.

그러니까 크렘린에게 있어서 세균무기 사건은 평화지지자들을 자극하고 그때까지 서구 국가들의 정책에 보였던 그들의 적대감보다 더 효과적으로 시위에 참여하도록 하는 계기가 된 것입니다.

그저께 코로빈[1])의 발언 역시 이 점에 관해 한 치의 의심도 없게 만듭니다.

> "인민들의 분노가 날이 갈수록 시간이 갈수록 커져가고 있습니다. 이 분노
> 는 미국 지도자들을 도덕적이고 정치적인 고립의 벽으로 둘러싸겠다고 위협
> 하고 있습니다. 어떤 국민도 어떤 정부도 이러한 분노를 오랫동안 버텨내지
> 못할 것입니다."

또, 결국 이 일은 한국 사건에 대해 소련 정부가 몇 주간 고수했던 신중함을 끝내는 계기를 마련해주었다는 사실에 주목해야 합니다. 지금까지 베이징과 평양에서 표명해온 비난을 이어 맡으면서 소련 언론은 이제 세균무기를 이용하고 있는 미국이 휴전을 원하는 것과는 확실히 거리가 멀다는 것, 반목을 확대하고 3차 세계대전을 야기하고 싶어 하는 것이라는 주장을 서슴지 않습니다.

그 모든 상황으로 보아 특히 시간이 소련에 계속 유리하게 작용하고 있는 아시아에서 크렘린이 이 전쟁을 선동하는 것을 원하지 않는다면, 이 같은 입장 표명이 휴전협상의 중단이 임박했다는 바를 예고하는 것으로 여겨지면 안 됩니다. 오히려 반대로 불확실한 휴전 실행의 감독을 담당할 중립국감독위원회에 받아들여질 수 없었던 소련 정부가 이제 현 상황을 오래 끄는 것이 실보다 득이 더 많다고 여긴다는 것을 알려주는 것일 수 있습니다. 사실 소련 정부는, 트루먼 대통령의 최근 성명 이후 중국의 수적 물질적 우위를 알고 있으며, 인도차이나에 대한 프랑스의 불안과 영국의 근심을 알고 있는 미 정부가 억지로 해결을 강요할 수는 없어서 계속 미루고 있는 한국전쟁을 이미 체념한 체 유지한다는 것을 알고 있습니다.

동맹국인 중국에 관해 말하자면, 현재 크렘린은 한국에서의 현 상태를 지키

1) Korovine.

기 위해 이전에 중국에 해주었던 정신적 지원을 고려할 수 있습니다. 크렘린이 태국과 버마, 인도차이나에서의 사건에 주목하려는 것은 공산주의가 전면적인 분쟁으로 위험 없이 더 뿌리내릴 수 있는 동남아시아 지역 쪽으로 신경써야하기 때문입니다.

그래서 미 정부가 중상모략을 당하고 있다는 증거를 당당히 제시하는 한 이 흥분과 증오의 캠페인은 계속 전개될 것이라고 생각됩니다.

현재 모스크바와 베이징의 목적은, 미국이 사용하는 수단이 위력적이더라도 한국에서 승리할 수 있는 상태가 아니라는 점을 공산주의의 영향에서 벗어날 궁리를 하고 있는 아시아 국가들에게 확인시키고 설득하는 것입니다.

또한 서구 열강 5개국이 지니고 있는 책무 및 불안감으로 한국 사태는 크렘린이 지닌 의도를 이루는데 중요한 수단이 됩니다. 아마 조만간 프랑스, 영국, 미국이 아시아에서건 유럽에서건 중재를 받아들이게 하는데 사용하게 될 수단이자, 결국 당연히 중요시 여기게 될 수단인 것입니다.

브리옹발

## 【97】 미국의 휴전협상 자세에 대해 비판하는 기사(1952.3.16)

[ 전          보 ]  미국의 휴전협상 자세에 대해 비판하는 기사
[ 문 서 번 호 ]  664
[ 발   신   일 ]  1952년 3월 16일 14시 00분
[ 수   신   일 ]  1952년 3월 16일 19시 00분
[발신지 및 발신자]  모스크바/브리옹발(주소련 프랑스대사관 참사관)


　　한국 휴전협상에 대해『플로트루즈』[1]는 다음의 개성 주재 신화통신의 공문을 재수록 했습니다.

　　　오늘 제4항 조사 담당 소위원회가 개최한 회의 때, 우리 대표는 다음의 두 가지 사항을 다시 강조했다.

　　　1. 양측이 이미 정보를 교환한 모든 전쟁포로의 석방과 본국 송환이라는 원칙 채택.
　　　2. 원칙 채택 후, 참모장교가 사항들을 점검하고 거기에 남아 있는 이견을 논의할 것.

　　　의제 3항 조사 담당 참모장교 회의 때 미국은 중립국 후보와 군대 철수, 무기 제거 조항, 감독위원회의 조사권에 대한 자신들의 애매한 입장을 계속 고수했다.
　　　난관에서 벗어나기 위해 애쓰고 있는 우리 측 참모장교는 우선 미뤄두었던 덜 중요한 문제를 심의하고 해결한 후 이론의 여지가 있는 중요한 세 개 조항을 검토하자고 제안했다.

---

1) 『플로트루즈Flotte Rouge』. '붉은 함대'라는 의미.

하지만 미국은 분명히 거절했다. 미국 참모장교단장 키니 대령은 가볍게 행동했고, 우리 참모장교 단장 장춘산 대령은 문제 해결을 거부한 미국의 무책임한 행동을 비판했다. 장춘산 대령은 휴전협상이 늦어질 뿐 아니라 중단된 전적인 책임은 바로 미국 탓이라고 했다.

브리옹발

## 【98】 휴전협상, 포로수용소 사태, 미 범죄 규탄에 대한 상황들(1952.3.16)

[ 전          보 ]  휴전협상, 포로수용소 사태, 미 범죄 규탄에 대한
                    상황들
[ 문 서 번 호 ]  525
[ 발    신    일 ]  1952년 3월 16일 02시 30분
[ 수    신    일 ]  1952년 3월 16일 11시 02분
[발신지 및 발신자]  도쿄/드장(주일 프랑스대사)


사이공 공문 제349호

Ⅰ. 3항 참모장교들은 3월 15일에 다음을 기준으로 논의를 재개했습니다.

1. 공산 측은 불확실한 휴전과정에서 한국 해안봉쇄 중단 조치가 중국 해안에도 확대되기를 희망하고 있다. 연합군은 한국에서의 기준을 유지하거나 그 조항의 완전한 삭제를 바라고 있다.

2. 공산 측은 2개 조항의 삭제를 바란다. 첫 번째는 양측이 대 부대의 주둔지를 가르쳐주어야 한다는 조항이고, 두 번째는 양측 모두 상대측을 전력으로 집중 위협하는 행위를 금지하는 조항이다.

공산 측은 연합군 대표가 이 두 개 조항의 삭제를 받아들인다면 봉쇄문제에 대해 양보할 것이라는 생각을 비쳤습니다.

연합군측은 포구(浦口)와 다른 조항, 특히 비밀 설비에 대한 조사 사이에 흥정을 제안했습니다.

공산 측은 이 점에 있어서 자신들의 입장은 동일하다고 알렸습니다.

1) 포구
2) 양측이 각각 군대를 재편성하는 권한
3) 양측이 각기 대 부대의 주둔지를 알려주어야 할 의무

그들은 중립국의 조사 범위 제한과 봉쇄에 관한 조항에서 '한국에서'라는 단어 포함 여부 문제에 대한 모든 지적을 삼갔습니다.

제4분과위원회에서 공산 측 대표들은 참모장교들에게 조사 문제를 위임하는 것에 동의했습니다.

Ⅱ. 3월 13일 거제도 수용소에서 두 번째 사건이 일어나 전쟁포로 중 12명의 사망자와 26명의 부상자가 발생했습니다.

난투극은 순순히 작업장으로 가고 있던 포로 한 팀과 어떤 대위가 이끌던 남한부대를 향해 반항하는 공산군 포로들이 돌을 던지며 공격하는 것으로 시작되었습니다. 경비대는 공격자들을 대상으로 발포했습니다. 현재는 안정을 되찾았으며 적십자사는 곧 조사를 착수할 것입니다.

어제 제4분과위원회에서 리비 제독은 북한대표 남일 장군에게 사건을 기록한 조이 제독의 의견서를 전달했습니다. 공산 측 대표는 이 유혈사건에 항의하는 것을 자제했습니다.

Ⅲ. 3월 7일부터 14일에 미 비행사들이 MIG-15 아니면 다른 기종 한 대를 격추하고 적의 요격기 10대를 파손시켰습니다. 같은 시기에 연합군은 8대의 비행기를 잃었는데, 그중 4대는 고사포로, 3대는 알 수 없는 이유로, 나머지 한 대는 공중전으로 잃은 것입니다.

Ⅳ. 3월 15일 뉴욕 군축위원회에서 소련 대표가 공산 측의 주장을 대신 펼치고, 북한과 중국에 세균전을 이용하는 미국을 비난하는 동안, 평양라디오는 3월 4일 8개국 외국 대표들이 조사를 실시하기 위해 북한에 도착했다고 발표했습니다. 도쿄에서 포착된 방송에 따르면, 이 조사관들은 오스트리아, 이탈리아, 중

공, 프랑스, 영국, 그리스, 네덜란드, 이집트의 변호사와 교육자 중에 선발되었다고 합니다.

베이징라디오는 같은 날, 산둥지방에 세균전이 확대되었다는 것과 미국의 범죄에 대해 중국과 북한에서 조사할 위원회를 70명으로 구성했음을 알렸습니다.

항의 집회가 중공과 소련의 수많은 도시에서 조직되었다고 합니다.


국방부에 전달 요망.


드장

## 【99】 세균전과 임상실험을 진행하는 미군을 규탄하는 소련 기사(1952.3.17)

| [ 전           보 ] | 세균전과 임상실험을 진행하는 미군을 규탄하는 |
|---|---|
|  | 소련 기사 |
| [ 문 서 번 호 ] | 669 |
| [ 발       신       일 ] | 1952년 3월 17일 15시 45분 |
| [ 수       신       일 ] | 1952년 3월 17일 18시 00분 |
| [발신지 및 발신자] | 모스크바/브리옹발(주소련 프랑스대사관 참사관) |

　　3월 15일『가제트리테레르』에「월 스트리트와 세균」이라는 제목으로 게재된 기사에서 차로프[1]는 "한국과 중국에 비행기로 보균 곤충을 투하하는 미 살인자들" 뿐 아니라, 자신들이 침략한 나라의 국민들을 조직적으로 몰살하는 모든 "식민지배자들"을 비난했습니다. 그는 오스트레일리아 원주민과, 태즈메이니아[2] 주민, 아메리카의 인디언 운명을 상기시키면서, 폴리네시아와 아프리카 흑인의 운명을 불쌍히 여겼습니다.

　　"식민지배자들은 체체파리[3]를 아프리카 주민들의 문화발전을 방해하는, 또 피지배민족을 피폐화시키는 수단 중 하나로 간주하고 있다. 사실 브라질의 끊임없는 기아, 인도의 페스트 같이 체체파리는 제국주의자들의 가장 확실한 동맹국이나 다름없다."

　　각 당국은 해당 종속지에서 현지인에 대한 임상실험에 몰두하고 있었습니다.

---

[1] Charov.

[2] 태즈메이니아 섬은 호주대륙 남동쪽으로 약 240㎞ 떨어진 곳에 위치한 섬으로, 유럽인의 이주가 시작되자 원주민은 학살, 박해받았으며, 매독과 같은 유럽에서 건너온 질병 등으로 사망률이 급증하고 문화가 말살되어 결국 모든 주민이 절멸하게 됨.

[3] 소와 그 비슷한 초식동물에게는 신경성 질환인 나가나병을, 인간에게는 수면병이라는 전염병을 옮기는 중간 숙주.

중국에서 가톨릭의 "살해 본거지"를 끝내기 위해 언급한 것이었다면 차로프의 대략적인 묘사는 완벽하지 않는 것 같습니다. 예수회 알퐁신[4] 수녀가 이끄는 캐나다 가톨릭 선교단의 고아원, 랑세르의 아녜스 수녀가 이끄는 유아보호시설 'TSE AI'와 자클린 앙드레[5]가 이끄는 남경(南京)의 '성심병원'에서는 18개월 동안 그곳에 살던 아이들 중 94%인 2,116명이 사망한 일까지 있었으니 말입니다.

차로프는 다음과 같이 말을 이었습니다.

> "가톨릭 고아원의 컴컴한 철창과 '과학' 실험 고문실에서 미 살인자들은 더욱 경험의 장을 넓혔다. 그들은 서두르지 않고 수차례에 걸쳐 다양한 인종의 아이들과 수천 명의 전쟁포로들에게 자신들의 몰살 수단을 계속 시도했으며, 지금도 수많은 사람들을 살해하기에 이르렀다.
>
> 한국이나 중국에서 다른 아시아와 유럽국가에 전염병을 퍼뜨릴 수 있다는 것과 남한에 주둔 중인 리지웨이 장군의 병사들이 조국으로 귀환할 수 있다는 사실은 미 살인마들을 두렵게 만들지 않았다. 그들은 전 세계가 음산한 정적으로 뒤덮인 "성심병원"이 될 때까지 멈추지 않을 것이다."

브리옹발

---

[4] Alphonsine.

[5] Jacqueline André.

# 【100】 미국을 규탄하는 중국에 대한 인도의 입장(1952.3.18)

| [ 전        보 ] | 미국을 규탄하는 중국에 대한 인도의 입장 |
|---|---|
| [ 문 서 번 호 ] | 219-222 |
| [ 발    신    일 ] | 1952년 3월 18일 21시 30분 |
| [ 수    신    일 ] | 1952년 3월 18일 19시 17분[1] |
| [발신지 및 발신자] | 뉴델리/오스트로루그(주인도 프랑스대사) |

보안

워싱턴 공문 제21-24호
제21-24호로 워싱턴에 긴급 전달 요망

   인도차이나에 대한 소식을 묻기 위해 어제 만났던 바즈파이 외무부 사무국장은 그를 불안하게 하는 상황과 중국에 대해 스스로 제게 말했습니다. 본인의 전보 제200호로 보고한 바대로 베이징 주재 인도대사 파니카 씨는 극도로 모호한 답변을 하는 방식을 취하고 있었으나, 얼마 전 새로운 지시가 그에게 내려졌습니다. 그는 저우언라이를 다시 만나 중국이 세균폭탄을 사용하는 미국을 매우 심각한 수준으로 비난하는 것은 공정한 조사가 진행되지 않는 한 공산국가 정부들 외에는 아무도 설득할 수 없을 거라는 점을 표명해야 합니다. 이 같은 조사는 관련된 양측이 임명한 동수(同數)의 대표들과 그들이 선출한 중립국 의장에 의해 이루어져야 할 것이며, 그러한 조사를 하지 않으면 중국의 비난은 분명 근거 없는 것이 될 뿐 아니라 양측의 정신을 혼란스럽게 하고 국제적 긴장을 강화하는 효과만 있을 뿐이라는 점, 또 평화를 추구하는 것인지 아니면 전쟁을

---

1) 시차로 인한 표기로 추정됨.

원하는 것인지 아는 것이 중요하다는 점 또한 표명해야 합니다.

바즈파이 외무부 사무총장은 이러한 방식을 취하면서 인도대사가 그의 발언의 우호적인 특성과, 아시아에서 평화를 회복하기 위해서라면 어떠한 일도 마다하지 않을 거라는 인도의 열망을 강조할 것이라고 덧붙였습니다.

여기에 우리는 메시지의 톤을 부드럽게 전달하는 일을 파니카 대사에게 기대해 볼 수 있습니다. 적절한 용어를 사용하는 힘은 여전히 놀라운 일입니다.

이곳에서 고위공직자가 이러한 생각을 이토록 과감하게 얘기하는 것을 듣기는 처음입니다.

인도 정부가 취했던 신중함을 벗어날 만큼, 또 인도 정부가 공산주의 원칙과는 먼 논쟁을 베이징에서 일으킬 만큼 커다란 불안감이 있었음이 틀림없습니다.

오스트로루그

## 【101】 휴전협정 진행 상황과 세균전에 대한 공산 측 반응(1952.3.18)

[ 전        보 ]    휴전협정 진행 상황과 세균전에 대한 공산 측 반응
[ 문 서 번 호 ]    536
[ 발    신    일 ]   1952년 3월 18일 01시 30분
[ 수    신    일 ]   1952년 3월 18일 18시 04분
[발신지 및 발신자]   도쿄/드장(주일 프랑스대사)


사이공 공문 제355호

1. 유엔 대변인에 따르면, 5항에 대한 연합군의 제안을 3월 16일 공산 측이 동의한 것은 두 달 전부터 판문점에서 이루어진 가장 중요한 진전입니다. 어제 3월 17일, 출입항(出入港) 지정과 이 항구 주위를 조사할 지역을 정하는 것에 대한 논의가 열렸습니다.

공산 측은 북한의 신안주, 신의주, 만포진, 흥남, 청진을 제안했으며, 남한 쪽에는 부산, 인천, 수원, 여수, 포항을 지정하길 희망했습니다. 하지만 수원, 여수, 포항은 연합군 명단에는 없었습니다.

유엔대표들은 평양과 서울이라는 두 도시를 제안했지만, 아직 이에 대한 답변을 얻지 못했습니다.

한편 공산군 측은 조사단의 활동을 특별 협의로 정해졌다고 간주되는 도시만으로 제한하기를 희망하고 있습니다.


2. 포로교환에 관한 논의는 답보상태입니다. 공산 측은 그들이 3월 5일 제안했었다고 주장하는 새로운 제안을 분명히 하기 위해 그들에게 제기된 질문들을 회피했습니다. 그들은 오늘 몇 가지 서면 질문에 답하기로 했습니다.

중공-북한 참모장교들은 3월 16일 1시 30분 연합군 비행기 한 대가 창성 제1

포로수용소에 일제사격을 했으며 영국 포로 한 명이 부상을 입었다고 주장했습니다. 그들은 2월 18일과 3월 13일 두 번에 걸쳐 일어난 거제도 총격사건으로 다수의 인명피해가 잇따른 사건과 같은 것이라고 주장했습니다.

하지만 그들은 문제의 수용소 소재지가 신호등으로 표시되지 않았었다는 연합군 장교의 주장은 인정했습니다.

3. 모스크바에서 재방송한 3월 17일자 평양라디오에 따르면 북한에서 실제로 조사를 행했다는 외국 변호사들이 미국이 저질렀다는 세균전에 대한 결정적인 증거를 얻었다고 합니다.

국제민주법률가협회 회원인 조사관들은 3월 15일 기자들 앞에서 그들이 확인한 잔인한 행위가 얼마나 끔찍한지 증언했다고 합니다. 그들 중 한 명으로 조사단을 지휘하는 것으로 보였던 오스트리아인 브란트바이너[1]는 침략자들이 북한에서 저지른 범죄에 관한 많은 자료를 모았다고 했답니다.

국방부에 전달 요망.

드장

---

1) Brandweiner.

## 【102】 세균전에 대한 폴란드 신문 기사(1952.3.18)

| | |
|---|---|
| [ 전　　　　보 ] | 세균전에 대한 폴란드 신문 기사 |
| [ 문 서 번 호 ] | 299-301 |
| [ 발　신　일 ] | 1952년 3월 18일 20시 00분 |
| [ 수　신　일 ] | 1952년 3월 19일 11시 50분 |
| [발신지 및 발신자] | 바르샤바/덴느리[1](주폴란드 프랑스대사) |

　한국에서 세균무기를 사용하는 미국의 집단 학살에 반대하는 운동이 폴란드 신문에 대대적으로 실렸습니다. 어제 폴란드평화수호위원회는 격렬한 항의문을 게재하고 내일 저녁 바르샤바 공과대학에서 열릴 시위에 바르샤바 주민들이 참석해달라고 독려했습니다. 오늘 아침 일간지들은 유엔군축위원회에서 있었던 말리크의 행동과 다양한 폴란드 단체들의 항의, 동일 문제에 대한 신랄한 논설에 헤드라인과 지면의 1/4가량을 할애했습니다. 『글로스프라치』[2]는 "이 땅에서 감자잎벌레를 보호한 것은 세균전을 준비하기 위해 미국이 행한 최초의 실험이었다"고 하면서, 18개월 전에 동독과 체코슬로바키아에서 미국의 감자잎벌레에 반대하는 캠페인이 있었던 일에 대해 알리고 있습니다.

　거의 단서로 사용된 이 논증이 반복되고 확산된다면, 일본의 '민족말살'에 대한 예전 반대 운동처럼 이 두 캠페인은 이 방면에서 소련이 한 준비를 설명하던지, 아니면 이 새로운 형태의 전투에 대한 두려움이 서구에 확산되는 장기적인 선전선동 계획에 속하는 것은 아닌지 의문을 가져볼 수도 있을 것입니다.

덴느리

---

[1] 에티엔 덴느리(Étienne Dennery, 1903-1979). 주폴란드 프랑스대사(1950-1954), 주스위스 프랑스대사(1954-1961), 주일 프랑스대사(1961-1964) 역임.

[2] 『글로스프라치|Glos Pracy』.

# 【103】 휴전협정 상황과 세균전 비난에 대한 히커슨의 언론 보고(1952.3.18)

| [ 전        보 ] | 휴전협정 상황과 세균전 비난에 대한 히커슨의 언론 보고 |
|---|---|
| [ 문 서 번 호 ] | 1740-1742 |
| [ 발   신   일 ] | 1952년 3월 18일 20시 00분(현지 시간), 1952년 3월 19일 02시 00분(프랑스 시간) |
| [ 수   신   일 ] | 1952년 3월 19일 05시 05분 |
| [발신지 및 발신자] | 워싱턴/보네(주미 프랑스대사) |

뉴욕 공문 제82-84호

지급(至急) 통신문에 따르면 미 국무부 대표는 한국에 대한 주2회 회의에서 새로운 뉴스거리를 아무 것도 제공하지 않았습니다.

어쨌든 양측 감독 하에 5개 출입항을 지정하는 데 동의한다는 조건으로 공산 측이 원칙적으로 수용한 연합군 측의 조정안에 따라 의제 3항에 대해서는 몇몇 진전이 이루어졌습니다. 소위원회 내부의 논의들은 현재 오랫동안 커다란 어려움이 제기되지 않은 것 같은 이 문제에 집중되었습니다. 반대로 비행장 문제와 휴전 시행을 감독할 중립국에 소련을 포함하느냐의 문제는 거론되지 않았습니다.

회의가 끝난 후, 히커슨 씨는 공산 측의 선전선동으로 세균전에 대해 연합군에 가하는 비난이 최근 더 심해졌다고 했습니다. 중국라디오는 24시간 중 국내 방송의 1/4, 해외 방송의 1/5을 이 세균전 공격에 할애하고 있습니다. 히커슨 국무부 대표는 국제적십자사의 조사와 국제적십자사 위원장의 동의를 요구한 애치슨 씨의 항의를 먼저 언급한 후, 한국전에 참전한 국가들 역시 공산 측의 비난에 항의하고 있다고 주장했습니다. 지금까지는 그리스 정부만이 그러한 이의를 제기했었다고 강조하면서 말입니다.

보네

# 【104】 국제적십자위원회 위원장의 전보 발신(1952.3.18)

| [ 전 보 ] | 국제적십자위원회 위원장의 전보 발신 |
|---|---|
| [ 문 서 번 호 ] | 미상 |
| [ 발 신 일 ] | 1952년 3월 18일 |
| [ 수 신 일 ] | 미상 |
| [발신지 및 발신자] | 제네바/드 트라즈[1](국제적십자위원회 부집행장) |

장관님,

　국제적십자위원회는 1952년 3월 14일 적십자위원회 위원장 폴 뤼에게[2] 씨가 유엔 사무총장 트리그브 리 씨에게 보냈던 전보문을 귀하에게 참고로 전하게 되어 영광입니다. 이 전보는 미 국무부장관 딘 애치슨 씨와 조선민주주의인민공화국 수상인 김일성 장군, 중국인민지원군 총사령관 펑더화이 장군에게도 보냈습니다.

　경구.

D. 드 트라즈

부집행장

---

[1] David de Traz.

[2] 폴 뤼에게(Paul Ruegger, 1897-1988). 국제적십자위원회위원장(1948-1955).

## 【104-1】 별첨 1—세균전 조사위원회 발족에 관한 적십자위원회 위원장 폴 뤼에 게의 전보

번역

트리그브 리 귀하
뉴욕 유엔본부
1952년 3월 14일

여론은 한국에서 최근 세균무기가 사용되었다고 기술한 수많은 언론 뉴스를 알고 있었습니다. 국제적십자위원회 측은 이에 관해 헝가리, 폴란드, 루마니아, 불가리아 적십자위원회의 항의문을 받았습니다.

한편 이에 관해 인용된 일들을 부인하는 미 정부 역시 국제적십자위원회에 직접 호소했습니다. 미 정부는 북한에서 발생했던 전염병의 성격과 확산, 실제 원인을 규명할 조사를 시킬 준비가 되었는지 적십자사에 문의했습니다. 그런 목적으로 미 정부는 한국의 양쪽 전선에서 모두 이 문제의 조사가 이루어져야 한다고 제안했습니다. 미 정부는 국제적십자위원회 대표들이 이 문제를 다루는 가능한 모든 정보원, 유엔 라인 내부까지 자유롭게 접근할 것을 제안했습니다.

같은 경우 취하기로 한 원칙, 즉 1939년 9월과 1951년 11월 적십자사 회원국과 회원국 단체들의 회람에 따라 국제적십자위원회는 오늘 한국전 양측에 다음과 같은 두 가지 공문을 보냈습니다.

1. 양측이 합의하기만 한다면, 국제적십자위원회는 집행위원회를 임명할 것이다. 당 위원회는 높은 전문성, 특히 유행병 연구에 대한 전문성이 있는 도덕적 과학적인 독립성을 확실히 보증하는 인사들로 구성될 것이다. 그러한 목적으로 적십자위원회는 스위스에서 직접 선발한 명망 있는 전문가들에게 요청할 것이며, 여기에 한국전에 참전하지 않은 아시아 국가 중 적십자 회원국가 단체

가 추천한 과학계 인사 2-3명을 추가할 것이다.

2. 상기 언급된 위원회는 당국과 당국이 임명한 전문가들로 선발되었음을 양측으로부터 보장받아야 할 것이다.

국제적십자위원회는 그들의 동의를 얻게 되면 해야 할 조치를 신속히 취하기 위해 이 제안에 대한 그들의 답변을 신속히 알려줄 것을 양측에 청합니다.

폴 뤼에게
국제적십자위원회 위원장

## 【105】 휴전협상 전개에 대한 기사(1952.3.20)

[ 전        보 ]  휴전협상전개에 대한 기사
[ 문 서 번 호 ]  683
[ 발   신   일 ]  1952년 3월 20일 15시 45분
[ 수   신   일 ]  1952년 3월 20일 18시 54분
[발신지 및 발신자]  모스크바/브리옹발(주소련 프랑스대사관 참사관)


신문은 오늘 개성 주재 신화통신 특파원의 한국 휴전협상에 대한 3월 17일자 다음의 통신문을 게재했습니다.

오늘 열린 의제 4항 담당 참모장교 회의에서 우리 대표는 3월 16일 우리 편 포로수용소에 있었던 기총소사 사건으로 미국의 주의를 끌었다. 상대편 참모장교에게 전달된 의견서는 다음과 같이 기술하고 있다.

"1952년 3월 16일 1시 35분, 미군 비행기 한 대가 우리의 창성 제1포로수용소 상공을 선회했다. 비행기는 기총소사 이후 그 지역을 정찰했다. 이런 공군 기습 사항과 결과는 조사의 대상이 되어야 할 것이다. 초기 소견에 따르면 영국 포로 한 명이 부상을 입었다.

지난 1월 14일 우리의 강동 제8포로수용소 상공 비행 이후 일어난 이 사건은 국제 회담을 명백히 무시한 새로운 증거이자 양측 간 이루었던 합의와 인류 원칙에 대한 새로운 위반 행위이다.

수용소는 명확히 이 협정에 맞추어 정해진 것이었다. 귀측은 이 사건에서 귀측의 책임을 부정할 수 있는 어떠한 이유도 없다.

우리 양측은 귀측이 몇 차례에 걸쳐 귀측에 포로로 수감되어 귀측이 책임져야 했던 중공·북한의 군인들을 살육한 사실, 또 귀측이 귀측 부대에 속했다가 우리 측에 있던 전쟁포로들을 폭격하고 무차별 사격했던 사실에 세심한 주의를 기울여야 한다. 귀측은 끊임없이 계속된 이 잔인한 행위에 대해 우리와

전 세계에 대해 막대한 책임을 피할 수 없다.

반복된 전쟁포로 학살 사건은 우리 및 귀측의 포로를 위해 포로 문제를 해결하려는 귀측의 의지를 의심하게 한다".

우리 참모장교는 미국이 계속 혼잡스런 폭격과 일제 사격, 살인행위를 일삼고 있으므로, 보다 빨리 미국이 협상을 질질 끄는 것을 삼가고, 전쟁포로 송환 원칙을 정하게 되며, 의제 4항을 해결해 휴전협정을 이루고, 더 빨리 그런 행위의 재발을 막는 실질적인 보장을 취해야 하는 이유가 바로 이 때문이라고 덧붙였다. 양 측의 포로수용소에 있는 전쟁포로가 폭격과 기총소사, 무자비한 학살로 미국이 야기한 위험과 공포를 면하게 되는 것은 이 방법뿐이다.

브리옹발

## 【106】 휴전협상 진행 상황에 대한 기사(1952.3.21)

| [ 전 보 ] | 휴전협상 진행 상황에 대한 기사 |
|---|---|
| [ 문 서 번 호 ] | 693 |
| [ 발 신 일 ] | 1952년 3월 21일 15시 55분 |
| [ 수 신 일 ] | 1952년 3월 21일 19시 25분 |
| [발신지 및 발신자] | 모스크바/브리옹발(주소련 프랑스대사관 참사관) |

『크라스나야즈베즈다』는 오늘 개성 주재 신화통신 특파원의 한국 휴전협상에 대한 3월 19일자 다음의 통신문을 게재했습니다.

미국은 양측을 위해 정해진 출입항 지점에 관한 제안을 다시 검토했다. 오늘 의제 제3항 검토 담당 참모장교회의에서 미국은 신의주, 청진, 함흥 같은 도시와, 평양 근처에 위치한 비행장인 만포진, 남포, 신안주 같은 도시를 제안했으며, 자신들 쪽으로는 부산, 인천, 강릉, 군산, 대구를 제안했다.

저들은 우리에게 합의된 숫자보다 많은 수의 항구를 제안했고, 우리는 양측이 5개 항구 지점이라고 명확히 정한 협의를 상대편에 상기시켰다. 함흥과 신안주가 두 개의 항구 지점인 것은 확실하다. 처음부터 우리는 이 지점 중 하나로 함흥을 제안했었다. 하지만 후에 미국의 의견을 반영해 신안주를 제안했다. 우리는 남포와 평양지역의 비행장을 교대 군대 하선을 위해서나 무기와 군장비 교체를 위한 지정 부두로 사용할 의향이 전혀 없다. 이 도시들은 지정 하역 부두 지점의 수에 포함된다고 생각할 수 없기 때문이다.

우리가 어제 미국에 요청한 것에 대해 미 측이 어떠한 답변도 준비하고 있지 않았기 때문에 의제 4항 검토 담당 참모장교회의에서는 어떠한 논의도 없었다.

브리옹발

## 【107】 세균전에 대한 러시아정교 총주교의 항의문(1952.3.21)

[ 전       보 ]  세균전에 대한 러시아정교 총주교의 항의문
[ 문 서 번 호 ]  694
[ 발   신   일 ]  1952년 3월 21일 15시 45분
[ 수   신   일 ]  1952년 3월 21일 19시 25분
[발신지 및 발신자]  모스크바/브리옹발(주소련 프랑스대사관 참사관)


「'미 침략자의 중죄'에 반대하는 소련 인민들의 항의」라는 난(欄)에 제공된 뉴스 머리기사에서 『이즈베스티야』는 다음의 러시아정교 성무원의 모스크바 총주교 항의문을 오늘 아침 게재했습니다.

"우리는 불쾌하기 짝이 없는 중죄에 항의하기 위해 목소리를 높인다.
세균전이라는 비인도적인 수단으로 미 제국주의자들이 야기한 지금껏 결코 들어본 적도 본 적도 없는 고문은 약 2년 전부터 무고한 한국 국민에게 퍼붓는 고통의 잔이 넘쳐나게 하고 있다.
세균전의 사용은 한국과 중국인 군인 뿐 아니라 민간인까지 해치고, 노인이건 여자건 아이건 누구에게도 자비를 베풀지 않는 무수한 재난과 공포를 가져왔다.
아무 잘못도 없는 무수히 많은 사람들이 이로 인해 죽어간다. 일단 한 번 시작된 전쟁은 다른 곳, 다른 나라를 침범할 준비가 된 거센 전란으로 변했다. 보균 곤충들은 한국뿐 아니라, 중국의 도시 위에도 뿌려졌다.
도덕적으로 타락하는 어떤 지점까지, 완벽히 잔인하고 야만적이며 잔혹한 상태까지 주도면밀하고 의식적이며 거침없이 대량 살상에 이르게 된다.
페스트와 콜레라, 티푸스 같은 끔찍한 질병으로 평화를 열망하는 사람들을 말살시키려는 적군의 새로운 중죄와 새로운 술책의 이야기를 듣고 읽으면서 누가 두려워하지 않고 누가 전율하지 않을 수 있으랴.

이는 구세주 그리스도의 가르침에 충실한 교회가 무관심한 채로 있지 못하게 한다. 인간이 가질 수 있는 가장 끔찍한 악마의 냉혹함과 강도떼의 공격에 죽어가고 있는 한국 인민의 고통 앞에서, 또한 온화한 중국 인민에게 가해진 죽음의 위협 앞에서 그냥 지나칠 수 없다.

신의 섭리로 세워진 이 교회의 지도자로서 러시아정교 성무원의 일원이자 가장 가까운 협력자인 대주교들과 더불어 러시아 동방 정교회의 모든 성직자와 신자의 이름으로, 나는 전 세계에서 평화를 위해 싸운 모든 사람들 전체의 분노를 모아 한국과 중국 인민이 희생된 추악한 중죄에 반대하는 목소리를 높인다.

우리는 불법 행위와 거짓이 성공하지 않기를, 한국을 공격하기 위해 조직된 강도 같은 공격이 침략자들에게 미쳐 응분의 대가를 치르게 되기를 바라는 마음이다.

우리는 또한 전 세계를 자신의 손아귀에 넣고자 하는 피에 굶주린 현대의 ㅁㅁㅁ을 주께서 모욕해주기를, 우리 주의 엄청난 손길이 모욕당한 진실을 다시 회복시키기를 바라는 마음이다."

서명: 러시아정교회 총주교 알렉시스,
　　　크루티와 콜롬나 대주교 니콜라스,
　　　키예프와 갈리치 대주교 장,
　　　레닌그라드와 노프고로드 대주교 그레고리.

브리옹발

## 【108】 휴전협상과 세균전 등 현 상황에 대한 보고(1952.3.21)

[ 전        보 ]  휴전협상과 세균전 등 현 상황에 대한 보고
[ 문 서 번 호 ]  549
[ 발    신    일 ]  1952년 3월 21일 02시 00분
[ 수    신    일 ]  1952년 3월 22일 08시 30분
[발신지 및 발신자]  도쿄/드장(주일 프랑스대사)


사이공 공문 제362호

1. 3월 20일 어제, 연합군과 공산군 연락장교들은 임시 휴전기간 동안 교대군과 교체 물자의 이동이 이루어질 출입항을 각 측에 5군데씩 총 10군데 지정하는 것에 대해 협의했습니다.

북한은 신의주, 신안주, 만포진, 청진, 함흥, 남한은 부산, 대구, 인천, 강릉, 군산이 될 것입니다.

이 출입항들은 원칙적으로 항만시설과 가까운 비행장을 포함하게 될 것이지만, 이 보완물에 관한 사항은 각 경우마다 분명히 확인해야 할 것입니다. 공산 측은 각 출입항 주위에 중립국 조사단에게 개방할 구역의 경계를 정하기 위한 협의를 시작할 준비가 되었다고 밝히지 않았습니다.

포로 교환에 관한 논의는 별 성과가 없는 상태입니다.

2. 어제 이루어진 협의 이후에도 해결해야 할 세 가지 기본 문제가 남아있습니다.

1) 조사단에 포함될 중립 열강으로 소비에트 러시아 지정 문제
2) 휴전 기간 동안 비행장 건설 금지에 관한 연합군 측의 요구 문제
3) 자유송환인지 강제 송환인지의 원칙에 관한 포로교환 문제

3. 19일 저녁, 베이징라디오는 소위 세균전에 관해 국제적십자위원회가 조사해달라는 미국 측 제안을 거친 용어를 사용해가며 거부했습니다. 베이징라디오는 국제적십자사가 미 제국주의의 도구라고 주장하였습니다. 의료시설들까지 야만적이고 무조건적으로 퍼붓는 폭격과 한국 주재 적십자위원회 직원의 학살을 금지하는 것조차 거부했을 정도로 적십자사 지도층은 그들의 미국 주인들에게 너무 고분고분하다고 덧붙이면서 말입니다.

애치슨 미 국방장관과 리지웨이 장군이 북한과 만주, 중국 연안에서 세균전을 이용한 것에 대한 규탄을 단호히 반박하자 그들은 거짓말을 했다고 비난받았습니다.

4. 3월 19일 미 비행사들은 처음으로 소련제 비행기 type-15를 격추시켰습니다. type-15는 Mig-15와 비슷하지만 좀 더 날개가 높습니다.

5. 지금까지는 일본의 신문이나 라디오는 한국과 인도차이나에서 일본군이 몇몇 사건에 개입한 것, 또 일본에 있는 리지웨이 장군이 이 문제에 대해 시행한 방식이라고 주장하는 내용의 3월 20일 모스크바라디오 방송을 싣지 않았습니다.

국방부에 전달 요망.

드장

# 【109】 소련의 세균전 보도 상황(1952.3.23)

[ 전        보 ]  소련의 세균전 보도 상황
[ 문 서 번 호 ]  700
[ 발   신   일 ]  1952년 3월 23일 07시 30분
[ 수   신   일 ]  1952년 3월 23일 11시 28분
[발신지 및 발신자]  모스크바/브리옹발(주소련 프랑스대사관 참사관)


한국에서의 '세균무기 사용'에 관해 신문은 오늘 세 편의 통신문만 실었습니다.

국제민주법률가협회가 중국 수도에 도착했다는 것을 설명하는 베이징 주재 타스통신의 통신 편, 프랑스평화애호국가평의회 상임위원회가 프랑스 국민에게 보낸 메시지 원문을 『위마니테』에서 재수록한 파리 통신문이 한 편입니다. 소련에서 『이즈베스티야』에서 소련과학아카데미 총재 네스메야노프[1]의 꽤나 격렬한 기사를 실은 것으로 시작된 항의문에 할애한 난(欄)을 보면, 오늘은 더 축소되어서 중앙지에서는 1/4 쪽을 초과하지 않고 있습니다.

브리옹발

---

[1] 네스메야노프(Alexander Nesmeyanov, 1899-1980). 소련의 화학자. 유기금속화합물·유기원소 화합물 연구를 개척. 과학아카데미 총재로 재임하며 소련 과학연구를 전반적으로 지도.

한국전쟁 관련 프랑스외무부 자료 Ⅳ(1952. 01. 01~1952. 06. 30)

## 【110】 소련의 세균전 보도 상황(1952.3.23)

| | |
|---|---|
| [ 전　　　보 ] | 소련의 세균전 보도 상황 |
| [ 문 서 번 호 ] | 702 |
| [ 발　신　일 ] | 1952년 3월 23일 02시 00분 |
| [ 수　신　일 ] | 1952년 3월 23일 17시 00분 |
| [발신지 및 발신자] | 모스크바/브리옹발(주소련 프랑스대사관 참사관) |

　한국에서의 세균전에 대해 오늘 아침 신문은 「전 세계 인민은 미 제국주의자들의 흉악한 범죄에 반대한다」라는 헤드라인으로 상당수의 통신사 통신문, 특히 중국과 폴란드, 인도, 버마, 네덜란드와 프랑스의 항의운동에 대해 설명하고 있는 기사들을 모아 다시 다루었습니다. 『위마니테』에 이어 파리 주재 타스통신은 슈미트, 브런튼, 모레나, 쥬느빌리에 공장 직공들처럼 리옹과 생테티엔 철도 종사자들이 이 문제에 대해 채택한 결의안을 인용했습니다.

　소련에서의 항의문 난(欄)은 어제의 1/4보다도 약간 더 차지했습니다. 『프라우다』에서는 모든 면에서 유난히 격앙된 「격노의 감정」이라는 제목으로 키예프 주재 통신원 파블로 티치나[1]의 기사가 실렸습니다. 『크라스나야즈베즈다』의 옵저버는 「주간 검토」에서 "죄인들을 벌하라고 요구하는 항의의 물결이 매일 더 거세지고 있으며, 미 침략자들에게 커다란 경고를 하고 있다"고 했습니다.

브리옹발

---

[1] Pavlo Tytchina.

## 【111】 세균전을 규탄하는 논설 요약(1952.3.24)

| | |
|---|---|
| [ 전 　　　 보 ] | 세균전을 규탄하는 논설 요약 |
| [ 문 서 번 호 ] | 77 |
| [ 발 　 신 　 일 ] | 1952년 3월 24일 13시 10분 |
| [ 수 　 신 　 일 ] | 1952년 3월 24일 18시 52분 |
| [발신지 및 발신자] | 부쿠레슈티/주디(주루마니아 프랑스대사) |

월 21일 「미 제국주의자들의 흉악한 범죄가 인민의 분노와 울분을 야기하고 있다」라는 제목 하에 4단 기사로 여러 나라에서 조직된 세균무기 사용에 반대하는 시위들을 보고하고 있는 『항구적인 평화를 위해』[1]는 본인이 아래 요약한 「세균전 범인들을 설득하기」라는 제목의 논설문을 게재했습니다.

　　약 두 달 전부터 지독한 히틀러 인종주의자들조차 감히 사용하지 않았던 무기를 사용하는 '미 제국주의자 무뢰한들'은 조직적이면서도 대규모로 끔찍한 전염병 보균 곤충을 '한국과 북중국'에 투하하고 있다.
　　"세계 지배라는 야욕에 사로잡혀 조선인민군과 중국인민지원군이라는 용감한 투사들의 영웅적인 저항을 깨부수겠다는 희망을 잃었던 이 피로 물든 인민의 학대자들은 주민을 몰살시키는 동시에 극동에서 전쟁의 중심지를 넓히고, 자유를 사랑하는 인민들을 위협하면서 탐욕스런 제국주의를 상대로 한 모든 저항을 무력화시키기 위해 현재 가장 비겁한 말살 수단을 이용하고 있다."

이어 기사는 미국이 1925년 6월 17일 제네바의정서에 조인하지 않았으며, 최근 전쟁부터 한국과 중국의 전쟁포로들에게 우선 시도해 보았던 이 끔찍한 무기를 제작했다고 알려진 일본 전문가들을 활용했었다는 것을 상기시키면서 미

---

[1] 『항구적인 평화를 위해Pour une paix durable』.

리 계획을 세우게 하려고 애쓰고 있습니다.

또 "모든 나라에서 분노와 울분의 거센 파도가 오르고 있다"는 내용의 사설을 계속 읽다보면, 세계평화위원회 의장의 호소문, 국제여성민주연맹의 항의문, 여기저기서 열리는 집회들, 유엔에 보내진 다수의 항의 전보들을 증명하고 있습니다.

"하지만 유엔 사무총장이라는 자는 자신의 주인인 미 정부의 충실한 하인으로, 마치 세계에 아무 일도 일어나지 않았던 것처럼 행동하고 있다. 각국의 순박한 사람들은 그를 미 제국주의의 흉악한 범죄계획 공범으로만 간주할 수밖에 없다.

우리가 그 위에 발을 걸치고 있으면 쉭쉭 소리를 내며 몸을 비트는 그런 독사 같은 미국의 공식 대표자들은 세균무기 사용을 비난하는데 할 말이 없다고 말하는 데 그치고 있다. 여론의 주의를 딴 데로 돌리기 위해 그들은 때마침 카틴 사태2)로 새로운 중상모략을 하고 있다"고도 했습니다.

결국 정보국 주간지는 다음과 같이 전 세계 인민들인 세계 여론에 호소하고 있습니다.

> "그런 말을 하는 것은 바로 당신의 의무이며, 인류의 운명이 의지하는 것은 바로 당신이다. 미국의 어머니들, 미국의 모든 올바른 사람들은 미 국방부와 백악관의 자리를 차지하고 있는 무뢰한들을 설득하라."
>
> "핵무기 사용을 막았던 전 세계 평화 지지자들과 연합한 그들의 행동으로 수억 명 선의의 사람들이 지닌 평화조약에 대한 열망을 일깨웠다.
>
> 인민연합전선은 미 도적떼들의 흉악한 범죄를 끝낼 수 있으며, 끝내야만 한다."

주디

2) 제2차 세계대전 중 소련이 자행한 폴란드인 대량학살사건. 폴란드군 장교와 경찰, 대학교수, 성직자, 의사 등 약 2만 2000명이 희생됨.

## 【112】 휴전협상 상황과 휴전협정 이후의 분위기 전망(1952.3.24)

| | |
|---|---|
| [ 전 보 ] | 휴전협상 상황과 휴전협정 이후의 분위기 전망 |
| [ 문 서 번 호 ] | 570 |
| [ 발 신 일 ] | 1952년 3월 24일 02시 00분 |
| [ 수 신 일 ] | 1952년 3월 24일 15시 57분 |
| [발신지 및 발신자] | 도쿄/드장(주일 프랑스대사) |

사이공 고등판무관 공문 제382호

공산 측 대표들의 공식 비공식 암시에 이어 연합군 장교들은 3월 23일 중공-북한 쪽에서 이 방법이 협의에 더 좋다고 여긴다면 자신들은 비밀회의로 포로 문제를 검토하는데 반대하지 않을 것이라고 알려주었습니다.

연합군 측은 비밀 총회를 검토할 것이라고 합니다. 공산 측 장교는 즉각적인 반응을 하지 않았습니다.

각 출입항 주변의 조사 지역을 표시한 지도를 교환하고 비교하는 일이 이어졌습니다. 연합군 측은 공산 측의 신안주 지도는 수용하고 나머지는 거부했습니다.

3월 23일 평양라디오는 3월 12일 14시 개성 북서쪽으로 15마일 지점의 467해안에 독가스탄을 투하한 미 공군을 비난했습니다.

『재팬뉴스』에 따르면 이번 주에 평화협정 발효 이후 유엔군이 주둔하고 있는 일본에서 영국군의 지위에 대해 영연방 관련 열강들 간에 접촉이 있을 거라고 합니다. 이 회담은 이미 영국과 미국이 했던 의견교환에 이어질 것입니다. 영국은 한국전쟁이 계속되는 한 일본에서 영국군이 실제로 사용한 시설들을 유지했으면 하는 것 같습니다. 몇몇 편의를 위해 비용을 지불하게 되더라도 말입니다.

국방부에 전달 요망.

드장

# 【113】 세균전 조사 분위기와 언론의 분위기(1952.3.25)

| [ 전 보 ] | 세균전 조사 분위기와 언론의 분위기 |
|---|---|
| [ 문 서 번 호 ] | 715 |
| [ 발 신 일 ] | 1952년 3월 25일 17시 00분 |
| [ 수 신 일 ] | 1952년 3월 26일 11시 00분 |
| [발신지 및 발신자] | 모스크바/브리옹발(주소련 프랑스대사관 참사관) |

아래의 내용을 보내드립니다.

1. 북한에서 조사하는데 대해 국제적십자위원회의 권위를 인정하지 않고 있다는 신화통신 통신문 요약.

2. 국제민주법률가협회가 한국에 보낸 위원회 위원들이 베이징에 돌아와 발표한 성명서.

『프라우다』만이 이 문서의 처음을 게재했습니다. 세균무기 사용에 반대하는 운동에 대해 언론은 오늘 전반적으로 이전보다 더 많은 지면을 할애하고 있습니다.

브리옹발

# 【114】 민주법률가협회 조사위원회의 증언 보도(1952.3.25)

| [ 전         보 ] | 민주법률가협회 조사위원회의 증언 보도 |
|---|---|
| [ 문 서 번 호 ] | 721 |
| [ 발     신     일 ] | 1952년 3월 25일 17시 00분 |
| [ 수     신     일 ] | 1952년 3월 26일 11시 30분 |
| [발신지 및 발신자] | 모스크바/브리옹발(주소련 프랑스대사관 참사관) |

　오늘 모든 신문은 다음의 신화통신 통신문을 게재하며 베이징으로 귀환한 국제민주법률가협회 국제위원회 위원들의 성명서를 재수록 했습니다.

　　베이징에서는 미 간섭주의자들이 저지른 범죄에 대해 조사하기 위해 민주법률가협회가 설립한 국제위원회 위원의 자격으로 최근 한국을 방문했던 8개국 법률가들에게 경의를 표하며 접견이 이루어졌다.

　　협회의 부의장 Chen Tsioun Ju은 중국 정치학과 법학계의 이름으로 위원회 위원들에게 인사했다. 그는 기조연설에서 미 제국주의자의 행위는 인류의 위협이라고 강조했다. 또한 조사 결과에 대한 법률가들의 보고서가 이 흉악한 범죄행위를 멈추게 하도록 인민들을 독려할 수 있을 거라는 확신을 보였다.

　　위원회 위원장 브란트바이너는 다음과 같이 발표했다.

　　"우리는 특히 미군이 한국에서 세균무기를 사용했다는 정보를 확인하는데 전념했습니다. 우리 관점으로는 지난 몇 주 동안 비행기로 풀어버렸다고 가리키는 상황에서 지금까지 이 나라에 알려지지 않은 다른 종류의 곤충들과 파리 떼가 여러 곳에서 발견되었다는 증거를 가지고 있습니다. 기온, 토양, 발견된 무리 등으로 봤을 때, 비행기가 이 지역 상공을 비행한 후 발견되었으며, 이 곤충들을 가두고 있었던 우묵한 용기의 잔해도 발견되었습니다. 우리는 우리가 확인하고 부인할 수 없을 거라고 생각하게 된 이 명백한 사실을 보고 분개했습니다.

국제법 교수인 저로서는 이것은 명백한 전쟁행위이며 인류에 반하는 범죄라고 말해야 합니다. 국제법은 세균전을 완전히 금하고 있습니다. 헤이그협약은 독성무기의 사용을 금지했으며, 1925년 제네바협약은 특히 세균무기 사용을 금지했습니다. 세계평화이사회 위원으로서, 저는 또한 평화를 사랑하는 전 인류의 보편적인 의지를 표명하고 있는 평화 지지자들이 세균무기 폐지에 찬성했다고 말해야 합니다. 이러한 무기의 사용은 뉘른베르크와 극동의 국제군사재판과 1948년 집단학살에 관한 협약에서 범죄행위로 인정했습니다.

우리는 우리의 조사가 한국 국민과 위대한 중국 국민의 평화와 자유, 정의를 위한 영웅적인 투쟁을 강화시키는데 기여하기를 바랍니다."

이탈리아 법률가 카바리에리[1])는 다음과 같이 말했다.

"야만적인 침략자들이 독가스를 사용한 것은 작전을 직접 지휘한 책임이 있는 명령으로 한국에서 이루어진 가장 심각한 범죄행위 중 하나입니다. 이런 도구의 사용은 특히 도덕적으로 또 국제법으로 금지되어 있습니다. 한국의 관할 당국 뿐 아니라 수많은 증인들이 객관적으로 밝히고 증명한 이 같은 사실은 인간적인 방법과 통상적인 장비로는 승리할 수 없다는 것이 밝혀진 유엔군이 어쩌면 집단학살을 목표로 할 정도로 금지 무기를 사용하는데 주저하지 않았다는 것을 보여줍니다."

브라질 법률가 브리트[2])는 이렇게 말했다.

"우리가 한국에서 벌인 조사에서 이끌어낸 가장 중요한 결론은 한국 국민에 대한 미 제국주의자의 공격은 전 아시아에 대한 총공세라는 위협이 된다는 것입니다. 그들이 한국에서 한 공격은 가장 잔인하고, 가장 사악한 모든 방법이 국제법이라는 인류의 협약을 위반하며 사용된 총력전입니다. 이는 극악무도한 약탈전입니다. 그런 것은 유엔기구 깃발을 방패삼은 핵 외교술로 사용된 수단입니다."

영국 법률가 개스터[3])는 말했다.

"저는 한국에서 제 인생에서 본 것 중 가장 끔찍하고 잔인하며 야만적인

---

[1]) Cavallieri.

[2]) Britte.

[3]) Gaster.

것을 보았습니다. 하지만 본 것이 전부는 아닙니다. 문명화된 국민들이 서로 돕지 않고 이러한 범죄를 끝내지 않으면, 이 공포와 야만행위가 다른 나라에도 확대될 것이기 때문입니다. 한국전쟁은 우발적인 시위가 아닙니다. 한국전쟁은 위험한 미치광이들이 구상한 광범위한 계획의 일부임이 드러났습니다."

프랑스 대표이자 위원회 위원인 자케[4]는 말했다.

"우리는 점령 당일부터 퇴역 때까지 미국이 행한 잔인한 행위의 증인이었던 많은 사람들에게 물었습니다. 이 증인들은 우리에게 여성이건 어린아이이건 노인이건 모두 가리지 않고 살해하는 끔찍한 묘사를 해주었습니다. 그들은 우리에게 가장 광적으로 잔인한 자들이 수행한 교묘한 고문들을 이야기해주었습니다."

"이 모든 것은 전 세계 문명화된 어떠한 나라도 명예가 더럽혀지지 않으려면 어길 수 없는 법과 전쟁의 관습을 틀림없이 위반한 것입니다. 이러한 범죄는 뉘른베르크 판결 제3조로 처벌받습니다. 전 세계의 올바른 사람들의 양심이 그들에게 항의하고 있습니다. 이 사실이 서구에 충분히 알려지면 분노의 소용돌이를 불러일으킬 것입니다."

벨기에 법률가 모에랑스[5]까지 이렇게 말했다.

"위원회의 다른 회원들처럼 저 역시 한국에서 무너지고 파괴된 도시와 마을을 보았습니다."

ㅁㅁㅁ 부인은 폴란드 여성 법률가들의 이름으로 생생히 말했다.

"오래전부터 전 세계는 미국이 한국에서 저지른 범죄를 알고 있었습니다. 그럼에도 최근 몇 주 동안 우리는 한국과 중화인민공화국에서 세균무기 사용이라는 비열한 범죄 행위에 대한 정보를 얻었습니다. 폴란드 법률가들은 국제법의 모든 원칙을 위반하는 것이 목격된 이 끔찍한 범죄에 반대해 드높인 저항의 목소리를 한 데 모으고 있습니다."

결론을 대신해 조선민주주의인민공화국 부 대리인(副代理人)이 발언했다. 그는 "한국 정복이라는 목표를 이루기 위해 파괴와 살인이라는 방법으로는 성공하지 못했던 미 제국주의가 국제법을 위반하는 독가스와 세균을 동원하고

---

4) Jaquet.
5) Moerens.

있습니다. 하지만 이러한 방법에도 한국인을 굴복시키지는 못할 것입니다. 김 일성 장군 주변으로 긴밀히 단결된 나라 북한은 틀림없이 최후의 승리를 얻을 것입니다"라고 했다.

브리옹발

## 【115】 미국과 국제적십자위원회의 공모관계를 분석한 기사(1952.3.25)

| | |
|---|---|
| [ 전 보 ] | 미국과 국제적십자위원회의 공모관계를 분석한 기사 |
| [ 문 서 번 호 ] | 722 |
| [ 발 신 일 ] | 1952년 3월 25일 17시 00분 |
| [ 수 신 일 ] | 1952년 3월 26일 18시 49분 |
| [발신지 및 발신자] | 모스크바/브리옹발(주소련 프랑스대사관 참사관) |

『프라우다』는 오늘 신화통신 통신문을 게재했습니다. 아래 이에 대한 분석과 중요 부분을 번역해 보내드립니다.

국제적십자위원회 조사를 제안한 애치슨의 3월 4일 성명, 동 위원회에 보낸 3월 11일 본인의 메시지, 3월 19일 군축위원회에서 한 코헨[1]의 발언에 이어 우리는 당연히 미국이 국제 위원회의 객관성과 공평함에 대해 왜 그런 신뢰를 보여주는지 자문해볼 수 있다. 이유는 "오래전부터 위원회가 미 제국주의자들에게 제공한 원조"외에 다름 아니다.

제네바협정 3조와 13조 위반으로 최근에는 그들이 억류하고 있는 북한과 중국인 포로에 대한 온갖 업무에 전념하고 있다. "그들은 포로들이 자신의 몸에 모욕적인 슬로건을 새기고 청원서에 혈서로 서명하게 하려고 수용소에 장제스와 이승만의 졸개들을 보냈다. 미 장교들은 포로들이 귀환하게 되면 그들을 기다리는 단 하나의 운명은 바로 죽음일 뿐이라며 그들을 협박했다." 게다가 미국은 원산항 근처 N° 1091 하역선 위에서, 또 거제도에서 포로들에게 세균실험을 벌였다. 이 실험의 결과 포로 8/10이 각종 질병에 걸리게 되었다. 즉 미국은 이처럼 때때로 포로들을 대량 살상하는 일을 아무렇지도 않게 기획한다.

미국이 제네바협정을 위반하면서 저지른 끔찍한 범죄들은 국제적십자위원

---

1) Cohen.

회 코앞에서 벌어진 것이다. 한국에 대표들을 주재시키고 있는 미국은 "수감자들과 대화하기 위해 포로수용소에 완전 자유로운 접근이 가능했다"(12월 15일자 도쿄 주재 미 공보과 공문 참조). 그러나 애치슨이 "공정한 기구"라고 부르는 이 적십자위원회라는 기구는 어떤 경우에 관해서나 제네바협정을 찬양하고 있기는 하지만, 미국의 끔찍한 범죄를 막는 데는 아무 것도 한 것이 없으며, 이에 대한 언급조차 없었다. 오히려 반대로 "수용소의 훌륭한 조건들을 말하면서" 범죄자들을 지켜주었다(12월 14일자 AP통신 통신문 참조).

적십자위원회와 미국의 결탁은 특히 2월 18일과 3월 13일 일어난 포로 학살 사건에서 명백히 드러났다. 여론은 격렬히 반응했으며, 미국은 국제적십자위원회가 현장에서 공평한 조사를 할 거라고 서둘러 발표했다. "이 보고서가 완전히 미국의 설명에 맞춘다면, 위원회는 침략자의 이익을 위한 하수인이라는 그 진짜 본성을 드러내게 될 것이다. 반대로 위원회의 보고서가 사건의 진실을 보여준다면 자기 주인인 미국을 극도로 불리한 입장에 두게 될 것이다."

국제적십자위원회는 미국이 한국에서 세균무기를 사용한 것에 대한 여론의 강한 반응에 애치슨만큼 걱정하는 모습을 보이고 있다. 애치슨의 기관인 미 국방부에 답변하기를 서두르면서, 적십자위원회는 3월 14일 미 국방부 성명처럼, 다음날 김일성에게 한국군 후방으로 위원회대표들 파견을 요청하는 편지를 서둘러 작성했다. 위원회는 애치슨에게 받았던 메시지에 이어 3월 12일의 과정을 반복하고 있다.

스스로 서둘러 미국 하라는 대로 따르는 국제적십자위원회라면 어떠한 조사도 실행할 권리가 없다.

미군과 이승만 군이 저지른 범죄에 대한 조사를 맡은 국제여성민주연맹위원회가 국제적십자위원회에 미군의 책임을 탓하는 보고서를 보내자, 적십자위원회는 허둥대며 국제법 위반을 조사할 전권이 자신들에게 없다는 것을 보여주기 위해 가능한 모든 논거가 설명되어 있는 의견서 본문을 11월 23일 이리저리 배포했다. 적십자위원회는 이런 류의 조사로 매우 미묘한 상황이 되는 것을 우려하고 있다.

그러한 관점에서 적십자위원회는 특별권에 관한 사전 승인을 얻지 못하면 조사를 실행할 전권이 없다는 1939년 채택된 특별 규정을 참조했다. 해당 특별협정이 이해당사자들 간에 이루어진 것이 아니라면 매우 유용한 규정이다.

적십자위원회는 자신들에게 조사권을 제공할 어떠한 협의도 없었음을 알고 있었다. 또한 한국전에 참전한 양측이 미국의 범죄에 대한 조사를 적십자위원회가 하도록 하는데 특별협정을 체결할 리가 없다는 것 역시 잘 알고 있다. 적십자위원회가 매우 미묘한 상황에 처할 것을 우려하며 거부했던 이유는 바로 이 때문이다. 어떻게 위원회는 4개월 후 자신들에게 다시 조사를 요청할지 알았을까. 또 이번 요청이 미국의 세균무기 사용에 대한 일반적인 비난을 벗어나기 위해 애치슨이 직접 요청할 것이라는 것을 어떻게 알았을까.

지금의 비판에 적십자위원회는 4개월 전만해도 미국의 범죄 조사 거부를 정당화하기 위해 이용했던 모든 논쟁과 핑계를 적절한 때에 완전히 지워버렸다. 애치슨이 어떤 조항을 참조할 것인지 의문이다. 조사 실행을 요청하기 위해 국제적십자위원회에 호소했을 때, 애치슨은 어떤 특별협정에 의거한 것일까? 위원회는 어떤 근거로 이 조사에 응한 것인가? 위원회는 미국의 범죄에 대한 조사를 인민이 요구했다고 여겼을 때는 왜 단호히 거절했었을까? 현재는 언뜻 보아도 곧바로 상황을 검토해볼 시간이 없었는데도 위원회는 우리 군대의 후방을 조사하라는 애치슨의 명령에 재빠르게 복종했다.

국제적십자위원회가 말하는 소위 공평함이란 무엇을 나타내는 것인가? 위원회의 공평함은 어떤 것인가? 스스로의 행위로 위원회는 미 제국주의의 앞잡이이자 공범자로 불리게 되었다. 얼핏보면 열정적인 척 하지만 다른 의도를 품고 있다. 지금은 위원회가 미국이 저지른 전례 없이 끔찍한 범죄의 실효성을 확인하려 애쓰고 있는 것 같지만, 쓸모없는 보고서로 범죄자들의 누명을 벗겨주는데 최선을 다할 것이다.

한국과 중국 인민들은 미 제국주의의 공범이자 수호자들이 조국에 들어오도록 하지 않을 것이며, 비열한 의도를 실현시키도록 두지 않을 것이다. 제국주의자들이 한국과 중국에서 사악한 세균무기를 사용하고 있다는 뉴스는 지구상 가장 외진 곳에까지 퍼져나가고 있다. 전 세계 인민들이 당연한 분노를 이 범죄자들에게 격렬하게 퍼부을 수 있다면, 전 세계 인민들은 미 제국주의자들의 피 묻은 손을 막을 수 있을 것이다.

브리옹발

## 【116】 휴전협상을 지연시키는 미국의 의도에 대한 기사(1952.3.27)

[ 전          보 ]   휴전협상을 지연시키는 미국의 의도에 대한 기사
[ 문 서 번 호 ]   730
[ 발    신    일 ]   1952년 3월 27일 07시 30분
[ 수    신    일 ]   1952년 3월 27일 10시 00분
[발신지 및 발신자]   모스크바/브리옹발(주소련 프랑스대사관 참사관)


오늘 신문은 「미 침략자들이 휴전협상을 질질 끌고 있다」는 제목으로 다음의
조선중앙통신 기사를 실었습니다.

　"협상이 시작된 지 8개월이 흘렀지만 협상이 길게 늘어지길 바라는 미국이
채택한 완고한 의사방해 정책에 따라 아직도 협정에 도달하지 못했다. 미국의
정책은 의제 3항과 4항에 대한 논의가 있던 최근에 특히 분명해졌다. 휴전 시
행을 담당하고 중립국 대표단을 구성할 감독위원회에 소련이 참여하는 문제
에 대한 우리 측의 제안을 미국은 아무런 이유도 없이 끈질기게 반대하고 있
다. 미국은 북한에 비행장 건설을 반대하고 있으며, 포로가 된 우리 병사들을
억류하고 있으려는 의도로 종전처럼 소위 자유의사 원칙에 따른 포로 송환이
라는 그들의 터무니없는 요구를 계속 주장하고 있다. 미국이 제기한 불합리한
요청은 단 하나의 목적만 있을 뿐이다. 즉 휴전협상을 질질 끄는 것 말이다.
이것은 새로운 공격 개시를 위해 원기왕성한 부대를 전선으로 이동시키기 위
한 것이다. 작년 여름과 가을에 영광없이 끝났던 밴 플리트 군대의 공격은 미
침략자들의 이같은 정책을 확실히 보여주었다. 실패를 겪은 간섭주의자들은
우리 인민을 세균무기를 사용하면서 굴복시키기 위해 올해 새로운 시도를 했
다. 미 침략자들의 이 끔찍한 새로운 범죄 행위를 보면, 그들이 전쟁을 평화적
으로 해결하려는 어떠한 의지도 없다는 것을 의심할 나위 없이 알 수 있다.
　반대로, 미국은 침공을 확대하려 하고 있다. 조국의 영광과 자유, 독립을

위해 들고 일어선 조선 인민을 겁주기 위해 미 간섭주의자들이 아무리 노력할
지라도, 우리나라의 의지를 깨뜨리려는 그들의 모든 노력은 실패할 운명이다.
조선 인민은 침략자들의 새로운 범죄행위에 전 세계 평화를 애호하는 모든 나
라와 함께 분노하고 있다. 조선 인민은 인류에 반해 미국이 저지른 야만적인
범죄를 조직하고 실행한 자들에 대한 엄격한 처벌을 요구하고 있다."

브리옹발

# 【117】 세균무기 사용 조사에 대한 기사(1952.3.28)

[ 전       보 ]   세균무기 사용 조사에 대한 기사
[ 문 서 번 호 ]   754
[ 발 신 일 ]   1952년 3월 28일 15시 30분
[ 수 신 일 ]   1952년 3월 28일 17시 54분
[발신지 및 발신자]   모스크바/브리옹발(주소련 프랑스대사관 참사관)


오늘도 '미 제국주의자들의 중죄'에 대한 소련 여론의 반응에 2-3단을 할애하고 있는 중앙일간지들은 대외정치 난에 세균무기 사용에 관한 뉴스를 다루는데 많은 지면을 할애하고 있습니다.

이에 관해 신문들은 북동중국에서의 세균무기 사용에 관한 조사를 맡은 중국 적십자위원회의 증언을 보고하는 베이징으로부터 타전된 긴 공문을 1면에 실었습니다.

모든 조사관은 '미 침략자들'이 유죄라는 것에 의견이 일치했으며, 그들이 들었던 '목격자'들의 증언처럼, 그들이 수집하고 '중요하다'고 규정한 증거들로 유죄가 입증되었다는 의사를 밝혔습니다. 다음의 예를 인용하겠습니다.

곤충학자 Liu Thun Lo는 "우리가 본 보균 곤충은 전 세계 인민들 앞에서 미 제국주의들의 끔찍한 범죄를 폭로하고 있습니다".

중국국제관계연구협회 사무총장 Ou Mao Sung은 "우리는 미 비행기가 투하한 대량의 보균 곤충을 없애고 있는 주민들을 보았습니다".

법률가 Mei Tchou Ao는 "조사가 진행되었던 한 주 동안, 우리는 미 제국주의자들이 북동부 중국의 여러 지역, 특히 압록강을 따라 뻗어있는 지역에 보균 곤충들을 뿌려댔다는 것을 보여주는 목격자들의 진술과 증거물을 모았습니다".

곤충학자 Ma Chi Tchoun는 "1년 반 전 미국에 있을 때 미 연구소에서 사람들이 세균무기를 실험하고 있는 사진을 본 적이 있습니다".

중국적십자 대표 Pen The Ming은 "미 제국주의가 저지른 범죄의 증거를 발표하는 것은 더 큰 세계 여론의 불만을 유발할 것이라고 확신합니다".

이 보고에 이어, 베이징에서 선양 주재 신화통신 특파원의 또 다른 통신문이 "3월 1일 정오 Kwang Tiang 지역 상공을 선회하던 미 비행기 8대 중 1대가 투하한 석고로 감싼 세균 폭탄"에 대한 상세한 묘사를 해주고 있습니다.

신문은 또한 중국인민지원군이 포로로 잡은 '간첩'의 증언을 인용했습니다. 신문은 장제스가 만든 '반공투쟁연맹'의 일원인 이 자가 "세균전에 대한 정보를 모으기 위해" 다른 여러 '간첩'들과 함께 한국에 낙하산으로 투입되었다고 밝혔습니다. 연맹은 이 간첩이 출발하기 전에 위조신분증, 통신 비둘기, 군용 지도, 소총을 마련해 주었습니다. 체포된 자는 왼팔에 십자 모양 문신이 있었고, 윗옷 안쪽에는 U.S.라는 이니셜이 새겨져 있었습니다.

결국 모든 신문들이 3월 26일 군축위원회에서 있었던 세균무기에 대한 말리크 씨의 성명서 내용을 4단에 걸쳐 재수록 했습니다.

브리옹발

## 【118】 미국에 이어 영국에게도 향하는 세균전에 대한 비난 기사(1952.3.29)

| [ 전        보 ] | 미국에 이어 영국에게도 향하는 세균전에 대한 비난 기사 |
|---|---|
| [ 문 서 번 호 ] | 138 |
| [ 발    신    일 ] | 1952년 3월 29일 |
| [ 수    신    일 ] | 1952년 4월 3일 12시 21분 |
| [발신지 및 발신자] | 홍콩/뷔종[1](주홍콩 프랑스총영사) |

　한 달도 더 전부터 중국 공산당 공식통신사 공보에 보이는 거의 모든 통신문은 한국에서의 세균전과 인민민주주의에서 일어난 항의에 할애하고 있습니다. 이 때문에 우리는 그날그날 당면 문제에 대한 베이징 지도층의 공식 관점을 다루면서 가장 명확한 그들의 관심사를 볼 수 있었으나 이번에 신화통신 공보에서 일시적으로 이 기사를 삭제한 상황에 대해 아쉬워할 뿐입니다.

　지금까지 세균전을 계기로 한 프로파간다의 분노는 단지 미국만을 향했었습니다. 하지만 최근 통신문은 통상적인 용어로 "워싱턴의 지배자들이 가장 저속한 타락에 이르렀던 때까지도 그 기만 작업에서 미 정부를 계속 돕는 비굴한" 영국 정부를 비난하고 있습니다.

　공산주의 프로파간다의 격렬한 반응은 한국에서의 세균무기 사용을 부인하는 영국 외무부 성명으로 촉발되었습니다.

뷔종

---

[1] 자크 다스튀그 드 소레악 드 뷔종(Jacques Dastugue de Soreac de Buzon). 홍콩 주재 프랑스 총영사(1951-1955).

## 【119】 한국에서의 세균무기 사용에 대한 기사(1952.3.30)

```
[ 전       보 ]   한국에서의 세균무기 사용에 대한 기사
[ 문 서 번 호 ]   766
[ 발   신   일 ]   1952년 3월 30일 14시 00분
[ 수   신   일 ]   1952년 3월 30일 17시 58분
[발신지 및 발신자]   모스크바/샤테뇨(주소련 프랑스대사)
```

'한국에서의 세균무기 사용'에 반대하는 캠페인이 신문의 많은 지면을 계속 차지하고 있습니다. 『프라우다』 같은 경우는 다음의 내용으로 4면에 5단 기사를 게재했습니다.

1. 3월 28일 군축위원회에서 있었던 말리크 성명서의 내용.

2. 국제민주법률가협회가 북동 중국에 보낸 위원회의 1차 보고서.
이 문서는 조사단이 방문한 지역에 보균 곤충이 있으며, 이 지역에 미 비행기가 선회했었다고 결론지었다.

> "우리, 덧붙여 우리 법률가들은 한국에서 이루어진 범죄행위의 확대가 미국의 명령으로 전쟁 상태가 아닌 한 국가의 영토에서 침략행위를 구성하고 있다고 평가했습니다. 미국이 정체를 밝히지 않고 이 상황을 끝내지 않는다면 전 세계의 평화라는 대의에 가장 심각한 결과를 가져올 수 있는 행위입니다."

3. 3월 13일과 21일 북동 중국에서 일어난 세균무기 사용 상황에 대한 새로운 목록.

4. '랴오퉁 지역에서 중국 적십자 조사위원회 북동 지역단이 수집한' 새로운 증언들.

또한 마리닌[1]은 이 점에 관해 『프라우다』의 국제 개관 난에 자신의 기사 두 편 중 한 편을 기고했습니다. 그래서 이 신문은 세계평화이사회 위원회가 3월 29일 낸 공문, 또 외제니[2] 부인의 성명서와, 국제민주법률가협회 위원장이 졸리오-퀴리에게 타전한 전보를 재수록했습니다.

샤테뇨

---

[1] Marinine.
[2] Eugénie.

## 【120】 세균전에 대한 신문 게재 내용(1952.4.4)

| | | |
|---|---|---|
| [ 전　　　　보 ] | 세균전에 대한 신문 게재 내용 |
| [ 문 서 번 호 ] | 814 |
| [ 발　신　일 ] | 1952년 4월 4일 08시 15분 |
| [ 수　신　일 ] | 1952년 4월 4일 12시 24분 |
| [발신지 및 발신자] | 모스크바/샤테뇨(주소련 프랑스대사) |

세균전에 대한 오늘 아침 신문 게재 내용

1. 조선민주주의인민공화국 외무부가 유엔에 보낸 전보.

2. 중국 곤충학자들이 영국 곤충학자들에게 세균무기 사용에 대한 조사에 관여하지 말라고 보낸 공개서한 발췌문.

3. 4월 1일 오슬로에서 열린 세계평화이사회 사무국 회의 참석자들이 "Kuo Mo Jo와 Li Ki가 미 침략자의 범죄 사실에 대한 증거물로 회의에 제공한 사진과 서류 사본으로 상세할 것"이라고 보도진에게 말한 기자회견 보고서.

4. 첫 번째로, 거의 3단에 걸쳐 신화통신 기사는 미 공보부가 제기한 논의에 「세균무기 사용을 부정하려는 시도」에 대한 '오늘의 세계'라는 제목으로 답하고 있습니다. 신화통신은 특히 유엔군이 스스로를 위태롭게 할 수 있는 무기를 사용하는 위험은 무릅쓰지 않았을 거라고 제기한 이의를 반박하려 애쓰고 있습니다. 신화통신 특파원은 유엔군 병사들이 미리 콜레라, 티푸스, 천연두, 파상풍, 뇌염, 황열 및 다른 기타 질병에 대한 예방접종을 했을 거라고 말합니다. 게다가 미군은 세균을 퍼뜨린 곳에서 미리 빠져나왔을 것이라고 합니다.

또한 신화통신은 "중국에서 인플루엔자, 페스트, 홍역, 천연두, 성홍열, 뇌염 및 기타 질병이 항상 심각하게 만연했었다"는 말을 부인했습니다. 한국 공산당 당국도 "민간인 사이에 퍼진 무기에 효과적인 위생 조치를 취할 수 없었을 것"이라고 합니다. 신화통신은 최근 페스트가 이전에는 전혀 알려지지 않았었고, 콜레라는 1947년 이후 북한에서 사라졌다는 사실을 주장했습니다.

중국에서는 "1950년 7월 10일 보다 더 거슬러 올라가지 않아도 홍콩 주재 영국 당국은 ㅁㅁㅁ항에 창궐했었다는 소문을 퍼트렸다"고 기자는 말하고 있습니다. 1951년 3월 19일, 미 제국주의자들의 감독 하에 있던 세계보건기구는 미국이 중국에 가한 봉쇄 명령을 실행하기 위해 중국 연안의 모든 항구에 페스트가 퍼졌다는 소문을 냈었습니다. 사실 중국은 "병을 옮기는 이나 쥐가 들끓었던 적이 결코 없었으며, 특별한 전염병이 돈 적도 결코 없었"습니다.

"세균전을 이끈 미 침략자들의 책임을 줄이는 것과는 거리가 먼 모든 파렴치한 부인(否認)과 중상모략은 자신들의 범죄에 대한 유력한 증거로 쓰일 뿐이다. 미 침략자들은 전 세계 민중의 재판으로 가장 엄중한 벌을 받아야 한다"고 기사는 끝을 맺고 있습니다.

샤테뇨

## 【121】 한국전의 전쟁 범죄에 대한 국제민주법률가협회 보고서(1952.4.11)

| | | |
|---|---|---|
| [ 전 보 ] | | 한국전의 전쟁 범죄에 대한 국제민주법률가협회 보고서 |
| [ 문 서 번 호 ] | | 887 |
| [ 발 신 일 ] | | 1952년 4월 11일 11시 00분 |
| [ 수 신 일 ] | | 1952년 4월 11일 18시 31분 |
| [발신지 및 발신자] | | 모스크바/샤테뇨(주소련 프랑스대사) |

오늘 아침 신문은 「한국에서 저지른 미국의 범죄」에 관해 국제민주법률가협회위원회가 작성한 보고서의 상세한 분석을 게재했습니다.

5가지 항목으로 정리한 사건을 보면 다음과 같습니다.

1. 세균전
2. 화학 무기
3. 대량 살상 및 살인, 그 밖의 범죄
4. 민간인에 대한 공습
5. 기타 전쟁 범죄

조사관들은 1899년 7월 29일과 1907년 10월 18일 헤이그협약 및 1929년 7월 17일 제네바협약, 1925년 6월 25일 제네바 의정서와 집단학살에 대한 협약 역시 참조하고 있습니다. 이들은 미군이 '화학세균무기를 사용'하고 비무장 도시와 미군사적 용도의 시설을 폭격하면서, 또 여자와 아이들을 포함한 민간인 대량학살에 몰두하고 있으며, 역사적 기념물이나 병원, 학교도 파괴하고 민간인에 대해 '테러의 수단'을 사용하고, 전쟁포로를 학살하면서 인류에 반하는 범죄와 민족학살, '전쟁범죄'로 유죄라고 결론 내렸습니다. 또한 미군이 '현행 국제협약과 전쟁에 대한 관습법을 위반'했다는 결론을 내렸습니다.

　이 같은 결론에 의해 보고서 작성자들은 미 정부 구성원들과, 이 범죄를 '준비'하고 '실행'한 미군의 책임자들은 물론 개인적으로 국제법에 반하는 명령을 내리고 실행했던 모든 장교와 병사들까지 기소할 것을 요구하고 있습니다.

　한국전쟁의 시작에 관해, 민주법률가들은 다른 유엔 회원국들의 개입처럼, 미국의 개입도 유엔헌장에 반하는 '불법적'이고 '계획적'이었으며, 이러한 개입이 침략행위를 이루고 있는 것이라고 덧붙였습니다.

샤테뇨

**【122】 신화통신 기사 「미 제국주의의 하수인, 트리그브 리」 요약(1952.4.11)**

| [ 전         보 ] | 신화통신 기사 「미 제국주의의 하수인, 트리그브 |
|---|---|
| | 리」 요약 |
| [ 문 서 번 호 ] | 884 |
| [ 발     신     일 ] | 1952년 4월 11일 07시 30분 |
| [ 수     신     일 ] | 1952년 4월 11일 13시 15분 |
| [발신지 및 발신자] | 모스크바/샤테뇨(주소련 프랑스대사) |

오늘 아침 모든 신문들은 「미 제국주의의 하수인, 트리그브 리」라는 제목으로 가장 눈에 띄는 지면에 1/4 페이지 이상 유엔 사무총장이 한국과 중국 정부에 한 원조 제의를 설명하는 신화통신 기사를 실었습니다.

'이 같은 선동적인 제안'은 '전 세계 사람들이 세균전이라는 끔찍한 범죄에 강력하게 항의하고 미 범죄자들에 대한 강력한 처벌을 요구하는 때'에 이루어졌다는 사실을 주목하면서, 기자는 다음과 같이 말하고 있습니다.

> "모든 사람의 지탄을 받고 있음에도 불구하고 트리그브 리는 세계 여론을
> 다시 속이고 미 침략자의 범죄를 덮어버리려 하면서 자기 미국 주인의 명령을
> 권하는 제안에 대해 적극적인 광고를 하고 있다. 트리그브 리의 비열한 행동은
> 한 번 더 자신이 미 침략의 도구이자 공범이 되었다는 것을 보여주는 것이다".

이 주장을 설명하기 위해, 기자는 트리그브 리가 최근 2년 동안 유엔에서 펼친 활동을 상기시키고, 유엔사무총장이 한국에 대한 침략전을 적극적으로 지지하면서 중국을 '침략자'라고 주장하는 결의안을 지지하고, 제5차 총회에 중국이 참여하도록 하는데 '완강히' 반대하는 등 '미국의 꼭두각시'로 처신한 사실을 보여주는데 전념하고 있습니다.

그렇게 볼 때, 기자는 트리그브 리가 세균전 초기부터 계속 침묵을 유지하고

있을 뿐 아니라, "군축위원회에서 말리크가 했던 비난은 거짓"이라고 주장하기도 했다며 유엔 사무총장이 "머리에서 발끝까지 월 스트리트의 하수인"이라는 것을 인정해야 한다고 덧붙였습니다.

기자는 "세계보건기구의 원조를 제안하면서 미국에 충성하는 이 하인은 미국이 세균무기를 범죄적으로 사용한 사실을 숨기고 있으며, 미국을 위해 이 무기의 영향에 대한 정보를 수집하고 있다는 것은 명백하다"고 이어나갔습니다.

신화통신 기자는 그 증거로 세계보건기구는 유엔 기구에 속해 있는 기관이며, 유엔 기구는 "미 침략의 도구"라고 주장합니다. 마찬가지로 국제연합구호부흥사업국[1]처럼 세계보건기구도 1951년 3월에만 4차례나 중국의 항구에 페스트가 크게 유행하고 있다고 거짓 주장을 한 '첩보'조직이라고 주장합니다.

기자는 "사실, 중국과 한국에는 어떠한 전염병도 없다. 미 비행기가 퍼뜨린 세균만이 있을 뿐이다. 트리그브 리의 원조 제안은 국제적십자위원회 조사 계획의 실패를 얼버무리기 위해 미국이 선동한 단순한 책략이다. 세균전을 추진한 미 침략자들은 그들이 받아 마땅한 벌을 받을 것이며, 트리그브 리 같이 미 침략자들의 이익을 위해 애쓰는 자들 역시 같은 운명을 피할 수 없을 것이다"라고 결론을 맺고 있습니다.

샤테뇨

---

[1] UNRRA. United Nations Relief and Rehabilitation Administration. 제2차 세계대전으로 피폐된 국가들에게 원조를 공여했던 포괄적인 사회보장계획의 관리기구. 유엔은 1950년 한국의 통일문제에 관한 총회와 결의안(통한각서)을 채택하고, 이 임무를 수행할 '유엔한국통일부흥위원단(United Nations Relief and Rehabilitation of Korea: UNCURK)을 조직.

## 【123】 세균전에 대한 베이징 주재 각국 대사들의 입장에 관한 편지(1952.4.11)

| [ 보　고　서 ] | 세균전에 대한 베이징 주재 각국 대사들의 입장에 관한 편지 |
|---|---|
| [ 문 서 번 호 ] | 758 □U |
| [ 발　신　일 ] | 1952년 4월 1□일 |
| [ 수　신　일 ] | 미상 |
| [발신지 및 발신자] | 스위스/쇼벨[1](주스위스 프랑스대사) |

베이징 관점으로 본 세균전 건

아시아국과 파로디 씨께 전달 요망

　규정된 정보교환의 일환으로, 최근 제바데[2] 씨는 베이징 주재 스위스대사 레조니코[3] 씨가 자신에게 보낸 친서를 제가 읽도록 해주었습니다.

　레조니코 씨는 최근 상하이를 다녀온 바 있습니다. 그는 상하이가 다른 일은 거의 문제될 것이 없이, 부패, 낭비, □□□와의 싸움에 완전히 몰두하고 있다고 생각했었습니다.

　반대로 베이징에서 공식적이거나 사적인 회담에서도 거의 유일하다고 할 만큼 중요한 주제는 세균전이었습니다. 공식적인 프로파간다에 따르면 유엔사령관이 최근 한국에 들어갔다고 합니다.

　레조니코 씨는 어떠한 사건도 인용하고 있지 않습니다. 사실 베이징에 있는 누군가가 직접 알려준 것은 아무것도 없습니다. 레조니코 씨는 단지 이의 없이

---

1) 장 쇼벨(Jean chauvel, 1897-1979). 주유엔 프랑스대사(1949-1952). 주스위스 프랑스대사(1952-1955).

2) Zebader.

3) Rezzonico.

중국의 주장을 따르면서 베이징 정부가 이끄는 분노의 캠페인에 꽤 자유롭게 참가하고 있는 베이징 주재 인도대사 파니카 씨의 태도를 알려주고 있습니다.

파니카 씨는 이 건으로 레조니코 스위스대사를 접견하러 왔었습니다. 회견하는 내내 파니카 씨는 객관적인 입장을 취하려 유의했습니다. 파니카 씨는 사태의 본질에 대한 태도는 표하지 않은 체, 지금 상황은 정식으로 인정받는 외교사절단의 철저한 조사를 요구하고 있다고 주장하면서, 이런 목적으로 레조니코 씨가 스위스 측에 회의를 소집하라고 요청했습니다.

"왜 우리가 하죠?"라고 스위스대사가 묻자, 인도대사 파니카 씨는 "국제적십자위원회나 또 그런 모든 것들이 다 스위스에 있으니까요!"라고 답했습니다.

회의는 열리지 않았습니다.

레조니코 씨는 편지에 인도대사의 객관적인 반응을 적었습니다. 파니카 씨는 질문을 받으면, 자신이 그들의 진정성 때문에 매우 존경하는 두 정치인 애치슨과 저우언라이의 상반된 주장에 직면해 있다고 답했습니다. 이 둘 중 판별할 유일한 방법은 공정한 증거겠지만, 물론 아무도 증거를 제시할 수 없었습니다.

# 【124】 휴전협상 상황(1952.4.15)

| [ 전        보 ] | 휴전협상 상황 |
|---|---|
| [ 문 서 번 호 ] | 2440-2443 |
| [ 발 신 일 ] | 1952년 4월 15일 21시 00분(현지 시간) |
| | 1952년 4월 16일 03시 00분(프랑스 시간) |
| [ 수 신 일 ] | 1952년 4월 16일 03시 50분 |
| [발신지 및 발신자] | 워싱턴/보네(주미 프랑스대사) |

오늘 4월 3일 이후 처음으로 모인 한국에 대한 회담 중, 미 국무부 대표는 특별히 관심이 가는 어떠한 정보도 전달하지 않았습니다. 실제로는 의제 3항에 한정되어 있는 판문점 회담은 아무런 진전도 보이지 않았으며, 전체적으로 회담은 얼마나 짧게 끝나는지 기록을 다툴 지경이었습니다. 중공-북한 측은 수차례에 걸쳐 연합군 측이 "더 이상 북한 내정에 간섭하려 하지 않는다면", 즉 비행장 건설에 대해 양보한다면, 휴전협정 실행을 감독할 중립국 가운데 소련을 포함시킨다는 생각을 버리는데 동의하는 것으로 생각하게끔 했습니다. 이것이 속임수일 것이라고 여기는 유엔대표들은 그러한 제안을 다시 거절했습니다. 공산 측이 더 효과적인 방식이라고 여긴다면, 유엔대표들은 다른 단계에서 이 문제를 논의할 준비가 될 거라는 것을 보여주기만 할 뿐이었습니다. 포로송환 문제에 관한 검토는 양측이 논의를 재개하기로 합의할 때까지는 실질적으로 중단된 상태입니다. 중공-북한 측은 이틀 전부터 이 점에 관한 협의를 재개하자고 요청했지만, 연합군 대표들은 아직 답변하지 않았습니다. 그래도 조이 제독과 Lixby[1] 제독이 한국으로 귀환한 것은 의제4항 내용작성 담당 대표단의 다음 회의를 예상하도록 하는 것 같습니다.

---

1) Libby의 오타로 추정됨.

따라서 5월 1일 예정된 휴전협정의 전망에 대해 최근 상당수의 미 신문들이 보이고 있는 낙관론은 오늘 미 국무부에서 얻은 정보로 확인된 것이 아닙니다. 포로송환 방식에 대한 해결책은 단기간에 생길 수 있다 해도, 반대로 휴전기간 동안 유엔군의 안보에 직접적으로 연결된 북한의 비행장 건설 문제는 지금까지 어떠한 결정적인 진전도 없었던 것 같습니다.

보네

## 【125】유엔에 세계보건기구 원조를 요청하는 미국대사의 편지(1952.3.25)

[ 공 문 ( 우 편 ) ]    유엔에 세계보건기구 원조를 요청하는 미국 대사
                          의 편지
[ 문 서 번 호 ]    미상
[ 발   신   일 ]    1952년 3월 25일
[ 수   신   일 ]    미상
[발신지 및 발신자]    뉴욕/오스틴(주유엔 미국대사)


유엔 파견 미국 대표단

뉴욕본부에서
1952년 3월 25일

사무총장님,

　북한에 퍼진 전염병을 퇴치하는데 세계보건기구의 원조를 제안하는 문제에
대해 미 정부 국무부가 통합사령부 이름으로 작성한 성명서를 전달 드리게 되
어 영광입니다. 유엔 회원국에 이 성명서를 전달해주시면 감사하겠습니다.
　사무총장님께서는 환자들을 구조하고, 북한에 만연한 전염병을 퇴치해서 인
명을 구조하기 위해 세계보건기구가 한국에서 활동할 수 있도록 펼친 총장님의
노력을 미 국민과 미 정부가 진심으로 지지한다는 것을 확인하실 수 있습니다.
　2차 세계대전 이후 발생한 전염병을 막을 수 있었던 것은 부분적으로는 세계
보건기구 덕입니다. 민중사에서 우리는 1948년 이집트에서 발생한 콜레라라는
심각한 전염병을 세계보건기구가 너무도 신속하게 막을 수 있도록 의료인과 의
약품을 동원하는 것과 같은 일을 그전에는 결코 본 적이 없습니다. 또 그리스에

서 세계보건기구가 이끌었던 운동만큼이나 결정적으로 말라리아를 제어했던 것을 본 적도 없습니다.

정치적 분쟁이 무엇이건 간에, 우리는 질병퇴치를 위해 우리의 노력을 합쳐야 합니다. 전 세계 수백만 명의 사람들이 놀라운 성공을 얻어낸 세계보건기구에 깊은 사의를 느낍니다. 우리가 해야 할 일은 인명을 구할 수 있는 어디에서건 어떤 경우라도 세계보건기구의 업무를 활용하는 것입니다.

경구.

유엔 사무총장
트리그브 리 귀하

(서명: 워렌 R. 오스틴)

## 【126】 미 의견서를 프랑스 정부에 전달한다는 유엔 사무국의 편지(1952.3.28)

[ 공 문 ( 우 편 ) ]   미 의견서를 프랑스 정부에 전달한다는 유엔 사무
국의 편지
[ 문 서 번 호 ]   SC□ 459/013
[ 발  신  일 ]   1952년 3월 28일
[ 수  신  일 ]   미상
[발신지 및 발신자]   미상


유엔 사무총장은 프랑스 외무부장관에게 안부를 전하며, 미 유엔상임대표의
의견서를 귀 정부에 전달하게 되어 영광입니다. 1952년 3월 18일자 문서번호
UN-2459/493로, 전술한 의견서에 4개의 문서를 함께 첨부합니다.[1]


1952년 3월 28일

---

[1] 4개의 첨부 문서를 간략히 설명하는 2쪽짜리 문서는 판독이 불가함.

# 【126-1】 별첨 1—세균전에 대한 미 국무장관의 성명

1952년 3월 4일자 미 국무장관의 성명

공산 측은 알려진 모든 방법을 동원해 유엔군이 한국에서 세균전을 벌이고 있다고 한국 민중과 전 세계 민중을 설득하려 합니다.

이런 터무니없는 일은 새롭지도 않습니다. 우리는 공산 측이 휴전을 위한 협상을 방해하는 동시에 전 세계에 퍼뜨린 이 같은 비난이 사실이 아니라고 반박하는 수고를 한 번 더 할 생각은 없습니다. 그래서 본인은 오해의 여지없이 이 같은 비난은 완전 거짓이며, 유엔군은 어떠한 형태의 세균전도 벌였던 적이 없으며 벌이고 있지도 않다고 분명히 말하고 싶습니다.

과거에도 비슷한 비방을 꾸며냈을 때, 우리는 국제적십자위원회 같은 국제기구의 공정한 조사가 이루어지면 좋겠다는 의견을 분명히 했었습니다. 그들의 비난이 거짓이라는 것을 완벽히 알고 있기 때문에 공산 측은 당연히 이 제안을 거절했었습니다. 우리는 그들의 비난이 이 같은 공정한 조사를 허가하면서 이루어진 것인지 밝히는 것을 수용할 수 있으면 해 보라고 다시 한 번 촉구합니다.

불행히도, 이번의 거짓 비난은 공산주의의 수중에 있는 한국인들의 비참한 상황을 드러내고 있습니다. 공산 측이 감독하는 지역에서 위생을 확실히 할 수 없었기 때문에 그 결과 페스트 같은 심각한 전염병이 번지는 것 같습니다. 자신들에게 주어진 책임을 인정하거나 수용하려 하지는 않은 채, 공산 측은 주한 유엔군의 끔찍한 술책이라는 주장을 펴려 합니다.

우리의 가장 깊은 연민은 적의 전선 후방에서 병들고 고통 받는 모든 사람들을 향하고 있습니다. 공정한 휴전협정을 위한 우리의 노력은 한국 전역에 건강과 동시에 평화와 안보를 가져다 줄 것이라는 희망을 그들에게 주고 있습니다. 모든 한국 국민들에게 유엔이 다다르게 하려는 목표가 바로 이것입니다.

제네바 국제적십자위원회 폴 뤼에게 의장님,

미 정부와 통합사령부의 명백한 반박에도 불구하고 공산 측은 통합사령부가 공산 측이 주둔하고 있는 지역에 전염병을 야기한 세균전을 한국에서 펼치고 있다고 계속 주장하고 있습니다. 통합사령부는 어떠한 형태의 세균전도 벌인 적이 없다고 다시 한 번 말씀드립니다. 공정한 국제기구에 의해 진실이 분명히 밝혀지기 위해, 미 정부와 통합사령부는 1) 이 전염병의 특징과 확대범위, 2) 전염병의 진짜 원인을 규명하기 위해 국제적십자위원회가 조사를 실시해달라고 제안합니다.

의심할 나위 없는 진실이 밝혀지도록 이 조사는 한국 전선의 양쪽에서 이루어져야 할 것입니다. 공산군이 주둔하고 있는 지역의 조사는 이 전염병의 특징과 확대범위를 밝힐 수 있을 것이고 더 나아가 이 병의 진짜 원인을 밝히게 될 것입니다. 유엔군이 주둔하고 있는 전선의 후방에서 이루어질 조사는 세균전에 대한 비난이 허위라는 새로운 증거를 보여주게 될 것입니다. 따라서 국제적십자위원회 조사관들은 유엔 전선의 후방에서 조사에 어떤 도움이 될 모든 정보원에 자유로운 접근이 가능할 것입니다.

## 【126-3】 별첨 3—세균전 조사에 관한 국제적십자위원회의 발표

1952년 3월 12일자 국제적십자위원회의 발표

수많은 신문 기사로 대중은 최근 한국에서 세균무기가 사용되었을 거라는 주장에 대해 알고 있었습니다. 국제적십자위원회는 헝가리, 폴란드, 루마니아, 불가리아 적십자위원회의 국영단체들로부터 이 사건에 대한 항의문을 받았습니다.

이 주장에 반박하는 미 정부도 북한에서 발생되었다는 전염병의 진짜 원인과 특성, 확대범위 규명 조사를 할 준비를 해달라고 요청하는 호소문을 보내왔습니다. 미 정부는 한국 전선의 양측에서 조사를 벌이자고 제안했습니다. 또한 국제적십자위원회 대표들이 조사에 어떤 도움이라도 줄 수 있는 유엔 전선 후방에 있을 수 있는 모든 정보원에 자유롭게 접근하도록 하겠다고 합니다.

이런 경우, 국제위원회의 태도를 정하는 원칙에 따라 1939년 12월과 1951년 11월 적십자위원회 회원국들과 회원단체에 전달된 회람 문서에 규정된 바대로, 위원회는 오늘 한국전의 양측에 다음의 내용을 전합니다.

1. 양측이 동의한다면, 국제적십자위원회는 산하 위원회를 조직한다. 이 위원회는 도덕적이고 과학적인 차원의 모든 독립성을 보장하는 인물들, 특히 유행병 연구 분야에서 가장 높은 자질을 지닌 전문가로 구성된다. 국제적십자위원회는 스위스에서 선출할 명망 있는 전문가들에게 연락을 취한다. 위원회는 한국전에 관계없는 아시아국가의 적십자 단체에서 임명해달라고 요청하는 인물 중 2-3명이 조사위원회에 포함되도록 한다.

2. 전술한 조사위원회는 전선의 양측 정부와 그들이 임명할 전문가들이 협력할 것이라는 확신이 있어야 한다.

한국전쟁 관련 프랑스외무부 자료 IV(1952. 01. 01~1952. 06. 30)

적십자위원회는 양측의 동의를 받으면 긴급히 필요한 조치를 취할 수 있도록 가능한 한 양측의 빠른 답변을 받을 수 있기를 바란다.

## 【126-4】 별첨 4—국제적십자위원회에 보내는 애치슨 미 국무장관의 답변

1952년 3월 13일자, 국제적십자위원회에 보내는 애치슨 미 국무장관의 답변

미 정부는 3월 10일자로 공정한 조사를 청하는 글을 보낸데 이어 국제적십자위원회의 신속함에 깊은 경의를 표합니다. 미 정부는 통합사령부의 이름으로 3월 12일 국제적십자위원회의 공문에 포함된 조사 방식에 대한 제안에 전적으로 동의합니다.

## 【127】 공산 측의 분위기에 대한 분석(1952.4.18)

| | |
|---|---|
| [ 전 보 ] | 공산 측의 분위기에 대한 분석 |
| [ 문 서 번 호 ] | 720-724 |
| [ 발 신 일 ] | 1952년 4월 18일, 1952년 4월 19일 08시 09분(송신) |
| [ 수 신 일 ] | 1952년 4월 19일 18시 35분 |
| [발신지 및 발신자] | 도쿄/드장(주일 프랑스대사) |

보안

사이공 공문
본인의 이전 전보에 이어

북한에서 적의 배치는 그 어느 때보다도 강력합니다. 전선에 33개 사단 528,000명, 인접 후방에 제1 예비역 18개 사단 323,000명, 전선의 어디라도 신속히 투입 가능한 제2 예비역 4개 기갑사단이 포함된 20여 개 사단이 배치되어 있습니다. 전문가 징병, 완벽한 장비, 풍부한 식량과 탄약 공급으로 비록 그 가능성은 희박할거라고 여겨지지만 새로운 공세의 틈을 벌이지 않게 하고 있습니다.

서로 상반되게 드러나는 이 같은 징후 앞에 이미 몇 차례 속았던 미 극동사령부는 한국 사태의 변화에 대해 어느 정도 주저하며 의견이 갈라지고 있습니다. 주요 책임자들은 오히려 신중한 모습을 보이고 있으며 다시 실망감을 맛볼까봐 분명 두려워하고 있습니다. 보다 낮은 직급은 좀 더 확신을 보이고 있습니다. 이들은 5월 15일에는 적대관계의 종결을 고할 수 있을 거라고 주장하기까지 합니다.

그동안 송환되기를 희망하지 않는 모든 자들을 없애는 방법으로 전쟁포로 목록이 수정되었습니다.

영국 대사관에서는 최근 기록된 유리한 징후를 훨씬 더 중시한다는 것을 부인하고 있습니다. 영국은 공산 측 대표들이 최근 취하고 있는 어떤 면으로 보다 유연한 태도가 소련의 평화 공세에 맞추려는 일시적인 태도가 아닌지 의문을 갖고 있습니다. 그들이 휴전에서 취할 수 있는 이득이 무엇이건 간에, 중국 공산당은 이제 꽤 방어가 가능한 만주 근처보다 훨씬 더 취약한 중국 지역들에 대해 위협이 될 수도 있는 이동보다는 오히려 한국과 한국 주변에서 막대한 병력의 미군을 저지하고 무력화시키는 것이 낫다고 여기는 것으로 영국 사절단 전문가들의 생각이 기울고 있습니다.

본인의 소견으로는, 소련의 광범위한 외교 방식의 요소 중 하나일 뿐인 한국 사태에서 휴전협정 체결은 소련이 하염없는 협상으로 교착된 적대관계를 다소 단기간에 정식으로 멈추는 적절한 때라고 여길 것인지, 또 데탕트 행위에 맞는 것 같은지, 한국문제의 평화적 해결과 따로 떼어 생각할 수 없는 까다롭고 논쟁의 대상이 되는 문제를 빗발치게 제기할 적당할 때라고 여길 것인지 아는 문제와 연결되어 있습니다.

드장

런던 공문 제7475-7479호
뉴욕 공문 제894-898호
워싱턴 공문 제6734-6738호

# 【128】 휴전협상 진행 상황(1952.4.21)

| | |
|---|---|
| [ 전 보 ] | 휴전협상 진행 상황 |
| [ 문 서 번 호 ] | 749 |
| [ 발 신 일 ] | 1952년 4월 21일 10시 00분 |
| [ 수 신 일 ] | 1952년 4월 21일 14시 01분 |
| [발신지 및 발신자] | 도쿄/드장(주일 프랑스대사) |

1. 양측이 각각 추가 합의 방법을 모색하기 위해 만장일치로 4월 4일 해산했던 의제 4항 검토 담당 참모장교들은 4월 19일 다시 모였습니다. 이들은 대략적인 논의는 비밀을 유지하자는 것에 동의했습니다.

2. 4월 3일 공산 측이 회의를 재개하자고 요청했던 휴전협상 3항 담당 분과위원회는 어떠한 진전도 이루지 못했습니다.

회의 중 몇 차례는 1분도 지속하지 못했고 한 차례는 15초 만에 끝나기도 하는 등 2주가 넘도록 회의는 짧은 기록을 갱신할 뿐이었습니다.

4월 19일 공산 측은 분과위원회가 참모장교들에게 새로운 길을 열어주기 위해 위원회의 그간 노력을 포기하겠다고 제안했습니다.

참모장교들은 중립국 조사단과 비행장에 대해 논의하기 위해 4월 20일 회의를 재개했습니다.

어제, 그리고 4월 21일 오늘, 문제는 결실을 맺지 못한 체 머물러있습니다. 양측 대표들은 그들 각각의 주장을 계속하면서 협상을 오래 끌고 있다고 서로 비난하고 있습니다.

베이징라디오는 군용 비행장과 소련의 중립국 조사단 참여에 관한 입장을 무분별하게 계속 방송합니다.

전쟁포로에 관한 공산 측의 자세는 논의를 계속한다는 입장을 고수할 뿐입니다.

국방부에 전달 요망.

드장

# 【129】 포로협상에 대한 히커슨의 보고(1952.4.23)

| [ 전　　　보 ] | 포로협상에 대한 히커슨의 보고 |
|---|---|
| [ 문 서 번 호 ] | 2578-2587 |
| [ 발　신　일 ] | 1952년 4월 23일 13시 10분(현지 시간) |
| | 1952년 4월 23일 19시 15분(프랑스 시간) |
| [ 수　신　일 ] | 1952년 4월 23일 19시 15분 |
| [발신지 및 발신자] | 워싱턴/미상 |

보안

극비

뉴욕 공문 제177-186호

　한국 건으로 주 2회로 열리는 미 국무부 회의의 대부분은 현재 의제 4항에 대한 판문점 협상 재개에 관한 히커슨의 발표에 할애되고 있습니다.

　리지웨이 장군의 요청으로 히커슨 국무차관보는 이 문제에 대해 절대 극비가 유지되도록 매우 특별히 세심한 주의를 기울였습니다.

　4월 19일 재개된 전쟁포로에 대한 참모장교 회의에서 유엔대표는 중공-북한 대표에게, 통합사령부가 수용소에서 극히 공정하고 신중하게 중공-북한 포로들을 조사한 끝에 약 70,000명의 중공-북한 포로들이 자발적으로 조국에 귀환할 준비가 되었다는 의사를 표명했다고 알렸습니다. 히커슨 차관보는 이 수치에 포함된 중국 포로의 수에 대한 정보를 아직은 갖고 있지 않았습니다. 공산 측 대표는 70,000명이라는 수치에 깜짝 놀랐다며 이것을 논의의 기준으로 받아들일 수는 없다고 덧붙였습니다. 그는 유엔대표가 이 논의를 지속하기 원한다면, 이 수치를 완전히 재검토해야 할 것이라고 말했습니다.

본인은 지난 12월 유엔이 중공-북한에 전달한 공산군 포로 목록이 약 132,000명이라고 보고했음을 떠올리는 것이 필요하다고 여겨집니다.

중공-북한 대표단은 조사 후 남한 포로 7,700명을 포함해 약 12,000명의 목록을 작성했다고 알렸습니다. 이 수치는 1951년 12월 리지웨이 장군 대표단에 넘긴 것보다 조금 많은 것입니다.

판문점에서 워싱턴으로 전달된 연합군 보고서에 따르면, 공산 측이 70,000명이라는 낮은 수치를 예상하지 못한 것은 분명합니다. 중-북 대표는 기존의 이 보고서 중 하나는 이 점에 대해 발표했을 때 조사받기 위한 것 같다고 밝혔습니다.

유엔대표단은 답변에서 70,000명은 적의 수중에 있는 11,000명의 포로에 비해 매우 많은 규모를 나타내고 있다고 지적했습니다. 사실 적에게 억류되어 있는 포로에 대한 비율은 단지 2ㅁ% 입니다.

20일과 21일 회의는 문제에 대한 논의가 진전되지 않았습니다.

공산 측 전쟁포로 수용소에서 조사한 방법에 관해, 히커슨 차관보는 다음과 같은 정보를 주었습니다.

1. 통역으로 고용된 대만인은 아무도 없었다.
2. 조국으로 돌아가지 않겠다고 결정했던 포로도 의견을 바꿀 수 있었다. 조국으로 돌아간다고 결정했던 자들이 계속 같은 의견이 아닌 경우도 있었으며, '주저하는 자'들 역시 이들과 비슷했다.
3. 개별적으로 실시된 조사 이후, 포로들은 그들의 결정에 따라 분리되었다.
4. 수용소에 평양라디오의 최근 휴전 메시지를 알리는데 벽보나 확성기 등 가능한 모든 선전 도구들이 이용되었다.
5. 아래의 질문들이 차례로 포로들에게 던져졌다.
   1) 당신은 '자유의지'로 중국이나 북한에 돌아가기를 원하는가? 만약 그렇다고 하면 질문은 더 이상 진행되지 않는다.
   2) 강제송환에 강경하게 맞설 것인가?

3) 당신의 본국으로 돌아가기를 거부하는 것의 결과를 많이 생각해 봤는가?

4) 거제도에 장기간 머물 수도 있다는 사실을 알고 있는가?

5) 유엔은 당신을 특히 어떤 나라에 보낸다고 보장할 수 없다는 것을 알고 있는가?

6) 아직도 강제송환에 강경하게 맞서기로 했는가?

7) 당신의 결정에도 불구하고 송환된다면 어떻게 할 것인가?

위 질문은 북한과 중공군 포로에게만 했다. 민간인은 첫 번째 질문만 했다. 만약 아니라고 답하면 다른 어떤 질문도 하지 않았다.

히커슨 차관보는 발표를 마치면서, 만약 중공-북한 측의 70,000이 사실이라면, 그 수치에 깜짝 놀랐다며, 미 당국은 □□□라고 주장했습니다.

이 수치가 판문점 협상을 상당히 지체시킬 수 있었던 것이 거의 확실합니다.

# 【130】 포로교환 협의과정 보고(1952.4.25)

| [ 전 보 ] | 포로교환 협의과정 보고 |
|---|---|
| [ 문 서 번 호 ] | 2677-2679 |
| [ 발 신 일 ] | 1952년 4월 25일 21시 00분(현지 시간) |
| | 1952년 4월 26일 02시 00분(프랑스 시간) |
| [ 수 신 일 ] | 1952년 4월 26일 03시 00분 |
| [발신지 및 발신자] | 워싱턴/보네(주미 프랑스대사) |

뉴욕 공문(우편 전달) 제190호

오늘 한국에 대한 미 국무부의 격주 회의에서 히커슨 차관보는 4월 23일 리지웨이 장군이 북중 측에 휴전협정 체결과 유엔이 수용하고 있는 포로 70,000명 대 공산 측이 수용 중인 포로 12,000명의 교환이 이루어진 후, 본국 귀환을 원하지 않는 북한과 중국 포로 60,000명은 남게 될 거라는 제안을 했다고 알렸습니다.

송환을 희망하지 않는 60,000명은 그 결정이 확실한 최종 결정인지 확인하는 심사를 다시 받게 될 거라고 합니다. 이 심사는 제네바 적십자 같은 국제기구나, 양측의 적십자사, 여기에 양측 적십자사가 원한다면 연합군과 공산군 감독관 입회하에 이루어질 것입니다.

중공-북한 대표들은 이 제안에 반응하지 않았으며, 대중에게 포로교환에 대한 그들의 제안을 숨기고자 하는 유엔을 비난하면서 결국 일방적으로 의제 4항에 대한 비밀회의를 끝냈습니다.

물론 연합군 대표들은 그들의 포로교환 제안에 대해 비밀을 유지하려 했다는 것을 부인하고 발표하라고 제안했습니다. 이는 곧바로 리지웨이 장군과 조이 제독이 하게 될 것입니다.

유엔이 수용 중인 포로 중 중국과 북한에 귀환하고 싶다고 한 한국인과 중국인은 다음과 같이 분류되었습니다.

| | |
|---|---|
| 중국인 | 5,100명 |
| 북한인 | 53,900명 |
| 남한인 | 3,800명 |
| 남한 민간인 | 7,200명 |

연합군 수용소 포로의 약 61% 정도인 것 같습니다.

보네

# 【131】 포로협상 진행 상황(1952.4.26)

| [ 전 보 ] | 포로협상 진행 상황 |
|---|---|
| [ 문 서 번 호 ] | 811 |
| [ 발 신 일 ] | 1952년 4월 26일 09시 45분 |
| [ 수 신 일 ] | 1952년 4월 26일 17시 52분 |
| [발신지 및 발신자] | 도쿄/드장(주일 프랑스대사) |

사이공 공문 제525호

1. 판문점 협상은 새로운 고비를 맞고 있습니다. 어제 4월 25일 제4항 포로교
환을 논의하는 연락장교 회의에서 공산군 대표들은 그들의 제안을 거부한 연합
군 측을 비난하고, 3월 25일부터 모두의 동의로 비밀리에 하던 협상 방식을 포
기하기로 했습니다. 공산 측의 제안에 대해 유엔 장교는 양측이 문제의 논의를
계속할 준비가 될 때까지 회의를 중단하는 데 동의했습니다. 26일 오늘, 공산
측이 논의 주제를 오늘 저녁 알려달라고 요청하면서, 조이 제독이 작성한 제안
에 대한 양측 대표 전체 회의가 4월 27일 11시로 정해졌습니다.

2. 3월 24일부터 4월 25일까지 한 달 간의 노력 끝에 완전한 실패에 이른 것
을 확인한 비밀회의에 대해, 도쿄의 총사령부는 어제 저녁 통지에서 정확한 정
보를 제공했습니다.

처음에 공산 측은 그들이 체포했다고 인정했었지만 작년 12월 교환 명단에는
기재되지 않았던 남한군 50,000명에 대한 모든 정보는 거부한 반면, 북한군에
편입되었던 남한 민간인 수용자 32,000명 송환을 요구했습니다.

1952년 3월 5일, 공산 측은 쌍방이 모두 명단에 대한, 즉 유엔 측 수용 포로
132,474명과 북한 측 수용 포로 11,559명에 대한 기본 해결책을 찾자고 제안했

습니다. 그러나 그들은 모든 포로의 송환원칙은 전원 송환이 되어야 한다고 주장했습니다.

3월 7일, 유엔사령부는 연합군 포로 50,000명에 대한 정보를 모르기 때문에 공산군의 제안이 협상의 기본이 될 수 없으며, 강제 송환에 대한 어떠한 보장도 해줄 수 없을뿐더러, 연합군이 수용 중인 민간인 억류자 32,000명에 대해서도 언급하지 않겠다고 알렸습니다.

3월 5일, 공산군의 제안이 합리적인 해결을 개시할 수 있게 되자, 3월 14일 연합군은 참모장교 회의가 덜 공식적인 분위기에서 지속되기를 제안했습니다.

3월 16일에 시작된 회의에서 공산 측은 21일에 다음과 같은 공식 원칙을 합의하자고 제안했습니다.

> "휴전협정을 조인하고 발효한 이후, 조선인민군과 중국인민지원군은 전쟁 포로 11,559명을 석방 및 송환하고, 유엔사령부는 132,474명을 석방 및 송환한다. 명단은 양 측 장교들이 확인한다."

공산군은 수정이 가능하고, 특수한 어떤 경우에는 유엔사령부 감독 하에 있는 남한군이 송환되지 못할 수도 있다는 생각을 비쳤습니다.

3월 25일, 공산 측의 제안에 대해 비밀회의가 될 것을 결정했습니다.

3월 27일, 공산군은 다른 모든 포로들이 무조건 송환될 거라고 알고 있던 유엔 감독 하의 남한군 거류민에 대한 자유의지 송환을 원칙적으로 받아들였습니다.

4월 1일, 연합군은 강압에 의한 송환 목록을 없애는 검열 과정 후 새로운 명단 작성을 제안했습니다.

공산 측은 그러한 검열 과정을 기초로 한 명단 수정에 반대했지만 '어림 수'를 기초로 하는 등 실제적인 해결책을 모색할 의향이 있음을 보여줍니다.

4월 2일, 공산 측은 원칙적인 문제와는 별도로 명단의 실제 수정에 대해서는 동의한다는 의사를 표명합니다. 이러한 조건에서 양측이 따로따로 수정할 수 있도록 회의는 만장일치로 일시 중단 됩니다.

4월 19일에 회의가 재개될 때, 연합군은 성실한 검열 후 연합군이 억류하고 있는 70,000명이 강제 없이 송환[1] 될 수 있다고 알립니다. 즉, 중국인 5,100명, 북한인 53,900명, 남한 전쟁포로 3,800명, 억류된 남한 민간인 7,200명입니다. 이 수치는 공산군에 자동적으로 편성되었던 남한군 16,000명은 제하고 유엔사령부가 억류하고 있는 한국과 중국 포로 76,000명의 60% 이상을 나타냅니다.

공산 측은 한국인 7,700명, 비 한국인 4,400명으로 대략 12,000명을 송환할 수 있다고 알렸습니다. 연합군은 이 수치가 공산군이 전쟁 초기 2달 동안 생포했다고 인정한 연합군 65,000명의 20%도 안 된다고 강조했습니다.

공산 측은 군인포로를 무력으로 억류하고 있다며 유엔사령부를 비난하면서 70,000이라는 수치를 인정하지 않았습니다.

공산 측은 휴전협정 조인 후 검열이 시행되었던 조건을 보고하기 위해 포로수용소를 방문하자는 연합군 측 제안을 70,000이라는 수치가 3월 21일 유엔 측이 제출했던 132,474명과 전혀 연관이 없다는 구실로 묵살했습니다.

의제 제4항 논의의 비밀에 관한 협의는 파기되었습니다.


국방부에 전달 요망.


드장

---

[1] 자원송환을 의미함.

## 【132】 국제적십자위원회를 비판하는 기사(1951.4.30)

| [ 전        보 ] | 국제적십자위원회를 비판하는 기사 |
|---|---|
| [ 문 서 번 호 ] | 1029 |
| [ 발   신   일 ] | 1952년 4월 30일 14시 00분 |
| [ 수   신   일 ] | 1952년 4월 30일 19시 01분 |
| [발신지 및 발신자] | 모스크바/브리옹발(주소련 프랑스대사관 참사관) |

오늘 아침 S. 알렉산드로프[1]는 「국제기구를 가장한 침략자의 공범」이라는 제목으로 소위 국제적십자위원회를 지칭하는 3단짜리 기사를 『프라우다』에 냈습니다.

알렉산드로프는 중국위원회가 미국이 한국과 북동 중국에 세균무기를 사용한 것에 "반박의 여지가 없는 행위"라고 결론 낸 보고서처럼 민주법률가조사위원회와 외국 특파원들이 작성한 보고서를 상기시킨 후, 미 정부가 국제적십자위원회 용역을 사용하기 원했던 이유를 밝히고 이 기구가 공정한 조사를 시행하는데 필요한 조건을 갖추지 않았다는 것을 표현하려 애쓰고 있습니다.

요컨대 알렉산드로프는, 애치슨과 그 동료들이 "체면을 살리기" 위해 국제적십자위원회의 도움으로 서둘러 "범죄의 흔적을 지우려 하고 있다"며, 이는 상당 부분 미국의 재정 지원을 받는 적십자위원회가 자신들에게 완전히 충성하고 있다는 것을 알고 있기 때문이라고 썼습니다. 또한 애치슨 측이 칼 야코프 부르크하르트[2]가 담당했던 히틀러주의자들과 영국 정부 간의 중개자 역할, 특히 나치 집단수용소 수감자들의 상황에 대해 작성한 "유리한 보고서"들을 떠올리고 있다고도 했습니다.

---

1) S. Alexandrov.
2) Karl Yakob Burkhardt.

게다가 알렉산드로프는 계속 "소위 이 국제적십자위원회"는 사실 산업과 재정에서 앵글로-아메리칸 계와 긴밀히 연결되어 있는 "거대 자본가들"이 대부분인 "스위스 시민들의 사조직"일 뿐임이 분명하다고 합니다.

'알루미늄 산업' 주식회사 사장인 동시에 보험회사 계열사 중역인 위원회 명예회장 막스 후버[3], 스위스 최대 보험회사 중 한 곳의 중역 폴 뤼에게[4] 의장, 11개 스위스 주식회사 이사회의 중역이거나 총재인 마르탱 보드메르 나빌[5] 부의장, 단치히 국제연맹 전 회장, 스위스 대형은행 및 취리히 보험회사 이사회 이사인 칼 야코프 부르크하르트가 이런 경우라고 말입니다.

알렉산드로프는 "이 모든 사실에 비추어 볼 때 국제적십자위원회는 전혀 국제기구가 아니며, 민주계층과 정직한 사람들의 신뢰도 얻고 있지 않다. 또한 미국방부의 뜻에 따르는 유순한 도구이자 주인의 명령에 따라 아무리 끔찍한 어떤 범죄라도 덮을 준비가 되어있다"고 끝맺었습니다.

브리옹발

---

[3] Max Huber.
[4] Paul Ruger로 표기되어 있으나, 정황상 Paul Ruegger의 오타로 보임.
[5] Martin Baudemer Naville.

# 【133】 휴전협상에 대한 히커슨의 국무회의 보고(1952.4.30)

| [ 전         보 ] | 휴전협상에 대한 히커슨의 국무회의 보고 |
|---|---|
| [ 문 서 번 호 ] | 2739-2740 |
| [ 발     신     일 ] | 1952년 4월 30일 10시 50분(현지 시간) |
|  | 1952년 4월 30일 15시 50분(프랑스 시간) |
| [ 수     신     일 ] | 1952년 4월 30일 14시 10분 |
| [발신지 및 발신자] | 워싱턴/보네(주미 프랑스대사) |

뉴욕 공문 제204-205호

뉴욕 제192-197호에 대한 본인의 전보 제2694-2699호 참조

한국에 대한 미 국무부 격주회의에서 히커슨 차관보는 조이 제독이 4월 28일 판문점 협상 전체회의에서 발표한 성명서를 낭독했습니다. 이 성명은 제가 4월 26일 각하께 전달한 정보와 일치하는 것입니다. 중공-북한 대표들은 연합군의 제안을 기록한 후, 이것이 협상을 진전시킬 수 있을 것 같지는 않다고 강조할 뿐이었습니다. 어쨌든 그들은 이 제안을 좀 더 주의 깊게 검토하고 견해를 전달하기 위해 회담 중지를 요청했습니다.

오늘 히커슨 차관보의 설명에서 다음 사항을 알 수 있습니다.

1. 유엔총사령부는 조이 제독의 성명이 최후통첩처럼 보이는 것을 피하기 위해 유의했다.
2. 유엔대표단은 협상 결렬을 주도하지는 않을 것이다.

한편 히커슨 차관보는 거의 정확한 보고서를 제시하는 기사들일지라도 이 새

로운 제안의 대용에 대한 절대비밀 보장의 필요성을 다시 강조했습니다.

보네

## 【134】 리지웨이의 제안에 대한 프랑스 외무부의 분석과 답변 지시(1952.5.2)

| [ 전        보 ] | 리지웨이의 제안에 대한 프랑스 외무부의 분석과 |
|---|---|
| | 답변 지시 |
| [ 문 서 번 호 ] | 미상 |
| [ 발    신    일 ] | 1952년 5월 2일 22시 15분 |
| [ 수    신    일 ] | 미상 |
| [발신지 및 발신자] | 파리/슈만(프랑스 외무부장관) |

보안

긴급

워싱턴 제7410-7113호

뉴욕 제1011-1014호

런던 제8231-8234호

한국 사태

워싱턴 타전, 뉴욕과 런던 공문

　귀하의 전보 제2694호와 제2700호를 받고, 우리 외무부는 구두로 런던 주재 우리 대사관에 리지웨이 장군의 제안이 합리적이고 수용할 만 한 것 같다고 알렸습니다. 따로 떼어 놓을 수 없는 그의 설명 전체는 확실히 좋은 전술이었습니다. 외무부는 중공-북한 측이 그의 계획대로 되지 않거나 반대하지 않는 경우라 해도 리지웨이 장군의 발표는 수정되어 좋아질 최종 부분이 아니었다고도 했습니다. 사실 미 국무부의 설명에 의하면 당연히 장군이 피하고자 했던 분명한 최후통첩 어투로 느껴지는 문장으로 강조할 필요 없도록, 그 제안의 결정적인 특성은 성명에 충분히 드러나 있습니다.

여론은 유엔대표들이 문을 닫아걸고 평화의 책임이 상대방 탓이라고 선언하는 것이 이해하기 어려울 수도 있습니다.

이 즉각적인 생각에서 보면, 체면을 구기지 않고 차후에도 논의를 재개하지 못하도록 하는 엄격한 표현을 고집하려는 정책은 거의 아닌 것 같습니다. 다음 사태가 어떻게 전개될 것인지는 아무것도 예견할 수 없을 것입니다.

그래서 외무부는 끝에서 두 번째 문장을 삭제하거나 적어도 완화하는 것이 낫다고 봅니다.

마시글리 주영 대사는 이미 귀하에게도 전달한 바 있는 제1955호 전보로, 전적으로 귀하와 견해를 같이 하는 영국 외무부는 우리가 걱정하는 표현을 이미 미 정부에 제시했다고 답했습니다. 따라서 미 국무부에 대해서는 영국 외무장관 이든[1] 씨가 희망하는 바와 같이, 이든 씨와 비슷한 태도를 취하길 바랍니다.

또 기회가 되면, 즉 트루먼 대통령이 성명서를 내겠다는 의향을 보이면 우리 정부 대변인이 성명을 지지할 것이라고 알려주길 바랍니다.

슈만


암호과 추신: 홍보과에 전보 전달 요망.


---

[1] 앤서니 이든(Anthony Eden, 1897-1977). 영국 외무장관(1951-1955).

## 【135】 휴전협상에 대한 미 국무회의 보고(1952.5.3)

| [ 전        보 ] | 휴전협상에 대한 미 국무회의 보고 |
|---|---|
| [ 문 서 번 호 ] | 2850-2856 |
| [ 발   신   일 ] | 1952년 5월 3일 13시 00분(현지 시간) |
|  | 1952년 5월 3일 18시 00분(프랑스 시간) |
| [ 수   신   일 ] | 1952년 5월 3일 18시 30분 |
| [발신지 및 발신자] | 워싱턴/보네(주미 프랑스대사) |

보안

2급 비밀

뉴욕 공문 제215-221호

한국에 대한 미 국무부 격주회의는 어제 저녁 판문점에서 열린 정전위원회 총회에서 전개된 논의를 보고하는 리지웨이 장군이 몇 시간 전 워싱턴에 타전한 전보를 낭독하는 것으로 보냈습니다.

4월 28일 미결상태인 세 가지 문제에 대한 '일괄 타결'을 제안한 연합군 측에, 중공-북한 측도 일괄 역제안을 제시했습니다. 유엔이 억류하고 있는 북한과 중국인 포로 116,000명을 무조건 송환할 것과, 비행장 건설에 대해서는 휴전하는 동안 공군을 포함한 그들의 전력을 한국에서 증대시키지 않겠다고 했던 이미 공산 측이 약속 정도에 그치는 것을 받아들인다면, 그들은 러시아를 휴전 감독 중립국 중에 포함시키고 싶다는 자신들의 요구를 단념할 의향이 있는 것 같았다고 합니다.

이 역제안은 중공-북한 측의 '양보'를 연상시키는 기나긴 협상 과정 끝에 표명되었습니다. 중공-북한 측은 모든 내정 간섭, 즉 북한에 비행장 건설 제한에 다시 한 번 반대를 표했습니다. 또한 포로 자원송환 원칙은 제네바협정과 모순되는 '불합리'하고 '받아들일 수 없는' 원칙이라고 다시 규정했습니다. 공산 측은 '장제스와 이승만이라는 인물들'의 압력으로 진행한 '불법' 심사 후 공산 소속민을 '무력으로 억류'하려는 연합군을 비난했습니다. 그들이 '협정체결을 돕기 위한 절충 제안'을 한 것은 비행장 문제 자체는 다른 문제와는 상관없는 것이라고 선언한 후 입니다.

조이 제독은 4월 28일 연합군 제안의 확정적인 특성을 중공·북한 측이 아마 이해하지 못한 것 같다고 강조한 후, 유엔이 타협의 길에서 더 멀리 가지는 않을 것이라고 하면서 '단호하고 결정적으로' 공산 측의 역제안을 거부했습니다.

양측 대표단은 각각 상대편에 전달한 제안을 얼마간 생각해 보기를 서로에게 권했습니다. 결국 조이 제독이 워싱턴 시간으로 오늘 저녁 예정된 회의를 제안하자, 중공·북한 측은 논의를 계속하기로 동의했습니다.

따라서 토론의 핵심은 전쟁포로송환 문제임이 틀림없습니다. 유엔은 사실상 다른 두 조항을 양보하는 대신 비행장에 대한 그들의 요구를 포기하기로 했습니다. 그런데 공산 측은 중립국 수를 양측에서 모두 2개국으로 줄이는 것을 받아들일 것이므로, 이 문제들 중 한 가지만 양보하려는 것 같습니다.

히커슨 차관보는 리지웨이 장군의 전보에 대해 어떠한 코멘트도 하지 않고, 미 국무부는 오직 타협을 위한 협상에 돌입한 소련의 '중립성'에 대한 공산 측의 양보를 기대하고 있다고 말하는데 그쳤습니다. 현 상황에서는 진행 중인 논의에 대한 모든 경솔한 언행은 협상의 진전을 크게 해칠 수 있기 때문에 아예 피해야 한다고 했습니다.

보네

## 【136】 세균전 방법을 폭로하는 기사(1952.5.5)

| | |
|---|---|
| [ 전 보 ] | 세균전 방법을 폭로하는 기사 |
| [ 문 서 번 호 ] | 1058 |
| [ 발 신 일 ] | 1952년 5월 5일 15시 40분 |
| [ 수 신 일 ] | 1952년 5월 5일 18시 10분 |
| [발신지 및 발신자] | 모스크바/브리옹발(주소련 프랑스대사관 참사관) |

오늘 아침 『프라우다』가 게재한 기사에 헤이그 주재 타스통신 특파원은 『바아르하이트』[1] 의 "미군 도당이 동아시아와 동남아시아에서 세균전을 펼치려" 구상한 「새로운 작전을 폭로하며」라는 기사를 인용했습니다.

소련 기자는 "중앙아시아와 동남아시아에 전염병을 전파시킬 새로운 방법"을 찾기 위해 '디트릭캠프'에서 연구가 진행되었으며, 사우디아라비아와 이란, 이라크, 그 밖의 여러 나라에서 실험이 진행되었다고 설명하는 구절을 인용하고 있습니다. 그는 실험자들이 "비행기 같은 특별 수송방법"을 사용할 필요 없이 원거리까지 퍼져서 보균 곤충으로 사용될 수 있는 귀뚜라미 종류에 집중하고 있다는 네덜란드 신문을 더 인용했습니다.

브리옹발

---

1) 『바아르하이트De Waarheid』. '진실'이라는 뜻의 네덜란드 공산당 신문. 1990년 중단됨.

# 【137】막연한 휴전협상과 이에 따른 한국의 불만(1952.5.7)

| [ 전    보 ] | 막연한 휴전협상과 이에 따른 한국의 불만 |
| --- | --- |
| [ 문 서 번 호 ] | 907-910 |
| [ 발 신 일 ] | 1952년 5월 7일 08시 00분 |
| [ 수 신 일 ] | 1952년 5월 7일 16시 23분 |
| [발신지 및 발신자] | 도쿄/드장(주일 프랑스대사) |

브리옹발 씨로부터의 문세 제5호
부산 4월 30일 발신, 도쿄 5월 7일 도착

　"도쿄발 공식 공문과 미 정치잡지가 제공한 것이 아닌 이상, 어떠한 정보도 현재 휴전협상의 정확한 전개에 대한 어떤 생각도 가질 수 없게 하고, 특히 휴전협상의 동향도 밝히지 못하고 있습니다. 제가 거의 매일 접촉하는 영국대사나 유엔위원회 위원들도 더 잘 알고 있는 것 같지는 않습니다. 미 대사관에서 보이는 침묵은 언뜻 보면 신중하다기보다 무지한 태도 같기도 합니다.

　포로 교환이라는 중요한 문제에 대한 비공개회의에 참관인조차 배치하지 못한 채 같은 곤경에 처해있는 한국 지도자들은 다시 흥분상태에 빠져 있습니다. 특히 판문점에서 보이는 분명한 난관과 워싱턴의 낙관론 사이에 존재하는 독특한 모순은 실제 협상이 그저 평양과 서울이라는 수도 차원에서 전개된다고 여길 수 있게 합니다. 또한 해결책을 찾는 과정에서 그들의 중요한 이익을 신경 쓰지 못할까 우려하고 있는 한국인들을 소련 외무부 분위기에 젖어들게 할 수 있습니다.

　특히 통일 없는 휴전을 반대하는 그의 지나친 태도에 타격을 주는 워싱턴의 확실한 통지를 실제로 받은 것 같은 이 대통령은 그런 의미로 외부 압력을 받았다는 것을 공개적으로 일정한 간격으로 규탄하려 하면서 어려움을 교묘하게 넘기고 있습니다. 특히 공보부를 통해 외무부 대변인이 명확하고 신랄한

의사 표명을 하도록 하고 있으며, 휴전협정에 아직도 장애가 되는 세 가지 조항 중 어느 하나에라도 포함된 그 어떤 가정에도 격렬히 항의하고 있습니다. 그러한 표현을 하는데 지역 신문이 모든 반응과 유용한 상세 설명을 맡고 있습니다.

이러한 운동들은 협박의 결과가 아니라 모두 정말 솔직하고 깊은 감정에 답하는 것이 확실합니다. 유엔이 마지막 순간에 선택한다고 말한 조건에서 실현된 휴전은 분명 정치적 해결안도 한국에서 중국 공산당의 후퇴도 신속하게 이루어지지 않고, 현재 화가 나게 할 뿐 아니라 종종 공개적으로 표명하는 경멸까지 느끼도록 판문점에서 연달아 양보한 유엔에 대해 마음 속 깊이 큰 상처와 원한을 지닌 한국인들이 남게 될 것임에 틀림없습니다.

주한 유엔의 실험결과로 얻은 것 같은 군사적인 작은 승리는 매우 개괄적인 계획에 기록되어야 하며, 이제는 도덕적 실패조차 가장 놀라운 양상을 남기게 될 것임을 인정해야 하고, 바로 인접한 목격자들이 무슨 생각을 어디까지 할 수 있는지도 자문해볼 수 있습니다."

드장

# 【138】 트루먼 대통령 성명서 내용 보고(1952.5.8)

| | |
|---|---|
| [ 전 　　　 보 ] | 트루먼 대통령 성명서 내용 보고 |
| [ 문 서 번 호 ] | 2957-2961 |
| [ 발 　 신 　 일 ] | 1952년 5월 8일 12시 00분(현지 시간) |
| | 1952년 5월 8일 17시 00분(프랑스 시간) |
| [ 수 　 신 　 일 ] | 1952년 5월 8일 20시 45분 |
| [발신지 및 발신자] | 워싱턴/보네(주미 프랑스대사) |

뉴욕 공문 제240-244호

예정되었던 대로, 오늘 오후 트루먼 대통령은 리지웨이 장군의 성명을 지지하고 조이 제독이 4월 28일 중공-북한 측에 제안한 공정한 특성을 강조하기 위한 성명을 언론에 냈습니다.

미국은 이 제안에 "전적으로 무조건 동의한다"는 것을 보여준 뒤, 성명은 휴전협상의 과정이 제시했던 조건들을 상기시키고, "따로따로 분리해서 해결될 수 없는" 미결상태의 세 가지 문제로 들어갑니다. 특히 포로송환 문제에 대해서, 대통령은 강제송환은 생각할 수도 없을 거라는데 동의한다며 매우 직설적으로 표현하고 있습니다.

"이것은 한국에서 우리 행위의 기초를 이루고 있는 도덕과 인류의 기본원칙에 모순되는 것 같다. 우리가 억류하고 있는 전쟁포로를 강제 송환하는 것은 불행으로 이끌 것이며 미국과 유엔의 영원한 불명예를 위해 피를 흘리게 하는 것이 될 것이다. 우리는 사람들을 학살과 노예상태에 둔 채 휴전을 얻지는 않을 것이다."

한국전쟁 관련 프랑스외무부 자료 Ⅳ(1952. 01. 01~1952. 06. 30)

이어 성명은 "아무것도 더 공정할 수는 없을 것"이라며 휴전협정 체결 이후 포로수용소에서 추진될 새롭고 공정한 조사에 대한 연합군의 제안을 거론하고 있습니다. 리지웨이 장군이 제시한 해결안은 전체적으로 검토되어야 한다고 다시 한 번 표명한 후, 대통령은 중립국위원회에 소련이 참여하는 것에 대해 공산 측이 한 양보는 그들 측에서는 "실질적인 양보가 아니라"고 강조합니다.

대통령은 연합군 측의 협의가 보여준 "인내력과 이해심"에 경의를 표하고, "거의 받아들일 수 없는 도발에도 불구하고 이들이 휴전을 위한 새로운 중요 항목에 합의에 도달하면서 실제 진전을 이루었다"고 치하합니다. 미 대통령은 "리지웨이 장군의 제안은 미해결 문제들을 동시에 해결할 확실하고 합리적인 것이다. 이 제안이야 말로 진심으로 평화를 바라는 사람들이 거부할 수 없는 어떤 매력을 지니고 있을 것이다"라는 말로 끝맺었습니다.

매우 단호한 어조와는 반대로 전혀 최후통첩처럼 작성되지 않은 이 성명서는 미 정부가 우리에게 주었던 확언과, 또 논의를 지속할 여지를 남겨둘 마음이 생기도록 하는 관심사와도 일치하는 것입니다. 그래서 본인의 이전 전보의 결론을 전혀 수정시킬 것 같지 않습니다.

보네

## 【139】 휴전협상 성명에 대한 미 지도층과 여론의 반응(1952.5.8.)

| [ 전 보 ] | 휴전협상 성명에 대한 미 지도층과 여론의 반응 |
|---|---|
| [ 문 서 번 호 ] | 3009-3014 |
| [ 발 신 일 ] | 1952년 5월 8일 24시 00분(현지 시간) |
| | 1952년 5월 9일 06시 00분(프랑스 시간) |
| [ 수 신 일 ] | 1952년 5월 9일 09시 45분 |
| [발신지 및 발신자] | 워싱턴/보네(주미 프랑스대사) |

보안

뉴욕 공문 제253-358호

트루먼 대통령과 그의 주요 협력자들은 일련의 성명을 통해 판문점 파견 대표들의 '최종' 제안에 대한 리지웨이 장군의 설명을 지지하면서, 이 사건에 대한 미 정부의 강경한 태도와 한국문제의 평화적 해결 기회에 대해 몇 주 전부터 미 여론에 보이는 증대된 불안감을 동시에 보여주고 있습니다.

며칠 전 최근 갤럽조사 결과에서 보여주듯, 미 여론은 사실 선거운동이 분명 부각시키고 있는 국내 정치의 다양한 문제들보다 한국전쟁을 더 많이 걱정하고 있습니다.

현재 한달 가까이 휴전협상은 한반도에 시작된 적대행위만큼이나 길어지고 있습니다. 원래 참을성 없는 미 국민들은 미국의 현 정세보다 판문점 협상이 다루는 문제, 즉 전쟁포로송환 문제를 더 깊이 생각하고 있습니다. 이 문제에 대해 여론은 공산 측이 억류하고 있는 미국 병사들이 귀환하는 것을 보고자 하는 강한 욕망과 중국과 북한인 반공포로를 인도적 계획에 맡기는 것에 대한 반감 사이에서 양분되어 있습니다.

선거를 치르는 해이기 때문에 미 정부는 당연히 이 점에 대한 비난을 초래하지 않으려 매우 주의합니다. 이것은 대체로 이번 주에 트루먼 대통령과 그의 주요 협력자들이 발표한 성명이 리지웨이 장군의 성명보다 더 단호했었다는 점을 설명하고 있습니다.

미국이 한국에서 벌였다는 세균전에 대한 공산 측의 비난에 대해 애치슨 장관이 어제 한 발언은 이와 같은 걱정에서 비롯된 것입니다.

게다가 휴전 문제의 핵심에 대해 미 정부는, 본인의 이전 통신문들에서 강조했던 것처럼, 유화정책의 표시로 해석될 우려가 있는 단어를 사용하지 않으려 매우 조심하면서 진심으로 상대편에 동의할 수 있는 양보의 경계를 표시해야할 필요성을 확신하고 있습니다.

우리 미국 교섭상대들이 중공-북한 측을 거의 궁지에 몰아넣었었다 해도 '일괄 타결' 제안은 엄밀히 말하면 독촉이 되는 것은 아닙니다. 하물며 미 정부가 최후통첩을 보낼 계획도 아니며, 사실 군사적 차원만큼 외교적 차원의 이유로 그런 것입니다.

전례 없던 상황은 그렇게 만들어진 것입니다. 미지수는 중공의 태도에 있습니다. 공산당 최고사령부가 유엔의 제안을 단호히 거부한다면, 미국 여론의 반응이 어떨지 예상하기는 어렵습니다.

(이하 판독 불가)

보네

# 【140】 한국전 포로교환에 대한 호주 정부의 의회 답변(1952.5.9)

| | |
|---|---|
| [ 보 고 서 ] | 한국전 포로교환에 대한 호주 정부의 의회 답변 |
| [ 문 서 번 호 ] | 301/SC |
| [ 발 신 일 ] | 1952년 5월 9일 |
| [ 수 신 일 ] | 미상 |
| [발신지 및 발신자] | 캔버라/메우[1](주호주 프랑스 임시대리대사) |
| [수신지 및 수신자] | 파리/슈만(프랑스 외무부장관) |

한국전의 포로교환 건

한국에서 현재 논의 중인 휴전 제안 제3항의 대상인 전쟁포로송환 문제가 어제 의회에서 거론되었습니다.

야당 대표의 대정부 질문에 답한 외무장관은, 이 경우에 하게 될 결정들은 무엇보다도 인류애라는 생각에 끌려야 할 것 같다고 했습니다.

케이시[2] 장관은 계획된 교환은 원칙적으로 엄밀히 유엔수용소와 공산군 수용소에 억류된 포로 전체를 대상으로 해야 하는 것이 맞다 해도, 본국으로 귀환했을 때 목숨부지에 대해 두려워할 이유가 있고, 모든 강제송환 시도에 필요한 경우 무력으로라도 반대한 것이 분명한 것 같은 병사들의 송환을 준비하는 것은 정말 불공정하게 될 것이라고 분명히 말했습니다.

마지막으로 장관은, 이러한 관점은 영국과 미국 정부가 이 사건에 대해 취한 태도와 완전히 일치하는 것 같다고 하면서, 매우 인도주의적인 감정으로 작성된 성명서가 에버트[3] 박사와 그의 당원들에게 납득할 만한 것이었으면

---

1) 앙리-루이 메우(Henri-Louis Méhu).
2) Casey.

좋겠다고 강조했습니다.

3) 허버트 베어 에버트(Herbert Vere Evatt, 1894-1965). 유엔 총회 의장 시(1948-1949) 세계인권선언
에 참여. 법무 및 외무장관(1944-1949). 호주 노동당(1951-1960) 지도자. 뉴 사우스 웨일즈 대법
원장(1960-1962) 역임.

# 【141】 세균실험 연구자의 증언 기사(1952.5.2)

| | |
|---|---|
| [ 전    보 ] | 세균실험 연구자의 증언 기사 |
| [ 문 서 번 호 ] | 1102 |
| [ 발    신    일 ] | 1952년 5월 12일 14시 00분 |
| [ 수    신    일 ] | 1952년 5월 12일 18시 12분 |
| [발신지 및 발신자] | 모스크바/브리옹발(주소련 프랑스대사관 참사관) |

어제 스웨덴 신문 『뉴우다그』[1]에 실린 오타와 발 뉴스를 신문이 다시 게재했습니다. 그에 따르면 세 명의 미국 전문가가 최근 캐나다의 옛 지역에서 세균실험을 했었다고 합니다. 그 전문가 중 한 명은 신문기자들에게 자신은 동료들과 함께 4개월 동안 세균전 연구 작전의 중요한 세 번째 그룹의 일원이었으며, 또한 현재 한국에 있는 '이 세 번째 그룹'에 알래스카와 사하라 사막, 마다가스카르, 말레이시아, 인도차이나에서 실행한 세균 연구 작전의 다른 팀 대표들이 파견된 것이었다고 말했답니다.

브리옹발

---

1) 『뉴우다그Nieuw Dag』.

## 【142】 한국전쟁에 대한 언론 보도(1952.5.13)

| [ 전 보 ] | 한국전쟁에 대한 언론 보도 |
|---|---|
| [ 문 서 번 호 ] | 1106 |
| [ 발 신 일 ] | 1952년 5월 13일 17시 00분 |
| [ 수 신 일 ] | 1952년 5월 14일 10시 10분 |
| [발신지 및 발신자] | 모스크바/브리옹발(주소련 프랑스대사관 참사관) |

오늘 최대 일간지 2군데는 4면의 2단에 걸쳐 한국 사건을 보고하고 있습니다. 신문은 거제도 포로 폭동에 대한 신화통신 통신문을 게재하고, 총 학살을 준비한 미국을 비난하면서 이 점에 관해 그들에게 돌아갈 책임을 물었습니다. 또한 지난 2월 18일과 3월 13일의 '대대적인 몰살'에 대한 남일 장군의 5월 9일 항의문을 발췌하여 재수록하기도 했습니다. 중공-북한 대표단장이 발표한 이 사건은 완전히 인정할 수는 없습니다.

귀하는 포로 보호가 양측 사령부에게 불가피한 의무라는 것을 알아야 합니다. 귀하가 포로로 만든 개인의 안전에 완전하고 절대적인 책임을 져야 합니다.

요컨대 다음과 같은 내용을 읽을 수 있습니다.

1. 『데일리컴퍼스』[1]에 따르면 한국에서의 전쟁은 길어질 위험이 높아질 수밖에 없는가? 라며 유엔대표단의 태도에 대한 미국 신문의 몇몇 비판을 인용하고 있는 뉴욕 주재 타스통신 기사
2. "미 침략자들의 중죄를 만장일치로 비난하는" 중국 인민의 분노를 보고하는 베이징 주재 타스통신 기사

브리옹발

---

1) 『데일리컴퍼스Daily Compass』. 미국 뉴욕의 좌파 신문.

# 【143】 거제 포로수용소 수용소장 감금 사건에 대한 미 국무부 분위기(1952.5.13)

|                    |                                      |
| ------------------ | ------------------------------------ |
| [ 전        보 ]   | 거제 포로수용소 수용소장 감금 사건에 대한 미 국 |
|                    | 무부 분위기                          |
| [ 문 서 번 호 ]    | 3138-3140                            |
| [ 발    신    일 ] | 1952년 5월 13일 09시 00분(현지 시간)   |
|                    | 1952년 5월 14일 11시 00분(프랑스 시간)  |
| [ 수    신    일 ] | 1952년 5월 14일 11시 20분             |
| [발신지 및 발신자] | 워싱턴/보네(주미 프랑스대사)          |

보안

뉴욕 공문 제290-292호

오늘 미국 언론의 많은 논설은 콜슨[1] 장군이 도드[2] 장군의 석방을 위해 받아들인 사항들을 격렬하게 비판했습니다.

미 국방부에서는 콜슨 장군의 공산군 포로들에게 한 약속에 분명 매우 당황했습니다. 이 약속은 한편으로는 베이징과 모스크바의 선전선동에 뜻밖의 논쟁거리를 주게 되고, 다른 한편으로는 판문점 협상에서 유엔의 입장을 약화시킬 것이기 때문입니다.

오늘 한국에 대한 미 국무부 격주회의에서 히커슨 차관보는 어제 국방부가 클라크[3] 장군에게 요청한 보고가 워싱턴 정부에 도착할 때까지 이 사건에 대한

---

1) 찰스 콜슨(Charles F. Colson). 1952년 5월 거제포로수용소장 도드 준장이 포로들에게 납치되자 사태해결을 위해 제1군단 참모장이었던 콜슨 준장이 신임 수용소장으로 임명됨. 도드 준장의 석방을 위해 내건 포로들의 요구를 들어주게 되어 이후 대령으로 강등됨.
2) 프랜시스 도드(Francis T. Dodd). 1952년 2월 거제포로수용소 폭동 사건을 해결하기 위해 수용소장으로 임명되었으나 5월에 자신이 포로가 되는 사건을 겪은 후 대령으로 강등됨.
3) 마크 웨인 클라크(Mark Wayne Clark, 1896-1984). 주한 유엔군사령관(1952-1953).

어떤 설명도 삼갔습니다. 우리 프랑스 대표와 영국 대사관 대표는 이 보고가 주한 군대보다 정부에 먼저 가능한 빨리 전달될 것을 요구했습니다. 히커슨 차관보는 이 점에 대해 매우 서두르겠다고 약속했습니다.

우리 대표는 이 외에도 그저께 미 통신사가 발표한 것처럼 미 정부가 ㅁ ㅁ ㅁ 이끌기 위한 목적으로 휴전협정 체결을 서두르기 위해 베이징과 평양에 오도록 모스크바 주재 미대사가 소련당국과 교섭하도록 할 예정이었다는 것이 맞는지 물었습니다. 히커슨 차관보는 이 정보가 순전히 '억측'이며 지금 현재 아무런 근거도 없다고 답했습니다.

보네

## 【144】 세균전에 대한 엔디코트 박사의 성명과 그에 대한 반응(1952.5.13)

[ 전 보 ] 세균전에 대한 엔디코트 박사의 성명과 그에 대한 반응
[ 문 서 번 호 ] 527 AM
[ 발 신 일 ] 1952년 5월 15일
[ 수 신 일 ] 미상
[발신지 및 발신자] 모스크바/드라불레(주캐나다 프랑스대사관 참사관)
[수신지 및 수신자] 파리/슈만(프랑스 외무부장관)

세균전에 대한 엔디코트[1] 박사의 성명

프랑스에서는 입국이 달갑지 않은 인물 명단에 있는 캐나다 연합교회 전 목사이자 중국 공산당 체제를 위한 운동으로 캐나다에서 유명한 인물인 제임스 엔디코트 박사가 하얼빈의 소련과 중국 언론, 또 라디오에 엄청난 감정을 불러일으켰습니다. 한국 전장에 갔다가 돌아온 그는 한국과 중국에서 미국인들이 퍼뜨린 세균 배양 중 어떤 것들은 □ □ □ 세균전에 관한 연구자들이 보낸 캐나다에서 온 것일 수 있다고 말했다고 합니다.

아버지가 개신교 선교사로 있던 중국에서 태어나, 그 자신도 수 년 간 중국 선교사였으며, 장제스의 '고문'인 엔디코트 박사는 국민당 군이 패배했을 때, 오직 새로운 공산당 체제를 방어하고 강화하는데 열중하겠다는 결심을 했습니다. 그는 현재 토론토의 이번 회기 중에 '중요한 정보'를 제공하는 것을 보류한 캐나다 평화의회 의장입니다. 추정에 따르면 정치적 야망을 가지고 있고 조국에 해를 끼치고자 하는 욕망으로 살아간다는 몇몇 추정과는 반대로 엔디코트 박사는 특히 좋든 싫든 간에 따라야만 하는 이론에 맹목적으로 충실한 이상주의자인

1) 제임스 엔디코트(James Endicotte, 1898-1993). 캐나다 목사, 선교사이자 사회주의자.

것 같습니다. 그는 매력적인 성격으로 훌륭한 사람으로 통하지만 항상 상식과 실력이 부족했습니다.

이 인물의 최근 성명으로 야기된 스캔들은 캐나다 하원에 파장을 일으켰습니다. 야당은 엔디코트 박사를 제재하고 조국에 대한 배신행위로 간주되어야 할 일을 다시 저지르는 것을 막기 위해 어떤 조치가 있는지 정부에 물었습니다. 피어슨 외무장관은 캐나다에 귀국하는 대로 잘못을 묻고 만약 그의 성명에서 증거가 보이면 기소시키겠다고 약속했습니다. 여론과 언론은 거침없이 엄격한 처벌을 요구했습니다.

하지만 곧, 캐나다 법은 외국에서 조국에 반대하는 평가를 하는 사람을 기소할 수 있는 어떤 조치도 없다는 것이 드러났습니다. 다른 한편, 엔디코트 박사는 돌아올 때, 듣는 사람이 잘 못 이해했거나 잘못 인용했다고 암시하면서 그가 했다고 여겨진 발언을 서둘러 부인했습니다. 하지만 그는 한국에서 미국이 추진한 세균전의 증거를 확인할 수 있었다고 다시 주장하고 있습니다.

또한 하원에서 있었던 피어슨 외무장관의 최근 발표는 처음보다 한걸음 후퇴했습니다. 어떤 입장의 답변이던지, 현재 엔디코트 박사를 규제할 수 있는 캐나다 법은 아무것도 없었습니다. 게다가 이내, 엔디코트 박사는 장관에게 외무부가 그런 상황에서 캐나다 시민들을 심문할 권리가 있다는 것을 증명할 때까지 심문에 따르지 않겠다는 답변을 발표했습니다.

그래서 우리는 사태가 그쯤에서 멈출 거라고 생각할 수 있었습니다. 그렇지만 정부는 여론과 언론에서 가장 단호한 지지를 찾아냈습니다. 아무도 엔디코트에 대해 '매카시즘'의 위험성을 언급하지는 않았습니다. 다만 어떠한 법체제도 그를 기소할 수 없다면, 최대한 빨리 그 결함을 메워야 한다고 합니다. 2차 대전 중 독일 라디오에서 연설한 프랑스와 영국 반역자들의 경우와는 다른 것이었을까요? 민주주의의 자유라는 것은 비방에 대한 국가와 국민을 수호하는 경계가 있어야 합니다. 어쨌든 얼마 전부터 미국에서 시행되고 있는 예를 따라 엔디코트 박사의 여권은 몰수당해야 할 것입니다. 엔디코트에 대해 은밀히 조율된 신뢰가 무엇이었던 간에 모스크바와 베이징에서는 아마 그리 평가받지 못할 것입니다. 유엔이 한국에서 시행한 세균전에 대한 반복된 그의 비난은 캐나다에 대한 직접적인 공격이자 비난을 만들어낸 그를 기소하는 것을 정당화하기에 충분할 것입니다.

아마 토론토의 『글로브앤메일』[2]이 지적하고 있듯이, 엔디코트의 성명은 캐나다인들에게서 그의 평판을 결정적으로 잃게 한 이점이 있었습니다. 물론 피어슨도 이 감정을 함께 느꼈을 것입니다. 어쩌면 그는 민주주의적 자유를 침해하는 것을 전혀 바라지 않았을 겁니다. 어쩌면 피어슨은 그렇다고 해서 자칫 몇몇 보수주의자들이나 프랑스어권 캐나다 기구가 표명한 호의에 대한 신뢰를 의심에 맞추려 하지 않았습니다. 피어슨에게는 오래 전부터 그가 일고 있는 사람이며, 반역자이기보다는 정신 나간 자로 간주하는 사람에 대한 어떤 관대함이 있습니다.

드라불레

---

[2] 『글로브앤드메일Globe and Mail』. 토론토에서 발행되는 일간신문. 캐나다에서 가장 권위 있고 영향력 있는 신문.

## 【145】 미 측 휴전협상 자세를 비판하는 공산 측 주장에 대한 기사(1952.5.14)

| | |
|---|---|
| [ 전 　　　 보 ] | 미 측 휴전협상 자세를 비판하는 공산 측 주장에 대한 기사 |
| [ 문 서 번 호 ] | 1111 |
| [ 발 　 신 　 일 ] | 1952년 5월 14일 15시 00분 |
| [ 수 　 신 　 일 ] | 1952년 5월 14일 17시 54분 |
| [발신지 및 발신자] | 모스크바/브리옹발(주소련 프랑스대사관 참사관) |

　신문은 오늘 한국 휴전협상에 대한 5월 11일자 개성 주재 신화통신 통신문을 게재했습니다.

　　오늘 열린 전체회의에서 우리 대표는 미국이 사용하는 '자원송환', '인도주의 원칙', '선택 결과'라는 표현 뒤에 숨겨져 있는 속임수를 밝혔다.

　　그는 "우리는 대단히 중요한 양보를 했으며 합리적인 타협안을 제시했다. 오늘 협상을 길게 끌게 한 유일한 일은 전쟁포로 문제에 관한 귀측의 근거 없는 요구이다. 귀측은 '자원송환'이라는 구실로 강제로 그들을 억류해 두려고 비인간적이고 절대 용납할 수 없는 중공·북한 포로의 '선택'을 사용하면서 제네바협정과 인간 행동의 기본원칙을 심각하게 위반하고 있다"고 말했다.

　　귀측이 '포로 감독 조치'라고 부르는 것은 사실 대량 학살, 포로로 잡혀 있는 우리 군인들에 행해진 강제 문신, 청원을 작성하고, 혈서를 쓰고 그들의 성명서에 지문을 찍어야 하는 의무까지 포함해 '필요하다면 무력으로'라는 것을 적용하고 있음을 보여준다. 이 모든 것은 귀측의 소위 '선택'의 결과를 조작하기 위해 이루어진 것이다. 이러한 행위는 휴머니티라는 원칙과는 전혀 관계가 없으며, 반대로 그 원칙들과 뚜렷한 대조를 이룰뿐더러 제네바협정 제13조와 제14조를 공공연하게 위반하고 있다.

귀측은 매달 비무장 중인 포로 수백 명을 학살한 동시에, 바로 귀측의 전쟁포로를 폭격하기 위해 내내 비행기를 보내고 있다. 포로문제 해결을 철저히 방해하면서, 귀측은 송환되고 싶은 자연스런 그들의 희망을 전혀 고려하지 않고 있다. 그래서 한국전쟁에서 끝이란 있을 수 없는 것이다. 양측의 포로들은 그들이 현재 있는 바로 그곳에 머물러 있다. 이것이 귀측의 휴머니티인가?

귀측이 저지른 중죄에서 중공-북한 전쟁포로들의 꿋꿋한 저항은 귀측이 말하는 '자원송환'의 정확한 본성을 전 세계에 드러냈다.

북 조선인민군과 중국인민지원군 분견대 대표단은 귀측의 일방적이고 부당한 요구에 결단력과 확고한 의지로 맞설 것이다.

브리옹발

# 【146】 포로수용소 폭동사건 및 포로문제 해결에 대한 여러 의견(1952.5.14)

| [ 전 보 ] | 포로수용소 폭동사건 및 포로문제 해결에 대한 여러 |
|---|---|
| | 의견 |
| [ 문 서 번 호 ] | 959-970 |
| [ 발 신 일 ] | 1952년 5월 14일 08시 00분 |
| [ 수 신 일 ] | 1952년 5월 15일 10시 30분 |
| [발신지 및 발신자] | 도쿄/드장(주일 프랑스대사) |

보안

Minetassones 공문 제607-618호

이미 지난 2월 18일과 3월 13일 사건의 현장이었던 거제도의 유혈 폭동에 이어, 어느 이상한 날 도드 준장 사건은 포로수용소 안을 지배하는 조건을 세운 것 같습니다. 수용소마다 가장 과격한 공산군으로 구성된 위원회가 이끄는 일종의 소규모 자치 공화국이 조직되었다고 합니다. 미군에서 그러한 권리를 부인하게 될 때까지 말입니다. 또한 이 사건은 전쟁포로송환에 대한 기나긴 대립으로 야기된 분노를 분명히 보여주고 있습니다. 2월에 터졌던 첫 번째 총살전은 바로 이와 관련된 것입니다. 가장 극렬한 분자들을 분리시키고 수용소의 수많은 포로들을 좀 더 통제가 쉽도록 더 작은 규모로 분산시키기 위해 소위 '리셔플[1]' 작전이 전개되었을 때부터입니다.

송환을 거부하는 수용자 수가 눈에 띄게 증가했던 것은 4월 16일 최고사령부가 암시했던 이 작전에 이어진 것이었습니다. 사실 그때까지 위원회가 행한 테

---

[1] Reshuffle.

러가 자유로운 표현을 막고 있었습니다.

클라크 장군이 최근 발표한 도드 준장 사건 관련 문서는 분명 중공·북한 사령부와 관련된 공산당 지도자들이 수용소에서 유지시키고 있는 소요의 기저에 아직도 전쟁포로 분류와 피해자였던 미 장군 습격 문제라는 원인이 있음을 가리키는 것 같습니다. 5월 10일 주동자들이 작성한 네 가지 요구에서 세 번째와 네 번째는 강제 분류심사 건만을 다루었습니다. 첫 번째 요구 역시 그들의 송환을 강요하고 성명서에 혈서로 서명하도록 하는 데 적용하는 심사를 폐지할 것을 암시하고 있습니다. 또한 공산 측 지도자들이 전쟁포로 결사권을 요구한다면, 이것은 무엇보다도 중공·북한 사령부 휘하에 인도되는 것에 반대 표명하는 것을 막기 위한 것입니다.

조건들이 어떤 것이었든 간에, 작성된 콜슨 장군의 성명은 가장 유감스러운 것입니다. 리지웨이 장군과 클라크 장군은 거기에 극도로 불만이었습니다. 콜슨 장군의 성명은 공산 측의 몇 차례 항의에 대한 적법성을 사실상 인정하고 있기 때문에 적의 선전활동에 제일 좋은 도구가 되었습니다.

또 한편, 포로들에게 한 양보가 별로 중요하지 않은 문제일 뿐이며, 죽이겠다는 위협을 받았음에도 개인적으로 매우 정중히 취급받았다고 한 도드 장군의 주장을 우리는 이해하지 못하고 있습니다. 그의 태도와 콜슨 장군의 태도는 이러한 위협만으로는 설명될 수 없습니다.

이런 상황에서 합동참모본부가 흥분해서 철저한 조사를 요구하고 도드 장군과 콜슨 장군이 경질된 것은 놀라운 일이 아닙니다.

도드 장군 사건은 휴전협정 체결의 유일한 걸림돌이었던 전쟁포로 문제 해결을 용이하게 할 수 있을 겁니다.

솔직히, 그들의 의도가 아무리 옳더라도 이 사건에서 연합군의 자세는 훌륭하지 못했습니다. 그러한 자세는 법적이고 도덕적인, 또 정치적이고 군사적인 모든 것을 고려한 결과인 것 같습니다.

그런데도 소련의 전례처럼, 수십만 명이 영구히 붙잡혀 있는 것을 막도록 교전국이 모든 포로를 송환시키게 하는 것이 중요한 목적인 1949년 제네바협정을 근거로 연합군 측의 주장을 펴는 것은 어렵습니다. 자원송환 원칙조차도 안전한 것은 아닙니다. 적이 연합군을 상대로 역전할 수도 있습니다. 철의 장막 뒤에서 가치 있는 방법이 주어진다고 하면, 중공·북한 측은 그들의 수중에 있는 포로의 대부분이 자본주의 국가에 귀국하지 않으려 한다고 주장하며 강요된 서명으로 입증하는 것이 쉬울 것입니다.

인간적이고 도덕적인 이유들이 여론을 가장 잘 살립니다. 어쨌든 이런 이유들이 지배적이면 공산 측이 통제 중이라고 인정했었지만 현재 어찌 됐는지 모른다고 주장하고 있는 약 50,000명의 남한 포로를 포기하도록 하면 안 될 것입니다. 4월 28일 ㅁㅁㅁ로 제시된 ㅁㅁㅁ 제안이 다시 제기한 것은 그런 포기를 기초로 하는 것입니다.

미 협상가들의 생각에서 도덕적인 요인의 중요성을 부정하지 않으면, 정치적이면서도 군사적인 고려사항이 중요한 역할을 하고 있는 것은 아닌지 생각해 볼 수 있습니다. 적의 전선에 뿌려진 삐라에서 연합군은 다시 북한군과 중공군에게 은신처와 보호를 약속하면서 그들을 유도하고 있습니다. 공산 측의 지배 하에 그들을 다시 보내는 것은 위성국 군대가 참전했다는 전투가 있는 경우 유감스러운 선례를 만들 것입니다.

이 삐라 중 몇몇은 공산군 병사들에게 연합군 편이 되거나 탈영하라고 부추기고 있습니다(워싱턴 서신 제2057호 참조).

어쨌든 중공·북한 측의 수적 우위로 보아, 연합군사령부가 조치를 취할 인원 수를 최소한으로 줄이는데 집착하는 것은 당연합니다. 하지만 그런 이유를 공공연하게 내세우기는 어려운 법입니다.

요즘, 언론은 몇몇 영국계층이 구상한 것으로 보이는 전쟁포로 문제를 안전보장이사회에 전가시키자는 내용의 계획을 암시하고 있습니다. 이 정보들의 어떤 근거인지는 모르겠습니다만, 앞서 한 말로 보아, 그러한 제안은 별로 적절한 것 같지 않습니다. 영국 외무장관 에슬러 데닝 경은 저와 같은 생각입니다. 그는 저처럼 성과 없는 일이라면 실질적인 계획으로 기본적인 원칙을 너무 개입시키지 말고 주어진 문제의 해결안을 계속 찾는 게 더 낫다고 여깁니다.

드장

## 【147】 포로수용소 폭동사건과 포로협상에 대한 기사 요약(1952.5.15)

| | |
|---|---|
| [ 전　　　　보 ] | 포로수용소 폭동사건과 포로협상에 대한 기사 요약 |
| [ 문 서 번 호 ] | 1114 |
| [ 발　신　일 ] | 1952년 5월 15일 14시 35분 |
| [ 수　신　일 ] | 1952년 5월 15일 17시 34분 |
| [발신지 및 발신자] | 모스크바/브리옹발(주소련 프랑스대사관 참사관) |

　신문은 오늘 아침 판문점에서 열린 5월 12일 회의에 대한 신화통신 기사를 게재했습니다. 이 기사 내용의 대부분은 5월 11일 사건에 대해 중공-북한 대표가 제기한 항의에 할애하고 있습니다.

　미 비행사가 포로들에게 네 차례나 폭격과 기총소사를 했다고 상기시킨 후, 중공-북한 대표는 "소위 포로 선택"은 "거친 폭력과 살인"으로만 행해지고 있다고 주장하며 "우스꽝스러운 포로 심사의 공정한 관리를 준비한다고 주장하는 제안을 단호히 거부한다"고 했습니다. 그는 제7조와 제118조를 내세워 이 제안이 제네바협정에 반한다고도 했습니다. 중공-북한 대표단이 5월 2일 제시한 타협안을 재론하며, 상대측에 "편파적이고 비상식적인" 제안을 받아들이도록 미국이 사용한 "의사진행 방해 수단"을 다시 비난하고, 미 대표단에게 협상을 중단하기로 결정했다면 "공식적으로 선언하라"고 했습니다.

　중공-북한 대표는 "귀측은 그런 독단적인 방법으로, 게다가 그 방법은 이미 전 세계에 귀측이 협상을 계속 진행하려는 최소한의 마음도 없었다는 것을 보여주었고, 전장에서만큼 회담 테이블에서도 완전한 실패를 겪었다는 것을 알아야 한다. 귀측이 같은 생각으로 임한다면, 더욱 처참한 실패에 부딪히게 될 것이다"라고 말을 마쳤습니다.

　기자는 '회피'하기를 바라는 미국이 무기한 협상 중단을 제안하면서 한 주장을 강조하고는 끝으로 다음과 같은 중공-북한 대표의 답변을 실었습니다.

"사실은, 귀측이 억류하려 하는 상당수의 우리 포로를 몇 차례나 죽였다는 것이며, 그들의 피해에 대해서는 전혀 고려하지 않고 귀측 포로들에게 폭격하고 사격했다는 것이다. 우리는 귀측의 편파적이고 비상식적인 제안에 분명 단호하게 반대한다. 귀측이 공식적으로 협상을 중단하지 않으면, 우리는 정례회의가 지속되도록 주장하고 전 세계에 실상과 진실을 보여주기 위한 회담을 계속할 것이다. 우리는 귀측의 거짓말을 폭로할 것이며, 귀측의 편파적이고 비상식적인 제안에 분명 단호하게 반대할 것이다."

기자는 대표단이 5월 13일 오전 11시 총회를 열기로 정했다고 썼습니다. 게다가 언론은 「거제 포로수용소의 폭동에 대해」라는 제목으로 AP통신 뉴스에 따라 도드 장군 석방을 주도했던 상황을 보고하고 그 점에 대한 『워싱턴 포스트』와 『데일리워커』 설명을 인용하고 있는 타스통신의 기사 몇 편을 실었습니다.

브리옹발

# 【148】 포로교환 명단의 수치 변화에 대한 보고(1952.5.2)

[ 전        보 ]  포로교환 명단의 수치 변화에 대한 보고
[ 문 서 번 호 ]  971-975
[ 발    신    일 ]  1952년 5월 15일 01시 00분
[ 수    신    일 ]  1952년 5월 15일 09시 40분
[발신지 및 발신자]  도쿄/드장(주일 프랑스대사)


귀하의 전보 제713호에 대한 답변

유엔군이 수감하고 있는 포로 전체와 다양한 분류에 대해 제공된 수치는 휴전협상 초기 때부터 현저한 변화를 기록하고 있습니다. 사망이나 탈옥에 의한 몇몇의 실종에 의한 것이든, 새 적군에게 생포되어서이든, 미 군 당국이 매월 행한 재편이나 재분류에 의한 변화이든 말입니다. 게다가 원래 공식문서는 거의 정확한 수치를 제공해야하지만, 대개 어떨 때는 꽤 현저한 차이를 야기할 수 있는 다소 부풀려진 수치가 제공되기도 합니다.

이런 지적을 하면서 미 국무부는 제기된 4개의 질문에 아래의 답을 보게 될 것입니다.

1. 국제적십자위원회는 1950년 가을 북한군의 급락[1] 이후 유엔군이 억류하고 있는 모든 인원에 대해 최고로 높은 전체 수치를 올 여름에 제공했습니다. 그 수치가 170,000명을 넘지는 않습니다. 이 수치는 많은 북한군 포로에 병합되어 있던 대한민국 시민 수천만 명을 포함하고 있었습니다. 그 후 대부분은 수감된 민간인으로 재분류되었습니다. 1951년 12월 25일 이 공산 측이 추산한 수감

---

[1] 인천상륙작전 이후의 상황을 말함.

민간인은 44,005명이었습니다. 1952년 1월 초 연합군은 38,000명이라는 수치를 제공했습니다. 38,000명이라고 반복하겠습니다. 이 인원은 연합군이 수감 중인 인원 132,474명과 공산 측 수중의 11,559명을 가리키는 1951년 12월 18일 교환 명단에 포함되었습니다.

2. 수감 민간인의 수는 공산 측에 의하면 32,000명으로 추산됩니다. 역시 32,000명이라고 반복하겠습니다. 하지만 3월 21일 이후 공산 측은 이러한 주장을 멈췄습니다. 공산 측은 자신들 수중의 11,559명에 대해 교환하자고 제안한 132,474명만을 요구했습니다.

3. 라디오 방송이나 신문 기사 등 공산 측 자체의 증언에 의하면, 북한과 중국이 억류 중인 남한인 등 연합군 포로 수는 약 65,000이었습니다. 12월 18일 공산 측이 제공한 명단과의 차이는 50,000명입니다. 50,000명 말입니다. 이는 공산 측이 "전선 부근에서" 석방해주었다고 주장하는 남한군의 대부분이며 이들에 대한 다른 어떤 정보도 거부하고 있습니다.

4. 16,000명. 대한민국에 있는 거류민들은 중공-북한 진영에 있었고 현재는 전쟁포로로 통합사령부가 억류하고 있습니다.

이 수치는 132,494명에 포함되어 있습니다. 현재 연합군 하에 있는 북한인과 중국인 수는 다시 116,000명이 되었습니다. 이상은 공산 측이 남한인 7,700명과 북한인 4,400명 약 12,000명의 교환을 요청할 의향이 있는 최소한의 수치가 될 것입니다. 연합군은 4월 28일 중국인 5,100명, 북한인 53,000명, 나머지는 다양한 범주의 남한인으로 구성된 70,000명이 송환을 제안했습니다.

공산 측은 공식적으로 132,000명을 계속 요청하고 있습니다. 연합군 입장과 공산 측 입장 사이에는 62,000명이 남아있습니다. 이는 몇 번의 조정 끝에 다시 50,000명으로 줄어들긴 했습니다.

드장

# 【149】 포로수용소 폭동 사건과 휴전협상(1952.5.15)

[ 전        보 ]  포로수용소 폭동 사건과 휴전협상
[ 문 서 번 호 ]  977
[ 발    신    일 ]  1952년 5월 15일 03시 00분
[ 수    신    일 ]  1952년 5월 15일 10시 47분
[발신지 및 발신자]  도쿄/드장(주일 프랑스대사)

사이공 공문 제725호

1. 예상되었듯이, 공산 측 대표들은 어제 5월 14일부터 판문점에서 도드 장군 사건을 이용하기 시작했습니다.

남일 장군은 콜슨 장군 편지 사본을 흔들며 큰소리로 일부분을 읽었고 공산 측 포로들에게 가한 학대와 강제로 시행한 포로 선별의 증거로 그것을 제시했습니다. 또한 그는 "무례한 태도"를 취하며 협상을 질질 끄는 연합군 대표단을 비난했습니다. 그는 유엔사령부가 "명백하게" 중단한다는 의사를 밝히지 않는다면 정상적인 회의의 모습을 갖추라고 요구했습니다.

조이 제독은 상대방이 휴전협정 체결에 관심을 두기보다 분명 선전선동에 관심을 갖고 있다고 답했습니다.

2. 남일 장군의 주장을 되풀이하면서, 같은 날 베이징라디오는 미국이 협상을 엎고 싶었다면 단호하게 끝냈어야 했다고 했습니다. 또한 제네바협정에는 전쟁 포로 분류를 정당화하는 내용은 전혀 없다고 주장했습니다. 콜슨의 편지를 내세우며, 베이징라디오는 연합군이 수감하고 있는 포로들이 폭력으로 반공주의자라는 자백을 강요받았으며 거제도는 '테러의 섬'이 되었다고 주장했습니다. 공산주의 방송은 지난 달 말 한국에서 회담장소와 멀지 않은 공산 측 전선에

폭탄을 투하하고 백여 개의 독가스탄을 쏜 미군을 비난했습니다.

3. 도드 장군과 콜슨 장군은 클라크 장군의 소환으로 어제 도쿄에 도착했습니다. 신문은 미 의회에 야기된 감정을 상세히 묘사하고 리지웨이 장군의 샌프란시스코 성명을 보고하고 있습니다. 전임 총사령관은 도드 장군 석방을 위해 전쟁포로들이 작성한 조건이 휴전협상에 막대한 영향이 있을 수 있다는 의견을 표명했다고 합니다.

국방부에 전달 요망.

드장

## 【150】 도드 장군 억류와 석방 조건에 대한 유엔군의 입장(1952.5.15)

[ 전        보 ]  도드 장군 억류와 석방 조건에 대한 유엔군의 입장
[ 문 서 번 호 ]  984
[ 발    신    일 ]  1952년 5월 15일 09시 31분
[ 수    신    일 ]  1952년 5월 15일 15시 55분
[발신지 및 발신자]  도쿄/드장(주일 프랑스대사)

1. 어제 오후 도쿄에서 거제도 사건에 대해 도드 장군과 콜슨 장군의 보고를 따로 들은 클라크 장군은 5월 15일 오늘 다음과 같은 성명을 냈습니다.

　도드 장군을 강제로 억류하고 있던 76포로수용소 수감자들과 콜슨 장군의 의견교환은 어떠한 법적 효력도 없다. 처음에 한 유엔 장교의 목숨 위협을 전제로 강요된 조건에서 전개되었다. 지금까지 시행된 조사는 이 사건이 판문점 협상에서 모든 전쟁포로 문제를 흐리게 하기 위한 선전선동활동을 목적으로 철저히 준비된 것이다. 전쟁포로들을 다루기 위한 콜슨 장군의 권한은 공산 측이 근거로 삼는 믿을 수 없는 허위 비난을 조금도 인정하도록 하지 않는 것이었다.

2. 오늘 아침 판문점 전체회의에서 공산 측은 다른 것 중에서도 독가스와 세균무기, 핵무기를 시험하기 위해 전쟁포로를 이용한 연합군 사령부를 비난했습니다.
공산 측의 탄원에 대한 또 다른 전체회의는 5월 16일로 정해졌습니다.

국방부에 전달 요망.

드장

# 【151】 미 비행기의 중립구역 침범에 대한 공동 조사(1952.5.16)

| [ 전        보 ] | 미 비행기의 중립구역 침범에 대한 공동 조사 |
|---|---|
| [ 문 서 번 호 ] | 1123 |
| [ 발    신    일 ] | 1952년 5월 16일 15시 40분 |
| [ 수    신    일 ] | 1952년 5월 16일 21시 00분 |
| [발신지 및 발신자] | 모스크바/브리옹발(주소련 프랑스대사관 참사관) |

언론은 오늘 한국 휴전협상에 대한 개성 주재 신화통신 기자의 5월 14일자 통신문을 다음과 같이 게재했습니다.

양측 연락장교들은 오늘 5월 14일 협정을 위반한 미 비행기들에 의해 개성 중립구역에서 이루어진 침입에 대해 함께 조사했다. 이 비행기들은 중립구역만 침투한 것이 아니라 이 구역 여러 지점에 기총사격은 물론 조명탄 공중 투하까지 실시했다.

미국의 제1연락장교 케니[1]는 공격에서 나온 부인할 수 없는 증거들을 확인한 후, 오늘 조사 받은 탄약과 폭탄들은 유엔군이 사용했던 것이 완전히 확실하다고 시인할 수밖에 없었다. 하지만 그는 술책을 써보려 하면서, 이 사건의 책임이 누구에게 있는지 정하기 전에 레이더의 기재상황을 확인해야 한다고 주장했다.

우리 측 연락장교 차이청원[2]은 지금도 충분히 유력한 증거를 가지고 있다며 이 책임의 주체에 대해서는 어떠한 의심도 할 수 없다고 강조했다. 사용된 탄약과 폭탄이 미군에서 쓰는 것이라고 인정한 케니의 어쩔 수 없는 시인은 가장 능숙한 위선자는 이렇게 명백한 사실마저 부인할 수 있다는 것을 보여주

---

[1] Kenny.
[2] 차이청원(柴成文, 자성문). 공산 측 연락장교.

고 있다. 개성에서 실시한 공동 조사 때였든지, 이 도시에서 판문점으로 길을 갈 때였든지, 중공-북한 대표들이 발견한 폭탄들은 분명히 영어로 기입되어 있다. 그중 몇 개에는 "U.S. NAVY Parachute Flare"[3]라고 쓰여 있는 것을 읽을 수 있고, 다른 것에서는 "U.S. Naval Ammunition Depot"[4]를, 또 다른 것에서는 "Kigore, Incorporate D Wesville, Chio ㅁ ㅁ"가 보였다.

개성 근처의 중립구역에서 케니는 자기가 고른 미 비행기가 쏜 기관포 탄피를 직접 봤다. 개성 주민인 증인 이곡준[5]과 최계원[6]은 그들이 보고 들은 것을 전했다.

14시 30분에 시작된 공동조사는 17시 45분까지 이어졌다.

브리옹발

[3] "미 해군. 공중투하 조명탄".
[4] "미 해군 탄환 보관".
[5] Li Kok Jun.
[6] Tsoi Kei Wun.

# 【152】 거제도사건에 대한 미국 측 입장과 휴전협상 상황(1952.5.16)

| [ 전        보 ] | 거제도사건에 대한 미국 측 입장과 휴전협상 상황 |
|---|---|
| [ 문 서 번 호 ] | 3276-3278 |
| [ 발    신    일 ] | 1952년 5월 16일 20시 30분(현지 시간) |
| | 1952년 5월 17일 01시 30분(프랑스 시간) |
| [ 수    신    일 ] | 1952년 5월 17일 02시 45분 |
| [발신지 및 발신자] | 워싱턴/보네(주미 프랑스대사) |

유엔 공문 제330호

오늘 한국에 대한 미 국무부 회의에서 히커슨 차관보는 5월 15일 클라크 장군이 메시지를 통해 콜슨 장군이 전쟁포로에 대해 한 약속은 아무 것도 아니고 무효이며, 이는 트루먼 대통령으로 시작하는 미국의 최고위당국의 사전 승인을 받은 것이라고 분명히 밝혔습니다.

히커슨 차관보는 콜슨 장군의 처신을 "있을 수 없는 실수"라고 규정했습니다. "우리는 이 유감스러운 사건으로 꽤 곤경에 처할 것이라는 점을 알고 있으며, 열세를 만회하는데 우리의 최선을 다하고 있다"고 이어 말했습니다.

거제도 사태에 대한 클라크 장군의 보고는 아직 워싱턴에 전해지지 않았습니다. 휴전협상은 대부분 거제도 사건에서 기인한 공산 측의 비난과 욕설이 만연한 가운데 당연히 제자리걸음입니다.

중공-북한 대표들은 특히 휴전협상이 중단되기를 바라고 있다며 협상상대를 비난하고 회의가 매일 지속되어야 한다고 강조하고 있습니다. 협상 중지를 요청한 유엔대표단은 물론 따를 수밖에 없었습니다. 최근 회담에서 중공-북한 측은 모든 새로운 포로 심문에 반대한다는 뜻을 강력히 표명했습니다.

보네

# 【153】 공산 측의 협상 태도를 비난하는 러베트 미 국방장관 기자회견(1952.5.16)

| [ 전          보 ] | 공산 측의 협상 태도를 비난하는 러베트 미 국방장<br>관 기자회견 |
|---|---|
| [ 문 서 번 호 ] | 3279-3281 |
| [ 발    신    일 ] | 1952년 5월 16일 20시 30분(현지 시간)<br>1952년 5월 17일 02시 30분(프랑스 시간) |
| [ 수    신    일 ] | 1952년 5월 17일 02시 40분 |
| [발신지 및 발신자] | 워싱턴/보네(주미 프랑스대사) |

우편 전달 뉴욕 공문 제331호

기자회견에서 로버트 러베트[1] 미 국방차관은 한국문제를 스스로 언급했습니다. 유엔의 제안은 최종적이었으며, 프로파간다의 목적이 아니라면 중공-북한 측이 판문점 회담을 매일 열자고 주장하는 이유를 모르겠다는 의사를 표한 뒤, 그는 유엔군이 한국에서 세균전을 벌이고 가스까지 사용했다는 공산 측의 비난에 강력히 항의했습니다.

"공산 측의 진의는 무엇인가? 전혀 모르겠다. 어쩌면 그들은 새로운 공격을 준비하기 위한 시간을 벌고 싶을 수도 있고, 그들의 습관적인 전략으로 비추어 볼 때, 어쩌면 그들 스스로 저지르려는 범죄에 대해 상대측을 비난하는 것일 수도 있으며, 자신들이 한국에서 세균전과 가스전을 벌이고 싶어 하는지도 모른다"라며 러베트 장관은 요약하여 말했습니다.

그는 "그런 경우 그들은 패하게 될 것이며 그래서 알려지지 않기를 바라게 될 것이다. 사실 그들은 올바른 사람들이라면 지금까지 스스로 피했던 터무니

---

[1] 로버트 러베트(Robert Lovett, 1895-1986). 트루먼 행정부에서 국방차관보 이후 국무장관이 됨. 한국전쟁 시 군축프로그램을 계획함. 미외교정책의 핵심적인 원로였음. "Undersecretary of State"라는 직함이 당시 『조선신문』에는 "국방장관대리"로 소개되었음.

없는 활동을 시작한 것 같다"라고 계속 말했습니다.

기자들이 그에게 마지막 지적이 의미하는 바가, 이런 경우가 생긴다면 유엔이 핵폭탄을 사용한다는 것이냐고 묻자, 러베트는 "말할 수 없습니다"라고 답하는데 그쳤습니다.

보네

# 【154】 포로 협정과 미군 행태에 대한 『프라우다』의 보도(1952.5.17)

| | |
|---|---|
| [ 전 보 ] | 포로 협정과 미군 행태에 대한 『프라우다』의 보도 |
| [ 문 서 번 호 ] | 1124 |
| [ 발 신 일 ] | 1952년 5월 17일 11시 00분 |
| [ 수 신 일 ] | 1952년 5월 17일 16시 56분 |
| [발신지 및 발신자] | 모스크바/브리옹발(주소련 프랑스대사관 참사관) |

오늘 4면의 거의 전체를 한국문제에 할애한 『프라우다』는 다음 내용을 실었습니다.

1. 개성 중립지역을 미 비행기가 침범했다고 밝히는 5월 14일 신화통신 기사.

2. 5월 1일 대표단이 연 전체회의에서 5월 12일의 공군 사건과 중공·북한 포로를 '강제 억류'하기 위해 미국이 행한 '시도들'에 대한 남일 장군의 항의문을 전하는 개성 주재 신화통신 특파원의 장문의 통신문.

3. 5월 14일 공군 사건에 대해 양측 연락장교들이 행한 조사결과를 보고하는 신화통신 통신문. 다음 호에 그 번역을 외무부에 타전할 것임.

4. 특히 휴전협상을 '망쳐놓고' '한국전을 확대'시키려는 미 군국주의자들의 욕망을 규탄하는 『데일리워커』의 피트먼[1]이 쓴 기사처럼, '거제도 유혈 사태'에 대한 미 언론의 비호의적인 반응을 보여주는 뉴욕 주재 타스통신 특파원의 장문의 통신문.

5. 「우리는 전 인민의 분노를 기대했다」라는 제목으로 중·북 군이 포로로 잡은 미 비행사의 '자백'에 대해 다룬 타첸코의 르포.

---

1) Pittman.

또 『프라우다』의 논설위원은 거제도 포로에 대해 죄를 범한 '미군 패거리'의 '끔찍한 범죄'를 격렬하게 비난하고 있습니다. 소련 저널리스트가 말하고 있는 이러한 '잔인성'은 '휴머니티와 민주주의의 원칙을 말로만 강조하고 사실은 독재 폭정에 전념하는 미 정치가들의 위선'을 폭로하고 있습니다.

브리옹발

## 【155】 포로수용소 사태에 대한 양측의 태도(1952.5.18)

| [ 전        보 ] | 포로수용소 사태에 대한 양측의 태도 |
|---|---|
| [ 문 서 번 호 ] | 997 |
| [ 발    신    일 ] | 1952년 5월 18일 01시 00분 |
| [ 수    신    일 ] | 1952년 5월 18일 11시 25분 |
| [발신지 및 발신자] | 도쿄/드장(주일 프랑스대사) |

1. 5월 16일과 17일 공산 측은 판문점에서 프로파간다를 위해 거제도 사건을 계속 조직적으로 이용했습니다. 16일, 남일 장군은 공산군 전쟁포로의 결심과 근성이 유엔의 자원송환 정책을 무너뜨렸다고 주장했습니다.

오늘 17일 조이 제독은 연합군이 4월 28일의 일괄타결을 제안하면서 협상을 위한 '마지막 노력'을 했다고 반복했습니다. 그는 연합군의 제안에 공산 측이 긍정적인 태도를 취하기로 할 때까지 다시 무기한 휴회를 시사했습니다. 하지만 중공-북한 측의 주장에 따라 18일 예정된 회의는 열기로 했습니다. 그는 공산 측이 실제로는 한국에서의 휴전을 결코 원하지 않았던 것 같다는 말로 시작했습니다. 그는 중-한 대표들이 그들이 만들어낸 비극적인 상황에 비추어 현재 그들의 태도를 재검토해보라고 했습니다.

2. 대 탈주 시도를 알리고 경우에 따라서는 진압할 목적으로 얼마 전부터 큐슈 지방 벳푸에 주둔하고 있던 제187공수연대가 밴 플리트 장군의 요청과 클라크 장군의 명령으로 경비를 강화하기 위해 거제도에 파견되었습니다. 이동은 5월 17일 18시에 끝났습니다.

이 문제에 대한 성명에서 클라크 총사령관은 국제 공산당 음모의 외부 주동자 교육에 영향을 미치는 거제도의 양민 수용자들과 전쟁포로들이 폭력을 사용했을 뿐 아니라 다른 폭력과 유혈 사태를 초래할 대규모 탈주를 할 위험이 있었다고 알렸습니다.

클라크 장군은 그러한 불법 행위를 단 한순간도 묵인하지 않을 것입니다. 그는 연합군 당국은 계속 제네바협정을 존중할 것이라고 했습니다. 하지만 연합군 측은 전쟁포로와 양민 수용자들이 그들에게 과해진 의무에 따르고 매 순간 명령과 규율을 준수하라고 요구할 것입니다. 유명한 제187공수연대의 참여로 총사령관의 지시를 완전히 적용할 수 있는 제1포로수용소장으로 보트너[1] 장군을 앉힐 수 있을 것입니다.

UP통신 기사에 따르면, 유엔사령부는 송환거부 선언 수감자들이 있는 마산 포로수용소[2]의 부대를 믿고 있었습니다. 한 연합군 장교에 따르면, 공산 측은 특히 프로파간다 목적으로 불만을 퍼뜨리고 수용소 내 무질서를 선동하려 애썼다고 합니다.

사진은 경비병들의 노력에도 불구하고 수용소마다 인공기를 게양하는 데 성공했던 모습을 보여주고 있습니다.


국방부에 전달 요망.


드장

---

1) 보트너(Haydon LeMaire Boatner, 1900-1977). 도드 장군 납치 사건 이후 콜슨 장군에 이어 거제 포로수용소장으로 임명됨. 제3사단장(1954-1955), 미 육군 총사령관(1955-1960) 역임.

2) 원문에는 Nasan으로 되어 있으나 마산(Masan)의 오타로 보임. 거제수용소에서 송환거부 반공 포로들을 제주, 광주, 논산, 마산, 영천 등지에서 소규모로 분산 수용하였음.

## 【156】 한국 휴전협정 과정에서 미국을 지원하는 태국(1952.5.19)

| [ 전        보 ] | 한국 휴전협정 과정에서 미국을 지원하는 태국 |
|---|---|
| [ 문 서 번 호 ] | 315 |
| [ 발    신    일 ] | 1952년 5월 19일 |
| [ 수    신    일 ] | 1952년 5월 24일 13시 00분 |
| [발신지 및 발신자] | 방콕/폴-봉쿠르1)(국제연맹 프랑스 상임대표 추정) |

우편 전달

사이공 Minetatssocies 공문 제314호

얼마 전 미 협상가들이 판문점에서의 쟁점 문제를 해결하기 위해 세 가지 사
항을 제안했었으며, 미 정부는 이 사항에 대해 한국전쟁에 파병 중인 여러 유엔
회원국들에게 공개 승인을 받고자 했습니다. 이에 태국 정부는 어제 공식적인
라디오 방송을 통해, 또 오늘 이사회 의장국 정보국이 배포한 언론 공문을 통해
서도 워싱턴의 청원을 들어주기로 했다고 밝혔습니다.

폴-봉쿠르

---

1) 폴-봉쿠르(Joseph Paul-Boncour, 1873,-1972). 프랑스 노동부장관(1911), 외무장관(1932-1933), 상
원의원(1946-1948), 국제연합 한국임시위원단 프랑스 대표, 국제연맹 프랑스 상임대표 역임.

## 【157】 한국전 상황에 대한 다양한 시각을 다룬 『프라우다』의 기사(1952.5.19)

| | |
|---|---|
| [ 전 보 ] | 한국전 상황에 대한 다양한 시각을 다룬 『프라우다』의 기사 |
| [ 문 서 번 호 ] | 1130 |
| [ 발 신 일 ] | 1952년 5월 19일 07시 30분 |
| [ 수 신 일 ] | 1952년 5월 19일 10시 48분 |
| [발신지 및 발신자] | 모스크바/브리옹발(주소련 프랑스대사관 참사관) |

어제처럼 4면의 거의 대부분을 한국문제에 할애한 『프라우다』가 오늘 아침 다음과 같은 내용을 실었습니다.

1. 5월 15일 한국 휴전협상 대표단이 개최한 회의에서 발표한 남일 장군의 성명서 내용을 전하는 신화통신 통신문.
   남일 장군은 미국이 오직 '여론을 속이기' 위해 소위 '선별'이라는 말을 사용하면서 중공-북한 포로들을 '강제 억류'하려고 벌인 '시도들'에 재차 반대했다. 그는 또한 제네바협정을 내세우면서 수감자들에 대한 미군 당국의 '범죄 행위'에 항의했다. 그는 "협상을 지연시키고 망쳐버리기까지 하려고 가능한 모든 도발을 조직적으로 일삼는다"라며 상대편을 비난했다. 마지막으로 남일 장군은 4월 28일 미국의 "터무니없는 제안"에 대해 단호한 거부를 중지하면서 미국 대표들이 "실제로 한국에서 휴전협정을 체결하고 싶다"면, 5월 2일 중-북 대표단이 제시한 "합리적인 타협안을 거부할 어떠한 이유도 없다"고 말했다.
2. 세계평화이사회와 평화수호중국위원회의 제안에 따라 '한국과 중국에서 미군의 세균무기 사용'에 대해 한국과 중국의 의료인 대표단과 언론 대표들이 실시한 공동 조사 결과를 전하는 조선중앙통신 기사.

3. "야만적인 취급을 즉각 중단"할 것을 요구하고 "선택과 자원송환 원칙"에 반대하기 위해 거제도의 중·북 포로들이 미군 당국에 제안한 요구에 관해 인민군과 중국인민지원군 참모장교 대표가 발표한 성명 발췌문. 작성자는 특히 "우리 포로들이 그들의 신성한 권리에 따라 휴전협정이 발효된 후 귀국할 기회를 얻지 못하는 한 조선인민군 병사들과 중국인민지원군은 투쟁을 멈추지 않을 것이다"라고 했다.

4. "거제도에서 벌인 미군 패거리들의 범죄"에 대한 UP통신 뉴스와 미국 신문의 논평을 인용하고 있는 뉴욕 주재 타스통신 특파원의 통신문 세 건.

5. 판문점에서 5월 14일 열린 회의 중 행해진 남일 장군의 포로문제 성명에 대한 개성 주재 신화통신의 보고서.

6. 특히 『데일리워커』와 『뉴욕헤럴드트리뷴』에 의해 "포로교환 문제에서 미 정부의 입장에 반대하는 미국에 제기된 항의들"을 인용하고 있는 뉴욕 주재 타스통신 통신문.

7. 노동당 의원 엠리스 휴즈[1]가 한국에서의 네이팜탄 사용에 대해 하원에서 한 발언에 대한 간단한 보고.

브론스키의 승인 하에 『이즈베스티야』는 '국제 주제'란에서 문제에 대한 상황 판단을 하고, 결론적으로 포로문제에 대한 미국의 입장 때문에 휴전협상 체결이 지연된 사실 앞에 몇몇 유엔 회원국의 커지는 불만을 넓게 퍼뜨렸습니다. 그 사이 『가제트리테레르』 역시 '문인'의 간단한 논평을 실었습니다.

브리옹발

---

[1] 엠리스 휴즈(Emrys Hughes, 1894-1969). 웨일스 노동당의 정치가, 기자 및 작가.

## 【158】 미국의 휴전협상 태도를 비난하는 『프라우다』의 기사(1952.5.19)

| [ 전 보 ] | 미국의 휴전협상 태도를 비난하는 『프라우다』의 |
| --- | --- |
| | 기사 |
| [ 문 서 번 호 ] | 1134 |
| [ 발 신 일 ] | 1952년 5월 19일 07시 30분 |
| [ 수 신 일 ] | 1952년 5월 19일 12시 05분 |
| [발신지 및 발신자] | 모스크바/브리옹발(주소련 프랑스대사관 참사관) |

　『프라우다』는 어제처럼 오늘도 4면의 거의 전부를 논설 같은 것으로 한국문제에 할애했습니다. 또 같은 주제에 대해 「위선적인 양상과 잔혹한 행위」라는 제목으로 국제 주제란에 게재하기도 했습니다.

　휴전협정에 대한 신화통신 특파원 정례보고는 남일 장군 성명을 대략 발췌하여 재수록했습니다. 5월 16일 남일 장군은 미군이 자신들의 군대로 합류시키기 위해 포로들에게 가한 '압력'과 '고문'에 다시 항의했습니다. 중공·북한 대표단장은 미국의 4월 28일 제안에 계속 반대하고 있으며, 자신이 5월 2일 제안한 타협안이 '포로문제 해결을 위한 유일하고 합리적인 기준이 되는 것'이라고 주장합니다. 그는 유엔대표단이 자신들의 '최후통첩'에 동의하라고 중공·북한 측에게 강요하기 위해 2주 전부터 의사진행 방해 태도를 취한 것을 비난했습니다.

　그는 "우리는 귀측이 그 오만한 태도를 멈출 때까지, 또 그 비상식적인 제안 주장을 포기할 때까지 귀측 주장이 불합리하다는 것을 계속 규탄할 것이다. 협상 회담에서 우리는 우리 제안의 타당한 기준으로 이 문제에 대해 계속 논의하고 해결하기 위해 노력했었다. 귀측이 휴전협상 중단을 공식적으로 선언하지 않는 한 귀측은 정례회의 개최를 반대할 아무런 이유가 없다. 양측 모두 회의에 참석해야할 의무가 있는 만큼 우리는 내일 늘 같은 시간에 회의를 속행할 것을 제안한다"라고 했습니다.

이외에도 『프라우다』는 라사딘[1])과 논설위원이 콜슨 장군의 '자백'을 대략 인용하는 한편, '거제도에서 보이는 미국의 잔혹성'에 대한 신화통신 기사처럼 평양 특파원 타첸코의 기사를 실었습니다.

"중공-북한 측 노력의 결과로 판문점 회담이 성공적으로 마무리될 것 같은 순간, 미 군국주의는 도발적인 언사로 회담을 중단시키려 애쓰고 있다. 미국 지도층은 평화를 두려워하고 있다. 미국의 무기제작은 인민들의 고통의 피로 굉장히 살찌워진 것이다. 그들은 국제적 긴장과 군비 경쟁을 유지하는 것이 이익이다. 그들이 한국에서의 휴전협상 중단을 위해 노력하는 것은 분명 바로 이런 이유 때문이다"라고 라사딘은 끝맺고 있습니다.

브리옹발

---

[1]) Rassadine.

## 【159】 미국의 포로 대우를 비난하는 『프라우다』의 기사(1952.5.19)

| | |
|---|---|
| [ 전 　 　 보 ] | 미국의 포로 대우를 비난하는 『프라우다』의 기사 |
| [ 문 서 번 호 ] | 1136 |
| [ 발 　 신 　 일 ] | 1952년 5월 19일 14시 00분 |
| [ 수 　 신 　 일 ] | 1952년 5월 19일 18시 26분 |
| [발신지 및 발신자] | 모스크바/브리옹발(주소련 프랑스대사관 참사관) |

4면의 거의 전체에서 한국문제를 계속 다루고 있는 『프라우다』는 오늘 아침에도 '거제도 포로에 대한 미 개입주의자들의 참혹한 진압'에 가장 넓은 지면을 마련했습니다. 『프라우다』는 거제도에서 UP통신이 전하고, 도쿄에서 로이터통신 특파원이 전한 최근 뉴스와 신화통신의 『인민일보』 기사 분석을 실었습니다.

또한 『프라우다』는 「전 세계 여론은 미 침략자의 잔혹한 행위에 반대한다」라는 제목의 특별란에 거제도 사태에 대한 외국 언론의 반응을 보고하고 있는 통신사들의 여러 속보들과 베를린과 바르샤바 특파원의 속보 두 편을 함께 실었습니다.

이어, 중공·북한이 포로로 생포한 몇몇 미 비행사들의 '자백'을 인용하고 있는 신화통신 기사를 게재하고, 시카고에서 열린 군대 화학 협회 연례회의에서 벨런[1] 장군이 행한 화학전을 두둔하는 프로파간다에 대해 「장군 제복을 입고 한 야만적인 행위」라는 제목으로 규탄하고 있습니다.

3면에는 콜슨 장군의 '자백'을 다시 거론하고 있는 '거제도에서 미군 패거리들이 저지른 잔혹한 범죄행위'에 대한 자슬라브키[2]의 '격렬한 비난문을 실었습니다.

브리옹발

---

[1] Bellen.
[2] Zaslaviki. Zaslavky 또는 Zaslavsky의 오기로 보임.

# 【160】 미국의 공산 측에 대한 응수와 포로수용소 대책(1952.5.19)

[ 전        보 ]  미국의 공산 측에 대한 응수와 포로수용소 대책
[ 문 서 번 호 ]  999
[ 발  신  일 ]  1952년 5월 19일 15시 30분
[ 수  신  일 ]  1952년 5월 19일 11시 30분
[발신지 및 발신자]  도쿄/드장(주일 프랑스대사)

1. 비난과 혹평이 반복되는 것에 5월 18일 어제 조이 제독은 강한 발언으로 응수했습니다. 그는 공산 측 상대에게 "귀측 스스로도 믿지 않는 비현실적인 불평들은 예전에 귀측의 통제 하에 있던 수천 명이 귀환하는 것보다 죽는 것을 선택할 거라는 사실을 왜곡할 수 있을 뿐이다"라고 말했습니다.

조이 제독은 중국 대표단에게 말하면서 중국인민지원군 신화가 그런 식으로 무가치한 것으로 축소되었던 것이라고도 했습니다.

"귀측이 끝내 악의적으로 진실을 직시하기를 거부하며 휴전을 방해하면 세
계에 절대적인 책임을 져야할 것이다."

2. 거제도에서 신임 수용소장은 강력한 탱크를 배치하는 대비책을 세웠습니다. 보트너 장군은 70,000명의 포로와 히스테리 상태에 있다면 사소한 사건들을 예상해야 한다고 했습니다. 어쨌든 그는 모든 잘못들, 특히 게양된 국기들과 설치된 동상들, 또 도발을 나타내려고 부착된 다른 엠블럼 등을 점진적으로 제거하기로 계획된 프로그램에 따라 유혈 사태 없이 질서를 회복할 수 있기 원했습니다.

복수의 통신사에 따르면 철조망이 세워지고 제187공수연대가 가장 소란스러운 수용소 근처에 막사를 설치하는 동안, 그중 몇 대는 화염방사기를 갖춘 탱크

22대가 거제도에 도착했다고 합니다.

한반도 마산의 송환 거부 수감자들이 있는 수용소에서 공산군 간첩이 침투하는데 성공했습니다. 그들의 사주를 받아 포로들은 거제도 폭동으로 이끈 방법에 따라 탄원서를 제출하기 시작했다고 합니다. 대규모 탈주를 막기 위해 특별조치가 취해졌습니다. 마산 지역에서 수용소 접근은 특파원들에게 금지되었습니다.

드장

# 【161】 미 대통령 특사 마이어의 한국 방문(1952.5.20)

| [ 전           보 ] | 미 대통령 특사 마이어의 한국 방문 |
|---|---|
| [ 문 서 번 호 ] | 4/AS |
| [ 발  신  일 ] | 1952년 5월 20일 |
| [ 수  신  일 ] | 미상 |
| [발신지 및 발신자] | 부산/브리옹발[1](주한 프랑스대리공사) |
| [수신지 및 수신자] | 파리/슈만(프랑스 외무부장관) |

한국에 온 마이어[2] 특사

　지난 4월 13일, 그러니까 약 일주일 전 쯤 워싱턴에서 트루먼 대통령이 언급한 계획을 따르는 것처럼, 최근까지 오스트리아 E.C.A.[3] 국장이던 클래런스 E. 마이어가 이끄는 위원 12명의 미 사절단이 부산에 도착했습니다.

　그의 도착 상황, 정확한 목적, 실제 활동 등 이 대표를 감싸고 있는 어떤 궁금증이 있습니다.

　사실, 한편으로는 이 주요한 인사가 온다고 예견하는 어떠한 공식 통지나 어떠한 미국 발 징후도 지금까지 없었습니다. 대표자들의 수나 자질, 사절단장이라는 인물이나 신임장을 정식으로 갖춘 트루먼 대통령 개인 특사라는 직함으로 판단할 수도 없었습니다.

　4월 12일까지의 수많은 징후들은 한국 정부도 이 같은 이벤트가 임박했음을 몰랐다고 생각할 수 있게 합니다.

---

[1] 주소련 프랑스대사관 참사관인 브리옹발과는 다른 인물. 주한 프랑스 대리공사로 추정됨.

[2] 마이어(Clarence E. Meyer). 미 대통령 특사. 1952년 5월 24일 백두진 재무부장관과 마이어 미 대통령 특사가 부산에서 경제조정협정을 체결. 협정의 정식 명칭은 「대한민국과 통일사령부 간의 경제조정에 관한 협정」이며, 마이어협정이라고도 함.

[3] 미 경제협력국(Economic Cooperation Administration).

- 그날 황급히 모인 내각이 한국의 경제 문제에 관한 요약문건을 급히 작성
  했다.
- 13일자 신문들은 미 대표단이 다음날 14일 도착할거라고 뒤늦은 예고를
  했지만, 대표단은 당일인 13일 정오 부산에 도착했다.
- 마지막으로, 아무 것도 모른 채 주말에 진해와 서울에서 다양한 기념식에
  참석하고 있던 이 대통령을 찾아 사절단장이 당일 오후 부산에서 서울까
  지 두 번에 걸쳐 움직인 독특한 동선.

　다른 한편, 보통 지금까지는 일찍부터 방문객들과 외국 유력 인사들 간의 만
남을 기획하는데 신경 쓰는 미국인들이 이번에는 이런 류의 모든 행동을 안했
다는 것은 꽤나 놀라운 일입니다. 군인계도 대사관도 부산에서 무초 대사 집에
묵고 있는 마이어 씨와 접촉할 수도 있는 최소한의 회담이나 최소한의 만찬조
차 계획하지 않았습니다.

　"한국의 경제와 재정 문제를 조사하기 위한 트루먼 대통령 특사"의 목적으로
볼 때, 특히 군사적인 대표단 구성은 적어도 대표단에 부여된 전적으로 경제적
인 범위를 넘을 수도 있다고 생각하게 할 수 있습니다. 마이어 씨 외에 사절단
대표는 다음과 같습니다.

- 스탠리 I. 스코트 장군[4]　　　　　　　(미 육군성)
- 클래런스 히어 박사[5]　　　　　　　　(미 육군성)
- R.W.F. 리드 박사[6]　　　　　　　　(미 육군성)
- 제2국 H.A. 피셔 중위[7]　　　　　　(미 육군성)
- 제3국 W.S. 에버렛 대령[8]　　　　　(미 육군성)
- 제4국 L.M. 고손 대령[9]　　　　　　(미 육군성)

[4] Stanley I, Scott.
[5] Clarence Heer.
[6] R.W. F. Reed.
[7] H. A. Fisher.
[8] W.S. Everett.

- 법무관 L.J. 풀러 중령[10)                           (미 육군성)
- 제8군 민사부 부사령관 라이언 L. 렘니처 소장[11)   (미 육군성)
- H.L. 베이즈 대령[12)                              (미 육군성)
- 히어스트릿 씨[13)                                 (미 재무성)
- W.G. 존스 씨[14)                                  (미 국무부)

　영국 공사는 증대되는 조직은 모든 역할을 담당하는 경향이 있다고 부수적으로 확인하고, 이 구성은 실제 경제학자들인 이번 대표들이 단지 국방부 소속일 뿐이라고 단순히 평가하면서 어떠한 특별한 의미도 두지 않았습니다. 4월 15일부터 정부 청사에서 미 사절단과 한국 대표단과의 회담이 시작되었습니다. 한국 대표단은 재무부장관 백두진을 단장으로 외무부장관과 국방부장관, 상공부 차관, 한국은행 부총재 및 몇몇 내무부, 사회부, 국방부 관리와 공무원 등 9명의 위원으로 구성되었습니다.

　한국 팀이 한국의 경제 및 재정 문제를 발표하는데 할애한 1차 회담이 끝난 후, 마이어 씨는 언론에 "이 문제들은 절망적인 것은 아니며, 특별한 문제에 한정하는 것은 아니지만 엄밀히 말하면 경제와 재정 분야인 본인의 임무는 아마 빨리 마무리 될 것"이라고 알려줄 뿐이었습니다. 백두진 장관은 이에 대해 "대표단은 하루에 두 번 모일 것이며, 일주일이면 모두 마무리될 것"이라고 분명히 말했습니다. 또한 회담의 진척상황은 공동 성명 형식으로 공개될 것이라고 알렸습니다.

　마이어 특사와 그의 목적에 관련된 첫 번째 이 간략한 성명은 유일하게 남게 될 것입니다. 백 장관의 예측과는 달리 아직은 17, 19, 21일에 어떠한 공식 성명도 없는 단 세 차례의 회의만 열렸습니다.

---

9) L. M. Gosorn.
10) L. J. Fuller.
11) L. L. Lemnitzer.
12) H. L. Bays.
13) R. Hirstritt.
14) W. G. Jones.

공식 뉴스가 없어서 최근 언론 정보들은 사실 최근 두 차례의 회의는 17일 회의에서 한국 대표단이 제출한 견해서를 검토하고 논의하는데 할애되었다고 생각하게 했습니다. 견해서에는 특히 다음 사항이 작성되어 있습니다.

- 대부분 미군의 부담이 되는 현재 약 9천만 달러 정도 되는 대여금 상환을 '원'으로 하길 바라는 유엔군을 향한 간곡한 요청. 한국 정부는 재정 위기를 대여금 탓으로 돌리려 노력하고 있다.
- 경제 원조 요청
- 특히 광범위한 한국군 무장 문제를 많이 언급한 군사 원조 요청

이 내용을 보도한 신문은 한국대표단이 "드러나지 않은 문제에 대한 우리 입장을 버리지 않겠다"고 했음에도, 미 대표단이 한국의 관점을 검토할 수 있도록 회담은 중단되었다고 암시했습니다.

미국은 지금까지 아직도 회담을 재개하겠다는 신호를 주지 않았습니다. 마이어 특사가 현장에 있는 것은 틀림없고, 4월 21일 이후 어떠한 회의도 열리지 않았다는 사실이 원래 생각했던 낙관적인 기간 이후 너무 오랫동안 회의에서 아무 하는 일이 없었다는 것을 분명 의미하지는 않습니다.

이것이 말하는 것은
- 확실히 갑자기 이루어진 마이어 특사의 한국 파견은 그때 당시 워싱턴에서는 분명 판문점 협정이 임박했음을 예측하는 것 같다.
- 지금 그가 도착한 특별한 상황들
- 사절단 구성
- 특사의 정확한 목적에 아직 궁금한 점이 남아 있음.
- 거의 그 출석에 대해서까지 사절단의 활동에 대해 미국에서나 한국에서 절대 침묵이라고까지 말하진 않더라도 현재 유지되는 극도의 보안.

그래서 이 특사의 더 근본적인 목적이 경제적 차원뿐 아니라 정치 군사적 차

원까지인 것 같습니다. 한동안, 어쩌면 꽤 오랫동안 휴전협정까지 개입하게 될 조건을 정하는 협상을 대한민국 정부와 검토하거나 또는 대한민국 정부로 하여금 타협을 검토하게끔 하려는 건 아닌지 생각해 볼 수 있습니다. 상황은 확실히 한국통일, 특히 대한민국 정부가 생각한 의견대로의 통일도, 북한에서 중군 공산군의 빠른 철수도 가까운 시일에 실현되기는 거의 바랄 수 없을 것 같습니다.

이러한 관점에서 어쩌면 "한국 대표단이 입장 포기를 거부했을 것"이라고 생각하는 것이 더 쉬울 것 같습니다.

이승만 대통령 성명과 휴전에 대한 반대운동이 갑자기 뜬금없이 다시 일어났습니다. 이런 가정에서 더욱 명확한 의견을 취했을 대통령 성명은 제가 최근 외무부에 보고한 바 있습니다. 또한 판문점 협상이 난관에 봉착한 이후, 마이어 특사는 중단된 회담을 재개하는데 있어서 어떠한 서두름도 보이지 않고 있으나 모든 것은 그대로라는 사실을 알립니다.

(서명) 앙리 브리옹발

## 【162】 유엔 휴전협상 대표단의 인사 이동(1952.5.21)

| [ 전 보 ] | 유엔 휴전협상 대표단의 인사 이동 |
|---|---|
| [ 문 서 번 호 ] | 1010 |
| [ 발 신 일 ] | 1952년 5월 21일 02시 30분 |
| [ 수 신 일 ] | 1952년 5월 21일 14시 37분 |
| [발신지 및 발신자] | 도쿄/드장(주일 프랑스대사) |

사이공 공문 제352호

1. 판문점에서 유엔사령부 대표단 구성에 대한 대규모 변화가 결정되었습니다.

해군 참모총장의 21일자 결정에 따라 조이 제독은 5월 23일 휴전협정 유엔대표단장이라는 자신의 직무를 중지했습니다.

조이 제독은 아나폴리스의 미 해군사관학교 교장 직을 새로 맡기 위해 6월 9일 극동을 떠났습니다.

두 달 전부터 결정된 이번 인사 이동은 휴전협상 과정과는 아무런 관련이 없습니다. 그러므로 몇몇 통신사들이 4월 28일 연합군 측의 제안을 거부한 것과 조이 제독 출발을 연결시킨 것은 억지입니다. 하지만 몇 달 전부터 임명된 새로운 직위를 담당하기 전에 연합군 대표단장이 결실을 맺기 위한 마지막 노력을 기울이고 싶어 했으며, 이러한 바람은 연합군의 일괄 제안을 4월 28일 제시한 것과 무관하지 않을 수 있습니다.

2. 연합군 대표단장 조이 제독은, 미 8군 사령관으로 휴전협상 대표단 대표, S.Y.A.P. 보상국 전임 국장이자 1952년 1월 23일 이후에는 밴 플리트 장군 곁에서 계속 직위를 유지해오던 윌리엄 K. 해리슨[1] 소장으로 대체되었습니다.

3. 게다가 클라크 장군은 제24사단의 부단장 이후 제25보병사단 부단장을 지낸 여단장 맥코넬이 휴전협상 대표단에 즉각적으로 영향을 미치게 하기로 결정했습니다.

국방부에 전달 요망.

드장

---

1) 윌리엄 K. 해리슨(William Kelly Harrison, 1895-1987). 주한 미군 제8군 사령관(1951), 거제도 포로송환 문제 유엔대표, 휴전협정 대표단.

# 【163】 포로수용소 사태 및 도드 장군 납치 사건 조사 과정(1952.5.21)

[ 전        보 ]  포로수용소 사태 및 도드 장군 납치 사건 조사 과정
[ 문 서 번 호 ]  1015
[ 발    신    일 ]  1952년 5월 21일 10시 15분
[ 수    신    일 ]  1952년 5월 21일 16시 11분
[발신지 및 발신자]  도쿄/드장(주일 프랑스대사)


사이공 공문 제656호

1. 도드 장군 납치 사건을 조사하기 위해 특별 임명되어 켈로그[1] 장군이 이끄는 장교위원회 보고가 밴 플리트 장군의 주석을 더해 5월 19일 도쿄에 도착했습니다.

도쿄에서 클라크 장군은 1차 보고에 있는 조사 결과와 권고사항을 검토하기 위해 브라이언[2] 장군이 이끄는 다른 위원회를 조직했습니다.

이 두 번째 위원회의 의견은 미 육군성이 새로운 조사를 실시할 수 있도록 워싱턴으로 보내졌습니다.

총사령부는 모든 정보는 육군성에서만 올 수 있다며 검토 중인 보고서들이 언론 발표의 대상은 아니라고 명확히 했습니다.

2. 거제도에서 중국 포로 사태를 조사 중인 보트너 장군 역시 중국 포로 사태에 대해 충고해줄 어떤 민족주의자 퇴역 장군을 얻었습니다. 3,000명의 공수부대원과 20여 대의 탱크가 주변을 순찰하는 동안, 장군은 3선 철조망과 주머니에

---

1) Kellogg.
2) Bryan.

흙을 넣은 방벽으로 울타리를 두르게 했습니다. 전술을 바꿔 400명의 여성이 포함된 거제도 포로들은 보트너 장군에게 고소장을 잔뜩 보냈습니다.

5월 20일 UP통신 특파원과 한 인터뷰에서 보트너 장군은 아직 울타리 안으로 병사를 보낼 수 없었으며, 미국의 통제를 점차 회복하려는 계획이 약간 늦어졌다는 것을 인정했습니다.

반공포로들만 있다던 부산 근처 수용소에서 5월 20일 포로들과 미국인 간수들 사이에 싸움이 벌어졌습니다. 수감자 중 1명이 사망하고 85명의 부상자가 발생했으나 대부분 경미했으며, 미군 1명이 부상을 입었습니다. 사건은 환자들이 진료를 피하려 하는 와중에 발생했습니다. 총격사태는 없었습니다. 수감자의 사망은 유탄에 의한 것이었습니다. 포로들은 천막 말뚝과 침대 난간으로 만든 길고 짧은 창으로 무장했었습니다. 싸움이 일어난 2시간 30분 후 질서가 회복되었습니다. 언론은 워싱턴의 미 상원국방위원회가 거제 폭동, 특히 과격포로들이 반공 포로에게 저질렀다고 하는 잔혹한 행위에 대해 리지웨이 장군에게 할 많은 질문을 준비했다고 알리고 있습니다.

국방부에 전달 요망.

드장

**【164】거제도 사건으로 미군을 비난하는『프라우다』의 기사(1952.5.22)**

| | |
|---|---|
| [ 전       보 ] | 거제도 사건으로 미군을 비난하는『프라우다』의 기사 |
| [ 문 서 번 호 ] | 1159 |
| [ 발   신   일 ] | 1952년 5월 22일 08시 45분 |
| [ 수   신   일 ] | 1952년 5월 22일 15시 10분 |
| [발신지 및 발신자] | 모스크바/샤테뇨(주소련 프랑스대사) |

『프라우다』는 오늘도 4면 거의 전체를 극동 문제, 특히 한국문제에 할애했습니다. 제가 제1162호로 외무부에 번역문을 보낼 남일 장군의 발언문 외에도 '거제도에서 벌인 미군 패거리의 잔혹한 행위'에 관한 외국 언론 가십 리뷰, 포로수용소, 특히 부산과 마산 근처의 수용소에서의 '새로운 테러와 폭력 행위'를 제보하는 신화통신 속보, 거제도 사건에 대한 미국 통신사들의 최근 뉴스를 인용한 뉴욕 주재 타스통신 특파원 속보, 시드니 실버맨[1] 의원이 하원에서 한 발언을 보고하며 "거제도의 포로 심문이 기관총 위협 하에 이루어졌다고 한다"라고 강조하고 있는 런던 주재 타스통신 속보 등을 실었습니다.

『이즈베스티야』와『트루드』논설위원들 역시 '미 침략자들의 흉악한 범죄'를 다루었습니다. 노조기관은 "미 외교관과 장군들이 미국이 벌인 세균전에 대한 뉴스들은 '공산 측의 프로파간다'라고 비방하듯 말했다……. 하지만 국제민주법률가협회의 부인할 수 없는 확인된 자료를 토대로 미군 도당이 한국에 고의로 보균 곤충을 퍼뜨리고 독가스를 사용했으며 포로를 학살했다는 결론을 냈다. 현재 세계 여론은 세균 폭탄을 투하했던 미군 비행사의 증언도 있다. 게다가 미 개입주의자들의 야만적인 소행은 오래전부터 드러났다. 거제도 학살은 미

---

[1] 시드니 실버맨(Sidney Silverman, 1895-1968). 영국 노동당 정치인.

침략자들의 수많은 범죄 중 하나일 뿐이다. 그들은 미 제국주의자들의 민낯을 다시 한 번 보여주었다"고 썼습니다.

샤테뇨

# 【165】 도드 장군 석방의 배경(1952.5.22)

[ 전        보 ]  도드 장군 석방의 배경
[ 문 서 번 호 ]  1016-1019
[ 발   신   일 ]  1952년 5월 22일 03시 00분
[ 수   신   일 ]  1952년 5월 22일 10시 54분
[발신지 및 발신자]  도쿄/드장(주일 프랑스대사)

보안

런던, 뉴욕, 워싱턴에 전달 요망

우리는 거제도 경비대의 일원인 한 네덜란드 양민에게 도드 장군이 석방된 상황에 대한 정보를 입수했습니다.

5월 10일 저녁 21시경 콜슨 장군이 편지를 보낸 후, 탱크가 수용소 제72호 막사 정면에 포진했습니다. 반대편 정면에서 모든 점령군이 인도하는 철창 복도로 한 남자가 지나가면서 시작되었습니다. 얼마 후 복도 입구에 도드 장군이 나타나 환영받았습니다. 명령은 죽거나 살거나 어떻든 장군을 석방하라는 것이었습니다.

작전은 뉴욕과 워싱턴, 도쿄, 한국의 몇 차례에 걸친 전화통화로 많이 미뤄졌었습니다. 유엔은 모든 유혈사태는 피하라고 명령하기 위해 수차례 개입했다고 합니다.

제 생각에, 콜슨 장군의 편지는 강제 송환 문제만 제외하고 휴전협정 체결을 위한 모든 것을 하기 위해 몇 주 전부터 워싱턴이 도쿄의 총사령부, 주한 사령부, 휴전협정 대표단에 가한 압력이라고 설명될 수 있습니다.

한 단계씩 전해질 때마다 협상을 실패하게 할 수도 있다는 두려움이 일종의

강박관념 속에서 공산 측의 프로파간다를 이용하는 유엔사령부에게는 해가 될 수도 있는 문서를 어떻게 작성할 수 있었는지 이해하도록 해줄 뿐입니다.

다른 나라의 많은 대사들은 콜슨 장군이 상관의 결정이 아니면 행동하지 않았다고 확신합니다. 그래서 워싱턴 의회 계층에서 보이는 격분과는 이상하게 대비되는 미 최고 사령부의 약한 반응이 있었다는 겁니다.

런던 공문 제9521-9524호
뉴욕 공문 제1316-1319호
워싱턴 공문 제8667-8670호

드장

## 【166】 한국에서의 '머시룸 작전'에 대한 보고(1952.5.22)

| | |
|---|---|
| [ 보 고 서 ] | 한국에서의 '머시룸 작전'에 대한 보고 |
| [ 문 서 번 호 ] | 2469 DE |
| [ 발 신 일 ] | 1952년 5월 22일 |
| [ 수 신 일 ] | 미상 |
| [발신지 및 발신자] | 워싱턴/보네(주미 프랑스대사) |
| [수신지 및 수신자] | 파리/슈만(프랑스 외무부장관) |

한국에서의 '머시룸 작전' 건

통신사 속보들은 최근 미군이 한국 전선에서도 핵 공격을 방어하는데 취해야할 가장 효과적인 조치를 정하기 위해 소위 '머시룸 작전'을 시도했었다고 밝혔습니다. 이 시도에 어떠한 핵폭탄도 사용되지 않았다는 것은 정말 분명합니다.

보병소대, 기갑소대, 통신소대 등이 포함된 제9군단 10,000명 이상의 병사들이 주어진 정보도 거의 없는 이 작전에 참여했습니다. 특히 제9군단 사령부와 통신단의 주요 임무는 중요한 설비들을 땅 속 깊이 묻는 것이었습니다.

제9군단 단장 와이먼[1] 장군에 따르면, 군은 핵전쟁이 현재 전투 상황에 비해 많은 변화를 야기할 것이라는 점을 잘 알고 있다고 합니다. 군은 이 변화를 철저히 연구하고 있으며, '머쉬룸 작전'은 네바다[2]에서 이루어졌던 이 실험들을 완성하는 것입니다. 이 실험은 핵폭발에 대비해 인간과 시설을 지키기 위해 취해야할 조치를 정할 수 있도록 했습니다. 어떤 조치에서 일반 작전이 실행됐었

---

[1] 윌러드 G. 와이먼(Willard Gordon Wyman, 1898-1969). 한국전쟁 당시 제9군단 단장.
[2] 1951년에서 1992년까지 지하 핵실험은 828번을 포함해 총 928번의 핵실험이 있었다고 알려지는 미국의 핵실험장이 있던 도시.

는지 알기 위해 전투 상황에서의 몇몇 실험 결과를 한국에서 적용한다는 것입니다.

　'머시룸 작전'은 많은 가르침을 줄 수 있습니다. 제가 이미 말씀드렸던 바대로 지상에서의 핵전쟁은 작전에서만큼이나 부대 조직에 대해서도 대단한 결과가 될 새로운 독트린을 요구할 것입니다.

# 【167】 포로송환에 대한 남일 장군의 발언(1952.5.23)

[ 전 　　　 보 ] 　포로송환에 대한 남일 장군의 발언
[ 문 　서 　번 　호 ] 　1162
[ 발 　　신 　　일 ] 　1952년 5월 23일 07시 30분
[ 수 　　신 　　일 ] 　1952년 5월 23일 10시 17분
[발신지 및 발신자] 　모스크바/샤테뇨(주소련 프랑스대사)

언론은 오늘 한국 휴전협상에 대한 개성 주재 신화통신 특파원의 5월 20일자 보도를 실었습니다.

　어제 열린 전체회의에서 남일 장군은 소위 자원송환이라고 하는 미국의 계획을 폭로한다는 사실을 언급하고, 중·북 포로에 대한 야만적인 행위를 엄중히 비난했다.

　그는 미 대표들에게 다음과 같이 말했다.

　"귀측이 어떤 방법을 사용하던 간에, 귀측은 '자원송환'이라고 하는 귀측의 요구를 계속할 수 없다. 그러한 방법으로는 귀측이 우리 포로를 강제로 억류하려고 한다는 사실을 분명 숨길 수 없을 것이다. 귀측은 헛된 시도를 했으며, 전쟁을 일으키기 위한 방법으로 우리 군이 표명했다고 하는 송환거부에 대한 어처구니없는 소동을 일으키려 더욱더 애쓰고 있다.

　그러나 아무런 결과도 없으며, 귀측의 기밀은 현재 만천하에 알려졌다. 귀측이 오래전부터 중공·북한 포로들을 협박하고 송환에 응하지 않도록 강요하기 위해 수많은 야만적인 방법을 사용한 장제스의 도적들과 이승만의 간첩들을 이용해 왔다는 것은 누구나 알고 있다. 그러한 비열한 목적을 이루기 위해 귀측은 서슴없이 유혈 가득한 학살이라는 방법을 사용했다.

　귀측은 2월 18일과 3월 13일에 일어난 대량살상 행위에 대한 답을 아직도 주지 않고 있다. 우리 포로들을 억류하기 위해 장제스의 도적들에게 '송환거부'

운동을 꾸미라는 명령이 가끔 내려졌다. 중공-북한 포로들은 그들의 피로 탄원서를 쓰도록 강요받기도 하고 집단 자살을 준비하라는 위협을 받았다고도 했다.

우리 측은 이 모든 사실에 대한 부인할 수 없는 증거를 가지고 있다. 더 이상 귀측의 폭력 행위를 묵과할 수 없다. 전임 수용소장은 귀측이 포로들을 억류하고 총알받이로 쓰겠다고 희망하며 그들에게 강요한 '선택'이라는 틀 안에서 갖가지 폭력을 사용했음을 공개적으로 인정했다. 같은 수용소의 소장은 귀측이 우리 병사들이 강요된 '선택'을 하고 강제로 그들을 억류하기 위해 앞으로 비인간적으로 행동할 거라고 경솔하게 말했었다.

피로 물든 귀측의 독재체제를 강화하기 위해 행한 노력 이외에도, 포로들이 시도한 정당한 투쟁을 진압할 목적으로 귀측은 최근 현지에 대규모 지원 병력을 투입했다.

모든 중공-북한 포로들은 가족을 다시 만나고 싶다는 간절한 희망에도 불구하고 자신을 억류하려 귀측이 사용하는 야만적인 폭력에 굴하기보다 차라리 죽음을 택할 것이 분명하다.

귀측은 이 같은 사실을 솔직하게 인정하지 못한다. 그것을 숨기기 위해 귀측은 중공-북한 포로들이 송환되기를 희망하지 않는다는 거짓말을 퍼뜨리고 있다. 그런 거짓말은 아무도 속일 수 없으며, 우리 포로들을 귀측이 강제로 억류하고 있었다고 귀측의 수용소장이 공개적으로 인정하기도 전, 이미 오래 전에 밝혀졌다.

우리는 중공-북한 포로 억류와 이런 목적으로 조장된 '선택'에 강력히 반대한다. 우리가 끊임없이 우리 포로들의 억류를 분명히 항의하고 있는데, 우리가 직간접적으로 귀측이 말하는 '선택'이라는 방식에 동의했다고 생각할 수도 없고, 그렇게 믿는 사람 역시 아무도 없다.

현재 귀측은 휴전협정 체결의 대가로 중공-북한 포로들을 억류하고 싶어 한다.

앞으로 귀측이 계속 그런 입장을 고수한다면, 그들 가족을 포함해 수백만 평화를 사랑하는 모든 사람들의 분노를 유발하게 될 것이다.

합리적인 근거로 토론에 의해 이 문제를 해결하기 위해 우리는 5월 2일 조정안을 제시했다. 이 제안이 합리적인 해결책이라고 단언하는 바이다."

샤테뇨

## 【168】 포로협상에 대한 미국의 태도를 비난하는 기사(1952.5.23)

| | |
|---|---|
| [ 전 　　　 보 ] | 포로협상에 대한 미국의 태도를 비난하는 기사 |
| [ 문 서 번 호 ] | 1166 |
| [ 발 　신 　일 ] | 1952년 5월 23일 07시 30분 |
| [ 수 　신 　일 ] | 1952년 5월 23일 11시 08분 |
| [발신지 및 발신자] | 모스크바/샤테뇨(주소련 프랑스대사) |

언론은 오늘 한국 휴전협정에 대한 개성 주재 신화통신 특파원의 5월 20일자 보고를 다음과 같이 재수록 했습니다.

　　우리 대표단 중 한 위원이 포로에 의한 '선택' 원칙에 우리가 동의했다는 미국의 최근 성명을 비난하며, 상대측이 그들의 '자원송환'이라는 계획을 지키려는 목적으로 꾸며낸 명백한 허위라고 말했다.

　　미 대표단장은 5월 18일과 19일 전체회의에서 우리가 이 '선택'에 동의했었으며, 우리가 그에 반대한 것이 아니라 단지 그 '결과'에 반대한 것이라고 했다.

　　우리 대표는 이 문제가 논의되었을 때부터 중공-북한 사람들을 강제로 억류한다는 미국의 계획에 반대했었다고 말했다. 포로들이 송환되기를 희망하는지 여부를 알기 위한 질문을 국제적십자위원회가 각 포로들에게 군사지대 밖에서 심문하자고 미국이 먼저 제안했을 때, 우리는 이 터무니없는 생각에 반대한다는 의사를 분명히 했으며 그 제안을 거부했다. 그러므로 우리가 미국측이 지어냈을 뿐인 이런 선택이라는 것에 동의할 수 있었다는 것은 상상할 수도 없는 일이다.

　　양측이 1951년 12월 18일 교환했던 전쟁포로 명단 조사에 관한 우리 제안은 소위 '선택'이라는 미국 계획과 아무런 공통점이 없다는 것을 양식 있는 사람들은 다 알고 있다.

우리 입장을 한 번 더 설명하기 위해, 우리 참모부는 양측이 이 명단을 확인한 후, 양측은 수용소에 있는 모든 전쟁포로들을 석방하고 송환시키자고 공개적으로 요구하는 성명을 냈다. 이 성명에는 포로들이 강압에 의해 수속을 마쳤고 그들이 책임질 수 없는 것이므로 우리는 이 문제에 대한 우리의 입장을 전혀 바꾸지 않을 것이라고 명시되었다.

이 모든 것은 의제 4항 논의 때, 우리는 포로들의 '선택'에 관한 미국의 황당한 계획에 직접적으로도 간접적으로도 동의하지 않았음을 충분히 보여주고 있다. 이 같은 사실은 어떠한 부당한 설명도 정당화할 수 없음에도 불구하고, 미 대표들은 우리가 이 '선택'이라는 가장 뻔뻔스러운 거짓말에 동의했었다고 선언하는 파렴치함을 보였다.

3월 21일 우리 제안을 제시한 이후, 참모장교 회의에서 미 대표 힉맨[1] 대령은 우리가 상대측에 송환을 제안했던 132,000명이라는 포로 수치가 우리 제안의 일부라고 분명히 알렸다.

어쨌든 미국인들은 그들의 약속을 언제나 완전히 무시한다. 지금 우리는 그들이 약속을 어겼으며, 회담 중 그들의 태도는 극히 도발적이라는 것을 알 수 있다.

샤테뇨

---

[1] John Hickman.

## 【169】 휴전에 반대하는 이승만 대통령 및 한국 분위기(1952.5.23)

| [ 전      보 ] | 휴전에 반대하는 이승만 대통령 및 한국 분위기 |
|---|---|
| [ 문 서 번 호 ] | 1032-1035 |
| [ 발    신    일 ] | 1952년 5월 23일 08시 00분 |
| [ 수    신    일 ] | 1952년 5월 23일 13시 36분 |
| [발신지 및 발신자] | 도쿄/드장(주일 프랑스대사) |

파리 행 제9호

도쿄 행 제8호

5월 17일 브리옹발 씨로부터 도쿄 23일 수신

판문점 협상의 결정적인 난관은 한국 지도층의 명백한 결의를 불러일으킨 것 같습니다.

하지만 포로의 자원송환 문제에 대해 양보하지 않겠다고 미국이 대놓고 의견을 표한 결정을 신중하게 하려 했다는 것은, 지금은 유엔에서 높은 대가를 치르더라도 동의를 얻으려고 걱정을 계속 끼치는 불신의 신호 중 하나일 뿐입니다.

이 점에 대해서 확실하지도 않은 새로운 제안에 반대하는 한국 결의안의 더욱 더 중요하고 의미심장한 것은, 아마 워싱턴의 경고로 이루어진 것이겠지만, 전형적인 유예기간 이후 유엔의 '일괄 제안'에 공산주의자 5명의 거부가 있던 다음날 '휴전에 반대하는 국민운동을 전개시키기 위한' 애국단체연합회[1]가 부산에서 열렸고, 친정부 신문은 이 회의를 긍정적으로 선전하려 애썼다는 것입

---

1) 애국단체연합회(fédération des organisations patriotiques). 1946년 발족한 민족주의 정당, 사회단체 연맹. 해체 이후에는 이승만의 어용단체로 선거운동 등에 동원됨.

니다. 한국인들이 판문점 급과는 다른 단계일 수 있는 이 같은 뒷거래의 근원에 사로잡혀 있으며, 특히 미 주간지에서 부각된 암시가 모스크바에서 케넌[2] 대사가 할 수 있을 중요한 회담들에 대해 불안해하며 주의를 기울이고 있다는 것은 분명합니다.

그렇지만, 현재를 기본으로 한 평화와 현 상태의 무기한 연장 같은 가설들은 어떤 경우라도 한반도 통일에 관한 그들의 약속에 유엔의 주의를 다시 끌어오려 애쓰는 이 대통령을 분명 걱정하게 하고 있습니다.

판문점 협상에서 평화에 동의하는 것은 '북한을 중공의 일부로 만들 것'이라고 평하는 '미 연례 시장협의회'에 어제 보낸 성명에서, 이 대통령은 '압록강 너머로 중공군을 몰아내야 할 필요성'에 대해 다시 언급했습니다. "성공적으로 그들을 멈추게 하는 것과 그들이 침범했던 이 땅에서 그들을 내쫓는 것 사이에 중간은 없기 때문"이라고 말입니다.

결국 한반도 최초의 부당한 분단을 미국과 소련의 책임으로 돌리면서, 이 대통령은 특히 판문점에서 정전을 받아들이는 것은 무엇보다도 이 부당한 분단을 국제적으로 합법적인 승인을 얻는 것과 마찬가지일 것이라고 했습니다. "언제, 어떻게, 누가, 우리는 한국 땅에서 평화적으로 중국인들을 쫓아내는 것을 기다려야 하는 것입니까?"

드장

---

[2] 조지 프로스트 케넌(George F. Kennan, 1904-2005). 주소련 미국대사(1952), 유고 대사(1961-1963) 역임. 소련의 봉쇄를 주장했던 미소냉전의 핵심 인물.

| [ 전       보 ] | 포로 문제에 대한 미군의 대응 |
|---|---|
| [ 문 서 번 호 ] | 1042 |
| [ 발  신  일 ] | 1952년 5월 23일 09시 50분 |
| [ 수  신  일 ] | 1952년 5월 24일 11시 57분 |
| [발신지 및 발신자] | 도쿄/드장(주일 프랑스대사) |

사이공 공문 제673호

1. 조이 제독은 5월 22일 어제 마지막으로 연합군 대표단 회의를 주재하고 지휘권을 해리슨 장군에게 넘겼습니다.

그는 마지막 성명에서 양측이 모두 정직하다면 휴전협정이 체결될 수도 있으며, 끝없이 반복되는 어떠한 프로파간다도 상대측의 비열한 행동을 숨길 수 없다고 상기시켰습니다.

조이 제독은 계속해서 공산 측이 휴전협상을 개시한 것은 자신들의 위태로운 군대를 정비하고 전장에서 이룰 수 없었던 것을 회담 테이블에서 이루고자 하는 이유일 뿐이었음을 전 세계에 보여주었다고 했습니다.

제독은 4월 28일 제안이 연합군의 마지막이자 최종적인 제안을 제시하고 있으며 더 이상 협상할 것이 없다고 되풀이했습니다. 그는 공산 측을 다뤄야하는 달갑지 않은 임무를 후임자에게 인계했습니다. 공산 측은 그들 포로가 희생자라는 가혹행위에 대해 습관적인 항의를 한 후, 전체회의는 같은 날 열려야 한다고 요구했습니다.

2. 유엔대표단이 주재한 1차 회의에서 5월 23일, 해리슨 장군은 5월 27일까지 회의를 중단하자고 제안했습니다. 연합군의 4월 28일 제안에 대해 정당하고 공

정하며 인도적인 특성을 다시 말하며 공산 측이 그들의 입장을 재고해볼 시간을 갖으라는 기대를 하면서 말입니다. 공산 측도 이 제안을 받아들였습니다.

전체회의에 이어진 연락장교 회의에서 연합군은 5월 4일, 5일 11일에 북한의 포로수용소 폭격에 대한 공산 측의 주장을 인정하지 않았습니다. 이와 반대로 그들은 5월 14일 연합군 비행기가 실수로 개성의 안전지대를 공격했었다고 인정했습니다.

3. 밴 플리트 장군이 5월 22일 부산과 거제 포로수용소를 방문했습니다.

부산에서는 5월 20일 폭동 이후 재빨리 질서가 회복되었습니다. 1,100명의 반란 포로들은 거제도로 이감되었습니다. 거제도에서 밴 플리트 8군단장은 놀라운 개선 상황을 확인했으며, 여기서 얼마 안 되는 미 당국자들이 확실한 군대 투입으로 포로들이 이미 약해지기 시작한 17호 수용소 내부에 그들의 통제 능력을 회복했을 거라는 희망을 표명했습니다.

클라크 장군은 5월 23일 어제, 부산과 거제 포로수용소의 완전한 관리 능력을 세우라는 명령을 했다고 말했습니다. 가장 완강한 불온분자는 이미 □□□에 격리되었습니다. 만약 수감자들이 명령에 따르지 않으면, 밴 플리트 장군은 최루 가스와 앞에 떨어져도 일반적으로 죽지도 다치지도 않는 충격탄을 사용하라고 명령했었습니다. 도쿄의 총사령부는 거제도 사건에 대한 조사가 끝났으며 그 결과를 워싱턴에 보냈다고 어제 발표했습니다.

국방부에 전달 요망.

드장

## 【171】 미국의 휴전협상 제안에 찬성하는 인도 총리(1952.5.23)

[ 전        보 ]  미국의 휴전협상 제안에 찬성하는 인도 총리
[ 문 서 번 호 ]  3547
[ 발   신   일 ]  1952년 5월 23일 22시 00분(현지 시간)
                 1952년 5월 24일 03시 00분(프랑스 시간)
[ 수   신   일 ]  1952년 5월 24일 03시 30분
[발신지 및 발신자]  워싱턴/보네(주미 프랑스대사)


보안


뉴욕 공문 제431호


우리 직원 중 한 명이 오늘 미 국무부에서 얻은 정보에 따르면, 판디트 네루 씨가 인도 정부는 전쟁포로송환에 대한 부분이 포함되어 있는 한국의 휴전에 관한 유엔의 마지막 제안에 찬성한다고 베이징에 알렸답니다.

미 당국이 알고 있는 대로, 판디트 부인은 베이징 여행을 계기로 한국전쟁 해결에 관한 중국 지도층의 특명을 받은 것이 아니었다고 합니다. 게다가 네루 씨는 지난 몇 주 간 이 문제에 대해 워싱턴에 어떠한 제안도 하지 않았다고 합니다.

보네

**【172】북한 구호활동에 대해 국제적십자위원회가 프랑스 외무장관에게 보내는 서신(1952.5.23)**

| | |
|---|---|
| [ 서　　　　신 ] | 북한 구호활동에 대해 국제적십자위원회가 프랑스 외무장관에게 보내는 서신 |
| [ 문 서 번 호 ] | 미상 |
| [ 발　신　일 ] | 1952년 5월 23일 |
| [ 수　신　일 ] | 미상 |
| [발신지 및 발신자] | 제네바/드 트라즈(국제적십자위원회 부집행위원장) |
| [수신지 및 수신자] | 파리/슈만(프랑스 외무부장관) |

국제적십자위원회

1952년 5월 23일, 제네바

장관님,

국제적십자위원회는 귀하께,

만약 북한에서 수단과 필요한 자격에 동의했다면, 북한에서 추진할 수 있기를 희망했던 구호 활동에 관한 1952년 5월 16일 방송된 언론 보도 원문을 참고로 보내게 되어 영광입니다.

경구.

(서명) D. 드 트라즈
부집행위원장

## 【172-1】 별첨 1—적십자위원회의 구호물품 사용에 대한 통첩

제80호

1952년 5월 16일 통첩

1951년 3월에, 국제적십자위원회 극동사절단은 북한의 전쟁 피해자들에게 소중했을 의료구호품을 홍콩에 가져왔었습니다. 스위스 연방정부가 제공한 중요한 의약품 세트가 포함된 이 구호품들은 야전장의 부상병과 환자들, 전쟁포로와 양민 피해자들에게 분배되도록 수차례 중국 적십자위원회에 제안했었습니다. 중국적십자사는 모든 것은 북한의 동의에 달려있는데 동의를 통보받지 못했다고 답했습니다. 이 점에 대해 국제적십자위원회의 시도가 성공하지 못하자, 위원회는 이 구호품을 다른 극동 나라에 사용하기 위해 홍콩에서 다시 빼내기로 결정했습니다.

## 【172-2】 별첨 2—주한 프랑스인 상황을 포함한 최근 한국 상황을 조사하겠다는 의견서

1952년 5월 24일

PLG/MP

장관에게 보내는 통첩

한국의 상황

최근 두 달 동안 휴전협상과 평양 및 베이징 정부와 유엔 간의 관계에 새로운 매우 심각한 위기가 전개되는 것으로 보이는 현저히 악화된 한국 상황을 보건대, 아시아국은 최근 사건들을 조사하는 것이 유용할거라고 평가했습니다.

한 가지는 현재 북한 당국 수중에 있는 프랑스 민간인들, 또 한 가지는 주한 프랑스 대대에 대한 두 가지 의견서가 이 조사에 첨부되었습니다.

## 【173】 한국 휴전협상에 대한 터키의 입장(1952.5.27)

| | |
|---|---|
| [ 전 보 ] | 한국 휴전협상에 대한 터키의 입장 |
| [ 문 서 번 호 ] | 417-418 |
| [ 발 신 일 ] | 1952년 5월 27일 16시 30분 |
| [ 수 신 일 ] | 1952년 5월 28일 10시 43분 |
| [발신지 및 발신자] | 앙카라/생 아르두앵[1](주터키 프랑스대사) |

터키 외무장관은 어제 아나톨리통신[2] 특파원에게 "한국에서의 휴전협상에 등장한 새로운 난관에 대한 터키의 관점을 명확히 표명하는" 성명을 발표했습니다.

현재의 난관을 보고하고 유엔대표단이 취하는 입장이 전적으로 정당하다고 말한 후, 코푸룰루[3] 장관은 "사실은 과거처럼 지금도 공산 측은 선의 없는 조직적인 노선을 따르고 있다는 것이다"라고 끝맺었습니다. 언론은 정기적으로 한국의 터키 영웅들이나 부상자에게 미 장군들이 훈장을 수여하거나 격려하는 것을 보여주는 사진을 계속 올리고 있습니다.

터키 정부는 유엔의 후원 하에서 군대 파병을 한 터키 최초의 국제협력이라는 정의와 유능함에 대해 여론의 관심이 유지되길 바라고 있습니다.

생 아르두앵

---

1) 생 아르두앵(Jacques Tarbé de Saint-Hardouin, 1899-1956). 터키 주재 프랑스 대사관(1952-1955) 역임.

2) agence Anatolie.

3) Koprulu.

# 【174】 한국전황에 대한 리지웨이 장군의 미 상원군사위원회 내용(1952.5.28)

| [ 보　고　서 ] | 한국전황에 대한 리지웨이 장군의 미 상원군사위 |
|---|---|
| | 원회 내용 |
| [ 문　서　번　호 ] | 2557/AS |
| [ 발　신　일 ] | 1952년 5월 28일 |
| [ 수　신　일 ] | 미상 |
| [발신지 및 발신자] | 워싱턴/보네(주미 프랑스대사) |
| [수신지 및 수신자] | 파리/슈만(프랑스 외무부장관) |

미 상원군사위원회에서 한 리지웨이 장군의 발표에 대해

5월 21일 비공개로 열린 상원군사위원회에서 리지웨이 장군이 한 중요한 몇몇 발표는 안보를 이유로 규제되었다가 며칠 후 공개되었습니다.

통신사들이 방송한 일부 보도 중에서 저는 더 특별히 만주에 있는 적의 공군기지에서의 확전 결과에 대한 장군의 성명을 기록하겠습니다.

모스[1] 상원의원과 전임 주한 총사령관의 문답은 다음과 같습니다.

"귀하의 말에 의하면, 군인으로서 만주기지 폭격이 아시아 전쟁에 러시아
공군이 개입할 위험이 크게 확대된다는 건가요?"
"제가 보기에는 위험이 확대될 것 같습니다."

그는 또, 한국전쟁의 끝은 판문점의 휴전협상에 달린 것이 아니라 "미국과 유럽의 정치적 결단"에 달려있다고도 했습니다. 그의 의견으로는 그 결단 중 하나

---

[1] 웨인 모스(Wayne Morse, 1900-1974). 오리건 주 변호사 및 미국 상원의원. 당의 독단적 지도력에 반대하는 성향과 특히 헌법상의 근거로 베트남전쟁에 반대한 것으로 유명. 공화당(1944-1952), 독립(1952-1955), 민주당(1955-1974)을 거침.

는 만주전선까지 공격을 재개할 것인가의 문제에 관한 것이라고 합니다. 리지웨이 장군은 순전히 군인의 관점으로 한국전쟁을 끝내고 유엔군을 철수시키기 위한 '잘 결정된 계획'이 있지만, 자신의 임무는 단지 명예로운 휴전에 이르게 하는 것이고 이 목적 이외에 '정치적' 계획이 내포할 수 있는 것은 모른다고 분명히 말했습니다. 이후 이어진 대화는 공화당 상원의원 셀튼스톨[2]이 제기한 질문으로 시작되었습니다.

"그러니까 우리가 한국전쟁을 곧 끝낼 수 있는 유일한 방법이 여기 워싱턴의 정치적 결단…… 유럽의 주요정부가 함께 참여하는 정치적 결단이라는 말인가요? 우리가 정말 한국전쟁을 끝내고 싶다면 말이에요."

"그렇습니다."

"내친 김에 종전을 이루기 위해 군사적인 수단을 사용할지라도, 전쟁을 끝낸다는 것은 귀하가 한국과 일본에서 총사령관으로 수행했던 책임을 넘는 것 아닙니까?"

"그렇습니다."

"휴전협상을 끝낸다는 문제는 실제로 이 전쟁을 승리로 이끌기 위해 만주전선에 관해 취할 결정이 무엇인지 아는 정치적인 문제와 연결되어 있습니다. 당신의 능력을 넘어서는 정치적인 결정인 것이지요?"

"그렇습니다."

그렇지만 리지웨이 장군은 "우리가 아주 멀리, 끝까지 갈 의향이 있었다면", 이 계획은 한국에서 유엔 활동에 참여하고 있는 다른 나라의 반대에 부딪혔을 거라고 덧붙였습니다.

앞의 정보에 대해 전반적인 결론을 내리는 것이 가능하다면 다음과 같이 보일 것입니다.

---

[2] 셀튼스톨(Leverett Saltonstall, 1892-1979). 미 공화당 상원의원(1945-1967). 대외적으로는 국제주의자, 대내적으로는 온건주의자로 알려짐.

1. 만주전선까지 공격을 재개한다는 가정은 리지웨이 장군에 따르면 한국에 파병 중인 모든 나라가 평가해야 할 정치적 동기에 관련해서만 생각해 볼 수 있다.
2. 리지웨이 장군이 확신했던 것과는 달리 그 나라 정부들 간에 합의가 이루어졌다 하더라도, 오히려 두 가지 문제가 제기될 것이다.
    1) 실행방법의 문제: 리지웨이 장군이 사실 현재 유엔사령부가 배치한 공군보다 공산 측이 더 많은 공군을 만주에 집결시켰다고 인정했다는 것을 강조하는 것이 바람직하다.
    2) 연합군이 만주 기지를 폭격하면, 소련 공군이 개입할 수도 있다는 문제.

3. 중공-북한 전선까지 공격을 재개하는데 대한 '정치적 결단'은 한국전쟁을 끝내려는 시도를 위해 검토할 수 있는 유일한 것이 아니었다.

기자들은 이 성명들은 작년에 맥아더 장군이 적극 추천한 해결안을 지지하는데 엄청난 열의를 보였던 몇몇 상원의원의 지지를 야기하지는 않았다고 쓰는 것을 잊지 않았습니다. 리지웨이 장군은 사실 만주를 향한 군사행위의 어려움과 위험을 숨기지 않았습니다. 그는 공산 측이 할 수 있는 공격에 직면한 연합군이 현재 유지하고 있는 입장의 견고함을 수차례 강조했었지만, 공개된 성명에 따르면 장군이 유엔군을 중국 전선까지 적을 몰아낼 수 있다고 평가한다고 생각할 수 있는 것은 아무것도 없습니다. 그는 결정이 내려져야 한다면, 그 결정들은 미국과 그 동맹국 간 협의에서만 나올 수 있다고 분명히 암시했습니다.
따라서 미 여론 상당 부분은 연합군이 공산 측의 이익으로만 이용되는 것 같은 협상 진행을 더 오랫동안 계속 받아들일 것인지 자문하고 있을 때, 성급하게 내린 모든 결정이 내포하게 될 위험 범위는 지금 책임 있는 정치계와 군사계에 의해 충분히 평가된 것 같습니다.

프랑스대사 대리서명<br>
대사관 참사관

## 【175】 한국문제와 방한 계획에 대한 영국 수상과 국방장관의 국회 성명(1952.5.29)

| | |
|---|---|
| [ 전 　　　 보 ] | 한국문제와 방한 계획에 대한 영국 수상과 국방장<br>관의 국회 성명 |
| [ 문 서 번 호 ] | 2588-2591 |
| [ 발 　 신 　 일 ] | 1952년 5월 29일 18시 10분 |
| [ 수 　 신 　 일 ] | 1952년 5월 29일 18시 15분 |
| [발신지 및 발신자] | 런던/마시글리(주영 프랑스대사) |

어제 양원에서 동시에 있었던 성명에서 수상과 국방장관 알렉산더 경[1]은 한 국 상황의 심각성을 강조했습니다. 협상이 잠시 멈춘 기간을 이용하여 중공-북 한은 그들 군대를 강화하고 재정비했습니다. 공산 측 군대는 현재 지난 7월보다 훨씬 향상되었으며, 알렉산더 경이 인용한 수치, 특히 제트기 1,000대를 포함한 1,800대의 비행기는 10달 전부터 '공산 측의 군대 상황에 커다란 변화'가 있었음 을 나타내고 있습니다.

"공산 측이 임박한 공격을 준비하고 있다고 알려주는 것은 현재 아무것도 없 지만, 거의 갑자기 대규모 공세를 개시할 가능성은 있습니다. 공산 측은 주도권 을 유지할 수 있고 얼마간 그들의 압력을 확대할 수 있을 것입니다"라고 처칠 수상이 말했습니다.

이어 처칠 수상과 알렉산더 국방장관은 유엔군이 시간을 허비한 것이 아니었 으며 강력한 방어선을 구축했다는 정보를 주었습니다.

알렉산더 경은 유엔군 총사령관 클라크 장군에게 한국에 와달라는 요청을 받 았으며, 가능한 시기에 방문할 것이라고 알렸습니다. 귀국할 때 국회에서 꼭 새 로운 성명을 발표하겠다고 했습니다. 이 소식은 상하원 의원들에게 대환영을

---

1) 해롤드 알렉산더(Harold Alexander, 1891-1969). 영국 군인이자 정치가. 캐나다 총독(1946-1952), 영국 국방장관(1952-1954) 역임.

받았습니다.

오늘 아침 언론은 이번 결정에 만족해했습니다. 『데일리텔레그래프』는 미국의 영향력은 '지배적'일 수는 있어도 '독점적'이지는 않다는 것이 중요하다고 지적했습니다. 알렉산더 경은 영국의 관점을 활용할 수 있도록 필요한 권한을 얻게 될 것입니다. 또한 그는 한국의 모든 상황에 대한 귀중한 정보를 조국에 줄수 있을 거라고 신문은 덧붙였습니다.

이러한 결정을 하면서, 정부는 포로수용소에서 발생한 사건이 야기했던 불안과 동요를 진정시키려 노력했습니다. 영국인 대표자가 아무도 판문점 협상에 참여하지 않고, 포로 문제에 관여하는 위원회에 속하지도 않았기 때문에, 거제도 질서회복에서 영국군에 돌아온 책임은 국회의원 사이에서 수많은 비판을 유발했습니다. 영국의 존재를 이전보다 더 명확하게 드러내기 위해 한 행동은 어쨌든 국회 계획에 적합합니다.


마시글리

# 【176】 대통령 선거를 앞두고 계엄을 선포한 이승만의 책략(1952.5.29)

| | |
|---|---|
| [ 전    보 ] | 대통령 선거를 앞두고 계엄을 선포한 이승만의 책략 |
| [ 문 서 번 호 ] | 1064-1069 |
| [ 발    신    일 ] | 1952년 5월 29일, 1952년 5월 30일 01시 00분 |
| [ 수    신    일 ] | 1952년 5월 30일 14시 40분 |
| [발신지 및 발신자] | 도쿄/드장(주일 프랑스대사) |

국회가 국가원수를 선출해야 하는 예정된 대통령 선거가 6월 말로 다가오자 다양한 소식통에 의해 도쿄에 다다른 정보들은 거의 긍정적이지 않은 한국 국내정치 상황을 나타내주고 있습니다.

사람들은 국회의 대통령 임명권을 박탈해 국민에게 부여하고자 하는 개헌을 채택하도록 헛된 시도를 한 후 이승만 씨가 다시 입후보하지 않겠다는 의향을 표했다는 것을 알고 있습니다. 이 공표는 매우 회의적으로 받아들여졌습니다. 보통은 책략으로 여기고 있습니다. 사람들은 대통령이 국회를 배제하고 국민투표를 하도록 하고 경찰의 힘을 빌려 앞으로 있을 국민투표 성공을 보장하려는 계획을 세우고 있다고 여깁니다. 현재의 사건들은 이러한 의혹들을 확인하는 것 같습니다.

5월 25일 이승만은 정부에 반대하는 공산주의와의 결탁을 구실로 대한민국 전역에 계엄을 선포했습니다. 그는 국회의원 9명을 체포하도록 명령하고 다른 의원 40명은 가택에 연금해 국회의 유효 투표가 불가능하게 했습니다. 곧 국무총리 장택상이 사임했습니다.[1]

장택상 스스로 언론에 발표한 바에 따르면, 정부를 전복하고 침략자에 대한

---

[1] 당시 장택상이 국무총리로 임명된 직후이며, 이후 몇 달간 더 총리 직을 수행했으므로 보고서의 오류로 보임. '임명되었다'의 오기로 보임. 9월 30일 사임하였음.

남한의 저항활동을 느슨하게 만들기 위해 국회의원 몇 명이 공산군의 후원금을 받고 있었음을 대통령이 알게 되었다고 했습니다.

이 같은 주장은 틀림없이 전혀 근거가 없습니다. 매우 확실한 출처를 통해 저는 몇 주 전부터 반발의 주체들을 교묘히 이용하는 공산당 간첩들이 남한, 특히 □□□계와 행정부에서 매우 활발히 활동 중이라고 들었습니다. 하지만 대통령은 국회에 대한 자신의 투쟁을 강화하기 위해 자신에게 제공된 기회를 붙잡았습니다.

사실 전열이 정비된 이 투쟁은 특히 예민한 국면에 막 접어들었습니다. 어제 부산에 모인 국회는 부산에는 공산당의 심각한 위협이 없다고 강조하면서 98(96)대 3의 투표로 수도[2] 자체의 계엄 해제를 의결했습니다.[3] 이 표결의 시행범위가 어떻든 간에, 대통령의 권한은 손상된 것입니다.

미국의 신뢰를 얻고 있으며 국회의 상당한 지지를 받고 있다고 하는 전 주미대사 장면[4]이 국무총리직을 사임함에 따라 얼마 전부터 위기가 시작되었습니다. 장면은 신뢰할 수 있는 남한의 대통령 후보로 여겨질 수 있을 것입니다.

국회와의 대립에서 이승만 대통령은 군대와 특히 경찰, 또 많든 적든 □□□와 하수인으로 매수된 깡패들을 의지하고 있습니다.

대통령과 국회의 싸움은 그 심각성과 중대성으로 판문점 협상의 민감한 단계에 있는 미 사령관을 크게 걱정시키고 있습니다. 중공-북한의 새로운 대규모 공세가 있을 수 있다는 것을 고려해야 하고 제8군 후방에 무질서가 자리 잡는 것을 피하려 하고 있는 와중에 말입니다.

드장

2) 임시 수도 부산을 의미함.

3) 한국 시간으로 1952년 5월 28일 비상계엄 해제 결의안이 통과됨. 국회사무처, 「제12회 국회정기회의속기록」 제66호.

4) 장면(張勉, 1899-1966). 대한민국 제헌국회의원(1948), UN총회 한국대표단 수석대표, 제1대 주미 대사, 제2대 국무총리(1950-1952.4), 부통령(1956-1960.4), 제7대 국무총리(1960-1961).

## 【177】 한국 포로문제 건에 대한 영국 하원 대정부질문 분위기(1952.5.2)

| | |
|---|---|
| [ 보　고　서 ] | 한국 포로문제 건에 대한 영국 하원 대정부질문 분위기 |
| [ 문　서　번　호 ] | 932/sc |
| [ 발　신　일 ] | 미상 |
| [ 수　신　일 ] | 미상 |
| [발신지 및 발신자] | 영국/크루이[1](주영 프랑스대사) |
| [수신지 및 수신자] | 파리/슈만(프랑스 외무부장관) |

아시아-오세아니아 공문

거제도의 중공-북한 포로들

1952년 5월 12일 서신 제817호로 우리 대사관은 이미 현재 중공-북한 전쟁포로 송환 문제가 제기하는 관심거리를 강조했습니다. 이 문제가 판문점 협상을 체결하기 위해 극복해야 할 유일한 난관이라는 사실을 제외하면, 문제의 법적인 면, 적용되는 원칙, 또 1949년 제네바에서 체결된 협정과의 관계가 많은 논의를 야기하는 것은 당연한 것입니다. 제가 5월 8일 이미 알렸던 『타임스』논설 이후 수많은 편지가 발행인에게 잇따르고 주요 일간지와 주간지에 계속 기사가 실리는 이유는 바로 이 때문입니다. 5월 24일자 『이코노미스트』머리기사로 실린 「한국에는 어떤 규칙이 적용되는가?」라는 제목의 기사를 유의해볼 만합니다.

처음에는 송환원칙 자체의 이론적인 논의에 관한 것이었습니다. 하지만 거제

---

1) 에티엔 드 크루이-샤넬(Étienne de Crouy-Chanel, 1905-1990). 외교관. 프랑스 외무부차관(1955-1957), 주오스트리아 대사(1958-1961), 주네덜란드 대사(1961-1965), 주벨기에 대사(1965-1970) 역임.

도 포로들의 행동에 관한 지속적인 뉴스, 도드 장군 납치, 콜슨 장군 성명, 몇몇 수용소가 아직 공산 측 권한에 속해 있다는 사실, 질서 회복을 위한 영국 원정군 파병 등이 실제로 동요를 일으켰습니다. 외무차관 셀윈 로이드[2]가 야당의 모든 질문 공세에 답변했던 5월 28일 하원 회의는 증거를 내세웠습니다. 의원들은 우선 포로 심사가 이루어진 조건을 정확히 알고자 했습니다. 매우 절대적이었고 당시는 수용소에 만연했던 무질서를 묵과했었다고 한 5월 7일 하원에서 이루어진 이든 외무장관의 성명에 의원들은 놀란 상태였습니다. 로이드 차관은 사실 공산당 구성원이 우두머리로 지배하는 구역에서는 어떠한 심문도 이루어지지 않았다는 것만 숨길 수 있었습니다. 공산 측 지배구역의 모든 포로들은 일괄적으로 송환을 수용하는 사람들로 산정했던 것입니다. 그러므로 아주 조심스럽게 분류를 결정한 것처럼 언급된 송환가능 포로 70,000명이라는 수치는 의미를 잃은 것입니다. 공산 측에 유리한 상황에서 이루어졌다 하더라도 포로들의 자유로운 선택 원칙을 훼손한 것은 활동 전체에 대한 어떤 의혹을 던지게 되었습니다. 로이드 차관은 중국 국민당원 아무도 심문에 참여하지 않았다고 분명히 할 수 있었습니다. 하지만 이 분류를 주재하는 위원회에 영국인이 아무도 속하지 않았었다는 것 역시 인정해야 했습니다. 야당 내 좌파에 속하지 않는 몇몇 의원들은 현재 수용소 경비 임무를 맡은 영국 사병들에게 맡겨진 책임에 따라 판문점 유엔대표단에 영국대표가 포함되는 것, 영국군이 수용소 감독에 적극적으로 참여하는 것, 또 거제도에서 벌어진 사건 조사위원회에 들어가는 것이 당연하다고 강조했습니다. 로이드는 답변으로 한국에서의 모든 활동은 유엔의 지휘 하에 있다는 것, 그래서 이전 정부가 이미 했던 것처럼 현 정부도 유엔사령부를 신뢰하고 사정이 다를 것이라고 여길 어떠한 이유도 없다고 생각할 필요가 있다는 평가를 상기시킬 수밖에 없었습니다. 어쨌든 차관은 영국 사병들이 맡았던 역할로 보아 영국대표들이 수용소 감독과 전쟁포로에 관한 문제에 더 직접적으로 참여할 가능성은 배제했습니다.

---

[2] 셀윈 로이드(Selwyn Lloyd, 1904-1978). 영국 보수당 정치인. 외무차관(1951-1954), 군수장관 (1954-1955), 국방장관(1955), 외무장관(1955-1960) 역임.

때때로 격앙된 톤이 있었던 이번 대정부질문에서 아무도 영국 정부에 거제도에서의 영국군 활용에 반대하라고 요구하지 않았다는 것에 주목해야 합니다. 캐나다 정부가 자기편으로 만들었던 것처럼 말입니다. 의원들의 모든 발언이 집중했던 것은 영국인 멤버가 보다 효율적인 대표권과 보다 폭넓은 감독권을 얻기 위한 데 있었습니다. 아마 의원들 누구도 미국을 지지하거나 인용조차 하지 않았지만, 많은 의원들은 거제도에서 저지른 실수나 과오를 비난하면서 휴전 가능성에 대한 묻고 있기 때문에 민감하면서도 미 사령부가 유일하게 주도하고 있는 문제들을 알게 되는 것에 대한 자신의 불안감을 그렇게 드러내고자 했습니다.

"우리가 보기에는, 수용소가 영국의 통제 하에 있었더라면 거제도에서 일어났던 사건들은 일어나지 않았을 것입니다"라고 한 애틀리 씨의 마지막 발언은 야당 대표[3]인 자신도 강조했던 것처럼 노동당 측에서 보이는, 또 많은 여론에도 존재하는 일반적인 감정을 잘 요약하고 있습니다. 애치슨 씨는 결론적으로 이 사건 전체를 정부가 간행하는 백서의 대상으로 삼아달라고 요청했습니다. 셀윈 로이드 차관은 이 제안을 실천하는 데 노력하겠다고 답했습니다.

거제도 사건이 영국에서 야기한 불만과 불안은 어제 알렉산더 경이 하원에서 곧 한국 방문을 할 것이라고 발표한 것으로 대부분 진정될 것입니다(본인의 전보 제2588-2591호 참조). 이 소식은 의회와 언론에서 매우 만족스러운 반응을 얻었습니다. 수상이 한국 상황의 심각성을 강조했음에도 불구하고, 노동당처럼 보수적인 영국 여론 역시 불가피하게 '지배적'일 수 만 있다면 미국이 맡은 역할이 '독점적'이지 말아야 하는 것이 중요하다고 평가하고 있습니다.

이것은 알렉산더 경의 방문이 영국의 견해를 주장할 좋은 기회를 제공하고 한국의 모든 문제에 대한 유용한 정보를 조국에 주게 될 거라고 여기는 『데일리 텔레그래프』 논설에서 오늘 아침 사용한 표현입니다.

에티엔 드 크루이

---

[3] 당시의 수상인 처칠은 보수당이었고, 야당인 노동당 대표는 애틀리임.

## 【178】 판문점협정에 관한 태국의 공식 견해(1952.5.29)

| [ 보 고 서 ] | 판문점협정에 관한 태국의 공식 견해 |
|---|---|
| [ 문 서 번 호 ] | 380/AS |
| [ 발 신 일 ] | 1952년 5월 29일 |
| [ 수 신 일 ] | 미상 |
| [발신지 및 발신자] | 방콕/폴-봉쿠르(국제연맹 프랑스 상임대표 추정) |
| [수신지 및 수신자] | 파리/슈만(프랑스 외무부장관) |

판문점협정에 관한 태국의 공식 견해

공보 공문 제381/IP호

사이공 공문 제106/A호

5월 19일 보고는 워싱턴 미 정부가 한국전에 참전한 모든 유엔 회원국에게 최근 요구한 판문점의 미국협상가들과의 연대를 집단적으로 표현하는데 태국 정부가 이바지했던 상황을 알린 바 있습니다.

영국 쪽은 그런 방법으로 좀 더 앞서 나가기를 주저하는 것 같은 때에, 오늘 아침 발행된 『방콕트리뷴』 논설은 반대로 강제적이건 그렇지 않건 포로송환에 관한 중공·북한 상대측과의 끝없는 논의에서 유엔 미국 대변인들의 비협조적인 태도에 방콕 지도층의 많은 지지를 표출하고 있습니다.

피불[1] 총리 일지(日誌)는 이 점에 대해 가장 고귀한 국제윤리적인 의견만을

---

[1] 피불(Pibul, Plaek Phibunsongkhram, 1897-1964). 플랙 피본송크람 태국 총리. 서양에는 피불로 알려짐. 2차 대전 시 일본 세력을 업고 세력권을 확장하고자 했던 민족주의자였음. 전후 미국 의 지원으로 패전국 대우를 면하고 1946년 유엔에 가입한 후 한국전쟁이 벌어지자 연합국임 을 증명할 목적으로 유엔 결의에 따라 즉시 파병함.

거론하고 있지만, 현실은 좀 차이가 있습니다. 방콕 지도자들은 사실 한국 군사 작전 지속에 대해 너무 부정적인 측면으로만 보지는 않습니다. 태국 군대에 정해진 할당액이 예산안에서 유리한 반대급부를 포함하고 있기 때문입니다. 한편으로는 한국에 파병된 미군에 의한 무장, 교육, 설비 등이 있고, 다른 한편으로는 미국 함대에 편입된 태국 해병대 모두는 한국 해안에 집결할 것이지만, 원칙적으로는 작전이 끝날 때 태국으로 돌아오기로 되어있다는 말입니다

(서명)

## 【179】 모스크바 노동자집회 담화문과 그에 대한 언론 보도(1952.5.30)

| | |
|---|---|
| [ 전      보 ] | 모스크바 노동자집회 담화문과 그에 대한 언론 보도 |
| [ 문 서 번 호 ] | 1213 |
| [ 발    신    일 ] | 1952년 5월 30일 17시 00분 |
| [ 수    신    일 ] | 1952년 5월 31일 11시 52분 |
| [발신지 및 발신자] | 모스크바/샤테뇨(주소련 프랑스대사) |

세균전 반대 운동(1952년 3월 15일 본인의 전보 제646호 참조) 때 '모스크바시 노동자들'이 차이코프스키 홀에서 3월 13일 개최한 유사한 회의를 위해 했던 것처럼, 오늘 아침 모든 신문은 한 페이지 전체를 어제 노동조합본부 기둥실에서 열린 대회에 대해 보고하고 있습니다. 이 대회는 '한국에서 벌인 미 침략자들의 피로 물든 중죄'를 알리기 위해 평화수호위원회, 적십자·적신월사 단체연합위원회, 모스크바시 노동조합이사회의 제안에 따라 이루어진 것입니다.

담화의 주요 개요는 이전 보고에 있으며 아래는 그 원문입니다.

"온화한 한국 국민들을 상대로 벌인 날강도 전쟁을 이끌면서 미 침략자들은 세균무기와 화학 무기 등 가장 많은 수의 말살 방법을 사용하고 있다. 그들의 중죄는 히틀러의 만행을 훨씬 넘어섰다.

전 세계는 광적인 미군 도당의 끔찍한 범죄로 큰 충격을 받았다. 미 개입주의자들은 평화로운 거제도를 죽음의 섬으로 바꿔 놓았다. 거기서 그들은 한국인과 중국인 포로들을 유혈 진압했다. 미군은 포로들을 고문하고 학살하고, 치명적이고 핵 폭탄급 효과가 있는 가스와 독극물 시험까지 하고 있다. 이 같은 사실은 거제포로수용소의 미국인 소장들이 인정했던 바이다. 미군 도당들은 태연하게도 국제법을 위반하고 있다.

미군 도당의 비인도적인 범죄는 소련 인민들의 깊은 울분과 분노를 일으키고 있다.

어제 모스크바 노동조합본부 기둥실에서 우리 모스크바시의 모든 노동자 대표들이 그들의 온 힘을 전 세계 평화라는 대의를 강화하는데 쏟겠다는 열망과 뜨거운 인류애를 품고 대규모 집회를 열었다."

개회를 위해 아카데미 회원 페트로프스키[1])가 담화문 요약을 발표한 후, 신문들은 코젠브니코프[2]) 교수와 모스크바시 소련적십자위원회 회장 드보르니첸코[3]) 박사의 담화문을 꽤 길게 분석하고 있습니다. 코젠브니코프 교수는 1899년과 1907년 헤이그 협약, 1929년과 1949년의 제네바협정을 내세우면서 포로사태에서 미국이 저지른 '국제법 위반'을 강조했습니다. 드보르니첸코 회장은 전 세계 적십자기구의 이름으로 미국의 '잔학행위'를 규탄하는 동시에 '평화를 애호하는 모든 인민'의 항의에 힘을 보태지 않았다고 국제위원회[4])를 비난했습니다.

「수백만 명의 목소리」라는 부제를 단 보고서 두 번째 페이지에서는 '소련 인민의 이름으로' 미 제국주의자들의 '잔인함'을 비난하고 '조선 수호자들'의 연대를 표명하기 위한 공장 노동자와 공장장의 성명서 발췌를 읽을 수 있습니다.

폐회사를 쓴 수르코프[5])는 독일에서처럼 한국에서 그들의 침략 정책을 추진하려는 미국의 의지를 강조하고, "소련은 전 세계 평화 수호와 강화를 위해 끈질긴 투쟁을 펼치고 있다"고 선언했습니다.

회의가 끝난 후 참가자들은 우리 외무부가 번역문으로 보게 될 결의안을 채택했습니다.

이 회의록은 「인민의 분노」라는 보리스 고르바토프[6])의 극히 격렬한 논평과 함께 『프라우다』에 실렸습니다.

대형일간지 대부분은 '포로에 대한 미국의 잔학행위' 문제를 다룬 논평을 실

---

[1]) IG. Petropsky.
[2]) Kojevnikov.
[3]) M.F. Dvornitchenko.
[4]) 국제적십자위원회를 말하는 것으로 추정됨.
[5]) Sourkov.
[6]) Boris Gorbatov.

었고 '모스크바시 노동자들'의 결의안을 설명하고 있습니다.

모스크바 전 노동자들이 연 회합에 이어 채택된 결의안 원문입니다.

"노동자, 직원, 학자, 예술가, 작가 등 우리 모스크바 노동자 대표들은 한국의 포로수용소에서 미 침략자들이 저지른 비인도적이고 참혹한 범죄를 규탄하는 전 세계 수백만 명의 목소리에 우리의 목소리를 합치기 위해 도시 집회에 모였다.

이 범죄는 한국과 북중국에서 최근 세균무기를 사용한 후 저지른 수많은 끔찍한 중죄이다. 미 지도층은 앞으로 이 비인도적이고 불명예스러운 무기를 더 사용하겠다는 의향을 확인하면서 지금까지도 이 잔인한 대량인명살상 수단 사용을 비난하지 않았다.

미 제국주의자들은 인류도덕과 국제법 원칙을 또다시 무시하고 있다.

전쟁포로에 대한 헤이그와 제네바협정을 위반하는 개입주의자들은 거제도 포로수용소와 한국의 다른 곳에 있는 수용소들을 히틀러의 아우슈비츠 수용소나 부헨발트7) 수용소, 미아다네크8) 수용소 같은 죽음의 수용소로 바꾸고 있다. 그들은 중공·북한 전쟁포로들을 대거 고문과 잔인한 학살, 총살하는 등 피로 물든 잔혹한 체제를 수용소에 정착시켰다.

휴전협상 중 미 침략자들은 국제법과 휴머니티의 원칙을 그렇게 아무렇게나 어기면서 전쟁포로의 소위 '자원송환'을 조건으로 제시했다.

이 같은 조건을 제시한 미 침략자들은 휴전협정을 저지하고 극동에서 침략전쟁을 확대하며, 새로운 세계대전의 위협을 강화하려는 시도를 하고 있다. 이런 목적으로 그들은 수만 명의 전쟁포로를 한국과 중국 인민 가장 최악의 적인 이승만과 장제스 도당의 가장 잔인한 폭력에 억압받게 하면서 총알받이로 만들고자 한다.

미 개입주의자들은 전 세계인의 면전에 폭로된 그들의 범죄를 확인한 부인할 수 없는 증거자료 덕분에 꼼짝없이 현행범으로 적발되었다. 어쨌든 그들은 거제도 전쟁포로 학살을 공공연하게 다시 준비하고 있다.

7) Buchenwald. 독일 바이마르 부근의 마을로 나치의 강제 수용소가 있었음(1934-1945).
8) Majdanek. 폴란드 루블린 부근에 있던 2차 대전 당시의 강제 수용소.

전 세계 인민의 양심과 도의는 그들의 끔찍한 범죄를 용인할 수 없다.

전 세계 올바른 사람들, 진보적이고 전위적인 인류는 미 개입주의자들의 새로운 중죄를 비난하고 미 군부가 행한 잔인한 범죄를 중단하라고 요구한다.

소련 전체 인민처럼 모스크바 노동자들은 강렬한 분노를 표명하고 한국에서 저지른 미 제국주의자들의 비인도적인 범죄행위에 강력히 항의한다.

우리는 전 세계의 진보적인 힘으로 한국에서 미 침략자들의 범죄행위를 끝내라고 요구한다. 우리는 중공·북한 포로들에게 전쟁포로에 관한 헤이그와 제네바협정에 엄밀히 부합하는 인간적인 대우를 해주라고 요구한다.

소련 전체 인민처럼 모스크바 노동자들은 미국의 침략에 맞서 용감한 투쟁을 하고 있는 용맹한 한국 인민들과 중국인민지원군에 뜨겁고 우정 어린 연대감을 표한다.

노동자들에게 주어진 의무는 좀 더 주의를 기울이고, 새로운 세계대전이라는 제국주의 주모자들과 끊임없이 싸우고 전 세계에서 평화를 강화하는 것이다.

소련 전체 인민들과 하나가 된 모스크바 노동자들은 이제부터 평화를 위해 굳건히 투쟁할 것이며 헌신적이고 애국적인 노동으로 우리 사회주의 정부 힘을 키울 것이다.

세계 평화의 보루 우리 조국 소련 만세!

우리의 위대한 영도자이자 사랑하는 지도자 스탈린 동무 만세!"

샤테노

# 【180】 휴전협상과 포로수용소 상황(1952.5.30)

| [ 전         보 ] | 휴전협상과 포로수용소 상황 |
|---|---|
| [ 문 서 번 호 ] | 1070 |
| [ 발         신         일 ] | 1952년 5월 30일 09시 45분 |
| [ 수         신         일 ] | 1952년 5월 30일 14시 29분 |
| [발신지 및 발신자] | 도쿄/드장(주일 프랑스대사) |

1. 5월 28일과 29일 회의에서 연합군대표단장은 포로 분류 작업이 어떻게 실행되었는지 자세히 설명했습니다. 게다가 그는 공산 측 대표의 제안에 조서(調書)를 낭독하는 것으로 이번 작업이 시행되었다는 증거를 가져왔습니다. 그는 휴전협정 체결의 유일한 장애는 169,000명 중에 단지 70,000명만 송환을 선택한 사실에 대해 공산 측이 느끼는 분함이라고 솔직히 말했습니다.

중공-북한 측 대표단장은 습관적인 과격한 언사로 답했습니다. 그는 투옥, 식량 부족, 고문, 총살, 비행기 기총소사, 강압으로 기안을 작성한 혈서, 강제 문신 등의 형편없는 대우와 함께 온갖 비인간적이고 거칠고 비열한 방법을 쓰고 있다며 유엔사령관을 비난했습니다. 국제적십자위원회도 살인자들의 범죄를 덮어주는 기구라고 말했습니다.

며칠 전부터 이미 취한 태도를 강조하는 남일 장군은 4월 29일 연합군 측에 4월 28일의 소위 최종 제안을 포기하거나 협상을 중단하라고 했습니다.

그는 중공-북한 대표단은 연합군의 최후통첩을 수용하기 위해 거기 있었던 게 아니라고 강조했습니다. 그는 이 같은 조건에서 유엔사령관이 왜 협상을 계속하는 거냐고 물었습니다.

연합군대표단의 남한 대표 이홍림 장군이 유재홍 장군으로 교체되었습니다.

2. 2,700명의 장교와 650명의 하사관이 있는 거제 수용소 중 한 곳에서 5월

29일 조직된 시위를 총검을 장착한 채 최루가스를 사용한 백여 명의 미-영 병사들이 해산시켰습니다. 이쪽도 저쪽도 사상자는 없었습니다.

이 시위는 이틀 전에 포로들과 협의하기 위해 수용소 막사를 방문해 달라고 보트너 장군에게 무례한 편지를 보낸 뒤 일어났습니다. 이 편지는 답변을 받지 못했습니다.

3. 연합군 전선에서 어제 적의 대포와 박격포가 7,126번 발사됐습니다.

국방부에 전달 요망.

드장

## 【181】 이승만의 계엄선포 배경 설명을 요구하는 유엔(1952.5.30)

[ 전          보 ]  이승만의 계엄선포 배경 설명을 요구하는 유엔
[ 문 서 번 호 ]  1072-1073
[ 발    신    일 ]  1952년 5월 30일 20시 30분, 1952년 5월 31일 01시
                00분(발송)
[ 수    신    일 ]  1952년 5월 31일 02시 20분
[발신지 및 발신자]  도쿄/드장(주일 프랑스대사)


사이공 공문 제707호

본인의 전보 제1064호에 이어

　유엔 한국위원회[1]는 계엄 선포 법령을 보고하라는 요청과 그의 명령으로 체포된 장관들과 의원들을 석방하라고 요청하기 위해 이 대통령과 교섭했습니다.
　위원장이 이 대통령에게 보낸 공문에서 위원회는 나라의 헌법과 기본법 위반을 확인할 때마다 개입할 자격이 있다는 것을 강조했습니다. 위원회는 이승만 대통령에게 국회의 투표에 따르고, 헌법에 근거해 범죄를 저질렀을 때만 구금할 수 있는 국회의원 임의체포를 중단하라고 신신당부했습니다.
　유엔한국통일부흥위원회의 이 같은 개입은 틀림없이 대한민국에 발생된 위험한 상황을 걱정한 미 사령부가 주도한 것입니다.

드장

---

[1] 유엔한국통일부흥위원회(UNCURK)를 말함.

# 【182】 한국전에서 적군의 공군력 변화(1952.5.30)

| [ 서　　　신 ] | 한국전에서 적군의 공군력 변화 |
| [ 문 서 번 호 ] | 298/AS |
| [ 발　신　일 ] | 1952년 5월 30일 |
| [ 수　신　일 ] | 미상 |
| [발신지 및 발신자] | 도쿄/드장(주일 프랑스대사) |
| [수신지 및 수신자] | 파리/슈만(프랑스 외무부장관) |

2급 비밀

회의사무국 공문 제299/SC호

휴전협상 초기부터 한국에서의 공산군 공군 작전 변화

미 정보부는 약 10달 전 휴전협상이 시작됐을 때도 적군이 약 700대의 전투기를 만주의 전 상공에 배치했다고 여깁니다. 아래와 같습니다.

　　　Mig-15 300대
　　　다른 종류의 제트기 90대(대부분은 Mig-9, 몇 대는 Yak-15)
　　　재래식 전투기 75대(La-9, La-II, Yak-9)
　　　폭격기 130대(Il-10)
　　　쌍발폭격기 95대(Tu-2)

적은 쌍발수송기 100여 대도 사용했습니다.(특히 Li-2와 Il-12).
1950년 11월 한국 상공에 모습을 드러낸 11월 8일 처음 격추된 미그기는 보통 교전을 피하고 압록강과 신의주, 신안주 전선을 잇는 일명 '미그 앨리'[1]라는 지역에서만 활동했습니다.

1951년 9월 세계가 처음으로 휴전협상이 결정적으로 완전히 중단되는 것은 아닌지 처음 우려할 때, 공산 측은 자신들의 공군 병력을 강화합니다. 그래서 만주에 800대의 비행기가 있다고 추산되었습니다. 거의 대부분 Mig-15기를 강화하면서 증강한 것입니다. 또한 중국의 다른 기지에 있는 보충용 비행기 400-500대가 필요한 경우 압록강으로 신속히 출격할 수 있었습니다.

9월은 공군기지 정비와 방어를 위한 중공-북한 측의 집중정책 초기를 나타냅니다. 그들의 초기 노력은 유엔 측의 공군 공격을 대비해 압록강 전선을 방어하기 위해 만주 지역을 대상으로 했습니다.

제2기에 적은 북한에 비행장을 건설할 수 있도록 서쪽 지역의 신안주 남쪽에서 평양까지 상공방어체제를 확대하는 데 전념했습니다. 이 시기에는 청천강 북쪽의 태천, 남시, 삼천을 정비했으며, 용포, 나남과 회양 기지에 지하 방공호를 팠습니다. 적은 이 기지들에 매우 강력한 고사포를 제공하고 고사포 방어용 전투기를 배치했습니다.

1951년 11월에는 때때로 하루 평균 200-250번의 많은 출격수를 기록하고 있습니다. 공산 측의 야간전투기가 처음으로 등장합니다. 미 극동공군[2] 지휘 하의 부대들은 더 이상 북한 상공에서 작전활동의 자유를 누릴 수 없습니다. 적의 전투기와 충돌하는 일은 원산과 진남포에서까지 점점 더 남쪽에서 발생했습니다. 적군 조종사들의 사기는 점점 높아져갔습니다. 적의 고사포는 크게 발전했고, 미국은 지상 무기를 무력화시키려는 호위전투기가 있음에도 불구하고 많은 B-29를 잃었습니다. B-29 슈퍼포트리스는 더 이상 청천강 북쪽에서 주간에 모험을 할 수 없습니다.

[1] 한국전쟁 시 Mig-15는 압록강 유역을 중심으로 작전을 수행하였으며 종종 미국 공군과 교전하였음. 미국 공군이 이 지역을 '미그 앨리'(Mig Alley)라 불렀음.
[2] FEAF(Far Eastern Air-Force).

이러한 상황은 1951년 12월부터 1952년 1월 동안 장기화되어 전개되었습니다. 북한에 주둔한 적의 비행기 수는 비행장 정비와 방어가 진행됨에 따라 더 증가했습니다. 12월에는 처음으로 적의 정찰기가 서울 상공을 비행한 것이 기록되었습니다. 미그기는 더 많아지고 더 공격을 가했습니다. 12월 5일에는 310회, 12월 6일에는 292회 관측되었습니다. 1월에는 대규모 미그기 증원대가 만주에 도착했습니다. Takuskan에 주둔한 중국공군 제6연대에 42연대가 합류해 공군 부대 제14연대가 됩니다. 전쟁에 참여한 비행기 수는 북한에만 700대를 포함해 1,400대로 추산됩니다.

　2월에는 중공-북한 정책에서 공군기지 사용의 변화가 보입니다. 시설을 파괴시키고 특히 지상에 있는 비행기를 파괴시키는 미 폭격기의 반복된 포격 앞에 적군은 만주 은신처로 비행기를 후퇴시켰습니다. 700-800대의 미그기가 매우 공격적으로 계속 출몰했으며 출격을 되풀이했습니다. 2월 10일에는 366회, 2월 19일에는 289회 관측되었습니다.

　현재 작전에 참가하고 있는 적의 비행기 수는 1,700대 이상으로 증대됐습니다. 손실을 채우기 위해 소련은 중공-북한 측에 하루에 미그기 70대를 제공해 주었다고 합니다.

　작전 초기부터 공산 측의 손실은 5월 13일 미그기 315대 포함 파괴 459대, 미그기 72대 포함 파괴 추정 123대, 미그기 499대 포함 손상 560대에 달합니다. 같은 시기 유엔 공군은 총 884대를 잃었는데 대부분 적의 고사포에 의한 것이었습니다. 미 참모본부는 파괴된 적의 비행기 대부분은 공중전 중에 있었으며, 연합군 고사포로 이룬 성공은 무시해도 좋을 만한 수치로만 기록되었다는 점은 공산 측 비행기가 유엔공군이 차지하고 있는 영토 위에서는 거의 위험을 무릅쓰지 않는 것이라고 강조했습니다.

　참모본부는 비교적 높은 연합군의 손실 수치를 전투기와 전투폭격기 또 폭격기 조종사들이 교통로 금지 및 적의 공급기지 공격을 계속하는 작전 과정에서 감행한 위험 때문이라고 설명하고 있습니다. 도쿄의 공군 참모본부에서 발표한 다음의 수치는 적대행위 초기부터 1952년 5월 10일까지 얻은 결과입니다.

실천한 출격 수 ‥‥‥ 456,465
파괴된 차량 ‥‥‥ 52,235
파괴된 객차 ‥‥‥ 9,060
파괴된 교량 ‥‥‥ 735
파괴된 탱크 ‥‥‥ 1,038
파괴된 터널 ‥‥‥ 775
인명 피해 ‥‥‥ 170,000

2월 말부터 3월 초까지 피해 결산이 미 공군에 약간 유리하게 안정화되는 경향이었음을 보는 것은 흥미롭습니다. 이 기간 동안 사실 미 극동공군 부대에 의해 파괴된 공산 측의 미그기와 그 밖의 비행기들 수는 적의 고사포나 공중전으로 잃은 미 비행기 전체를 약간 넘습니다. 1952년 처음 두 달 동안 유엔군은 공산 측보다 훨씬 많은 수의 비행기를 잃었었는데 말입니다.

이러한 변화는 5월 중에만 유지되었던 것은 아닙니다.

이번 달에 적은 5월 1일부터 15일까지 18대, 5월 15일부터 31일까지 21대로 총 39대의 항공기를 잃었고, 또 미그기 5대를 포함한 6대의 비행기가 파괴되고 Mig 20대, type-15 1대, La-Ⅱ 1대가 손상된 것으로 간주되었습니다. 이번 달에 두 번에 걸쳐 2대의 머스탱 F-51이 미그기에 손상되었습니다. 1951년 6월 28일 이후 발생된 적이 없는 사건입니다.

파괴된 항공기의 상세 내용으로 미그기 32대, Yak-3 1대, Il-2 1대가 공중전에서 격추됐습니다. 신의주에서는 F-86이 지상에 있던 Yak-9 5대를 파괴했습니다.

그래서 확인된 공산 측의 총 피해는 작전 초기부터 480대에 이릅니다.

유감스럽게도 같은 5월 동안, 1일부터 15일 26대, 15일부터 31일 31대를 잃었는데, 교전 중에 45대를, 사고로 12대를 잃은 것입니다.

INS통신[3]에 6월 10일[4] 허락한 인터뷰에서 클라크 장군은 휴전협상 초기부터

11개월이 흐르는 동안 적군이 비행기 수를 두 배로 만들었다고 했습니다. 1951년 6월 8일 공산군은 500대의 제트기를 포함해 총 1,000대의 전투기를 배치했습니다. 현재 한국에 출동할 수 있는 공산 측 공군은 1,000대의 제트기를 포함해 약 2,000대의 항공기를 소유하고 있습니다.

(서명)

---

3) INS통신(International News Service). 1909년 설립된 미국의 통신사. 1958년 라이벌이었던 UP통신과 합병됨.
4) 내용과 서신 발송 날짜 상 5월 10일의 오기로 추정되지만 정확한 정보는 찾기 어려움.

# 【183】 국제법률가위원회의 한국 현장 조사를 다룬 『니다그』 기사(1952.5.31)

| [ 전　　　보 ] | 국제법률가위원회의 한국 현장 조사를 다룬『니다그』기사 |
|---|---|
| [ 문 서 번 호 ] | 130 |
| [ 발　신　일 ] | 1952년 5월 31일 13시 30분 |
| [ 수　신　일 ] | 1952년 6월 1일 10시 15분 |
| [발신지 및 발신자] | 스톡홀름/뒤 샤일라¹⁾(미상) |

　5월 13일 귀하의 통지에 이어, 회의사무국이 요청한 『니다그』 기사를 제게 명확히 알려주려 한 점에 감사드립니다.

　『니다그』는 일요일인 5월 11일에는 발행되지 않았습니다. 반대로 5월 10일과 12일 호는 '한국전쟁에서 벌이는 미국의 범죄'에 대한 보고서 원문을 실었습니다. 이것은 195□년 9월 베를린 국제법률가위원회가 3월 3일부터 19일까지 현장조사를 실시한 후 작성한 것입니다. 파리 고등법원 변호사 마크 자키에²⁾ 씨는 그라츠대학 헨리 브란트바이너³⁾ 법학 교수가 의장인 이 위원회의 업무에 참여했습니다.

뒤 샤일라

---

1) 레바논 주재 대사의 경력은 있는데 로베르 드 당피에르의 대리를 한 것인지, 뒤이어 대사를 지낸 것인지 확인이 어려움.
2) Marc Jacquier.
3) Henri Brandweiner.

## 【184】 잇따라 일어나는 포로수용소 폭력 사건(1952.5.31)

[ 전        보 ]  잇따라 일어나는 포로수용소 폭력 사건
[ 문 서 번 호 ]  1075
[ 발   신   일 ]  1952년 5월 31일 02시 50분
[ 수   신   일 ]  1952년 5월 31일 10시 41분
[발신지 및 발신자]  도쿄/드장(주일 프랑스대사)

1. 판문점에서는 연합군 대표 측이나 적군 측이나 양쪽 모두 눈에 띄는 어떠한 변화도 없습니다.

남일 장군은 연합군 측이 잔혹한 행위를 멈추라고 계속 촉구하며 다시 대량 살상을 준비하는 그들을 비난했습니다.

해리슨 장군은 포로 분류심사는 완전히 다 끝났으며, 이런 상황을 받아들이기를 거부한 포로들은 자신의 반대의사를 명확히 했다고 주장했습니다.

2. 5월 30일 오전, 북한 포로 두 명이 사망하고 4명이 부상을 입었습니다. 한 명은 미국과 남한 간수들에게 공격을 받은 것이고 다른 한 명은 전날 살해당한 것입니다.

영천 수용소에서도 어제 아침 2시간 동안 수감자들 간의 난투극 도중 세 명의 민간인 수감자가 살해당했습니다. 영천은 포로 분류 심사 이후 송환 거부 수감자들을 위해 조직된 수용소 중 한 곳입니다.

국방부에 전달 요망.

드장

# 【185】 남일 장군 성명을 요약한 기사(1952.6.2)

| [ 전 보 ] | 남일 장군 성명을 요약한 기사 |
|---|---|
| [ 문 서 번 호 ] | 1221 |
| [ 발 신 일 ] | 1952년 6월 2일 14시 00분 |
| [ 수 신 일 ] | 1952년 6월 2일 17시 58분 |
| [발신지 및 발신자] | 모스크바/샤테뇨(주소련 프랑스대사) |

6월 1일과 2일 신문은 5월 29일과 30일 남일 장군 성명을 대략 인용하면서 신화통신 특파원 아크레손[1])의 한국 휴전협정에 대한 공문 두 편을 재수록 했습니다.

남일 장군은 5월 29일 성명에서 중공-북한 포로들에게 취해진 '비열한 조치들'을 다시 열거하고 오직 미국만이 그 책임이 있다고 한 후, 미국이 조선과 중국 군인들을 억류하려고 "소위 인도적인 원칙에 기반"하는 태도를 고집하는 것은 놀라운 일이라고 하면서 상대측은 이 포로들이 귀환을 막지 못할 거라고 덧붙였습니다. 그는 협상을 교착에 이르게 한 4월 28일 미국의 제안을 다시 한 번 분명히 거절한다고 하면서 어제 미국에 제기한 질문에 즉답을 표명했습니다. 양측이 협의에 이를 수 있는 것은 "결정적이고 확고한 태도"에 대해 말하면서가 아니라 "당연한 사실"에 대해 말하면서 가능한 것이라고 계속 말했습니다. 또 남일 장군은 "이런 조건에서 귀측은 왜 계속 협상에 참석하는가?"라고 미국측에 물었습니다. 그는 전장에서 승리할 수 없는 미국의 독재적인 방법은 회담에서도 마찬가지라고 덧붙였습니다. 남일 장군은 상대측에 그 태도를 고치라고 요구했습니다. 그는 "선택권"을 주었다는 "소위 암묵적인 동의"에 강력히 항의하고, 이 점에 있어서 중공-북한 측의 입장은 바뀌지 않았음을 명확히 했습니다.

1) Akreson.

즉 "조건부 석방과 모든 전쟁 포로의 송환"만이 문제이지 이른바 "자원송환"은 논외라고 말입니다. 미국의 요구와 조치가 제네바협정과 모순된다고 지적한 후, 중공-북한 대표단장은 국제적십자위원회가 협정에 따라 포로의 이익을 지켜줄 거라는 주장을 인정하지 않았습니다. 왜냐하면 적십자위원회는 그 모든 책임이 있는 "미국이 저지른 범죄 앞에 침묵을 유지"하고 있기 때문이라고 했습니다.

남일 장군은 5월 30일 성명에서 한국인 포로 한 명이 살해당하고 한 명이 부상당했다고 하는 5월 29일 거제도에서 일어났던 사고에 대해 강력히 항의했습니다. 그는 휴전협정 체결에 이르기 위해서는 이 같은 '중죄'를 즉각 멈추고 미국은 그들의 '포로 억류 계획'을 포기하라고 강하게 요구했습니다. 그는 거제도 포로수용소 소장이 범죄가 일어났었다고 공개적으로 인정했다는 것과 포로들을 인간적으로 대우하기로 약속했다는 점을 상기시켰습니다. 그런데도 미국은 포로들이 귀국을 원하지 않는다고 계속 허위로 주장하는 것은 전혀 사실이 아니라고 했습니다.

샤테뇨

## 【186】 한국의 계엄선포에 대한 캐나다 견해서를 유엔 사무총장에게 전달(1952.6.3)

| [ 전 보 ] | 한국의 계엄선포에 대한 캐나다 견해서를 유엔 사 |
|---|---|
| | 무총장에게 전달 |
| [ 문 서 번 호 ] | 1155-1156 |
| [ 발 신 일 ] | 1952년 6월 3일 19시 55분(현지 시간) |
| | 1952년 6월 4일 20시 55분(프랑스 시간) |
| [ 수 신 일 ] | 1952년 6월 4일 01시 00분 |
| [발신지 및 발신자] | 뉴욕/오프노(주유엔 프랑스대사) |

워싱턴 공문 제701-702호, 오타와 공문 제13-14호

정부의 명령에 따라 오늘 아침 캐나다 대표는 유엔 사무총장에게 견해서를
제출했습니다. 원문은 별도로 보내드립니다. 이 견해서는 이승만 정부가 최근
한국에서 취한 강제조치에 대한 뉴스로 캐나다 여론에 발생한 동요를 보고하기
위함입니다.

존슨 씨에 따르면 몇 명의 캐나다 의원, 특히 사회주의자 계열 의원들이 캐나
다의 한국전 파병 정책을 한 번 더 검토하기 위해 이 이 사건을 기회로 잡았습
니다.

피어슨 외무장관이 트리그브 리 사무총장에게 이 같은 행동을 한 것은 의회
층의 분노에 일부 답하기 위한 것입니다. 어쨌든 외무장관은 '비공식적'이고 은
밀하게 전달하고자 했습니다. 이에 관해 언론에는 어떠한 기사도 나지 않았습
니다.

한국에 간 코디어[1] 특보에 관한 본인의 전보 제368호에서 보고한 바와 같이,

---

1) 앤드류 코디어(Andrew Wellington Cordier, 1901-1975). 미국 출신 유엔 사무총장 특보(1945-
1961)로 한국전쟁, 수에즈 운하 분쟁, 콩고 사태 담당. 딘 러스크와 말리크 대사에게 미소 간
긴장 완화 방법을 촉구한 것으로 유명함.

이미 몇 주 전에 온건해지기를 당부하기 위해 이승만 대통령에게 개입했던 유엔 사무총장은 남한 대통령에 대해 "자신의 입장을 강화해 줄 것"이라며 캐나다 견해서를 만족스럽게 받아들였습니다.

지금까지는 다른 어떤 대표단도 이 문제에 대해 사무총장에게 이야기를 꺼내지 않았습니다.

오프노

## 【187】 유엔 휴전안에 반대하는 한국 지도층 분위기(1953.6.3)

[ 전        보 ]  유엔 휴전안에 반대하는 한국 지도층 분위기
[ 문 서 번 호 ]  709-714
[ 발   신   일 ]  1953년[1] 6월 3일 08시 00분
[ 수   신   일 ]  1953년 6월 3일 15시 39분
[발신지 및 발신자]  도쿄/드장(주일 프랑스대사)


5월 28일자 부산으로부터 제28호
6월 2일 도쿄 수신

인용

　　한국 정부는 5월 25일 판문점에서 유엔군 사령관이 제시한 수정안 소식을
매우 절망적으로 받아들였습니다. 같은 날 거의 2시간 동안 쉽게 예상되었던
반발을 확실하게 줄이겠다는 희망으로 클라크 장군이 이 대통령에게 펼친 노
력은 성공하지 못했습니다. 한편으로는 어쩌면 미리 주어진 지령에 따라 휴전
협상 대표단 한국대표 최덕신 장군이 판문점 회담에 참석하지 않을 것입니다.
　　다른 한편, 이 대통령은 각료회의를 소집했습니다. 4시간 동안 진행된 회의
에서는 마침내 휴전협정이 체결될 거라는 가정에서 취해야 할 태도와 조치가
논의되었다고 합니다.
　　이러한 논의는 비밀이라 해도, 아이젠하워 대통령의 성명에 공식적으로 반
박하기로 결정한 정부는 다른 결의안에 들어간 것 같습니다. 아이젠하워 대통
령 성명에 따르면 "유엔의 마지막 제안은 한국에 참전 중인 모든 연합국의 동

---

[1] 날짜의 순서상 이번 권에 포함될 수 없는 날짜이나 최덕신 소장이 휴전회담 대표로 임명된
　　것이 1953년 이후이며 내용상 1953년이 맞다고 보여짐. 때문에 문서 정리의 오류로 추정됨.

의"를 얻었다고 하는데, 막상 전쟁을 치르고 있는 한국인들 자체는 이에 대해 모르고 있습니다. 판문점에서 전달하기 전에 휴전협정들을 일부러 분리시킨다는 성명을 강력히 거부하는 최덕신 장군은 오늘 해리슨 장군에게 이에 관한 보고를 제출하고 다음 6월 1일에는 실제로 판문점에 나가지 않을 것이라고 했답니다. 남한의 반대에도 불구하고 휴전이 이루어진다면, 2/3를 점령하고 있는 전선에서 모든 한국군이 즉시 철수하든지, 반대로 휴전을 무시하면서 남한군에 공격 명령을 내리든지 하겠다고 말입니다.

어제 이승만 대통령은 새벽부터 몇몇 한국 군 장성들과 긴 회담을 가졌습니다. 다만 국방장관 신태영은 전선의 모든 진지를 훈시 중이었습니다. 저녁 늦게, 24일부터 서울을 거의 나가지 않았던 주한 미대사가 이승만 대통령을 방문해 몇 시간 동안 회담했습니다. 새어나온 이야기는 전혀 없지만, 소문에는 브릭스[2] 대사가 이승만 박사에게 아이젠하워 대통령의 메시지를 전달하고 반대 입장을 단념하게 하려고 회담 내내 노력했을 거라고 합니다. 하지만 어떠한 것으로도 이승만 대통령이나, 대부분의 한국 지도층 인사들의 입장을 바꾸게 할 수 없었습니다.

불안해하는 국회의 요청으로 일부러 부산에 온 외무장관은 사실 이 점에 대해서는 의심의 여지없는 상황에 대해 바로 오늘 자세히 설명했습니다. 변영태 외무장관은 한국 정부는 국가의 존망이 걸린 계획에 더 오랫동안 비밀을 유지할 수는 없을 것이며, 뿐만 아니라 공산 측에 제안하기 전에 우리 정부에는 알리지도 않았었다고 하면서, 우선 25일 제안에 대한 유출로 내려지게 된 지시를 확인했습니다. 이어 변 외무장관은, 이전 약속과는 달리 중립국위원회에서 한국인 포로 및 중국인 포로를 석방할 것이고, 폴란드 군과 체코슬로바키아 군, 인도 군이 한국에 오게 될 것이라는 이 제안에 대해 냉담함을 강조하면서, 한국이 원하지도 않고 한국을 토의에 청하지도 않은 휴전은 그 어떤 것도 대한민국을 구속할 수 없을 것이라고 했습니다. 그는 한국인들은 원래 공산주의자들은 물론 공산주의를 "동조하는 자들의 손아귀에 들어가게 하는 모든 것들과 맞서 싸울 것"이라고 했습니다.

드장

---

2) 엘리스 브릭스(Ellis O. Briggs, 1899-1976). 주한 미국대사(1952-1955).

# 【188】 영국 국방장관 알렉산더 방한의 목적(1952.6.4)

| [ 전 보 ] | 영국 국방장관 알렉산더 방한의 목적 |
|---|---|
| [ 문 서 번 호 ] | 2631-263□ |
| [ 발 신 일 ] | 1952년 6월 4일 15시 40분 |
| [ 수 신 일 ] | 1952년 6월 4일 15시 50분 |
| [발신지 및 발신자] | 런던/마시글리(주영 프랑스대사) |

국방장관 알렉산더 경이 오는 6월 6일 금요일 도쿄와 한국으로 출발합니다.

이 같은 결정은 갑작스러운 군 상황 악화에 대한 우려로 내려진 것이 아닙니다. 그는 새로 임명되었을 때부터 날짜는 특정하지 않았지만 극동을 방문하겠다고 결심했었습니다. 영국군이 수용소 질서 유지에 참여해 달라고 호출된 가운데 포로문제에 대한 최근의 하원 토론과, 포로 사건이 여론에 일으킨 감정은 최대한 빨리 이 상황을 보고할 수 있도록 내각이 국방장관에게 방문을 서둘러 줄 것을 요청하게 한 것입니다.

외무부 극동담당 차관보가 동행하게 되는 국방장관의 방문은 열흘 가량 될 것으로 보입니다. 장관의 계획은 미리 정해진 바는 없습니다. 원래 현장에서 군 상황에 대해, 또 포로 문제, 이승만의 정치적 입장, 더 폭넓게는 한국전에 대한 영-미의 의견교환에 있어서 더 좋은 연계가 있을 수 있는지의 가능성에 대해 조사하는 것이 방문의 목적이었습니다. 의견교환이라는 측면에 대해서는, 이탈리아에서 알렉산더 경의 명령으로 클라크 장군이 지휘했던 이후[1] 좋은 관계가 되었던 사실이 그들의 접촉을 용이하게 한 것일 겁니다. 그래서 영국 외무부는

---

1) 2차 대전 때를 말함.

국방장관의 방문으로 적어도 직접 영국 정부가 이 사건에 대한 의견을 더욱 자세히 말해줄 수 있을 거라고 기대하고 있습니다.

마시글리

## 【189】이승만의 국회 해산 시도에 대한 미국의 대처(1952.6.4)

[ 전        보 ]   이승만의 국회 해산 시도에 대한 미국의 대처
[ 문 서 번 호 ]   3834-3839
[ 발    신    일 ]   1952년 6월 4일 21시 55분(현지 시간)
                     1952년 6월 5일 02시 55분(프랑스 시간)
[ 수    신    일 ]   1952년 6월 5일 03시 40분
[발신지 및 발신자]   워싱턴/보네(주미 프랑스대사)


뉴욕 공문 제501-506호


앨리슨 차관보는 오늘 우리 직원 중 한 명에게 다음과 같은 본인의 전보 제3767호의 대상이자 6월 4일 뉴욕 공문인 남한 내전에서 미국의 개입에 대한 추가 정보를 주었습니다.

무초 대사[1]가 한국으로 다시 출발하기 직전에 워싱턴 정부는 부산의 대리대사를 통해 이승만 대통령이 남한 국회에 해산되지 않으려면 대통령의 헌법 수정안에 동의하라는 독촉을 하게 될 거라는 최후통첩을 보낼 작정이라는 것을 알게 되었습니다.

트루먼 대통령은 부산의 미 대리대사를 통해 남한 정부에 대해 "돌이킬 수 없는" 결단을 내리지 말아 달라는 개인적인 메시지를 이 대통령에게 보냈습니다. 미 대통령은 이 메시지에서 무초 대사가 이 사건에 대한 워싱턴 당국의 견해를 보다 철저히 설명할 것이라고 알렸습니다.

미 대리대사는 이 대통령이 남한 국회에 최후통첩을 보낼 준비를 할 때 그를 접견할 수 있었습니다. 트루먼 대통령의 첫 번째 메시지는 이 대통령이 자기

---

[1] 초대 주한 미국대사.

계획을 실행하지 못하게 한 것임에는 틀림없습니다.

수요일 저녁이면 무초 대사가 도쿄에 도착할 것이고, 마크 클라크 장군과 협의한 후 트루먼 대통령의 두 번째 메시지를 이 대통령에게 전달하기 위해 매우 신속히 부산으로 다시 출발할 것입니다.

이 메시지에서 트루먼 대통령은 남한의 현재 위기로 미 당국자들에게 야기된 극도의 우려를 표한 뒤, 워싱턴은 이 대통령이 그런 류의 어떤 "돌이킬 수 없는" 행위로 헌법 제정권을 가진 국회에 최후통첩을 하지 않을 것으로 생각한다는 희망을 다시 표했습니다.

무초 대사는 이 사태에 대한 미국의 방식이 최후통첩의 성격을 가졌다고 해석되면 안 되지만, 이 대통령의 경솔한 행동이 주한 유엔군의 안보를 위험에 빠뜨리게 된다면, 남한에서 취할 수 있는 조치에 대해 미 당국은 매우 신중해질 거라고 강조할 것입니다.

미 당국은 이 중재안이 제 역할을 할 수 있기를 바라고 있습니다.

우리 직원은 존슨 씨에게 만약 이 대통령이 트루먼 대통령의 요청에 따르지 않으면 미 당국이 고려 중인 것은 무엇인지 물었습니다. 국무부 관계자 존슨 씨는 웃으며 "저를 몰아붙이지 마세요[2]"라고 말하는 것으로 그쳤습니다.

존슨 씨는 회담을 끝내면서 한국에 파병하고 남한 정부에 외교 대표자를 파견한 나라들은 이 사태에서 유엔한국통일부흥위원회가 취한 입장에 대한 찬성의사를 최대한 빨리 이 대통령에게 알리는 것이 미 정부의 바람이라고 했습니다.

이 제안에 응하는 것이 좋다고 여기시는지 알려주시면 감사하겠습니다.

보네

---

[2] don't pin me down.

## 【190】 영국 특사단의 극동 방문에 대해(1952.6.7)

| [ 전 　　　　 보 ] | 영국 특사단의 극동 방문에 대해 |
|---|---|
| [ 문 서 번 호 ] | 2669-2673 |
| [ 발 　 신 　 일 ] | 1952년 6월 7일 18시 45분 |
| [ 수 　 신 　 일 ] | 1952년 6월 7일 18시 55분 |
| [발신지 및 발신자] | 런던/마시글리(주영 프랑스대사) |

본인의 전보 제2631-263호 참조

알렉산더 경과 스코트[1] 씨가 도쿄와 한국으로 출발하기 이틀 전, 영국 정부는 외무부의 셸윈 로이드[2]가 이들을 수행하기로 결정했습니다.

주요 일간지의 외교특파원들이 주목하는 것처럼, 이든 외무장관의 직속 보좌관을 한국으로 파견한다는 결정은 유엔군사령관에게 두 장차관이 판문점 협의에 대해서나 남한의 국내 상황에 대해서 명확한 제안을 하겠다는 의미는 아닙니다.

그들의 정해진 임무는 무엇보다도 정보입니다. 미 지도층과 접촉하고 한국에서 제기된 문제에 대한 여러 가지 자료를 검토해보는 것입니다.

그들은 영국 정부와 여론이 한국 상황의 변화에 기울이는 관심을 강조할 것이며, 아마 앞으로 영국 대표들이 보다 긴밀한 연락을 받고, 결정이든, 감독과 실행 조치든 보다 직접적으로 참여할 수 있도록 요구할 것입니다.

마지막 순간에 알려진 셸윈 로이드 씨의 출발은 며칠 전부터 우려되던 점이 단지 포로문제만이 아니라 이승만 대통령의 유감스러운 발의로 혼란스러워진

<hr />

[1] R.H. Scott. 외무부 극동담당 차관보로 추정됨. 문서 제4호 참조.
[2] 당시 영국 외무차관.

정치 상황에 대한 문제도 있다는 사실로 설명될 수 있습니다. 외무차관은 상황을 평가한 후 미대사와 영국 대리대사가 이 대통령에게 이미 했던 교섭을 지원할 수 있을 것입니다. 또 한편으로는 판문점 협상이 봉착한 난관은 국방부보다 특히 외무부에서 제기한 정치적 문제라는 것이 분명합니다. 한국문제의 다양한 양상은 결국 조만간 이루어져야 할 총 조사를 초래하게 된 것입니다.

알렉산더 경과 셀윈 로이드, R. H. 스코트 씨는 금요일 저녁 항공편으로 출발했습니다. 그들은 일본과 한국에서 일주일간 보낸 후 주요 지도층과 회담을 가질 캐나다와 미국을 거쳐 귀국할 것입니다. 그들은 6월 23일이나 24일 영국 정부에 그들의 임무를 보고할 수 있을 것입니다.

마시글리

## 【191】 한국 전황과 국내 상황에 대한 클라크 장군의 태도(1952.6.8)

```
[ 전        보 ]   한국 전황과 국내 상황에 대한 클라크 장군의 태도
[ 문 서 번 호 ]   1127-1234
[ 발   신   일 ]   1952년 6월 8일 02시 00분
[ 수   신   일 ]   1952년 6월 8일 11시 04분
[발신지 및 발신자]   도쿄/드장(주일 프랑스대사)
```

보안

국방부에 전달 요망

본인의 전보 제1121호 참조

6월 6일 어제 이야기를 나눈 클라크 장군은 한국 방문에 대한 머피[1] 대사의 의견을 확인해주었습니다.

1. 클라크 장군을 접견했을 때, 이 대통령은 국회를 상대로 한 싸움에서 자신이 취한 조치를 재검토할 생각을 전혀 한 것 같지 않았습니다. 클라크 사령관은 이 사태에 끼어들게 되었을 때, 자기 스스로 국회 보호를 보장하게 될까봐 염려했었습니다. 그는 이 자체에 대한 관심이 있는 것이 아니라, 전선에 대기 중인 전군(全軍)에게 필요하다고 여깁니다. 이 대통령이 보다 유연한 태도를 취하도록 하는 책임은 기꺼이 외교관들에게 남기고, 그는 완전히 군사적인 관점을 취하고 있었습니다. 그는 워싱턴에 보낸 전보에서 무초 대사가 즉시 자기 자리로

---

[1] 로버트 머피(Robert D. Murphy, 1894-1978). 일본 주재 미국대사(1952), 유엔 사무국장(1953).

복귀할 것을 제안했습니다. 무초 대사는 5일 도쿄에 도착해 6일부터 부산으로 복귀했습니다.

2. '무력'한 정책으로 연합군의 통제에서 완전히 벗어났던 상황을 안정시키기 위해 대규모 병력을 거제도에 보낼 필요가 있었습니다. 유용한 모든 조치들이 취해지고 명령이 내려졌습니다. 며칠 후 최소한의 유혈로 질서와 규율이 완전히 회복되었습니다.

사령관은 당장 미 보병 38연대, 187 공수여단, 영국 연대, 전차 대대, 네덜란드 분견대 등 거제도에 강력한 사단 병력을 보내야 했습니다.

3. 클라크 장군은 모든 전선을 시찰하고, 현재 전선에 있는 모든 연대장 및 사단장들과 이야기를 나누었습니다. 현재 휴식을 취하고 있는 프랑스 대대는 보지 못했습니다. 부대장들은 모두 자신들의 지역에서는 즉각적인 공격을 알리는 어떠한 신호도 확인되고 있지 않다고 했습니다. 부대장들은 전보다 더 강력한 포병 활동을 관측했습니다. 하지만 비조직적인 적의 발포는 공격 준비의 성격은 아니었습니다. 오히려 대규모 공격이 있는 전날에는 보통 피해야 하는 탄약 낭비에 가깝습니다. 또 한편으로, 청천강 근처에 다시 기지를 지으려 하거나 평양 남쪽에서 뚜렷한 공군 활동을 펼치려 하지 않는 것으로 볼 때, 적은 압록강 북부의 공군기지를 보호하고 있습니다. 대규모 공격을 계획하고 개시하기 위한 모든 방법을 수중에 가지고 있다는 것과, 최종 준비는 약 일주일 동안 아주 신속히 이루어질 수 있다는 것에는 변함이 없습니다. 그러므로 매 순간 준비하고 있어야 했습니다. 장군은 깊이 단단하게 세워진 철조망과 지뢰밭으로 보호 시설을 갖추고 항공기의 지원을 받는 훌륭한 포병대를 소유한 유엔군이 강하고 지속적인 공격을 깨뜨릴 능력이 있다고 평가했습니다. 막대한 피해는 적의 몫일 거라고 말입니다.

저는 클라크 장군에게 인명을 지나치게 무시하는 공산군이 상황을 돌파하기 위해 필요한 희생은 해도 된다고 동의하는 경우 일어날 수 있는 일은 무엇인지 물었습니다. 그는 얼버무리며 답했습니다. 그는 이 상황이 중공군의 대규모 개입이 있는 경우 인도차이나에서 일어날 수 있는 상황과는 전혀 다를 거라고 생각하는 것 같습니다.

4. 클라크 장군은 판문점 협상에서 좀 더 강력한 태도이기를 표방합니다. 장군에 의하면 유엔사령부가 휴전을 원한다는 것을 너무 확실히 보여주었다고 합니다. 그는 현재 유엔대표단이 회의 간격을 넓히자고 더 요구해야 한다고 여깁니다. 그는 모든 징후에도 불구하고, 중공-북한이 휴전을 원하지 않는 것인지, 송환할 포로가 약 100,000명이 될 수 없는 것인지 궁금하게 여기고 있습니다.

5. 신임 사령관은 그런 작전이 전혀 결정적일 수 없는 한국에서 유엔의 모든 공격 의도를 배제하고 있습니다. 문제는 오히려 현재 한반도에서 움직이지 않는 미군 부대를 더 끌어들이는 것보다 오히려 빼내는 게 될 것입니다. 어쨌든 클라크 장군은 현재의 상황에 있어서는 너무 어설프게 방어되고 있는 이 나라 한국을 위해, 일본에 주둔 중인 미군 2개 사단을 포기해야 하는 것은 피하고 싶을 것입니다.

드장

런던 공문 제10477-10484호
뉴욕 공문 제1454-1461호
워싱턴 공문 제9539-9546호

한국전쟁 관련 프랑스외무부 자료 IV(1952. 01. 01~1952. 06. 30)

## 【192】 적의 전후방 배치와 포로수용소 반란 징후(1952.6.8)

[ 전      보 ]  적의 전후방 배치와 포로수용소 반란 징후
[ 문 서 번 호 ]  1139-1140
[ 발    신    일 ]  1952년 6월 8일 08시 00분
[ 수    신    일 ]  1952년 6월 8일 15시 30분
[발신지 및 발신자]  도쿄/드장(주일 프랑스대사)


런던-뉴욕-워싱턴에 전달 요망
국방부에 전달 요망

사이공 공문
본인의 전보 제1127호 참조

1. 6월 7일 참모장교 회의에서 적군이 현재 전선에 직접 지원용으로 781대의 포대를 배치하고 있다고 알려졌습니다. 그 구경에 따라 포들은 주요저항선의 후방 2-4㎞의 거리를 두고 배치되었으며, 연합군 전선 안으로 12㎞까지 작용될 수 있었습니다.

지금까지 전체적인 적의 군사 배치는 아직은 그저 방어 목적에 해당되는 것이었으나, 참모장교에 따르면 지금의 전선과 매우 근접한 곳에 구축된 진지는 분명 공격용이라고 합니다.

2. 거제도에서 미 당국자는 포로들의 총 반란이 남침 2주년인 6월 25일로 예정되었다고 작성된 문서를 발견했습니다.

적의 은밀한 의도를 판단하는데 있어서, 중요한 것은 공산군 사령부에 의한

작전 재개 증거로 여겨질 수 있다는 것입니다.

드장

런던 공문 제10473-10474호
뉴욕 공문 제1452-1453호
워싱턴 공문 제9535-36호

# 【193】 부산 정치 파동 상황(1952.6.9)

| | |
|---|---|
| [ 전 　　　　 보 ] | 부산 정치 파동 상황 |
| [ 문 서 번 호 ] | 1149-1153 |
| [ 발 　 신 　 일 ] | 1952년 6월 9일 07시 00분 |
| [ 수 　 신 　 일 ] | 1952년 6월 9일 14시 30분 |
| [발신지 및 발신자] | 도쿄/드장(주일 프랑스대사) |

긴급

6월 1일자 부산 공사관 제14호, 6월 9일 도쿄에 도착

내무부가 강력하게 작성한 성명이 현재의 정치적 위기를 유발시킨 특별조치에 방패로 삼고 있는 예고된 화제의 '완벽한' 세부사항들을 어제 저녁 발표되었습니다.

이 문서는 다음 사항을 밝히려고 합니다.

1. 우선 '자유당'을 창당하기 위해 야당이나 중립정당을 흡수하려는, 이어 정부의 지지자를 없애려는, 또 '북조선 정부와의 타협으로 통일 조선을 평화적으로 수립'하기 위해 현 정부 구조를 근본적으로 바꾸려는 공산 조직의 존재와 음모.
2. 3월에 전임 국무총리 장면의 비서가 '지지하는 인물'로 잘 입후보시키고 그가 입후보를 받아들이도록 이 '불법적으로 결탁하는' 조직을 요청했고 이러한 목적으로 막대한 금액을 여러 의원들과 정당에 쏟아 부었다는 사실.

이 같은 전개는 아마 이 대통령에게 유엔위원회의 5월 28일자 서신에 이날까지 아직 하지 않았던 답변 자료를 제공하게 되었습니다(본인의 이전 전보 참조). 그 기회에 대통령선거 경쟁자 한 명이 제거되는 것을 볼 수밖에 없습니다. 어제 저를 방문한 서울 교구의 노기남[1] 보좌신부는 이에 관해 체포된 의원들은 모두 천주교인인 장면의 지지자들이며, 그런 관점에서 지난주에 있었던 정체를 알 수 없는 단체에 의한 가톨릭계 신문[2] 인쇄 방해공작이 나날이 더 분명히 밝혀지고 있다고 제게 설명해주었습니다.

그동안에 유엔위원회의 제안대로 미 의회의 압력이 느슨해지기는커녕, 엄격한 조치가 강화되고 증대되는 것 같습니다.

그저께는 숨어있던 20여 명 중 2명의 의원이 새로 체포되었고 10명은 체포영장이 발부되었습니다.

개인적인 교섭이나 도쿄의 일본 라디오를 통해 더 알게 된 사태의 전개과정은 극도로 엄격한 검열로 신문에서 전혀 볼 수 없었습니다.

한편, 최근 임명된 6명의 지방의회 의원들이 이 대통령에게 제출한 국회 해산 결의안 형태로 새로운 공작의 모습이 드러났습니다.

특히 친정부 신문의 목소리인 '가짜 라디오 방송'으로 혼란을 철저히 이용하면서, 이러한 작전은 꽤나 교묘하게 주권을 가진 한국의 국내 사태에 외국의 내정간섭을 비난하기 위해 한국의 민족주의에 호소하는 지도를 하고 있는 것 같습니다.

드장

---

[1] 노기남 신부(1902-1984). 최초의 한국인 가톨릭 주교. 명동성당 보좌신부로 활동하다 1962년 대주교로 승품되며 서울대교구장을 맡음. 장면의 '정치적 후견인'으로 알려져 있음.
[2] 경향신문으로 추정됨.

## 【194】 유엔위원단에 보낸 이승만의 답신과 한국 국내 상황(1952.6.9)

[ 전        보 ]  유엔위원단에 보낸 이승만의 답신과 한국 국내 상황
[ 문 서 번 호 ]  1154-1159
[ 발    신    일 ]  1952년 6월 9일 08시 00분
[ 수    신    일 ]  1952년 6월 9일 14시 43분
[발신지 및 발신자]  도쿄/드장(주일 프랑스대사)

긴급

브리옹발 씨로부터 6월 3일 발신, 도쿄 6월 9일 수신

어제야 전달된 5월 31일자 장문의 편지로, 이 대통령은 결국 5월 28일의 유엔위원회 메시지에 답변을 했습니다.

예상할 수 있었던 것처럼, 이 편지는 본인의 이전 전보에서 언급한 5월 31일 밝힌 완벽한 세부사항에 꼭 걸맞은 방어이자, 이 대통령은 그 세부사항에서 위헌으로 단행한 의원 체포의 정당화를 끌어오고 있습니다. 그는 계엄령이 의원 체포를 위해서가 아니라 전쟁 행위를 막기 위해 내려진 것이었다고 단언했습니다. 그는 분명 부산 근처까지 ㅁㅁㅁ, 하고 ㅁㅁㅁ 이 위험의 소멸이나 경감으로 그것이 가능해지게 되자마자 풀릴 것입니다. 이 박사는 이 ㅁㅁㅁ를 국민이 해산을 요구하는 국회에 반대하여 유일한 진짜 헌법 대변인으로 보이는 재판소를 더 오랫동안 이용할 것입니다. 이러한 주장을 뒷받침하기 위해 이 대통령은 유엔위원회 위원들에게 시민들이 희망사항을 표하는 유명한 대중 집회 중 한 곳을 선택해 어느 도시건 방문해보라고 했습니다.

세부사항에서처럼 범죄를 저지른 인사들의 재판에 대한 전체 공개와 공개 논의를 더 허가하고 있습니다.

유엔위원회가 5월 28일자 메시지에 공개된 사항들과 이 대통령의 편지에서 보이는 놀라운 분노와, 원인의 근본적인 사정을 알 때까지 기다리지 않고 몇몇 의원들에 대한 소문을 어리숙하게 믿는 유엔위원회와 '어떤 친구들'(미 당국자들)에 대한 참을성 있고 관대한 체하는 태도를 기억할 필요가 있습니다.

'한국 국내 사태에 외국의 개입'을 반대하는 운동은 점점 더 나타나고 있습니다.

어제 친정부 신문은 5월 28일 서한에 대해 심한 비판으로 유엔한국위원단을 격렬히 비난하는 기사를 실었습니다.

같은 날, '어떤 인물'이 정권을 잡으면, 미국의 원조가 중단될 수 있다는 소식이 퍼진 야당 구성원에 대해 좀 폭로적일 만한 비난을 계기로 이 대통령은 다음과 같이 발표합니다.

> "나는 어느 나라이건 한국 원조의 모든 책임을 지고 우리에게 수십 억 달러를 제공한 어느 나라가 우리의 행동을 규정하려하고, 우리가 그 요구에 굴종하는 것을 거부한다면, 원조를 중단하겠다고 위협하려는 한 국가에 반대하는 것이 국민의 태도일 거라고 믿어 의심치 않습니다. 나는 공산주의자나 그들의 협력자들 외에는, 모든 한국의 정부 관리나 단순한 시민들이 자신들의 주권을 양보하지 않겠다고 굳게 결심했음을 확신합니다. 그렇게 함으로써 비록 가난과 굶주림에 직면할지라도 말입니다."

어제도 친이(親李) 의원계[1]는 유엔위원회의 5월 28일 서한이 우리에게 내정간섭을 하는 것인지 여부를 알게 되었을 외무장관에게 질의하기 위한 동의안을 국회에 제출했습니다. 이 동의안이 격렬한 발언들 끝에 실패하게 되자, 원외 자유당 의원들 52명은 일어나 회의장을 단체로 나가버렸습니다.

드장

---

1) 원외 자유당.

## 【195】 휴전협상에서 미국의 태도를 비난하는 기사(1952.6.10)

| | |
|---|---|
| [ 전 　 　 보 ] | 휴전협상에서 미국의 태도를 비난하는 기사 |
| [ 문 서 번 호 ] | 1266 |
| [ 발 　 신 　 일 ] | 1952년 6월 10일 15시 00분 |
| [ 수 　 신 　 일 ] | 1952년 6월 10일 16시 00분 |
| [발신지 및 발신자] | 모스크바/브리옹발(주소련 프랑스대사관 참사관) |

신화통신 뉴스에 따르면 6월 7일 열린 한국 휴전협상 담당 대표단 전체회의를 보고하는 베이징 주재 타스통신 특파원은 특히 "제네바협정에 부합하는 포로 송환 문제에 대한 협의에 이르는데 상대측의 성의 없음"을 강조하는 남일 장군의 발언 문구를 인용하고 있습니다. 그는 "6월 11일까지 회의를 연기한다고 일방적으로 취해진 결정에 중공-북한 측의 항의가 있음에도 불구하고, 협상을 고의로 질질 끌게 하는 것처럼 보이면서 휴전협정 체결을 바라고 있지 않는 미 대표 해리슨"의 교만한 태도도 강조하고 있습니다.

신문은 6월 9일 김일성 장군과 펑더화이 장군이 포로문제에 대해 클라크 장군에게 보낸 서신도 실었습니다. 우선 두 장군은 포로송환 문제가 한국의 휴전협정 체결에 이르는 타협을 막고 있는 유일한 점이라는 사실을 강조하고 있습니다.

"이 점에 대해 우리는 전 세계인들이 열렬히 바라는 휴전에 이르기 위해 협의로 이 문제를 해결하도록 양측 대표자들이 가능한 모든 것을 해야 한다고 여깁니다."

이어진 글은 양측 간에 이루어진 협의와 같이, 또 그 협의에 따라 "각 측의 송환 포로는 더 이상 한국전쟁에 참여하면 안 될 것이며 조국으로 돌아가 평온한 삶을 살아야 한다"는 "1949년 제네바협정 정신"에 완벽히 부합한다고 판단하는 5월 2일 중공-북한 측의 제안 내용을 떠올리게 합니다. 만약 미국이 "중공-북한처럼 진지하게 한국 휴전협정을 원한다면 포로송환 문제는 오래전부터 이 제안에 따라 합리적으로 해결되었을 것"이라고도 했습니다. 그는 끝으로 "중공-북한 대표들의 끊임없는 노력만이 지금까지 협상을 이어오게 하고 있다", "회의는 꼭 통상적인 순서대로 속행해야 한다", 또 미국이 진정 협의를 원한다면 그들은 "전 세계 인민들 앞에서 협상 참여자로서 그들에게 과해진 중요한 의무를 다하기 위해" 정상적인 과정을 따라야 한다고 했습니다.

브리옹발

## 【196】 휴전협상을 속행할 방법에 대한 제안(1952.6.10)

[ 전 보 ] 휴전협상을 속행할 방법에 대한 제안
[ 문 서 번 호 ] 1234-1241
[ 발 신 일 ] 1952년 6월 10일 20시 30분(현지 시간)
1952년 6월 11일 02시 30분(프랑스 시간)
[ 수 신 일 ] 1952년 6월 11일 03시 00분
[발신지 및 발신자] 뉴욕/오프노(주유엔 프랑스대사)

보안

워싱턴 공문 제730-737호

한국 휴전협상이 난관에 봉착했던 것에 대한 유엔 내부의 생각이 확인되었습니다. 만약 1년 전부터 양측이 한 양보가 각각의 수용소에서는 미치지 않을 거라는 확정적인 생각이 있다는 것을 고려하지 않고 있다면, 대면하고 있는 협상가들의 입장은 어떠한 타협에도 더 이상 동의하지 않는다는 것을 유엔군은 확인하였습니다. 적대행위 중지 협상은 순전히 군사 명령 문제에 국한되어 있었는데, 여기에 포로 문제가 더해지게 되면서, 유엔대표들은 아마도 이 특별한 점에 대한 협상에서 모든 전략상의 실수가 ㅁㅁㅁ하게 되는 첫 번째 실수를 저지른 것 같습니다. 일 년 전 시작된 협상에서 제시된 목적은 포로문제를 포함한 다른 모든 문제들이 차례로 논의될 수 있을 국제적 데탕트의 전조인 '휴전'에 이르는 것이었습니다. 현재 모든 문제를 중단시킨 것은 바로 포로문제입니다. 전문적으로 자기들 권한에 속하는 완전히 군사적인 모든 문제가 합의에 이른 후, 장군들은 이 어려운 문제에다 해결이 점점 더 멀어 보이는 그런 당혹스런 요소들까지 포함시켰습니다. 미 언론은 최근 며칠 간, 어떤 대표단들이 유엔사

무국에 이 어려움들을 잘 해결할 제안을 했다는 소문을 냈습니다. 제가 이 점에 관해 트리그브 리 사무총장에게 질문하자, 그 소리들은 모든 면에서 거의 헛소문이라는 답변을 내놨습니다. 호주, 이스라엘, 캐나다 대표단의 몇몇 위원들이 사무총장이나 유엔 직원과의 개인적인 회담에서 현재 그들에게 닥친 난관에 우려를 표하고 거기서 벗어날 수 있는 방법을 검토했었다면, 그때 교환됐던 이야기들은 결코 현실적인 범위가 아니었던 것이고, 사무총장은 그에 따른 답변을 그들에게 하지 않았던 것입니다.

저는 포로문제만 다른 작전으로 다른 장소에서 다른 방법으로 다루면서 따로 떼어내야만 한국 휴전협상이 이루어질 거라고 확신합니다. 그에 대한 조사는 제네바에서 열릴 법률가와 군사 전문가들이 참여하는 합동위원회에 위임하고 작업을 완수할 유예기간을 주자고 유엔과 북한에 제안할 수 있을 것입니다. 국제적십자위원회와 관련국 국내 적십자위원회 역시 기술적인 원조를 해 줄 수 있을 것입니다. 위원회 회의 기간 동안 이미 이루어진 협의를 근거로 실질적인 '휴전'이 요구될 것이고, 합동위원회가 합의에 이르면 자동으로 휴전으로 변할 것입니다. 위원회 합의가 모호해도 저는 그것을 인정합니다. 이전에 그들이 취했던 개인적이고 단호한 입장을 무력화시킬 더 좋은 기회들이 협상가들 간에 생겨날 수 있을 것입니다. 그들은 새로운 분야에 대한 일을 인계받아 하면서 보다 자유롭게 시의적절한 법적 자원과 조언을 이용할 수 있을 것입니다. 포로들에 대한 특수 문제가 매일 발생하고, 공산당의 프로파간다에 자료를 제공하는 등 모든 위험과 좋지 않은 모든 전개를 내포하고 있는 이 과정, 현재 난관을 끝없이 질질 끌고 있는 이런 류의 과정에 다른 해결책은 없어 보입니다. 그런 상황은 개선해보기 위해 약간의 주도성과 상상력을 쏟을 만 한 것 같습니다. 전반적인 이익과 유엔의 이익을 위해 더 이상은 전혀 위험해 보이지 않고, 유엔의 깃발 아래 체념한 채 소극적으로 받아들여 상황은 연장됩니다. 이런 형태와 특성을 지닌 발의는 분명 정성껏 신중하게 조사하라는 요구를 하게 될 것입니다. 저는 유엔 내부에서는 이러한 제안을 우호적으로 받아들일 것이며, 미 정부역시 부하 직원 중 몇몇의 실수가 특히 어렵게 만들었던 책임을 적어도 일시적으로나마 면할 방법으로 여길 것이라는 것을 알고 있습니다.

그것을 검토하는 것이 프랑스의 역할이 될 것이고, 이에 관해 런던과 워싱턴, 오타와 주재 우리 대사들의 의견을 모으자고 외무부에 제안하는 바입니다.

오프노

## 【197】 김일성, 펑더화이가 클라크 장군에게 포로협상 재개를 촉구하며 보낸 편지 (1952.6.10)

| | |
|---|---|
| [ 전 보 ] | 김일성, 펑더화이가 클라크 장군에게 포로협상 재개를 촉구하며 보낸 편지 |
| [ 문 서 번 호 ] | 1170 |
| [ 발 신 일 ] | 1952년 6월 10일 10시 50분 |
| [ 수 신 일 ] | 1952년 6월 10일 13시 40분 |
| [발신지 및 발신자] | 도쿄/드장(주일 프랑스대사) |

6월 9일 어제, 남일 장군과 펑더화이 장군은 클라크 장군에게 서신을 보냈습니다. 이 편지는 17시에 연락장교에게 전달된 것으로 휴전협상의 유일한 난관인 포로교환 문제에 대한 것이었습니다. 아래는 이 편지의 번역문입니다.

"지금은 포로송환에 대한 문제만이 휴전협정 체결에 이르는 협상을 방해하고 있습니다. 우리는 귀측과 우리 대표단이 전 세계 인민들이 걱정스레 바라고 있는 휴전이 이루어지도록 이 문제를 협상으로 해결하기 위해 모든 노력을 해야 한다고 여깁니다.

이 문제가 합리적인 기준으로 협상에 의해 해결되도록, 양측 대표들은 양측 포로들이 집으로 귀환해서 평온한 삶을 살기 위해, 송환 후 한국에서의 적대행위에 참여하지 않는다는 것에 신경 쓰기로 합의했었습니다. 이 약속을 존중한다는 것을 보여주기 위해 우리 대표들은 수차례 공정한 제안을 했었습니다. 이 제안에 따라 상대편에 생포된 유엔이나 중국인민지원군 등 외국 국적의 군인은 송환되어 귀향하게 될 것입니다. 다른 편에 생포된 남한 군대나 조선인민군의 한국인 군인 중 다른 편이 통제하던 지역에 거주지가 있는 사람들은 송환되어 귀향하게 될 것입니다. 거주지가 그들을 억류하고 있는 편의 지역에 있는 사람들은 송환되지 않는 귀환이 허가될 것입니다. 이 제안은 전 세계에 알려진 1949년 제네바협정에 충실히 부합하는 것입니다. 휴전에 대한 우리의 열망만큼 귀측 역시 진지하다면, 포로문제의 합리적인 해결은 이 제안을 토대로 얻게 될 것입니다.

어쨌든 교섭위원들이 의제 제4항을 논의했을 때부터 귀측은 제네바협정과는 상반되는 자원 송환 원칙이라는 것을 비상식적으로 주장했습니다. 올 3월 말부터 우리 대표들은 상기에 언급한 우리의 제안에 따라 1951년 12월 18일 제출된 포로 명단을 각 측이 재검토하자고 제안했습니다. 4월에 귀측 대표들이 귀측의 불법명단을 재검토하는데 동의했음에도, 사실 포로 분류라는 것은 생포된 우리 측 인사들을 강제로 억류하려는 것과 같습니다. 포로가 다른 교전국 포로라는 사실로, 어떠한 경우에도 협정으로 그들에게 보장된 권리를 포기할 수 없다는 것이 제네바협정에 규정된 것입니다. 때문에 귀측이 주장하는 자원송환과 분류 원칙은 비상식적일 뿐 아니라 국제법과도 양립할 수 없는 것입니다.

앞서 말한 이유로, 귀측 대표들은 회담에서 논의와 협의를 거부하고, 우리 편 포로를 차지하려는 귀측의 제안이 확정적이고 최종적인 변경될 수 없는 것이라는 수정 성명만 계속 반복했습니다. 귀측 대표들은 줄곧 협상을 지체시키기 위해 무기한 중지나 일시 중지를 요구했습니다. 6월 7일 귀측 대표들은 우리가 동의하지도 않았는데 글자 그대로 3일간의 중단을 선언했습니다. 그들은 우리 답변을 기다리지도 않고 협상 텐트를 떠났습니다. 귀측 통역자가 우리 대표의 성명을 다 번역하기도 전에 말입니다. 그것은 동등한 입장의 협상에서 절대로 받아들일 수 없는 무례하고 도발적인 행위입니다. 6월 8일과 9일, 귀측 대표들은 보통 휴전협상 방식대로 지리멸렬한 회담을 위해 판문점에 오는 것까지 거부했습니다.

생포되어 있는 우리 편을 강제로 차지하려는 귀측의 제안이 확정적이고 최종적이며 변경 불가하다고 주장하면서, 귀측 대표들은 명백히 협박으로 우리를 포기시키려는 것으로 여겨집니다. 하지만 귀측은 전장에서 얻을 수 없었던 것을 회담장에서도 얻을 수는 없다는 것을 알아야 할 겁니다. 지금 귀측의 대표들은 회담을 일방적으로 중지시키면서 우리를 다시 도발하려 했습니다. 동등한 양측 간의 휴전협상에 있어서 공평하고 합리적인 협의는 논의와 협상을 통해서만 이루어질 수 있다는 점을 강조하지 않을 수 없습니다. 논의를 거부하고, 협의를 거부하고, 회담 개최까지 거부하거나 회담 중에 떠나버리면서 귀측은 사실과 진실에 대한 귀측의 두려움을 내보이고 있습니다. 그런 식으로 협상 중단을 원한다면 그 사실을 분명히 말하고 그에 대한 책임을 져야 할 것입니다. 공개적으로 밝힐 수 없는 이유를 위해 귀측이 일부러 극동에서의 긴장 상황을 만들고자 한다면, 그 결과 전 세계 평화를 애호하는 사람들의 분노를 야기하고 비난을 받게 될 게 분명합니다.

휴전협상이 지금까지 계속되었던 것은 우리가 펼친 끊임없는 노력 덕분입니다. 휴전협상을 중단시키는 유일한 문제를 신속히 공정하고 합리적으로 해결하기 위해, 우리는 회담이 정기적으로 이루어져야 한다고 계속 생각하고 있습니다. 귀측이 여전히 휴전협상에 진지하다면, 정상적인 과정에 따라 회담을 열도록 귀측의 대표들이 판문점에 오도록 명령해야 합니다. 그렇게라도 휴전협상에 부분적으로 ㅁㅁㅁ한 전 세계를 위한 중요한 의무를 귀측은 다해야 할 것입니다.

김일성, 펑더화이(서명)"

클라크 장군의 답변은 공산군 측에 전달될 때 공개될 것입니다.

국방부에 전달 요망.

드장

# 【198】 한국 상황에 대한 이든 외무장관의 국회 답변(1952.6.12)

| [ 전 보 ] | 한국 상황에 대한 이든 외무장관의 국회 답변 |
|---|---|
| [ 문 서 번 호 ] | 2731/2738 |
| [ 발 신 일 ] | 1952년 6월 12일 21시 00분 |
| [ 수 신 일 ] | 1952년 6월 12일 21시 25분 |
| [발신지 및 발신자] | 런던/마시글리(주영 프랑스대사) |

어제 하원에서 의원들의 질문에 이든 외무장관의 답변은 영국 정부가 한국에서 일어난 최근 사건의 전개 과정에 대해 정확히 판단하고, 이 중요한 문제에 대한 주요 정책 경향을 이끌어내도록 했습니다.

본인의 전보 제2714-2715호에서 요점을 지적한 바 있는 이 대통령과 국회에 반대하는 투쟁에 관한 이든 씨의 보고는 특히 명확합니다. 이 보고는 영국 정부가 알렉산더 경과 셀윈 로이드 씨가 현장에 있었던 덕에 부산의 대리대사가 이미 시도한 단계를 실천하기 바랄 거라고 예상하게 합니다.

이든 씨는 거제포로수용소의 몇몇 구역 통제 회복을 위해 시도된 활동에 대해 상세한 내용을 알렸습니다. 거제도를 방문했던 버치어 공군 부사령관의 보고서를 인용하면서, 이든 장관은 질서 회복을 위해 지휘하며 취한 조치만큼, 보트너 장군의 능력에 버치어 장군이 깊은 인상을 받았다고 했습니다. 이든 외무장관은 거제도에서 잇따라 일어나는 사건들이 얼마나 비참한지 강조했습니다. 수용소 몇몇 군데에서 지배자로 군림했던 공산군은 115회 이상 수많은 반항을 했습니다. 이든 장관은 다음에 이 사건 전체에 대한 백서를 내기로 약속했습니다.

포로송환 문제에 대해 외무장관은 영국정부가 미 정부와 긴밀히 접촉하고 있다고 했습니다. 이 문제에 대해 잇따른 질문에 그는 다음과 같이 답했습니다.

"휴전의 유일한 장애가 포로교환에 대한 새로운 조사가 휴전 전후 이루어지는지 여부를 아는 것이라면, 저는 개인적으로 이 난관이 지속되지 않도록 당연히 양측이 미리 새로운 조사 결과를 받아들이겠다고 약속하는 조건으로 동의하겠습니다."

결국, 가장 중요한 점이 바로 그것입니다. 특히 이든 장관의 답변과 도쿄에서 이루어진 알렉산더 국방장관의 성명을 연결해보면, 이든 외무장관은 정부가 판문점의 유엔대표단 가운데, 더 일반적으로는 주한 유엔사령부 가운데 영연방 대표가 한 명 있는 것으로 생길 수 있는 유리한 점을 신중하게 검토할 거라는 것을 숨기지 않았습니다. 이든 장관은 이 문제가 알렉산더 경의 귀국 때까지 정해지지 않을 거라고 강조했습니다. 영국 정부는 바로 그때 새로운 형식의 장단점을 고려한 후에야 결정할 것입니다.

외무부 직원 중 한 명이 들은 바에 따르면, 단점은 두 가지가 있을 거라고 합니다. 하나는 영연방에 속하지 않으면서 한국에 파병 중인 나라 중 대표가 될 나라를 예측하기 어려운 점, 또 한 가지는 영국 정부가 이 문제에 있어서 가능한 한 미국의 반대에 부딪히는 것을 피할 거라는 점입니다. 클라크 장군과 알렉산더 경을 잇는 우정은 아마 미국과의 관계라는 두 번째 단점을 준비해서 미 정부를 그런 해결안으로 돌리도록 할 수 있을 것입니다. 오늘 아침 『맨체스터가디언』이 그런 것처럼, 영국 정부는 요구하는 모습으로 보이는 것보다 미 정부가 하게 될 제안을 받아들이는 것이 훨씬 쉬울 거라는 점은 분명합니다.

마시글리

# 【199】 포로문제 진행 상황(1952.6.12)

| | |
|---|---|
| [ 전　　　　보 ] | 포로문제 진행 상황 |
| [ 문 서 번 호 ] | 1184 |
| [ 발　　신　　일 ] | 1952년 6월 12일 03시 00분 |
| [ 수　　신　　일 ] | 1952년 6월 13일 14시 00분 |
| [발신지 및 발신자] | 도쿄/드장(주일 프랑스대사) |

사이공 공문 제772호

　1. 3일 동안의 회의 중단은 공산 측 대표들의 어떠한 태도 변화도 이끌어내지 못했습니다. 6월 11일 회의에서 그들은 또 습관적으로 살육과 대량학살을 비난했습니다. 그들은 포로들조차 무력으로 송환될 거라고 다시 강조했습니다. 해리슨 장군은 처음 분류를 확인하거나 반대하기 위해 새롭고 공정한 포로 분류를 다시 한 번 제시했습니다. 공산 측의 요구로 다음 회의는 12일로 정해졌습니다.

　2. 클라크 장군은 어제 국제적십자위원회 부집행위원장 다비드 드 트라즈 씨를 방문했습니다. 회담은 제네바협정 제126조에 준거해 적십자위원회 대표들의 일신상 안전을 위해 최근 중단됐었던 거제포로수용소 방문 문제에 대한 것이었습니다. 방문 금지는 협정에 따라 포로를 억류하고 있는 당국이 세운 규칙과 명령에 따르는 것이 그들의 의무라는 것을 깨닫게 될 때 풀릴 것입니다. 이 금지는 거제도포로수용소에 적용되었습니다. 포로들을 고려해 국제적십자위원회가 약속한 업무는 결코 중단된 적이 없었습니다.

　3. 제77호 수용소는 어제 무사히 분산되었습니다. 포로들은 고분고분하게 그들을 위해 준비된 새 막사에 갔습니다. 제77호 수용소 난투 때 포로들의 피해는

사망 31명, 부상 139명으로 총 170명에 달했습니다. 사망자 중 12명의 반공포로들은 원래 그들의 동지였던 자들에게 가장 잔인하게 살해된 것으로 보입니다.

국방부에 전달 요망.

드장

## 【200】 거제포로수용소 사태 해결과 알렉산더 방한을 대하는 미 정계(1952.6.12)

| | |
|---|---|
| [ 전      보 ] | 거제포로수용소 사태 해결과 알렉산더 방한을 대<br>하는 미 정계 |
| [ 문 서 번 호 ] | 4043-4048 |
| [ 발    신    일 ] | 1952년 6월 12일 20시 00분(현지 시간)<br>1952년 6월 13일 01시 00분(프랑스 시간) |
| [ 수    신    일 ] | 1952년 6월 13일 02시 00분 |
| [발신지 및 발신자] | 워싱턴/보네(주미 프랑스대사) |

뉴욕 공문 제543-548호

　트루먼 대통령은 남한 포로수용소에서 제네바협정 적용을 관리하는 국제적 십자위원회 대표들 중에 임시로 중립국 소속 군인 옵저버를 몇 명 참가시키자는 러셀[1] 상원의원의 제안에 막 답했습니다.

　미 상원 군사위원회 위원장이 행정부 수반에게 편지를 전달한 것은 백악관에서 열린 회담에서입니다. 편지에서 그는 최근 몇 주 동안 수용소에서 일어난 심각한 소요는 포로를 맡은 책임자들의 지나친 독선과 정치적 목적으로 폭력과 그들이 일으킨 반발을 사용하겠다는 수용된 공산당 지휘관들의 확고한 의지 때문에 벌어진 것이라고 강조했습니다. 이런 조건에서 "공산당 프로파간다 기구가 전 세계에 퍼뜨리는 다양한 거짓말의 범위를 없애고, 모든 자유 시민들이 거제도 사건의 진실을 알게 될 수 있도록, 다른 자유국가 소속의 경험 많은 고위직 군인 옵저버들이 제네바협정 조치를 준수시키기 위한 작전행위를 조사하기 위해 거제도 방문을 권유받았다"는 것을 인정한다고 합니다.

　트루먼 대통령은 이 편지와 함께 이 제안을 지지하고 그러한 방향으로 행동

---

1) Russell.

하라고 국방부에 지시하는 문서를 국방부장관과 군 총사령관에게 전달했습니다. 러셀 의원이 옵저버로 인도, 파키스탄, 인도네시아를 고려하였고, 대통령은 이 세 나라에 스위스와 스웨덴을 더했습니다.

조지아 주 상원의원의 발의는 확실히 도드 장군 납치 이후 거제도에서 전개되었던 상황이 판문점과 다른 곳에서 공산군의 프로파간다로 악용된 사실이 의회에 불러일으킨 우려에 대해 보여주고 있습니다. 중공-북한 측은 마크 클라크 장군이 취한 조치들을 '잔인한 행위들'이라며 끊임없이 강력한 규탄을 하고 있지만, 미 여론은 사령관이 제 때에 필요한 조치를 취했었더라면 불가피했을 이번 조치들이 개입하지는 않았을 거라는 점을 잘 알고 있습니다.

정계는 알렉산더 경의 방한(訪韓)이 휴전협상에 보다 직접적으로 참여하기 위한 영국 교섭활동의 전주일 거라는 소문을 매우 신중하게 받아들였습니다.

사실 자체는 이번 방문이 최근 몇 달간 벌어진 한국 사태의 과정에 대한 설명을 무비판적으로 수용할지 망설이는 영국의 표현으로 해석될 수 있고 현재 이 사건들이 불러일으킨 게 분명한 불안에 덧붙여질 수 있다는 것입니다.

어제 트루먼 대통령이 국방부에 보낸 지시가 바로 이러한 관점에 포함되어 있습니다.

보네

| [ 전　　　보 ] | 이승만 대통령과 한국 국회 간의 투쟁에 대한 분석 |
|---|---|
| [ 문 서 번 호 ] | 1000/AS |
| [ 발　신　일 ] | 1952년 6월 12일 |
| [ 수　신　일 ] | 미상 |
| [발신지 및 발신자] | 런던/마시글리(주영 프랑스대사) |

　미국, 영국, 프랑스 대표들이 이미 이승만과 교섭한 후, 알렉산더 경과 셀윈 로이드 씨가 남한 정치 상황을 조사했습니다. 대통령과 한국 국회가 맞서고 있는 갈등을 정확히 파악하는 것은 흥미로운 일입니다. 의회와 영국 언론에서, 모든 정당, 특히 노동당이 더 집요하게 대통령 결정의 거의 비민주적인 성격과 불안한 내부 상황이 군사 작전에 대해 가질 수 있는 위험스러운 영향을 강조했습니다. 6월 11일 하원 회의에서 이든 장관은 이 대통령의 발의에 대한 유감스러운 특성을 다시 한 번 역설했습니다. 그는 영국정부가 남한에서 합헌적이고 민주적인 원칙이 적용되는 것을 다시 보길 원한다고 명확하게 알렸습니다. 이 길에 꼭 필요한 첫 단계는 계엄령 해제와 체포되었던 한국 국회의원의 석방일 것입니다. 이런 의미에서 그는 영국 외무부 책임자, 또 다른 주한 특사들의 개입이 곧 효과적으로 이어지기 바라고 있습니다. 다른 한편, 많은 옵저버들과 정계 사람들은 이 대통령이 아직도 한국에서 쥐고 있는 매우 확고한 입장과 남한군의 태도에는 거의 미치지 않는 영향력을 강조하고 있습니다. 그러니까 문제는 특히 미묘하고, 그 이상한 공모관계는 아마 알렉산더 경에게 외무부차관 셀윈 로이드를 합류하게 한 이유 중 하나일 것입니다.

　6월 10일자 『타임스』 외교부 특파원의 최근 기사는 이 대통령의 책략과 한국 국회의 복잡한 실타래를 약간 규명하고 있습니다. 대통령이 지난주 일요일에 성명을 발표했고, 성명에 따르면 이 대통령은 국회가 자유롭게 헌법에 따라 6월

25일 새 대통령을 선출하도록 동의할 것이고 자신에게 주어질 수 있었던 영향력은 미치지 않을 것이라고 합니다. 이 성명은 이 대통령의 실질적이고 진지한 태도변화를 아무것도 담고 있지 않은 것 같습니다. 이 대통령은 대통령 선거에 동의한다는 것을 알리면서 두 가지 조건을 걸었습니다. 하나는 지금까지 4년간 요구했던 대통령 선거에 대한 헌법조항이 수정될 거라는 국회의 약속이고, 또 하나는 대통령 권한을 축소시키려는 모든 시도를 즉각 중지할 것이라는 국회의 약속입니다.

『타임스』외교부 특파원이 보기에 이 두 번째 조건이 모든 사건의 핵심을 이루는 것입니다. 이승만을 선출하지 않을 국회의 권리를 행사한다고 주장하고 있음에도 불구하고, 국회가 이 계획을 실행하는 것은 불가능할 것 같습니다. 『타임스』에 따르면 국회는 한국에서 이승만에 대한 폭넓은 지지를 생각하지 않기란 어려울 것이고, 게다가 현 대통령을 대체할 유력 인사를 찾을 수도 없을 것입니다. 그러므로 그의 실제 목적은 자기 권한을 축소시키는 데 동의하게 하면서 국회가 결국에는 이승만을 선출하는 유리한 투표를 흥정하는 것입니다. 이 점에 대해 양보를 거부하면서 대통령 성명은 정치적 긴장을 낮출 수 없을 것 같습니다.

영국 장관들은 이 혼돈을 밝히고 당연히 바라고 있는 중재안을 제시하기 위해 할 일이 많을 것이라고 『타임스』는 끝맺고 있습니다.

## 【202】 한국 국내 상황에 대한 뉴질랜드 정부의 입장(1952.6.13)

| | |
|---|---|
| [ 전       보 ] | 한국 국내 상황에 대한 뉴질랜드 정부의 입장 |
| [ 문 서 번 호 ] | 49-50 |
| [ 발   신   일 ] | 1952년 6월 13일 18시 00분 |
| [ 수   신   일 ] | 1952년 6월 13일 09시 13분 |
| [발신지 및 발신자] | 웰링턴/퐁스콜롱브(주뉴질랜드 프랑스공사관 임시 대리영사) |

　뉴질랜드 정부는 이승만의 태도가 남한에 야기한 위기에 대한 우려를 뒤늦게 신중히 표명했습니다. 웹 씨는 6월 11일 기자회견에서만 자기 정부는 한국 여론의 지지를 얻지 못하는 체제를 지지하고 싶어 하지 않는다고 강조했습니다.

　그는 또한 뉴질랜드는 아무런 다른 계약 없이 이 지역에서 유엔의 활동에 협력하고 있다는 점을 떠올렸습니다.

　이 성명에 따르면 워싱턴 주재 뉴질랜드 대사는 유엔에 웰링턴 정부의 우려를 알리라는 명령을 받았을 거라고 합니다.

　뉴질랜드 정부는 이승만의 발의를 단호하게 규탄하기 이전에 추가 정보를 기다리고 있다고 합니다.

　게다가 한국의 위기에 대한 견해를 표명하라고 정부에 요구하는 야당 대표의 비판은 이번 과감하지 못하고 때늦은 입장 표명과는 무관한 것 같습니다.

퐁스콜롱브

## 【203】 휴델슨 장군의 성명에 대한 여러 반응(1952.6.13)

[ 보 고 서 ] 휴델슨 장군의 성명에 대한 여러 반응
[ 문 서 번 호 ] 2752/AS
[ 발 신 일 ] 1952년 6월 13일
[ 수 신 일 ] 미상
[발신지 및 발신자] 워싱턴/보네(주미 프랑스대사)

한국 상황에 대한 휴델슨[1] 장군의 성명 건

한국에서 미40사단을 4개월간 지휘한 후 귀국한 휴델슨 장군은 로스앤젤레스에 도착해 공산군의 공격을 유엔군이 막을 수 있을 거라는 방어 관점에 대해 매우 비관적인 성명을 발표했습니다. 장군의 생각으로는 중공-북한 측 병력이 우세해서 대규모 공격을 개시하기 위해 그들이 원하면 언제든지 유엔군을 한국에서 쫓아낼 수 있을 거라고 합니다.

이 성명은 워싱턴에 강한 동요를 일으켰습니다. 더구나 이 성명은 전선에서 돌아와 연방정부군에서 미군으로 21개월 복무한 뒤 민간인 생활로 돌아갈 장성에게서 나온 것이었습니다. 다음날 미 육군성장관 프랭크 페이스[2]도 국방부 회의에서 주요 직원들과 이 문제에 관해 이야기를 나누었습니다. 회의가 끝난 후 휴델슨 장군의 주장은 "상황에 대해 가장 잘 알고 있는 주한 미군 최고위 당국자들이 작성한 모든 보고서의 결론"과는 반대의 내용이라고 강조하는 성명이 발표되었습니다. 한편 우리는 밴 플리트 장군이 최근에 한 낙관적인 성명, 몇 주 전 리지웨이 장군이 국방부 기자회견에서 공산군이 개시할 수 있는 모든 공

---

[1] 휴델슨(Daniel H. Hudelson, 1904-1970). 한국전쟁 초기 '펀치볼 전투'와 '샌드 백캐슬 전투' 등을 이끌었음.
[2] 프랭크 페이스(Frank Pace, 1912-1988).

격, 대규모 공격까지 유엔군이 성공적으로 방어할 수 있을 거라고 자신감을 표명했던 사실을 떠올려볼 수 있습니다.

아마 가장 중요한 인사가 되는 것과는 거리가 먼 휴델슨 장군 발언의 여파는 판문점 협상의 실망스러운 과정이 미국에 증대된 불안감과 긴장감을 야기하고 있다는 사실과 관계가 있습니다. 미국이 먼저 군사행동 재개를 하지는 않을 거라고 확신하는 여론은 현재 이번 선제행동은 지난 몇 달간 집결시킨 수단을 이용해 적이 먼저 취하는 것은 아닐까 문제시하고 있습니다. 여하튼 외교계와 미군사계는 무제한적으로 기록되어 신문사에 의해 즉각 확산되는 그렇게 경솔하게 이루어진 성명들을 현 상황에서는 틀림없이 특히 시의적절하지 않은 것으로 간주할 것입니다.

게다가 사람들이 마키스 차일즈[3]가 오늘『워싱턴포스트』에 제공한 정보들을 믿는다면, 이번 휴델슨 장군이 표명한 우려는 공산군의 대규모 작전에 대처하기 위해 유엔사령부가 취한 조치를 그가 몰랐던 것으로 설명될 것입니다. 사실 차일즈 기자에 따르면, 그런 경우 마크 클라크 장군은 지금부터 자신의 재량권인 전략적인 핵무기를 사용할 준비가 되었을 거라고 합니다. 무기 조립과 사용에 대한 전문기술자 역시 준비가 되었을 겁니다. 마키스 차일즈에 따르면, 이것이 한국에서 전투 재개 이슈에 대한 밴 플리트 장군 낙관론의 주요 요인 중 하나일 것입니다.

프랑스대사 대리서명자<br>
대사관 참사관<br>
(서명)

---

[3] 마키스 차일즈(Marquis Childs, 1903-1990). 미국 기자, 유명 평론가.

# 【204】 한국전쟁 심리전에 대한 보고(1952.6.13)

| | |
|---|---|
| [ 보 고 서 ] | 한국전쟁 심리전에 대한 보고 |
| [ 문 서 번 호 ] | 320/AS |
| [ 발 신 일 ] | 1952년 6월 13일 |
| [ 수 신 일 ] | 미상 |
| [발신지 및 발신자] | 도쿄/드장(주일 프랑스대사) |


한국에서의 심리전 건

1952년 6월 3일자 유엔사령부가 발표한 제60호 뉴스는 지금까지 한국에서 심리전을 둘러싼 비밀을 걷어냈습니다. 총사령부가 작성한 보고서에 따르면 심리전은 전략전을 펼치는데 아주 유용한 무기입니다. 심리전은 세 가지 행동 수단이 있습니다. 진실을 알리는 것만을 임무로 하는 삐라, 라디오, 확성기가 그것입니다. 심리전은 항상 가장 좋은 프로파간다입니다. 진짜 정보의 뛰어난 출처로 연합군 방송은 공산군 장교들에게서도 들립니다.

이러한 심리전의 목적은 적의 사기에 타격을 주고, 싸우려는 의지를 약화시키고, 전장에 있는 병사의 능률을 떨어뜨려 가능하면 항복에 이르게 하는데 있습니다.

1. 삐라

한국에서의 적대행위 초기부터 15억 개 이상의 삐라가 적군 영토와 전선 위에 뿌려졌습니다. 만주에서 온 원기 왕성한 부대를 목표로 한 것들은 좀 온건합니다. 미국과 중국 사이의 전통적인 우정을 찬양하는데 그치고 유엔기구가 무엇인지 설명합니다. 전선으로 다가갈수록 병사들은 더 강렬한 삐라를 받게 됩니다. 러시아 평화 제안의 위선과 공산당 수뇌부의 부패를 고발하고, 향수병을 생기게 하려하고, 항복하도록 부추기는 내용들입니다. 1,500만 개 이상의 그러한 삐라가 매주 뿌려졌습니다. 삐라에는 연합군 전선까지 가장 확실한 길을 가리키는 지도를 담고 있습니다. 두 군데 작업실에서 인쇄가 진행됩니다. 한 군데는 서울에서 매일 50,000장의 삐라를 생산하고, 다른 곳은 도쿄 근처로 1951년 말에 이미 10억 장 이상이 생산되었습니다.

어떤 삐라들은 포탄 안에 넣고 정확한 목표물로 발사됩니다. 삐라는 4×5cm부터 16×20cm까지, 한 가지 색부터 네 가지 색깔까지 있습니다. 1951년 12월에는 13,900,000장이 인쇄되었습니다.

## 2. 라디오

도쿄에서는 민간 방송국 '미국의 소리'와는 전혀 공통점이 없는 '유엔의 목소리'가 매일 저녁 4시간짜리 프로그램을 합니다. 뉴스, 논평, 음악, 촌극 등이 주파수 19에서 나오고 한국, 만주, 광둥에서 방송됩니다. 한국에서만 12개의 추가 송신기가 작동합니다. 프로그램 총 시간은 하루에 10시간 30분에 이릅니다.

매주 일요일에는 30년 이상 동안 서울에서 교수였던 어니스트 피셔[1] 박사의 '한국에 보내는 편지'를 방송합니다. 그의 경험과 평판은 자신의 반공 이야기에 무게감을 줍니다. 다른 편지 시리즈 낭송은 한국의 유명 여배우가 녹음했습니다. 프로그램은 대부분 동양적인 관점을 강조하는 중국인과 한국인 전문가가 도쿄에서 만듭니다.

## 3. 확성기

(공중)

전투지역에서 확성기를 장치한 미 항공기들이 20, 30분간 어둠 속을 비행하는 동안 '미스 최', '미스 리'라고 알려진 한국 여인 두 명이 메시지를 읽어냅니다. 그녀들은 공산군의 고달픈 생활을 동정하고, 항복하는 것이 가장 좋은 방법이라고 설명합니다. 공산군이 '전범'이라고 부를 정도로 그녀들은 아주 효과적

---

[1] Ernest Fischer.

으로 일했습니다.

여성의 목소리가 남성 목소리보다 더 이해하기 쉽고 향수병도 더 잘 일으킨다는 사실을 확인했습니다.

(지상)

부대지휘관이 유리한 순간이라고 판단하면, 확성기 및 삐라 1중대에 속한 전문팀을 호출합니다. 이 팀은 하사관과 기술자, 중국이나 한국인 아나운서로 이루어져 있습니다. 이 팀은 최대한 적의 전선 가까이 접근하거나 때로는 유엔군 전선 선두에 장비를 설치하고 포화 속에서도 방송합니다.

미군의 그린[2] 대령이 지휘하는 유엔의 심리전담 팀은 라디오 및 삐라 제1팀과 확성기 및 삐라 제1중대를 배치했습니다. 심리전담 팀에는 마체트[3] 미 육군 중령이 지휘하는 주한 미 8군 참모팀도 포함되어 있습니다.

한국전쟁 초에는 군 전체에 심리전 전문가가 5명밖에 안됐습니다. 4명으로 이루어진 1개 팀이 극동에서 신속히 조직되어 미군이 전장에 투입된 몇 시간 후부터 바로 작업을 시작했습니다. 1950년 10월 확성기 및 삐라 제1중대는 전선에서 활동을 시작했습니다. 10개월 후 라디오 및 삐라 제1팀이 도쿄에서 작업에 착수했습니다. 이런 류의 작업에는 꼭 필요한 업무연계성을 확보하기 위해 도쿄와 서울은 공군, 다른 미군, 및 유엔군과 계속 연락을 지속했습니다.

도쿄 주재 미 참모본부의 보고에 따르면, 소련은 1년에 10억 달러 이상을 심리전을 위해 소비한다고 합니다. 공산군은 15개 언어로 프로그램을 퍼뜨리고 있지만 결과는 보잘 것 없습니다. 적의 삐라는 설득력이 떨어지고 전파 방식이 좋지 않습니다. 게다가 공산군은 이미 수많은 거짓말을 해서 자기네 군대조차 더 이상 거짓 선동을 믿지 않습니다. 최근 세균전에 대한 비난은 특히 주기적인 전염병 전파를 자신들이 막지 못하는 것을 숨기려는 경향을 보입니다. 약품 부족을 인정하고 싶어 하지 않는 그들은 유엔이 항공기로 보균 곤충을 퍼뜨렸다

---

[2] J. Woodall Greene.

[3] Machette.

고 믿게 하길 원했습니다. 그리고 어느 정도 고도에서 던져진 어떤 곤충도 살아서 지상에 도착하지 못할 만큼 한국의 너무도 추웠던 시기에 말입니다. 그 후, 공산군은 곤충이 작은 플라스틱 상자 속에 담겨 있었다고 주장하면서 다시 허위 사실을 퍼뜨리려 했습니다.

적색 선전 수단 중에는 '통신 비둘기'라고 불리는 간첩도 있습니다. 6-8주 동안 잘 자고 잘 먹으면서 하루 4-8시간 교육 받은 후 석방되어 삐라와 다른 공산군 프로파간다 수단들을 많이 지닌 채 유엔군 전선으로 다시 보내지는 유엔이 포로로 잡은 자들을 말합니다.

그들 군대의 항복을 막기 위한 러시아의 역선전과 적이 취한 조치를 분석, 포로 심문을 통해 보면 유엔의 심리전은 효과가 있는 것 같습니다.

인민지원군 포로 80%는 이 방법으로 항복한 것이고, 포로 전체 중 65%는 이에 영향을 받았다고 인정합니다. 어쨌든 전문가들은 이미 무력으로 공격 당해 본 적, 상관에게 불만이거나 아픈 적군, 또 향수병을 느끼는 적군에게 주효하다는 의견입니다. 많은 심리전 결과는 보다 나중에야 밝혀질 것입니다.

미군은 이 부분에 있어서 자신들의 노력을 더 강조할 것입니다. 특별부대가 워싱턴 미 육군부에서 최근 창설되어 로버트 맥클루어[4] 여단장에게 맡겨졌습니다.

1년에 96명을 양성하기 위해 캔자스 포트라일리에 세워진 학교는 초기 11개월 동안은 다양한 미군부서와 나토 회원국에서 온 실습생 342명에게 학위를 수여했습니다.

본 외무부는 국방부에 이 공문의 사본을 전달하는 것이 좋을 거라고 여길 것입니다.

(서명)

---

[4] 로버트 맥클루어(Robert A. McClure, 1897-1957). 미 육군 심리전 참모.

## 【205】 북한에 대한 물자지원을 약속한 동독 총리 담화(1952.6.14)

| [ 전          보 ] | 북한에 대한 물자지원을 약속한 동독 총리 담화 |
|---|---|
| [ 문 서 번 호 ] | 350 |
| [ 발     신     일 ] | 1952년 6월 14일 14시 40분 |
| [ 수     신     일 ] | 1952년 6월 14일 15시 55분 |
| [발신지 및 발신자] | 베를린/노블레(미상) |

본으로 타전 제340호

어제 국가위원회에서 '한국의 영웅들'을 찬양하기 위해 조직한 대회에서 그로테볼[1] 동독 총리는 북한 인민들에게 독일민주공화국의 물자 원조를 최대한 하겠다고 약속하는 담화를 발표했습니다.[2]

그로테볼 총리는 한국문제와 독일문제를 비교한 후, 독일 인민의 투쟁은 현재 시사성이 있는 평화수호군이라는 새 국면에 접어들었다고 했습니다.

소련점령지역 전선에서의 철수조치를 설명한 그로테볼 총리는 전날 소련 영역임을 주장하는 대주교들이 발표한 성명에 반박했습니다. 새로운 전쟁의 끔찍함에서 모든 독일 인민을 지키는 방법으로 헌법 규정에 따라서 이러한 조치가 취해질 것이라고 말했습니다. 소련 점령지의 정부[3]는 어느 누구로부터도 이 방

---

[1] 그로테볼(Otto Grotewohl, 1894-1964). 독일 정치가, 법무장관, 국회의원, 동독 초대총리(1949-1960).

[2] 북한과 동독의 외교는 1949년부터 시작되었으나 한국전쟁 때문에 정식 외교관계를 수립하지 못하였다. 이후 1954년 외교관의 신임장이 제출되어 정식 외교관계를 수립하였다. 그러나 한국전쟁 직후 진행된 전후 복구사업에서 동독은 중국 다음으로 많은 무상원조를 지원하였다. 또 1953년 김일성이 소련을 방문했을 때 북한의 외교사절단 중 재정성 부장 이주연은 곧바로 동독을 방문하여 경제 및 과학기술원조에 대한 북한-동독 간 협력을 논의하였다(이경석, 김경미, 2016, 「냉전기 북한-동독의 외교관계(1953-1989): 협력과 갈등」, 『유럽연구』 제34권 3호).

[3] 동독 정부를 말함.

면의 충고를 듣고 싶어 하지 않습니다.

노블레

## 【206】 휴전협상에서의 미국 태도를 비난하는 소련 언론(1952.6.14)

| [ 전          보 ] | 휴전협상에서의 미국 태도를 비난하는 소련 언론 |
|---|---|
| [ 문 서 번 호 ] | 1286 |
| [ 발    신    일 ] | 1952년 6월 14일 07시 30분 |
| [ 수    신    일 ] | 1952년 6월 14일 14시 30분 |
| [발신지 및 발신자] | 모스크바/브리옹발(주소련 프랑스대사관 참사관) |

　　언론은 오늘 한국 휴전협상에 대해 6월 11일 대표단이 연 전체회의를 보고하는 신화통신 기사를 재수록 했습니다. 회의 중 남일 장군은 "거제도에서 6월 10일 일어났다고 하는 새로운 사건에 대해" 강력히 항의했습니다. 중공-북한 대표는 특히 이 사건이 이전의 모든 사건보다 더 심각하고, 미국에 의해 "계획된 일방적인" 회담 중지 기간 동안 발생했다는 사실은 "협상을 실패하게하고 질질 끌고 한국전을 확대시키려는" 목적으로 미리 계획되었다는 것을 증명하는 거라고 했습니다. 습관적인 논쟁을 다시 벌이는 남일 장군은 결론삼아 5월 2일 중공-북한 측의 제안은 포로문제를 합리적으로 해결하기 위해 사용할 수 있는 기초이고, 미군은 "포로들을 돌려보내지 않기 위한 자신들의 제안과 위협 수단"을 포기해야 하며, "협상의 모든 미래는 특히 미국에 달려있다"고 되풀이했습니다.

　　「미군 도당이 포로들에게 탱크와 유탄, 가스, 총검을 사용하고 있다」라는 제목의 통신사 속보 두 편이 6월 10일 사건에 대한 영국 언론 뉴스와 미국 『데일리워커』 논평을 인용하고 있습니다.

　　또, 『프라우다』는 중국, 영국, 미국, 핀란드의 캠페인을 보고하고 이 나라들의 언론이 거제도 사건에 대해 쓴 논평을 자세히 인용하는 몇 편의 속보를 〈미국 게슈타포들의 유혈 가득한 중죄에 대한 인민의 항의〉 란에 실었습니다.

　　휴전협상 문제에 완강한 미국 입장을 강조하기 위해, 소련 신문은 영국 신문에서 한 편, UP통신에서 한 편 뽑아 두 편의 뉴스를 실었습니다. 이 뉴스들은

영국 국방장관 알렉산더 경의 일본과 한국 방문, 판문점 회담에 참여하길 바라
는 영국의 희망, 이 요구에 동의를 거부하는 미국에 대한 내용입니다.

브리옹발

## 【207】이승만 대통령과 한국 국회 문제와 미국의 대응(1952.6.14)

| [ 전 보 ] | 이승만 대통령과 한국 국회 문제와 미국의 대응 |
|---|---|
| [ 문 서 번 호 ] | 1199-1204 |
| [ 발 신 일 ] | 1952년 6월 14일 03시 00분 |
| [ 수 신 일 ] | 1952년 6월 14일 16시 20분 |
| [발신지 및 발신자] | 도쿄/드장(주일 프랑스대사) |

브리옹발 씨로부터의 문서 제24호

6월 10일 발신, 6월 13일 도쿄 수신

대통령 선거일까지 15일도 안 남았는데, 아직은 한국 정치 위기를 해결할 만한 사항이 아무것도 보이지 않습니다.

순탄한 협상에 유리한 분위기를 만들고 긴장완화를 유발하는 것에 대한 관심에, 유엔위원회가 그저께 이승만 박사에게 국회의 10일에 대한 "정치적 공백기"를 가지라는 제안서를 보냈다고 알고 있습니다.

하지만 이러한 형식은 이미 반쯤 마비된 국회의 소극적인 활동을 완전히 중단시키면서, 어떻게 보면 대통령에게 '절대복종허가서'를 주면서 작동시켰던 중간 장치 없이 이번에야말로 작동하기를 멈추게 해서 대통령의 일을 도울 수 있을 뿐이라고 생각할 수도 있습니다.

사실, 계엄령과 12명의 의원 체포를 유지하면서 이 대통령 자신은 현재 트루먼 대통령의 "경고" 다음 날 책임을 다하는 척 했던 것을 제외하고 유보하는 것으로 만족하는 것 같습니다.

아마, 그는 국회를 해산시킨다는 터무니없는, 위헌적인 자신의 결정을 미루고 있지만, 순순히 지방의회, 지역의회, 애국협회들, 다양한 연맹들은 이 조치[1]를 단 하루도 빠지지 않고 계속 강력하게 요구하고 있습니다.

또 어쩌면, 의원들을 더 이상 체포하지 않지만, 교묘하게도 □□□하기 위해 그들 중 꽤 많은 의원들을 경찰 '소환장'으로 위협하고 있습니다. '친이(親李)' 계열 52명이 이미 조직적으로 떠나버린 국회가 계속 의결 정족수를 거의 채우지 못하도록 말입니다.

이 박사는 또한 부산에 시위하러 온다는 계획이 있는 분노한 시민들이 만약의 경우 '적당한 인원'으로만 시위하기를 계속 바라고 있습니다.

그의 개정안을 일괄 거부한 이후, 3월 말에 이미 했던, 언뜻 보아 공정한 제안을 어제도 다시 한 그는 자기 수정안에 동의하는 대신에 임박한 대통령 선거를 국회가 뽑는 것으로 현재 정해진 헌법 절차에 따르자고 제안했습니다. 하지만 위기의 국면에서 나온 놀라운 이 제안은 교묘하고 모호한 용어로 7차례 작성된 것일 뿐 아니라, 제안 작성자는 이것을 작성하면서 2, 3일 전부터 국회해산과 이승만 대통령의 재선을 요구하는 "인민의 공동 의지"에 대해 폭넓게 다룬 것이라고 생각할 수 있습니다. 어쨌든 이 제안은 국회의 어떠한 반응도 이끌어내지 못했습니다.

그러는 동안, 미대사는 대통령 자체는 물론, 다양한 한국 인사들, 특히 장택상 국무총리에 대한 활동을 펼쳤습니다. 극히 희박하지만 현재 유일한 효과적인 중재 기회가 그에게 달려 있습니다. 저는 무초 대사가 1948년 미 군정이 남아있는 권력을 한국 정부로 양도했었던 8월 15일까지 대통령 기능을 연장한다는 가정 하에 7월 14일 대통령 선거날짜 연장 가능성을 □□□했을 거라고 알고 있습니다.

완전히 형식적인 이런 술책은 최근 국무총리가 발의를 준비 중이라는 소문이 있는 합의 수정안이 나오면 이를 공표하고 투표할 법적 필요시한인 30여 일을 남기게 되는 것입니다.

하지만 대통령이 채택한 상당히 확고부동한 모습도, 장택상이 할 거라고 여

---

[1] 국회해산 조치.

겨지는 수정안에 대한 다양한 논평들도 이를 받아들이는 것을 볼 수 있다는 희망이 많아 보이지는 않습니다.

드장

## 【208】 휴전협상과 남한 정치 상황에 대한 기사(1952.6.15)

[ 전        보 ]  휴전협상과 남한 정치 상황에 대한 기사
[ 문 서 번 호 ]  1290
[ 발    신    일 ]  1952년 6월 15일 08시 20분
[ 수    신    일 ]  1952년 6월 16일 10시 40분
[발신지 및 발신자]  모스크바/브리옹발(주소련 프랑스대사관 참사관)


　　현재 진행 중인 휴전협상에 대해 언론은 오늘 6월 12일 열린 총회 중 있었던 남일 장군의 성명을 보고하는 장문의 신화통신 기사를 실었습니다.
　　모든 통상적인 논쟁을 다시 벌이면서, 중공-북한 대표단장은 양측 간의 대립 악화와 협의가 지체되는 책임이 모두 미국에게만 있다는 것을 보여주는데 전념했습니다. 그는 중공-북한의 입장은 변함이 없으며, "회담의 다음을 내딛는 것"은 바로 미국이라며 말을 마쳤습니다. 한편, 『프라우다』는 한국문제에 대해 「이승만의 반발」이라는 제목으로 남한 정치 상황을 논평하는 데미도프[1])의 연재를 실었습니다. 작가는 다음의 두 가지 생각을 주로 전개하고 있습니다.

> 1. "남한에서 터진 정치 스캔들이 개입주의자, 특히 미-영 제국주의자들 간에 일어난 내부 대립에 대한 막을 열었다."
> 2. "미 침략자들이 한국에서 실패를 맛보았다"는 것이 틀림없으며, 이는 "극동에서 미국의 위신이 추락한 직접적인 결과"이다.

　　『이즈베스티야』는 국제주제 란에 알렉산더 경과 로이드 씨의 극동 방문을 논평하고 특히 "영-미의 대립" 문제를 강조하는 V. 쿠드리아프체프의 주간 기사를

---

1) K. Demidovek.

실었습니다. 그는 한국 사건과 휴전협상 지연에 대한 "영국 지도층이 표명한 분노와 분개"가 단지 그들의 진짜 목적을 숨기기 위한 "가식일 뿐"이라고 평했습니다. "영국 식민주의자들"이 휴머니티와 민주주의의 수호자로 ㅁㅁㅁ하는 것은 그들이 말레이시아에서 저지른 범죄에 대한 주의를 돌리기 위한 것이라고 말입니다.

이 기사는 "전술했다시피 알렉산더와 로이드의 방문은 영국지도층이 그들에게 기대를 걸었다는 것을 증명하는 것이 아니다. 한국 사건은 세계 여론에 이 한심한 기획자들의 술책이 평판을 회복시킬 수 없음을 폭로하고 있다"고 끝맺고 있습니다.

브리옹발

## 【209】 이승만 대통령의 행위에 대한 유엔위원회 서한과 국회를 향한 이 대통령의 담화(1952.6.15)

| [ 전          보 ] | 이승만 대통령의 행위에 대한 유엔위원회 서한과 국회를 향한 이 대통령의 담화 |
|---|---|
| [ 문 서 번 호 ] | 1214-1218 |
| [ 발    신    일 ] | 1952년 6월 15일<br>1952년 6월 16일 01시 00분(발송) |
| [ 수    신    일 ] | 1952년 6월 16일 13시 30분 |
| [발신지 및 발신자] | 도쿄/드장(주일 프랑스대사) |

6월 2일 클라크 장군의 부산 방문에 따른 '매우 적절한' 긴장 완화와 6월 3일 이승만에게 보낸 트루먼 대통령의 메시지 이후, 한국의 정치상황은 하루 동안 다시 눈에 띄게 긴박해졌습니다. 계엄령 해제와 체포된 의원 석방을 계속 거부하고 있는 대통령은, 6월 12일 국내 상황에 대한 거짓 이야기를 유포하고 있다는 구실로 '미국의 소리'를 남한에 방송하는 것을 금지했습니다. 중재에 나선 미대사는 대변인을 통해 이 항의를 조사 중이라고 답변하게 했습니다. 무초 대사가 6월 6일 귀국한 이후 국회가 최소한 임시로라도 이 대통령의 권한 유지를 보장해야한다고 매우 신중하게 대하면서 정부 수장과 국회 간 타협을 이루게 하려고 애썼던 만큼 이러한 태도는 더 충격적이었습니다. 동시에 외국, 특히 도쿄에서 오는 모든 신문에 대한 매우 엄격한 검열이 이루어졌습니다.

6월 12일 미국의 항의행동이 있던 날, 트리그브 리의 지시에 영향을 미치는 주한 유엔위원회가 이미 5월 28일 서한에 이미 표명한 요구를 단호한 표현을 써서 새 서한을 다시 보냈습니다.

다음 날, 대통령은 약 8,000명의 시위자들 앞에 직접 나타나 그들의 요구를 이루기 위해, 즉 대통령에 유리하도록 국회해산을 위해 투쟁하라고 부추겼습니다. 군중에는 이 목적을 위해 부산에 온 3,000명의 젊은 북한 피난민들이 있었다고 합니다. 계엄령 시행 담당 장교가 6월 23일 예정된 선거 전에 남한 지도층을 살해하고 테러를 일으킬 목적으로 꾸민 음모를 발견했다고 발표했습니다. 같은 날, 국회는 정치상황에 대해 설명하기 위해 출석해 달라고 대통령에게 다시 청했습니다.

이 출석 요청에 이 대통령은 어제 14일 최후통첩으로 답했습니다.

"쓸데없는 대화와 지연 조치"를 거부한 대통령은 국회에 보낸 서한에 행정부와 입법부 간의 협의 시기는 지나갔으니, 의원들은 국민에게 직접 호소해야 한다고 하면서, "국회는 민의를 무시했고 민중의 분노를 유발하고 각 시군 대표들이 국회해산을 요청하러 올 정도로 한도에 넘친 권력을 사용했다"고 했습니다.

이 대통령은 국회는 즉시 주저 없이 국회의 대통령 선거권을 박탈해야 하는 헌법개정안에 투표하면서 민의에 부합하라고 촉구했습니다. 그러면 대통령이 국회의 결정을 민중에게 알릴 것이고 민의에 따라 행동하겠다고 했습니다.

드장

## 【210】 포로문제를 다룰 위원회 구성에 대한 프랑스 외무부의 예상(1952.6.15)

| [ 전            보 ] | 포로문제를 다룰 위원회 구성에 대한 프랑스 외무부의 예상 |
|---|---|
| [ 문 서 번 호 ] | 미상 |
| [ 발 신 일 ] | 1952년 6월 15일 22시 30분 |
| [ 수 신 일 ] | 미상 |
| [발신지 및 발신자] | 파리/파로디(프랑스외무부 사무총장) |

뉴욕 공문 제1520-1524호

워싱턴 공문 제9877-9881호

런던 공문 제10,845-10,849호

오타와 공문 제715-719호


한국 사태


워싱턴, 런던, 오타와로

본인의 전보 제704호를 참조하며 뉴욕에 타전한 아래 전보를 귀하께 전달합니다.

차후 답변을 따로 전달해 드리겠지만 귀하의 제안에 따라 워싱턴, 런던, 오타와의 우리 대사들에게 문의한 점에 대해 귀하의 전보 제1234호를 참조합니다.

확실히 다른 모든 조항이 이미 합의에 이른 협상에서, 현재 직면한 유일한 문제만을 따로 떼어내어 덜 무거운 분위기에서 다루는 것이 유리할 것입니다. 최후의 협상 결과를 기대하면서 실질적인 휴전을 이루겠다는 생각에 찬성한다는 것은, 유엔 측이 적의 거부에서 끌어 낼 수 있었던 역선전 효과 때문이라는 것을 알게 될 것입니다.

　외무부가 이 생각을 더 완전히 밝히려고 한 것도 이 때문입니다. 이 문제를 다시 다루기로 한 합동위원회, 즉 판문점에서 일하는 기구와 같은 구성의 기구나 확대 기구가 이 마지막 가정에 따른다면 귀하가 보기에 소련과 중공의 참여가 어떻게 해결될 거라고 보시는지요? 권한을 부여받은 협상가들인지 아니면 단지 상급재판소에 보고하는 요청된 인사들의 모임인지요? 위원회에 참석을 요청받은 전체 전문가들 중에서 특히 세균전 문제를 야기했던 선례 이후, 공산 측이 국제적십자위원회 대표들을 받아들일지 의문입니다. 그들이 국제적십자위원회의 참여에 동의하는지조차 불투명한 상태입니다. 사실 받아들일 수 없는 것으로 알고 있던 제안을 하고 있다고 유엔 측이 비난 받는 것을 피하는 게 중요할 것입니다. 회의 장소 또한 어려운 선택입니다. 특히 필요할지도 모르는 조사를 해야 한다고 생각했을 때 제네바는 너무 먼 것 같습니다.

　귀하의 제안을 실현시키기에 적당한 모든 상세한 사항이나 문제들이 떠오르는지 생각해보실거로 알겠습니다.

외교단 서명 대리
파로디

## 【211】 미군의 한국사건 처리에 불만을 나타내는 캐나다 의견서(1952.6.16)

| [ 보　　고　　서 ] | 미군의 한국사건 처리에 불만을 나타내는 캐나다 |
| --- | --- |
| | 의견서 |
| [ 문　서　번　호 ] | 646/AM |
| [ 발　　신　　일 ] | 1952년 6월 16일 |
| [ 수　　신　　일 ] | 미상 |
| [발신지 및 발신자] | 오타와/게랭(주캐나다 프랑스대사) |
| [수신지 및 수신자] | 파리/슈만(프랑스 외무부장관) |

한국 사건들, 워싱턴에 보내는 캐나다 의견서 건

공문 제AS-647호

　　　　제SC-648호

한국에서 시작된 휴전협상이 봉착하게 된 난관은 몇 달 전부터 구체적인 관심거리를 야기 시켰습니다. 항상 신중하게 표현되었지만, 최근 유감스러운 한국의 사건들은 이 불안감을 더 공공연하게 나타내는 계기가 되었습니다. 거제도의 무질서와 이승만의 쿠데타 시도에 분개한 캐나다인들은 극동 상황에 대해 몇 가지 일반적인 질문을 하게 되었습니다.

캐나다인들은 거제도에서 일어났던 사건을 보고 우선 미국이 포로수용소를 관리하는 특별한 견해를 지니고 있다고 생각하게 되었습니다. 그 다음은 조금씩 유엔이 모욕당했으며 프로파간다 싸움에서 졌다는 느낌이 우세해졌습니다. 세균전 규탄 같은 프로파간다 전쟁은 휴전협정을 방해하고 구(舊)공산당 포로 60,000명의 공식적인 이념 포기로 이루어진 심리적 승리를 허사가 되게 하는 것이 목표일 텐데 말입니다.

따라서 적을 대하는 모든 방법이 좋았는지, 유엔은 지금까지는 내켜하지 않았던 수단을 사용하면 안 되는 것인지, 군사작전 지휘에서 미국이 사용한 몇 가지 컨셉트를 검토하면 안 되는 것인지 궁금하게 여기게 됩니다. 유엔은 방어정책으로 적에게 모든 결정권을 남겨주게 되었습니다. 유엔의 타협 정신은 가끔 있는 무력시위와 같은 똑같은 결과를 결코 얻지 못했습니다. 베를린에서 소련의 수중에 메모장을 떨어뜨렸던 장군의 부주의와 동일시되는 거제도 주재 미 사령관의 미숙함은 서구의 동맹 지휘를 담당할 미국에게 너무 많이 보이는 무능력의 징후가 아니었을까요?

거제도 사건이 주한 미군에 대한 캐나다의 호의를 시험했던 것은 확실합니다.

이승만의 의도가 명백히 드러났을 때, 사람들은 바로 인물의 단점, 거리낌 없는 정치인, 부패하고 반동적인 동양의 폭군을 떠올렸습니다. 사람들은 과거에 있었던 그의 수많은 실수를 기억했고, 권력을 쥔 그의 존재가 오히려 유엔의 극동 임무를 돕고 있지 않다고 모두들 주장했습니다. 그래서 어떻게 그를 대체할 수 있는지 생각해봤더니, 그에 대해 답하기란 어렵다는 것을 인정해야만 했습니다.

> "우리는 남한에 대한 권리가 없습니다."
> "그렇지만 독재적인 수단으로 개인적인 권력을 확인하고 싶어 하는 사람이 자유롭게 행동하도록 두는 것은 우리 작업의 결과를 위태롭게 하는 것, 또 우리의 개입이 경제발전을 막고 봉건제도로 회귀를 조장하는 것 외에 다른 목적은 없었다고 아시아인들을 믿게 하는 것일 겁니다."

예고 없이 캐나다 중대를 거제포로수용소를 관리하도록 배속한 것에 항의하기 위해 캐나다 정부가 미 국무부에 전달한 의견서에서는, 특히 이 불안감의 징후를 볼 필요가 있습니다. 이 의견서의 표현도, 핵심까지도 쉽게 정당화 할 수 있는 것은 아닙니다. 또한 이 견해서는 캐나다 언론에서 많은 비판의 대상이 되기도 했습니다. 연합군 전선의 부대에 영향을 미치기에 잘못 선택된 순간이라는 것을 알았든지, 캐나다는 정치적 영향이 있는 결정에 대해서만 의견을 들어볼 수 있는 권리를 인정하든지, 여론을 조장하기 위해 공개적인 항의문을 내고, 미 국무부에 전달되기 전에 하원에 그것을 알렸던 것에 대해 정부를 비난하든지 말입니다.

하지만 어떤 이들은 피어슨 외무장관의 언짢은 기분에서 캐나다에 대한 '모욕'을 알아보았다면, 어떤 사람들은 그의 기탄없는 태도를 칭찬했습니다. 그들 논평의 격렬함은 중요한 의미를 지닙니다. 거제도 사태를 대충 처리한 후, 미국은 자기 책임을 다른 국가들과 나누려하고 있습니다. 미국은 열강들의 새로운 과실의 예를 보여주고 있는 것입니다. 그들 동맹국의 의견이나 감정을 고려하는 것을 소홀히 하고 마치 자기들 기분 따라 마음대로 대할 수 있는 위성국처럼 대했으니 말입니다.

영어로 되었든 프랑스어로 되었든 몇몇 캐나다 언론 기관에서는, 미국이 그들의 무지를 드러낸 후 아마도 선의였겠지만 나쁜 결과를 초래한 것으로 회원국 중 유일한 한 국가만 행사하길 원했던 권위를 유엔 자체에 회복시켜줄 때가 왔다는 내용들을 읽을 수 있습니다. 미국이 단지 포로수용소에서만 그들 동맹국이 필요한 것이라면, 더군다나 군사작전과 휴전협상의 책임을 동맹국과 나눠달라고 했다면 말입니다. 캐나다와 영국은 포로수용소 감독 문제에 대한 저항을 자제하면 안 될 것입니다. 두 나라는 한국에서의 모든 작전 지휘에 대해 미국에 해명을 요구해야 할 것입니다.

이것이 캐나다 의견서가 설명하는 한국 사건이 야기한 감정 상태입니다. 캐나다 의견서는 다른 나라에서와 마찬가지로 미국의 정책에 대해 캐나다에 나타난 의심과 노여움을 나타내고 있습니다. 하지만 물론 이러한 감정에 지속적인 중요성을 부여하는 것이 문제는 아닙니다. 캐나다는 항의와는 별도로, 유엔 정책과 대서양 동맹에 충실한 캐나다는 힘 있는 이웃나라가 두 기구에서 맡고 있는 커다란 역할을 올바르게 평가하는 것을 그만둘 수는 없습니다. 게다가 워싱턴에 의견서를 보낸 것과 동시에, 피어슨은 담화를 통해 미국에 대한 자유세계의 빚을 상기시키기도 했습니다.

# 【212】 합동위원회 구성에 대한 프랑스의 생각(1952.6.17)

[ 전            보 ]   합동위원회 구성에 대한 프랑스의 생각
[ 문 서 번 호 ]   1325-1327
[ 발    신    일 ]   1952년 6월 17일 09시 15분(현지 시간)
                          1952년 6월 17일 14시 15분(프랑스 시간)
[ 수    신    일 ]   1952년 6월 17일 14시 35분
[발신지 및 발신자]   뉴욕/오프노(주유엔 프랑스대사)


워싱턴 공문 제782-784호, 각하의 전보 제1520호 참조

1. 전쟁포로 문제를 다룰 합동위원회는 중공-북한 사령부와 유엔사령부가 각각 두 명씩 임명한 민간인 대표들로 구성되어야 한다는 것이 제 생각입니다. 이것이 소련과 베이징 정부의 직접적인 관여를 피하는 길일 것입니다. 합동위원회는 양측의 합의에 의해 선택되거나 헤이그 국제재판소 의장의 동의 없이 임명으로 스웨덴이나 스위스, 혹은 인도 같은 제3의 중립국 인사가 의장을 맡아야할 것입니다. 위원회가 결정해야 할 결의안은 만장일치여야 할 것입니다.

2. 양측 각각이 자유롭게 자신들의 전문가를 선택할 수 있어야 하고, 공산 측도 유엔대표로 참석 중인 전문가들 중에서 국제적십자위원회 위원의 참여를 반대하는 것이 어려울 거라는 점은 자명합니다. 게다가 이런 참여가 유용하다거나 시의 적절한지의 여부는 그때 가서 살펴볼 수 있을 것입니다.

3. 희망 장소에서 제네바가 멀리 떨어져 있다는 것은 장단점이 있습니다. 단점보다는 장점이 더 큽니다. 어쨌든 우리는 선택될 수 있는 다른 회담 정소를 전혀 알지 못합니다. 뉴욕도 도쿄도 검토될 수 없을 것입니다. 뉴델리가 가능할

수도 있지만, 아마 미국 측이 반대할 것입니다. 모든 것을 고려할 때 회담 가능한 다양한 장소들과 한국의 거리 차이는 시간으로만 계산됩니다. 위원회는 상황이 요구했다면 한국과 가까운 것을 떠나, 제네바에서 업무를 시작하는 것이 이로울 수도 있습니다.

4. 저는 영국대사와 제가 전념했던 이 모든 안건들에 대해 엄밀하게 개인적인 성격임을 강조하며 이야기를 나누었습니다. 영국대사는 영국도 대략적인 방향에서는 이에 찬성한다고 하면서 그것을 구체화시켜보라고 많은 격려를 했습니다. 그는 다음 주초에 저더러 로이드 경을 만나보라고 제안했습니다. 직접 그의 생각을 들어보고 이런 종류의 해결안에 약간의 희망이 있다고 여기는지 확인해보라고 말입니다.

오프노

## 【213】 세균전 문제를 안보리에 제기한 소련의 의도에 대한 미국의 대응(1952.6.17)

| | | |
|---|---|---|
| [ 전              보 ] | 세균전 문제를 안보리에 제기한 소련의 의도에 대한 미국의 대응 |
| [ 문 서 번 호 ] | 1352-1354 |
| [ 발     신     일 ] | 1952년 6월 17일 20시 00분(현지 시간) |
| | 1952년 6월 18일 01시 00분(프랑스 시간) |
| [ 수     신     일 ] | 1952년 6월 18일 05시 00분 |
| [발신지 및 발신자] | 뉴욕/오프노(주유엔 프랑스대사) |

워싱턴 공문 제800-802호

본인의 전보1317-1324호 참조

유엔 주재 미국 대리대사 그로스 씨는 오늘 아침 자신의 사무실에 프랑스와 영국 대표단을 모이게 했습니다. 어제 세균전 문제를 안보리에 제기한 소련대 표단의 발의에 대한 미 국무부의 초기 반응을 보고하기 위한 자리였습니다.

소련의 책략에서 워싱턴에 알려지지 않은 가장 중요한 것은 그렇게 움직이게 했던 의도입니다. 소련 정부는 안보리에 그 문제에 대한 일반적인 양상을 제기 하면서 단지 미국을 난처하게 하고 싶었던 것은 아닐까요? 세균무기를 사용했 다는 비난에 대한 분노와 1925년 협약을 비준했던 안보리 회원국과는 다른 현 재 9개국 입장에 동조하는 것에 대한 거부 사이의 모순을 밝히면서 말입니다.

혹은 문제의 기본적인 양상에 대해 미리 공개적으로 한국전쟁에 관한 새로운 특별 규탄 캠페인을 시작하려는 것일까요?

제가 나중에 알릴 이유로 미 정부는 그때 비준하지 않았던 이유와 1925년 협 약에 대한 안보리에서의 정식 논의를 피하는 것에 대해 신경 쓰고 있고 현재 비준할 생각을 더 하고 있는 것은 아닙니다.

그래서 미국은 일반적인 형태로 소련 정부가 제기하기 위해 선택한 세균전

금지 문제가 안보리 권한이 아니고 군축위원회 권한이라고 주장할 계획입니다.

오늘 오전 그로스 씨는 우리에게 브라질, 칠레, 중국, 그리스, 터키는 소련 결의안에 찬성하는 투표를 하지 않고 문제를 군축위원회에 회부하는데 찬성하는 모습을 보이겠다는 점을 이미 확인했다고 말했습니다. 그는 영국과 프랑스 대표단도 비슷한 태도를 취해주리라 기대하고 있었습니다.

오프노

# 【214】 세균전 조사에 대한 안보리 입장(1952.6.17)

| [ 전        보 ] | 세균전 조사에 대한 안보리 입장 |
|---|---|
| [ 문 서 번 호 ] | 1357-1358 |
| [ 발  신  일 ] | 1952년 6월 17일 20시 00분(현지 시간) |
| | 1952년 6월 18일 01시 00분(프랑스 시간) |
| [ 수  신  일 ] | 1952년 6월 18일 05시 45분 |
| [발신지 및 발신자] | 뉴욕/오프노(주유엔 프랑스대사) |

워싱턴 공문 제805-806호

A안

 "안전보장이사회는

 유엔군이 한국에서 세균전을 이용했다는 중요한 고발 건을 몇몇 정부와 당국이 심의한 방송을 주목한다.

 소련 정부가 안보리를 포함한 몇몇 유엔 기구에 이 고발을 반복했다는 점에 주목한다.

 이 고발이 처음으로 제기되었을 때, 주한 유엔사령부가 즉시 이를 부인했으며 공정한 조사를 요구했다는 점을 상기한다.

 다른 전문가들과 국제적으로 명망 있는 학자들의 도움으로 이 고발 건에 대한 조사를 맡고 이 조사 결과를 가능한 한 빨리 안보리에 보고할 것인지 결정해달라고 국제적십자위원회에 요청한다.

 임무를 완수하기 위해 위원회가 방문이 필요하다고 판단할 수 있는 지역에 들어갈 권리와 자유롭게 이동할 수 있는 권리를 포함해 국제적십자위원회에 전적으로 협력해달라고 모든 정부와 이해 당국에 청한다.

위원회에 제공되는 도움과 위원회가 요청할 수 있는 편익을 사무총장에게
요청한다."

오프노

## 【215】 휴전협상에 영국대표가 참여하는 것에 대한 입장들(1952.6.18)

| | |
|---|---|
| [ 전 보 ] | 휴전협상에 영국대표가 참여하는 것에 대한 입장들 |
| [ 문 서 번 호 ] | 1228-1230 |
| [ 발 신 일 ] | 1952년 6월 18일 08시 15분 |
| [ 수 신 일 ] | 1952년 6월 18일 13시 15분 |
| [발신지 및 발신자] | 도쿄/드장(주일 프랑스대사) |

Minetassocies 사이공 공문 제794호

국방부에 전달 요망
본인의 전보 제1188호와 각하의 전보 제872호 참조

알렉산더 경은 아직 확고한 의견 없이 일본에 도착하면서 판문점 협상에 영국 장교가 참여하는 쪽으로 기울었습니다.

현재의 상황에 그런 조치가 시의 적절한 때일 거라고 설득되어 한국에서 귀국했습니다. 그의 의도는 런던 복귀를 말리려는데 있습니다. 이러한 태도는 다음의 이유에서 착상을 얻었을 것 같습니다.

영국 전쟁부장관[1]의 6월 11일 성명에 이어 베이징라디오는 미국 협상에 대해 영국 정부가 지닌 불신의 표시로 유엔대표단에 영연방 대표 한 명을 배정할 수 있다고 발표했었습니다. 고려해야 할 변화는 공산 측의 프로파간다에 이용될 위험이 있다는 것입니다.

게다가 해리슨 장군과 다른 유엔대표단 위원들이 가졌던 장시간의 회담에서 알렉산더 경은 협상이 가능한 한 만족스럽게 진행되었다고 개인적으로 확신했습니다.

----

1) 국방장관 알렉산더 경을 말함.

결국 영국 측은 중공이 적어도 오랫동안 휴전협정 체결을 원하고 있는 것은 아니라는 것, 협상에 영국이 직접 참여하는 것이 입장을 변경할 수 있는 것은 아니라는 것을 점점 확신하게 되었습니다. 주일 영국대사 에슬러 경이 제게 한 발언은 이 요소가 가장 중요했다는 것을 알려주는 것 같습니다.

저는 협상 정체라는 우려와 거기서 나온 상황의 심각성 때문에 미국과 유엔 전체의 이익을 위해 미국의 책임이 나누어지는 것이 좋았을 거라고 계속 생각하게 됩니다. 이러한 생각은 어쩌면 좀 더 유리한 상황에서도 다시 하게 될 것입니다.

드장

런던 공문 제11,000-11,002호
뉴욕 공문 제1,555-1,557호
워싱턴 공문 제10,053-10,055호

# 【216】 수정안에 대한 미-영-프-소의 입장(1952.6.19)

| | | |
|---|---|---|
| [ 전　　　보 ] | 수정안에 대한 미-영-프-소의 입장 |
| [ 문 서 번 호 ] | 2805-2808 |
| [ 발　신　일 ] | 1952년 6월 19일 19시 15분 |
| [ 수　신　일 ] | 1952년 6월 19일 19시 25분 |
| [발신지 및 발신자] | 런던/마시글리(주영 프랑스대사) |

보안

각하의 전보 제11004호와 제11024호 참조

영국 외무부는 미 국무부가 제안한 과정의 일반적인 노선에 매우 흥미로운 모습을 보였습니다. 어제 말리크는 소위 논쟁이라는 것에서 이 사건과는 무관한 한국 사태를 언급했던 것에 대해 미 대표에게 엄중하게 규율을 따르라고 했습니다. 그런데 이 엄중함에도 불구하고 그는 다른 모든 것들이 소련대표단에게 밝히도록 하는 것보다는 우리 계획이 좀 더 가능성이 있다고 여기는 것 같습니다. 프로파간다 관점에서도 그는 거의 확실한 소련의 거부권을 부각시키는 전략의 모든 장점을 알고 있습니다.

어쨌든 미 국무부가 작성한 해결책의 제1항은 이사회의 무자격을 변호하는 미 국무부의 통상적인 원칙뿐 아니라 일반적으로 안보리가 군축에 관한 모든 문제에 권한이 있는 것으로 제시될 수 있는 반론에도 부딪히는 것 같습니다. 그래서 영국 외무부는 제기된 문제의 '시대에 맞지 않는' 특성에만 근거하는 제2항을 더 선호합니다.

소련대표단이 공개적으로 자신들의 결의안과 현재 진행 중인 군사작전 간의 관계를 인정한다면, 영국 외무부는 등록된 법안에서 우리의 수정안 원칙을 받아들일 것입니다.

우리가 제안한 것보다 더 어조를 완화하지 않고 소련 계획안의 마지막 항목에 동의하는 것으로 보이는 주요 수정안을 소련이 받아들이는 일이 아무리 있을 수 없는 일이어도, 어쨌든 영국 외무부에도 어려운 일인 것 같습니다.

약간의 책략 가능성이 어제 회기 이후에도 공공연히 남아있다면, 영 외무부가 우리 제안에서 착상을 얻은 방식을 수정하기 위해 유엔대사 글래드윈 젭 경에게 프랑스와 미국 측 유엔대사들과 협의하도록 한 것은 이러한 생각에서입니다.

마시글리

## 【217】 제네바의정서에 대한 미국과 소련의 입장(1952.6.19)

| [ 전        보 ] | 제네바의정서에 대한 미국과 소련의 입장 |
|---|---|
| [ 문 서 번 호 ] | 1377-1393 |
| [ 발    신    일 ] | 1952년 6월 19일 04시 00분(현지 시간) |
|  | 1952년 6월 19일 09시 00분(프랑스 시간) |
| [ 수    신    일 ] | 1952년 6월 19일 09시 30분 |
| [발신지 및 발신자] | 뉴욕/오프노(주유엔 프랑스대사) |

워싱턴 공문 제822-838호

거의 두 시간 동안 지속해 소련대표단이 제안한 의제(아래 본인의 전보를 참조) 중 두 가지 사항의 작성에 있어서 약간의 수정에 이르게 되었던 절차 논의 끝에, 안보리는 오늘 오후, 제577회 회의에서 본인의 전보 제1319호를 통해 원문 내용을 보고 드렸던 소련 결의안에 대한 기본 논의를 시작하기에 이르렀습니다.

말리크 씨는 세균무기 사용을 금지하는 1925년 제네바 의정서에 아직 조인하지 않았거나 비준하지 않은 모든 국가들에게 이사회가 이 의정서에 동의하거나 비준해달라고 했던 것이 필요하다고 여긴 소련 정부의 이유를 설명했습니다.

소련 대표는 이 문제의 역사성을 간략히 상기시키는 것으로 시작했습니다. 이어 그는 48개 조인국 중에 브라질, 미국, 일본, 니카라과, 엘살바도르, 우루과이 단지 6개국만이 이 문서에 비준하지 않았다고 강조했습니다. 국제안보와 평화 유지의 주요 책임이 있는 안보리는 의정서에 따라 대량살상무기, 특히 세균무기 사용을 경고하기 위해 필요한 조치를 빨리 취할 의무가 있습니다. 이런 특수 영역에서 안보리의 즉각적인 활동은 "많은 나라에서" "세균전을 준비할 때" 더욱 필요해 보입니다. 1925년 의정서에 조인하거나 비준하지 않아서 세균무기를 사용하지 않는 것에 아직 단호하게 공식적으로 참여하지 않은 모든 국가에 최대한 빨리 참여하라는 호소를 하라고 소련이 안보리에 제안한 것은 이런 위험한 상황을 끝내기 위해서입니다.

그가 읽었던 설명 중 단 한 번도 말리크 씨는 미국에도 어떠한 다른 나라에도 일부러 최소한의 암시를 하지 않았을 뿐 아니라, 한국전에서의 특수한 상황도 통합사령부의 지휘도 암시하지 않았습니다. 그는 계속 일반적이고 객관적인 분야에서 분명하고 단호했습니다.

말리크 담화가 영어와 프랑스어로 번역되는 동안, 그로스 미 유엔대사는 미 국무부에 어떤 일이 일어났는지 보고하기 위해 전화 통화를 했습니다. 그는 말리크 씨가 두 달 전부터 계속 군축위원회에서 해왔던 주한 미군에 대한 비방을 언급하는 것에 대해 즉답할 때 불리한 측면에 대해 영국대표단과 프랑스대표단이 해주었던 조언을 보고했습니다. 하지만 현재, 특히 이 사건에 대한 소련의 주장에 공동으로 대응하는데 매우 큰 관심을 지니고 있었던 미국 동맹국들을 이미 일어난 일 앞에 처하게 할, 또 이 국가들이 매우 어렵게 취소할 수 있는 입장을 정할 수도 있는 즉각적이고 단호한 입장을 취하지 않았습니다.

그래도 미 국무부는 회의 전개나 프랑스와 영국대표단의 개입에 관한 모든 의견에 무심한 듯한 태도를 보였습니다. 영국은 본인의 전보 제1371호에서 보고했던 런던 정부의 명령을 받은 이후 현저히 톤을 낮추고 있습니다. 미 국무부는 미 대표에게 오늘 저녁에 '모든 계획'을 이사회에 표명하라고 명령했습니다. 그러니까 우선 소련대표단이 의제로 등록한 세균무기 건을 군축위원회에서 회부하고, 유엔사령부에 대해 소련이 비난한 문제에 대해서는 본인의 전보 제1357호에 설명되어 있는 A안을 국제적십자위원회에 회부하는 것 말입니다. 그로스 씨가 우리 측 라코스트[1] 대표대리에게 조심스럽게 이야기해 준 바에 따르면, 워싱턴 정부가 지시한 이 계획에서 두 번째 부분은 오늘 저녁 발표하지는 않을 거라고 했습니다. 이 같은 사실은 좀 더 후에 미 대표단의 다른 위원을 통해서도 확인된 사실이었는데, 미 국무부와 매우 격한, 거의 격노하기까지 한 논의를

---

[1] 프랑시스 라코스트(Francis Lacoste, 1905-1993). 유엔 주재 프랑스 대표대리(1950-1954).

치른 후 적어도 어느 정도는 우리 프랑스 대표단의 요청을 고려한 것입니다.

어쩌면 이는 당장은 1925년 의정서에 관한 소련의 제안을 내버려두면서, 그로스 씨는 반대로 처리했고 통합사령부에 대한 허위 비난에 대해 펼친 미 국무부 전보 제ㅁㅁㅁ호에 설명했던 자신들의 견해에 더 부합하는 것이었을지도 모릅니다. 하지만 그의 상관들은 그가 선택하도록 주지 않았습니다.

그래서 그는 좀 부자연스럽게 자신의 준비한 담화문을 읽기 시작했습니다. 담화문은 전장에서의 주한 유엔군에 대한 소련의 거짓말을 정확히 암시하며 시작하는 것으로 말리크를 엄중히 경고하는 의미가 있었습니다. 말리크는 분명이 같은 돌발 상황에 주의를 기울이고 있고, 군축위원회 대사들이 지난 두 달 동안 이 점에 대한 그 자신의 과실로 유보했던 거친 대우에 앙갚음하는 것으로 만족해하고 있었는데 말입니다.

본론에서 벗어났던 말리크의 주장을 들은 후, 유일한 문제는 소련 정부가 흥미 있어 했던 그 문제로, 이사회에서 현재 제네바 의정서에 가능한 한 가장 많은 국가, 특히 미국이 조인하고 비준하는 문제였습니다. 그로스 씨는 작성된 담화문을 포기하고 다음 취지로 15분간 즉흥 연설을 했습니다.

"허위 비난을 해댄 자들은 허위 약속을 한 것과 같은 잘못이 있습니다. 이에 대해 길게 늘어놓는 것은 미국이 왜 제때에 제네바 의정서를 비준하지 않았는지 역사적인 특성으로 설명하기 때문입니다. 그 이후, 의정서는 시대에 뒤쳐진 내용이 되었습니다. 세상은 변했습니다. 오늘날 미국인들과 자유를 중시하는 전 세계인들은 위선적인 국가들이 서명한 외교수단인 협정 교환은 무의미하다고 여깁니다. 이 협정은 대량살상 수단과 침략 전쟁 공포에서 실제로 세계를 보호해준 병력 통제 시스템에 맞는 효과적인 협정들이었습니다. 유엔 조직은 침략전을 적극적으로 막는데 전념해왔습니다. 특히 군축위원회는 대량살상 수단 제거를 담당하고 있었습니다. 소련대표단이 제기한 문제를 즉시 이송해야 맞는 것이 바로 이 위원회이며, 이 위원회가 유일하게 적합합니다. 미 대표단은 그렇게 결정되었던 것을 분명히 제안했습니다."

이 같은 결론에 앞서, 미 대표는 1925년 의정서를 비준했던 소련정부의 유보 조항들에 대해 유감스럽다고 부언했습니다. 그의 생각에는 1936년에, 또 소련 에 사용했다고 하는 모든 상황에 맞서 모든 방어 수단을 철저히 사용한다는 의지를 보로실로프[2] 원수가 수차례 밝힌 이후, 소련 정부의 진정성에 부담을 주는 중요한 의혹을 밝히는 것이 중요합니다. 비준에 관련된 유보조항은 분명 지금 한국전쟁에서 전개 중인 것 같은 술책을 준비하는 것이 목표가 아니었을까요? 의정서에 조인하고 비준한 후, 거기에 그런 유보조항을 보낸 북한과 중국은 그런 침략을 준비할 수 있는 것은 아닐까요?

아직 잘 드러나지 않은 이러한 추론은 한 때 유보사항 원칙 자체를 비난하는 듯이 보여서 그것을 표명했던 모든 나라들이 떠났습니다.

말리크는 "미국은 세균전에 대한 1925년 의정서를 비준할 준비를 하는 것인 가 아닌가?"라는 결정적인 말로 상대측보다 확실한 우위를 확보하기 위해 회의 가 끝날 때 이 사실을 구실로 삼았습니다. 그는 우선 상대측이 진짜 유일한 문 제를 교묘하게 피했었다고, 이어 소련과 비슷하거나 똑같은 유보사항을 두고 비준했던 영국과 프랑스 같은 동맹국 자체를 모욕했다고 심하게 비난했습니다.

오프노

---

[2] 보로실로프(Kliment Yefremovich Vorochilov, 1881-1969). 스탈린의 측근이자 국방인민위원.

# 【218】 소련 결의안에 대한 3개국 열강 회의(1952.6.19)

[ 전        보 ] 소련 결의안에 대한 3개국 열강 회의
[ 문 서 번 호 ] 1418-1427
[ 발    신    일 ] 1952년 6월 19일 20시 20분(현지 시간)
               1952년 6월 19일 01시 20분(프랑스 시간)
[ 수    신    일 ] 1952년 6월 19일 02시 00분
[발신지 및 발신자] 뉴욕/오프노(주유엔 프랑스대사)


워싱턴 공문 제850-859호

세균전에 대한 안보리의 어제 논의 상황을 정확히 파악하고 다음 회의에 계속될 술책을 대비하기 위해, 오늘 오후 서구 3개국 열강 대표단 회의가 미 대표단의 요청으로 프랑스 대표단 본부에서 열렸습니다.

저는 어제 군축위원회에 소련 결의안을 회부하자고 요구하는 미국의 발의로 우리가 곤란한 처지에 있다는 것을 설명하는 것으로 시작했습니다. 이어 미 국무부가 제게 보낸 전보 제1558호에 있는 지시에 대한 새로운 설명도 했습니다. 기회가 닿는 대로 다음의 취지로 소련 결의안 규정에 조항 하나를 덧붙여 수정안을 제시할 가능성을 언급하기도 했습니다.

"유엔 회원국이나 비회원국이 다른 유엔기구 회원국이나 비회원국을 상대로 세균무기를 사용했다고 한 모든 비난에 대해 국제조사위원회의 조사에 틀림없이 따르기로 결정했다"는 것 말입니다.

저는 특히 다음과 같이 될 수 있는 그러한 방식의 장점을 강조했습니다.

1. 상식적인 영역과 의제의 범위를 벗어나지 않고, 어제 그로스 씨가 갑자기 특수 비난 문제에 접근하면서 초래했던 것처럼 우리가 경고의 대상이 되지 않을 수 있다.

2. 소련이 거부권을 행사하는 경우, 미 대표단이 A안을 제출할 정당한 기회를 모든 면에서 줄 수 있다. 소련 대표단이 이 수정안에 거부권을 행사하지 않을 예상치 못한 경우에는, 조사 개시는 틀림없이 정당하다.

그로스 씨는 미 국무부가 보기에 최대한 빨리 A안대로 어떠한 다른 논쟁도 없이 군축위원회에 공적을 이송하자는 어제 저녁 공식 제안(본인의 전보 제1381호)에 응하는 것이 매우 중요하다는 점을 분명히 강조하기 위해 개입했습니다. 그는 이미 미국 외에도 총 8개국이 되도록 이 제안에 찬성하는 7개국의 목소리에 기대할 수 있으며, 나머지 3개국 중 소련은 반드시 반대할 거고, 그다음 영국과 프랑스의 의견이 남아있다는 것을 알고 있었다고 했습니다. 런던 정부의 새로운 지령이 아니면 영국 대표단은 이 이송안에 찬성해야 합니다. 미 정부는 당연히 소련 의견은 별도로 하고, 프랑스 의견만이 다른 게 아니라는 점을 매우 중시했습니다.

이후 그로스 씨는 포스터 덜레스[1] 씨나 루즈벨트 부인[2]처럼 의견을 완전히 달리하는 대표적인 유력인사에 대해서는 말하지 않고, 미 국무부, 특히 개인적으로 애치슨 씨에게 나타났던 것 같은 문제의 일반적인 양상을 분석했습니다.

소련의 유희의 대상이 되는 것, 소련 정부에 의해 철저히 계획된 증오의 전장에서 1925년 의정서 문제를 따로 분리해 놓는 것은 매우 중대한 과오일 것입니다. 트루먼 대통령에게 이 비난을 반박하기 위한 공식 성명을 하라고 권한 것으로 강한 인상을 남겼던 케넌[3] 대사가 최근 소련에 신임 모스크바 주재 미대사로 도착했을 때 극도로 강한 느낌을 주었던 소련 정부에게 말입니다. 미 정부는 우선 스스로 잠잠해지길 원했던 대립이 악화되는 것을 우려했습니다. 지금은 그게 틀렸다는 것을 인정했습니다. 어제 그로스 씨에게 이런 기만작전을 먼저

---

[1] 미 국무부 고문을 거쳐 아이젠하워 대통령 때의 국무장관(1953-1959)으로 강력한 반공주의자.
[2] 엘리너 루즈벨트(Eleanor Roosevelt, 1884-1962). 루즈벨트 대통령 사후 유엔 주재 미국 대표 역임(1945, 1949-1952, 1961). 유엔인권위원회 의장(1946-1951)으로서 세계인권선언을 채택하는데 중요한 역할을 함.
[3] 조지 케넌(George F. Kennan, 1904-2005). 당시 주소련 대사(1952). 외교관, 정치가, 역사가이며 '봉쇄의 아버지'라고 잘 알려져 있는 미소냉전의 핵심이 된 인물.

규탄하고 계획안을 제출하라고 명령했던 것은 이 때문이었습니다.

그래서 미국 대표는 최종 명령에 따라 우리를 고려해서 남겨두었던 설명을 내일 정확히 계속하고, 다음 주 월요일 의제 제3항(본인의 전보 제1363호 참조)과 이에 관련된 논의를 위해 결의안 A 제출을 알리게 되었습니다.

그러기 위해 그는 어제 말리크가 한 말을 구실로 삼을 생각이었습니다. 소련 대표는 사실 토론에 한국문제를 포함시키기 위해 미국의 의도에 대해 말하면서 "미국대표단이 지금 이 문제를 논의할 의향이 있다면, 제안을 회부해야 한다……."고 말했던 것입니다.

저는 미국 대표에게 1925년 의정서에 관한 프랑스의 확고한 입장을 더 상기시키고, 명백하게 근거를 대면서까지 소련 제출안에 반대투표를 하는 것은 어려울 거 같다고 알려주었습니다.

하지만 이사회 규정 제33조 D항에 따라 미국 대표는 소련 제출안에 대한 투표권이 없을 것입니다. 군축위원회에 문제를 이송하자는 미국의 제안이 우선권이 있을 것이기 때문입니다.

그럼에도 그로스 씨는 미 국무부에 저의 충고를 전달할 것입니다. 글래드윈 젭 경도 영국 외무부에 똑같이 할 것입니다. 글래드윈 젭 경은 이 논의에 별로 관계되어 있지 않고 처음 지령 내용과, 런던에서는 어제 회의에 대한 그의 보고에도 마시글리 대사의 방식에도 아직 반응을 보이지 않았었다는 사실을 알고 있었습니다.

오프노

| [ 전          보 ] | 한국 상황에 대한 견해서를 제출한 기구에 보내는 |
|---|---|
|  | 이승만의 답신 |
| [ 문 서 번 호 ] | 1258-1261 |
| [ 발   신   일 ] | 1952년 6월 19일 09시 00분 |
| [ 수   신   일 ] | 1952년 6월 19일 17시 08분 |
| [발신지 및 발신자] | 도쿄/드장(주일 프랑스대사) |

우선문건

브리옹발 씨로부터의 문서 제26호, 6월 14일 발신, 19일 도쿄 수신

이 대통령은 제가 6월 7일 개인적으로 제출한 견해서(본인의 전보 제21호 참조)에 오늘 아침 이른 시간에 6월 11일자로 찍힌 다음의 답신을 제게 전달했습니다.

인용

    "수정안으로 헌법의 민주적인 조치를 확대하고자 하는 민중의 의지 표명에서 나왔던 한국 상황에 관한 프랑스 정부의 서한을 받았다고 알리게 되어 영광입니다.
    헌법은 분명히 공화국의 주권은 국민에게 있다고, 모든 권력은 국민으로부터 나오는 것이라고 명시되어 있습니다. 개헌에 대한 국민의 우려는 지난 3개월 간 국내에서 토론되었습니다. 거의 모든 유권자가 개헌할 수 있도록 국회 해산을 요구하는 자발적인 대중 집회를 여는 모습이 이를 잘 보여주고 있습니다. 최근 몇 주간 많은 청원서들이 도착했습니다. 현 전선의 이남 지역 모든

지방의회는 직선제와 양원제 국회 제도를 얻기 위한 민주적인 절차를 펼치기 위해 결의했습니다.

국회해산을 하지 않으면, 가까운 시일에 그간 따랐던 경로의 지혜를 보여주고 헌법 규정을 강화하겠다는 국민의 열망이 실현되는 것을 보게 될 것임을 믿어 의심치 않습니다.

귀측도 아시다시피, 민주적인 개헌 문제는 현재 논의의 대상입니다. 설사 정부가 매우 심각한 공산당 음모 사건을 현재 부산에 있는 유엔한국통일부흥위원회(UNCURK)위원들이 참석해야 하는 공개재판으로 판결할 준비를 한다 해도 말입니다. 지령을 설명할 때, 사건은 사건 자체에 대해 말해야 할 것입니다. 지금 우리 의향은 반정부분자들의 허위 비난에 답하지 않는 것입니다."

인용 끝.

완전히 똑같은 편지를 6월 4일 의견서를 제출한 영국 대리대사, 그리고 트리그브 리가 한국정부의 독단적인 방법과 ㅁㅁㅁ 민주주의 토대를 위협하는 것에 유엔이 느끼는 깊은 우려를 이 대통령에게 표명했던 의견서를 낸 유엔 위원회에도 답신으로 보냈습니다.

트리그브 리의 질책은 그동안 이미 공보처장이자 정부 대변인인 클래어런스 리[1]의 반응을 야기했었다는 것을 유의하는 것이 좋습니다.

그는 "트리그브 리 의장이 간접적인 보고와 어설픈 결과에 입각해 국지적인 상황에 대해 독단적인 의견이라고 믿었던 것에 유감을 표한다"고 대변했습니다.

드장

---

[1] Clarence Ryee.

# 【220】 한국사태 해결에 대한 영국의 입장(1952.6.20)

[ 전　　　보 ] 한국사태 해결에 대한 영국의 입장
[ 문 서 번 호 ] 1266-1271
[ 발　신　일 ] 1952년 6월 20일 09시 00분
[ 수　신　일 ] 1952년 6월 20일 15시 00분
[발신지 및 발신자] 도쿄/드장(주일 프랑스대사)

보안
절대우선문건

사이공 공문 제827호
본인의 이전 전보에 이어

저와 가졌던 회담 중 알렉산더 경은 한국 상황의 어려움 뿐 아니라 한국 상황의 악조건과 위험성까지 숨기지 않았지만, 저는 미국에 대한 어떠한 비난이나 비판조차 느끼지 못했습니다. 부산의 정치 위기에 대한 그의 발언은 이와 같은 생각에서 나온 것이었습니다.

저는 몇몇 다른 대사들을 통해 영연방 대표들의 특별 회의에서 그가 비슷한 말을 했다는 것을 알고 있었습니다. 그는 그저 포로 분류가 항상 모든 압력이나 강요에서 벗어난 조건에서 실행될 수 있었던 것은 아니라는 것을 인정했을 뿐입니다.

셀윈의 발언과 태도는 미국에 좀 더 호의적으로 보이는 경향으로 알렉산더 경과 일치했습니다. 반대로 그들이 자국 정부에 할 보고서나 오타와나 워싱턴에서 가질 회담에서는 영국 장관들이 약간 다른 말을 하고 몇몇 지적이나 어떤 제안을 표명하게 될 수도 있습니다. 그러나 저는 그들이 현재 주한 미군이 따르

는 군사적, 정치적 노선을 대폭 바꾸려 할 거라 생각지는 않습니다. 지금까지 실행되었던 것들을 그들이 완전히 인정한다는 것은 아닙니다. 거기에는 실수와 오류가 있을 수 있었고, 영국에서 야당 대변인들이나 몇몇 신문이 제기했던 꽤 신랄한 비판들은 아마도 모든 정당화로 없어지지는 않을 것입니다. 하지만 그들의 한국 체류는 너무 짧아서 영국 장관들은 현장에서 미국이 극복해야 했던, 또 아직도 싸우고 있는 커다란 어려움 중 한 가지 인식만 갖게 될 수 있었던 것입니다.

군사작전, 휴전협정, 또 이 대통령과 국회 간의 분쟁에 관련해, 영국 방문객들은 일반적인 상황과 지역 조건을 고려해, 미 당국자들이 많은 방법들, 하지만 제한적인 방법들을 사용해 최선을 다할 것이라는 결론에 도달했던 것 같습니다. 게다가 그들은 유엔 전략 전체를 위태롭게 하지 않는 이 방법들을 대폭 증대시키는 것이 어려울 거라는 것을 숨기려하지 않았습니다. 그래서 영연방 대표들 앞에서 그들은 영국은 한국에 병력 증원을 할 의도가 전혀 없다고 분명히 밝혔습니다.

이런 조건에서 알렉산더 경의 행보는 런던 정부에 야당의 비판에 답변할 논거를 제공할 것입니다. 하지만 이런 다양한 국면에서 한국 사태의 전개에 중요한 변화를 이끌기 위해 영국의 행동을 시작해야하는 것 같지는 않습니다.

오히려 아시아 문제에 대해 너무 깊이 이야기를 나눈 영국 정부와 미국 정부 간에 몇 달 전부터 이미 나타나기 시작한 긴밀함과 자유세계 공동의 이익에 부과된 필요성을 강조할 수 있는 것 같습니다.

드장


런던, 뉴욕, 워싱턴 공문

## 【221】 중공-북한 대표단 단장의 인터뷰(1952.6.23)

| [ 전        보 ] | 중공-북한 대표단 단장의 인터뷰 |
|---|---|
| [ 문 서 번 호 ] | 1333 |
| [ 발    신    일 ] | 1952년 6월 23일 14시 10분 |
| [ 수    신    일 ] | 1952년 6월 23일 17시 39분 |
| [발신지 및 발신자] | 모스크바/브리옹발(주소련 프랑스대사관 참사관) |

한국 휴전협상에 대해 언론은 신화통신 특파원과 중공-북한 대표단 단장과의 인터뷰를 보도했습니다.

중공-북한 대표는 우선 6월 17일 협상을 다시 중단하기로 결정한 미국의 "무례하고 일방적인" 방식을 비난했습니다. 특히 그는 "사실 미국은 자신들이 회담을 실패하게 만들기 바라고 한국에 휴전협정 체결 지지를 원하지 않는다는 것을 전 세계에 명백히 보여주고 있다"고 했습니다.

미국이 이러한 행위를 끝내게 할 이유를 설명하면서, 중공-북한 대표는 "포로를 강제로 억류하려는 그들 제안을 위해 어떠한 논의도 할 수 없는" 상대측이 "문제 검토를 위해 회의에 참석하는 것을 꺼렸다"고 합니다. 그는 미국이 "자신들의 침략전을 확대하기 위해 포로들을 억류하기" 바라지만, "이러한 계획을 차마 발표할 수는 없었으며" 그들의 숨겨진 의도를 보인다는 두려움으로 중공-북한 측으로부터 받은 "공식 서한과 문서"를 "숨기기"까지 했다고 강조했습니다.

중공-북한 대표는 이어서 그런 방법으로는 미국이 자신들의 목표에 도달할 수 없을 거라고 확신했습니다.

"상대측의 거만한 행동은 단지 자신들이 진실과 사실을 두려워한다는 것을 보여줄 뿐입니다. 미국이 헛되이 바라는 것이 우리에게 영향을 미칠 방법은 아무것도 없을 것입니다. 하물며 논의 중인 문제의 해결을 용이하게 할 수도 없을 겁니다. 미국이 공개적으로 회담 중지를 주장하지 않고 대화 단절의 책임을 지지 않는다면, 그들이 회담장을 얼마나 무례하게 떠날 수 있었던지 간에, 우리는 양측의 협력 노력으로 회담 지속과 문제의 조사와 해결을 주장할 것이며, 상대편의 피할 수 없는 책임을 보여줄 것입니다."

중공-북한 대표는 1949년 제네바협정에 반하는 모든 "선택"이 어떻든지 간에 어떠한 "진짜 중립국"도 이 같은 위법행위에 동의하지 않을 것이라고 덧붙였습니다.

그는 끝으로, 포로문제는 5월 2일 중공-북한 측 제안을 기반으로 해결되어야 하고, 대표단의 입장은 확고하다고 되풀이했습니다.

브리옹발

## 【222】 세균전 조사 주체에 대한 유엔 각국의 입장 차이(1952.6.23)

| | |
|---|---|
| [ 전 보 ] | 세균전 조사 주체에 대한 유엔 각국의 입장 차이 |
| [ 문 서 번 호 ] | 1467-1469 |
| [ 발 신 일 ] | 1952년 6월 23일 20시 35분(현지 시간) |
| | 1952년 6월 24일 01시 35분(프랑스 시간) |
| [ 수 신 일 ] | 1952년 6월 24일 01시 50분 |
| [발신지 및 발신자] | 뉴욕/오프노(주유엔 프랑스대사) |

워싱턴 공문 제881-883호

저는 오늘 안보리에서 세균전 문제를 군축위원회에 이송하자는 미국의 제안에 대해 앞서 본인의 전보 제1454호로 알렸던 선언을 할 기회가 없었습니다.

말리크 의장은 '세균전을 동원했다는 의혹 조사'에 관해 미 대표단이 제시한 새로운 조항을 오늘 오후 회의의 임시 의제에 등록시키지 않았습니다. 그로스 대사는 이 조항이 이사회 최종 의제에 실제로 등록되기를 매우 희망해서, 제가 예고했던 선언을 오늘 해 달라고 부탁하며, 이 새 조항 채택을 지체시킬 수 있는 절차상의 토론을 시도하지 않기를 요청했습니다.

미 대표는 사실 다른 주제에 대해 자신이 우려했었던 것보다 더 나쁜 절차상의 논의를 겪었습니다. 말리크는 미국의 조사 요구에 대해 이사회 토론에 중공과 북한 정부를 대표하여 세우자는 소련의 제안에 '동시' 투표를 더해 미국의 새로운 조항을 표결에 붙이기를 주장했습니다.

미 대표와 영국 대표의 주장과는 다른 소련 대표의 이 같은 주장은 당연히 격렬하고 긴 토론의 계기가 되었습니다. 토론 중 양측은 상호 비방과 습관적인 비난을 했습니다.

회의는 논의로 지치기 전에 폐회했습니다. 이사회는 수요일 오전에 다시 모입니다. 내일 오전에는 군축위원회가 예정되어 있습니다.

오프노

# 【223】한국 국내 정치 상황(1952.6.23)

| [ 견 해 서 ] | 한국 국내 정치 상황 |
|---|---|
| [ 문 서 번 호 ] | 미상 |
| [ 발 신 일 ] | 1952년 6월 23일 |
| [ 수 신 일 ] | 미상 |
| [발신지 및 발신자] | 미상 |

견해서

남한의 국내 상황

지난 5월 말 남한에서 벌어진 심각한 국내 위기가 국제여론을 동요시키고 불안하게 했습니다. 공산 측의 공격을 물리치고 한국에서 독립과 민주주의를 지키기 위해 위기로 이끌게 된 전쟁의 목적 자체가 문제로 나타났습니다. 이러한 사태는 사실 대한민국 제도의 불안정함과 한국 정치인들 사이에 진정한 민주주의 정신이 부재하다는 점을 드러내는 것이었으며, 동시에 미국과 유엔에 대한 남한 여론 대부분의 저항감과 적대감을 드러내는 것이었습니다.

반대로 그렇게 확인된 사실은 민주적인 척 했던 이승만 독재 경찰의 독특한 특성을 전혀 모르고 있는 관계 외국 정부에게는 새로운 것이 아닙니다. 비슷한 위기가 1949년과 1950년에 이미 발생했습니다.

하지만 그 세계적인 반향은, 이 견해서가 현재 전개되고 있는 가장 최근의 위기와 전망을 검토하기 전에 한 달 전부터 미 국무부에서 전해진 정보에 따라 우선 전적으로 국내적인 측면 하에서, 이후 국제적인 영향의 각도에서 설명하려는 현재 진행 중인 사건에 특별한 중요성을 부여하고 있습니다.

　　　　　　　　　　　　　* * *

　　한국 국회와 이승만 대통령 사이에 존재하는 기질 차이는 오래 전부터 누구
나 알고 있었습니다. 어쨌든 대통령은 국회가 투표권 없이 자문 역할에만 머물
러 있음에 비해, 그에게 헌신하는 경찰과 대체적으로 신뢰하는 군대, 또 그의
지지자들이 장악한 확고한 여론 덕에 오랫동안 실질적으로 전적인 권력을 행사
할 수 있었습니다.

　　하지만 한국 헌법은 국회에 공화국 대통령을 선출할 책임을 부여하고 있으
며, 이승만은 1952년 6월에는 자신의 직분을 유지할 기회가 전혀 없는 것 같았
습니다. 올 초에 대통령 임명권을 국회에서 박탈해 국민에게 부여하려는 한 개
헌안을 채택시키려고 헛된 시도를 한 이후, 이승만은 다시 입후보하지 않겠다
는 자신의 의지를 표명했습니다. 이 선언은 매우 회의적으로 받아들여졌습니
다. 대개는 술책으로 여겼고, 국회를 해산하고 국민투표를 하겠다는 그의 의도
가 있다고 여겼습니다.

　　실제로, 그의 요원들은 국민들이 개헌 찬성을 표명하게 하고 정부에 "그들 유
권자의 의지에 반하는 행동을 하는" 의원들의 소환을 요구하는 청원서를 보내
도록 하는 격렬한 캠페인을 조직했습니다. 지방의회와 학생들까지 이 캠페인에
참가했습니다.

　　이승만의 임기 만료(6월 23일)와 이 날짜 한 달 전에 열리는 신임 대통령 선
거가 다가오자, 이승만은 결과를 서두르기로 결정하고 5월 25일 남한 일대에 계
엄령을 선포했습니다. 이 조치는 9명의 야당 의원을 즉시 체포하고 이후 2명의
동료 의원이 합류하러 오게 됩니다. 다른 40여 명의 의원은 가택연금 명령을
받았습니다. 그래서 국회의 유효 투표는 어려워졌으며, 대통령직에 가능한 후보
들은 배제되었습니다. 국무총리 장택상은 사직했고 곧 대통령의 측복으로 대
체[1]되었습니다.

---

[1] 장택상은 1952년 5월에 취임해 10월까지 총리를 지냈다고 기록되어 있는데, 총리 사직했다는
　　내용이 문서에서 언급되고 있음. 장택상은 1952년 9월 30일에 사임했음. 내용으로 볼 때 김성
　　수의 부통령 사임(5월 29일 부통령직에서 사임)을 착각한 것으로 보임.

계엄령 선포를 정당화하기 위해 그는 공산당의 음모가 발각되었으며, 몇몇 국회의원들이 정부 전복을 위해, 또 침략을 막는데 소홀히 하도록 보조금을 받았다고 주장했습니다. 남한 정치권에 북한 정부와 타협하며 평화적으로 통일 한국 정부를 이루려는 공산 조직이 있다고 적발했습니다.

그러나 국회는 물러서지 않았습니다. 일련의 조치에도 불구하고 정족수를 채운 후, 국회는 압도적인 다수로 국회의 의견에 따르자면 심각한 공산당 위협이 전혀 없는 부산에서는 계엄령을 철회하라고 요구했습니다. 대통령은 이러한 요청을 무시했고, 183명 중 그의 지지자인 52명의 의원들은 "부패한 의원들 곁에 계속 있고 싶지 않다"고 도덕적인 목소리를 높이며 6월 5일 국회를 보이콧하기로 결정했습니다.

\* \* \*

휴전협상의 중단과 공산군의 대규모 공격이 있을 수 있는 것 같은 순간에 야기할 수 있는 막대한 영향 때문에, 국회와 대통령 사이에 일어난 충돌이 한국 정치 무대에 터져 나오고 국제적인 사건이 된 것은 피할 수 없었습니다.

또 한편, 이 사건들은 몇몇 계층, 특히 영국과 영연방에게는 자기 정부가 한국전에 참여한 것에 대해 의문시할 기회를 주었습니다.

유엔 총회가 1950년 10월 7일 채택한 결의안에 따라 한국 국내 안정이 위험에 처해있다고 여겨질 때마다 매번 개입한다는 근거로, 국제연합한국통일부흥위원회는 5월 23일 계엄령 철회와 헌법 준수, 체포된 의원 석방을 위해 대통령과 교섭했습니다.

한국에서 시도된 활동의 주요 책임국인 미국은 이승만 측이 한국 독립 수호를 요구하는 원칙에 너무나 반하고 미국의 내외정책에 기초한 방법을 사용한 것을 어렵사리 인정할 수 있었습니다. 게다가 의원들 가운데 정부 경찰 조직의 희생자들은 미국이 전폭적으로 신뢰하고 있던 인물들을 표시하고 있습니다.

워싱턴은 곧 더욱 강력한 외교 활동 역시 결정했습니다. 6월 2일 클라크 장군은 밴 플리트 장군을 동반해 군사적 차원에서 정치 상황 악화가 야기할 수 있는 영향을 대통령과 이야기하기 위해 부산에 갔습니다.

3일, 미 대리대사는 미 대통령이 한국 대통령에게 최근 사태에 매우 놀라고 충격을 받았다고 알리는 편지를 이승만에게 전하고, "돌이킬 수 없는" 어떠한 조치도 국회에 취하지 않기를 바란다고 했습니다. 동시에 사임했던 무초 대사는 미국으로 가다가 5월 24일 서둘러 부산으로 돌아와 트루먼 대통령의 두 번째 메시지를 전달했습니다. 미대사는 이승만 대통령에게 미국의 방식이 최후통첩의 특성을 갖는 것처럼 해석되면 안 되지만, 지각없는 행동이 한국에서 유엔군의 안전에 위험을 미칠 경우 취할 수 있는 조치에 대해 미 당국자들이 유보하고 있다고 알리는 임무를 띠고 있었습니다.

캐나다와 영국 같은 몇몇 열강들은 유엔위원회와 미 정부가 취한 행동에 참여했습니다. 프랑스는 대리대사를 통해 한국 정부 수장과 트리그브 리에게 같은 의견의 방식을 취했습니다. 유엔 사무총장 역시 절제를 권고하기 위해 개입했습니다.

유엔 측 제안은 한국의 독립과 통일이라는 신조를 포기한 것과 공산주의 앞에서 "타협한 것"을 비난받는 미국과 유엔에 대해 휴전협상 초기부터 쌓인 감정을 폭발시켰습니다. 유엔위원회의 개입은 격노함을 표했던 이승만이 특히 못마땅하게 여겼습니다, 그는 트루먼 대통령의 편지에 미 대통령은 한국의 현 상황을 잘못 알고 있다고 답변했습니다. 트리그브 리의 메시지에는 보다 거침없는 응수가 이루어졌습니다. 한국의 민족주의에 호소하는 정부는 한국의 국내 문제에 외국이 개입한다고 비난했습니다. 사람들은 유엔한국위원단의 폭발에 대해 이야기하고 서구의 신문들은 검열 받았습니다. 한국 라디오 방송은 '미국의 소리' 방송을 중단했습니다.

이러한 짜증스런 행위와 허세에도 불구하고 이루어진 방식은 소용없는 게 아니었습니다. 클라크 장군은 대통령으로부터 국회를 상대로 대립을 주도하기 위해 전선에 투입되어 있는 어떠한 남한군도 따로 떼어 이용하지 않겠다는 확약을 얻게 되었습니다. 트루먼의 편지는 이승만이 선고하려 했던 국회 해산은 피하게 했습니다. 야당 신문의 편집장은 석방되었고, 관리자는 조사 대상인 두 가지 중대사건에 직접적으로 연루된 인물들이 아니라면 더 이상 부패 의원을 체포하지 않겠다고 들었습니다.

* * *

그렇게 최악은 피했어도, 그렇다고 해서 만족스런 해결안이 발견된 것도 아니었습니다. 이승만 대통령은 본질적인 점에 있어서는 굴하지 않았습니다. 연합국, 특히 미국은 '고집 센 노인'이 국회의 의지에 따르는 것, 즉 사임하는 것은 쉽지 않을 거라는 점, 또 그런 경우 남한 정치인 대부분의 무능함과 부패로 그를 대체하는 것이 더 어려울 거라는 점을 깨닫고 있습니다. 다른 한편, 확실한 명성과 인기가 있는 이승만이 한국인에게는 일본에 저항하는 동시에 공산주의에 항거하는 인물의 상징으로 여겨진다는 데에는 의심할 여지가 없습니다.

결국 미국은 신생 공화국의 국내 사건에 너무 눈에 띄게 개입하는 것으로 공산 측의 프로파간다를 초래하고 남한인들의 불평을 정당화 시켜주고 싶지는 않았습니다.

알렉산더 경과 셀윈 로이드의 방한(訪韓) 임무에 각계각층에서 커다란 희망을 걸고 있었습니다. 그런데 영국 장관들과 이승만의 회담은 기대했던 결과를 주지 못했던 것 같습니다. 도쿄발 정보에 따르면, 사실 대통령은 영국 정부가 설명한 우려들에 그다지 동요하지 않았습니다.

그는 영국 여론은 잘못 알고 있는 것이고 완전 허위의 이미지로 만든 상황이라고 응수할 뿐이었습니다. 자기 자신이야말로 진정한 민주주의자라고 말입니다. 그에게 있어서 최고법은 의원들이 아닌 국민의 의지였습니다. 그는 의원들을 상대로 그러한 사실을 앞세울 수 있었던 것 같습니다. 의원 체포에 대한 비난은 조사와 소송으로 합법성을 세울 것입니다.

현행 사건에서 주요 전개를 이룰 이 소송은 6월 20일 시작되어 유엔과 프랑스, 영국, 미국 대표들 앞에서 공개적으로 이루어질 것입니다. 공산주의 음모에 피고인들이 가담했다는 증거가 확실하다면—도쿄 주재 우리 측 대표가 보기에 불가능한 일도 아닌 것 같습니다—, 이승만 대통령의 입장은 강화될 것이고, 어느 정도 그의 태도는 정당화될 것입니다. 여하튼 이 소송은 수감자들에게 강한 인상을 줄 수 있고 대통령의 논거를 더욱 민감하게 받아들일 수 있는 유죄판결을 받게 할 것입니다.

이 모든 일이 진행 중일 때 이승만이 보이는 확고부동함은 지금부터 반드시 효과를 내야했습니다. 정부와 국회 간의 은밀한 뒷거래가 최근 일어났습니다. 상당 수 야당 의원들은 행정부에 동조했습니다. 6월 14일 이 대통령은 부패라는 위협으로 보통선거를 통한 대통령 선거와 양원제 수립을 다시 제안했던 개헌안 채택에 필요한 의원 대부분2)을 위협적으로 잠시 모을 수 있었습니다. 체포는 중단될 것이고 약간 더 평판이 떨어지고 결정적으로 무능한 국회는 위기를 벗어날 것입니다.

즉, 이 일에 있어서 서구의 의도와 유엔의 관심에 정말 만족할만한 해결안은 아무 것도 없습니다. 아마 그래서 한국에 도입된 의회제도는 의회의 권리를 엄밀히 존중하는 것보다 전제주의와 독재에 보다 익숙한 극동 국민의 기질과 관습에 맞추는데 힘든 것 같습니다.

유엔의 명성과 유엔군의 안보에 대한 안정성이 남한에서 최대한 빨리 수립되어야 하는 것에는 변함이 없습니다.

남한 대통령은 6월 20일 소송에 입회인으로 참석해 달라고 요청받았으며 한국 국내 문제에 개입하길 원한다고 추측될 수 없는 프랑스의 의사표시를 언짢은 기색 없이 들었습니다. 인간의 기본권 존중을 보증해주는 동시에, 이론의 여지가 있는 그의 통치 방식에도 불구하고 드문 정치인 중 한 명이자 한국의 가장 열렬한 애국자 중 한 명으로 남아 있는 그를 한국의 수장 역할을 유지하도록 해 줄 수 있는 아마 타협을 추구하는데 있어서 받아들일 만한 역할이라고 프랑스를 여긴 것 같습니다.

---

2) [원주] 사실 언론은 개헌에 대한 의사 표명이 없는 것 같았던 국회가 6월 25일 이승만의 임기를 무한정 연기하기로 결정했다고 알렸음. 대통령을 부분적으로 만족시킨 이 투표는 위기를 일시적으로 해결할 수 있는 것 같음.

## 【224】 네루 총리의 역할에 관심을 기울이는 영국(1952.6.24)

| [ 전        보 ] | 네루 총리의 역할에 관심을 기울이는 영국 |
|---|---|
| [ 문 서 번 호 ] | 2874/2875 |
| [ 발    신    일 ] | 1952년 6월 24일 20시 00분 |
| [ 수    신    일 ] | 1952년 6월 24일 20시 10분 |
| [발신지 및 발신자] | 런던/마시글리(주영 프랑스대사) |

영국 외무부는 판문점 협상이 처한 난관을 해결하기 위해 인도 정부가 할 수 있는 역할에 대해 6월 21일 델리에서 행한 네루의 성명을 주의 깊게 검토했습니다. 네루의 표현에서 전통적인 구절을 주목했으나, 인도 총리는 평소보다 더욱 명확히 인도는 "양측과 우호적인 관계를 유지 중"이고 이런 조건에서 "어느 정도 유용할 수 있기" 때문에 "비교적 적절한 상황"이라고 선언했다고 말했습니다. 네루 총리는 중재에 대해 말하는 것을 삼갔지만 "난관을 벗어나는 어떤 방법을 찾을 수 있다면 기꺼이 그렇게 하겠다"고 말할 뿐이었습니다.

어쨌든 영국 외무부는 델리 주재 영국 고등판무관에게 네루 수상의 의도를 보다 명확히 알아보라고 지시했습니다. 하지만 지금은 베이징 주재 인도대사가 사임하고 후임자가 중국에 도착하기에는 적어도 2달은 걸리므로 네루 총리의 의도가 그렇게 모호한 것이 우려됩니다.

마시글리

# 【225】 한국 반정부 음모 사건에 대한 재판(1952.6.24)

| | |
|---|---|
| [ 전 보 ] | 한국 반정부 음모 사건에 대한 재판 |
| [ 문 서 번 호 ] | 1297-1301 |
| [ 발 신 일 ] | 1952년 6월 24일 08시 00분 |
| [ 수 신 일 ] | 1952년 6월 24일 11시 30분 |
| [발신지 및 발신자] | 도쿄/드장(주일 프랑스대사) |

브리옹발로부터의 문서 제30호 6월 19일 발신, 도쿄 6월 23일 수신

인용

　오늘 군사법원에서 '반정부 음모' 사건에 대한 재판이 열렸습니다. 아마도 현재 위기 상황이 촉발한 조치의 정당화를 더 이상 오랫동안 미룰 수 없다고 여긴 이 대통령은 외국 기관에 피신 중이었던 2명이 체포될 수 있었음에도 불구하고 그저께 즉시 이 재판을 열겠다고 발표했습니다. 이 두 사람은 미군 병원에서 치료 중이던 장면, 사임한 후 한 달 전부터 미 병원선으로 피신했던 김성[1]에 대한 이야기입니다.

　오늘 아침과 오후 두 차례의 공판이 열렸습니다. 전날 저녁 소집된 유엔위원회의 여러 의원들과 중국의 대사관만 제외하고 각국 외교사절단이 참여했습니다. 유엔위원단에 필리핀과 파키스탄 2개국 아시아 대표가 불참한 것에 주목할 필요가 있습니다.

　이 대통령은 재판을 공개하겠다고 되풀이해서 확약했었음에도 불구하고 이 외 다른 어떤 참석자도 인정받지 못했으며, 특히 언론은 엄격히 배제되었습니다. 직접 외국 대표들을 맞이한 계엄령 시행 담당 원용덕 장군은 그들에게 참

---

1) 김성수의 오타임.

관한 내용은 그들 각자의 정부에만 보고할 수 있다고 하며 신중하게 입장시켰습니다.

국회의원 7명을 포함한 피의자 14명은 여단장이 주재하고 9명의 재판관으로 구성된 군사재판에 소환되었습니다. 변호는 정부가 매우 신중하게 바로 전날 새로 모집하여 임명한 2명을 포함한 7명의 변호인으로 구성되었습니다.

오전 회의는 선서나 기소장 낭독 등 단지 관례적인 절차에만 할애되어야 했습니다. 이 문서는 20여 일 전에 내무부 공문으로 밝혀진 사건들과 거의 일치하는 복사본일 뿐입니다(본인의 전보 제15호 참조).

오늘 오후 공판에서 변호사들은 곧바로 사건을 조사하기 위해 사용했던 기간이 불충분했다는 것과 재판 공개가 이루어지지 않는 것에 항의하며 재판 연기를 요청했습니다.

분명 명백한 활동 요소가 없이 기소된 사람들은, 완전히 형식적인 두 차례의 중단 이후 법원은 공개 문제에 대해 재판관의 소관이 아니고 계엄령 담당 사령관 소관이라는 점을 견지하면서 ▢▢▢했던 이 요구에 순순히 동의했습니다.

다음 재판은 6월 21일 오후에 열기로 했습니다.

드장

# 【226】 대학의 반정부 시위(1952.6.24)

| [ 전　　　　보 ] | 대학의 반정부 시위 |
|---|---|
| [ 문 서 번 호 ] | 1302-1303 |
| [ 발　　신　　일 ] | 1952년 6월 24일 08시 00분 |
| [ 수　　신　　일 ] | 1952년 6월 24일 12시 30분 |
| [발신지 및 발신자] | 도쿄/드장(주일 프랑스대사) |

6월 19일 브리옹발로부터의 문서 제31호

도쿄 6월 23일 수신

저는 주요 3개 대학인 서울대, 연희대, 동국대 학생들이 어제 이승만 대통령이 시도한 쿠데타를 규탄하는 삐라를 뿌리면서 도심을 돌아다니기로 한 심각한 반정부 시위를 조직했다고 들었습니다. 확실하지는 않지만 소문에 따르면 20여 명의 학생들이 바로 체포되었다고 합니다.

하지만, 같은 정보에 따르면 다른 대학들도 이 시위에 동참했다고 합니다. 사실 저는 동시에 외국 대사관 친구들에게서 위에 언급한 3개 대학의 각 위원회 위원장들이 서명한 삐라를 받기도 했습니다.

삐라는 쿠데타를 실행하기 위해 사용한 독재적인 방법을 규탄하고, 유엔과 민주연합국들이 이 대통령에게 보낸 항의문에 동의하며 이 같은 독재적인 움직임을 취하하라는 권유와 경찰의 의견, 군대가 중립을 지켜야 한다는 권유 등의 내용을 담고 있습니다.

암호과 추신: 착오로 늦게 전달됨.

## 【227】 주한 유엔군의 발전소 공격에 대한 영국 하원 대정부 질문(1952.6.25)

| [ 전        보 ] | 주한 유엔군의 발전소 공격에 대한 영국 하원 대정부 질문 |
|---|---|
| [ 문 서 번 호 ] | 2884-2889 |
| [ 발   신   일 ] | 1952년 6월 25일 21시 30분 |
| [ 수   신   일 ] | 1952년 6월 25일 21시 40분 |
| [발신지 및 발신자] | 런던/마시글리(주영 프랑스대사) |

　어제 오후 애틀리 씨가 한국에 있는 5군데의 발전소 폭격 사건에 대한 즉각적인 대정부 질의 시도에 들어가게 된 후, 그는 오늘 오후부터 하원에서 이에 대한 논의를 열기로 결정했습니다.

　애틀리는 시작부터 극도의 절제력을 보였으며 그의 발언 중 어떤 것도 미국과 상반되는 것으로 비춰지길 바라지 않는다고 매우 단호하게 의사를 표했습니다. 어쨌든 그는 선택된 시기가 적절치 않고, 중국 협상가들의 완강함이 여전히 강경하며, 문제의 발전소는 만주에서 민간인을 위한 전력을 공급해주는 것인데 바람직하지 못한 목적으로 사용되고 있는 것 같다고 했습니다. 또 그는 영국 정부가 미리 문의를 받거나 정보를 제공받았는지 알고자 했습니다.

　노동당 의원 과반 이상이 인정한 것 같은 그의 답변에서, 이든 외무장관은 만주 비행장으로 전력 공급을 하는 발전소의 군사적 특성을 보여주려 애썼습니다. 발전소를 지키고 있다는 특성 덕에 공산군이 사용할 수 있었던 거라고 하면서 말입니다. 그는 또한 최근 폭격상황은 공산군 포대가 하루에 10,000여 발의 포탄을 발사하는 놀라운 공격으로 나타났다고 하며 협상 논의 이후 시행된 군사작전이 축소단계에 있지 않다는 것도 피력했습니다. 게다가 1년 전부터 보이는 적군 증가는 문제의 폭격이 매우 어려웠던 불시 공격을 유발할 수 있었습니다.

이는 영국 정부도 알렉산더 장관도 몰랐었던 것으로, 이든 장관은 이에 유감을 표했습니다. 그는 수차례 유감 표시를 했습니다. 그래서 현재의 선택을 평가할 수 없었습니다. 하지만 적에게 프로파간다 요소를 제공하지 않을까 우려한 그는 작전에 동의했습니다.

앞으로의 일에 대해서는 그는 영국과 미국 간의 더 나은 교섭 방법을 검토할 것이라 생각합니다. 어쨌든 그는 한국에서 양국 군대 간의 부조화가 그렇게나 크기 때문에 만족스런 결과에 이르는 것을 의심하고 있습니다.

노동당 대다수와 지도부가 이든 장관의 논지에 설득된 것으로 보인 반면, 자신의 전략에 충실한 베번[1] 씨는 정부와 야당의 대립을 나타내고자 했습니다. 보통 그를 따르는 50여 명 이상의 노동당 의원들을 자극하지 않고 반대 뉘앙스의 노동당 의원들에게 종종 중단되기도 한 베번 씨는 어쨌거나 성공했습니다. 이든 씨는 갑자기 중국의 관심은 존중될 것이라고 규정하고 있는 유엔 결의안 문구를 인용하면서 압록강 근처 대상물은 피해를 면할 것이라고 했습니다.

처칠은 오늘 저녁 논의를 끝내야 합니다. 이든 장관이 다시 발언하게 될 수도 있습니다.

마시글리

---

[1] 어나이린 베번(Aneurin Bevan, 1897-1960). 제2차 세계대전 후 애틀리 내각의 보건장관으로 입각하여 노동장관 역임(1951). 노동당 급진파의 대표 격이었음.

## 【228】 반정부 집회를 공권력과 폭력으로 막고 있음(1952.6.25)

| [ 전          보 ] | 반정부 집회를 공권력과 폭력으로 막고 있음 |
|---|---|
| [ 문 서 번 호 ] | 1312-1315 |
| [ 발    신    일 ] | 1952년 6월 25일 08시 00분 |
| [ 수    신    일 ] | 1952년 6월 25일 15시 38분 |
| [발신지 및 발신자] | 도쿄/드장(주일 프랑스대사) |

6월 21일 부산 발신, 6월 25일 도쿄 수신

제32호

어제 오후 민국당 지도부와 다른 여러 의원, 정치권의 특출한 인물들, 특히 한국인 전체의 존경을 받는 전 부통령 이시영이 참석하는 집회를 조직했던 도시 내에서 꽤 심각한 사건이 발생했습니다.

이 집회는 1919년 '독립선언' 정신에 착안한 '나라의 안녕을 위해 독재에 맞서는 공식 선언'의 계기가 될 수 있었을 것입니다.

집회는 내무장관이 미리 금지한다고 명확히 알렸음에도 불구하고 오후 3시에 열렸습니다. 집회는 시작되자마자 어떤 일이든지 하는 인물인 내무장관 이범석 장군의 지휘 하에 '대한청년단'의 거센 난입으로 중단되어야 했습니다. 회합을 여는 곳 주변에 미리 배치된 경찰과 파견군은 공격자들이 가장 저명한 참석자들을 맹렬히 해치고 상해를 입힌 후에야 질서 회복을 위해 개입된 것 같습니다.

상기 언급된 65명의 유력 인사가 서명한 선언문은 회합이 시작될 때 참석자들에게 한국어와 영어판으로 전달되어 공식적으로 낭독되지 않았어도 꽤 광범위하게 알려졌습니다.

본인의 이전 전보에서 보고한 학생 시위 이틀 후 이어진 이번 사건은 이 일을 덮지 못하고 이시영의 집회 참여를 막는 비열한 수단으로 여기려 한 정부를 크게 당황시키지는 않았습니다.

그 사이, 그들 지도부에 보내진 협박을 강조할 목적으로 지금도 또 항시 그 주변에 경찰이 파견되어 상주한다는 내용의 대학 및 중고등학교에 관한 특별 조치가 취해졌습니다.

이 시위들에 영감을 얻은 정신이 현재 정부에 의해 시행된 억압 방법을 점차 극복하려면, 분명 오늘도 후방에서 전개되는 위기로 부터 있을 수 있는 파장을 걱정할 필요가 있을 것입니다. 어쩌면 이러한 점에서 한국 군대 층에서는 생각이 충분히 공유되어 있을 것이라는 소문을 무시하면 안 될 것입니다. 이러한 관점에서 현재 진행되고 있는 협상이 결국 정부와 국회 간에 또 다른 원만한 접근이 되도록 바라는 것으로 보일 수도 있습니다.

드장

# 【229】 포로송환 및 고지전 현황 보고(1952.6.25)

| | |
|---|---|
| [ 전　　　보 ] | 포로송환 및 고지전 현황 보고 |
| [ 문 서 번 호 ] | 1316 |
| [ 발　신　일 ] | 1952년 6월 25일 08시 00분 |
| [ 수　신　일 ] | 1952년 6월 25일 18시 24분 |
| [발신지 및 발신자] | 도쿄/드장(주일 프랑스대사) |

사이공 공문 제748호

1. 3일간의 중단 이후 6월 21일 회의에서 해리슨 장군은 2차 대전 시 소련 당국이 1943년 1월 8일 스탈린그라드에서, 그 다음 부다페스트에서 독일군에 보낸 두 차례의 최후통첩 중 자유송환 원칙을 내세웠던 내용의 발췌문을 읽었습니다. 이 내용을 현재 중공-북한이 무시하며 거부하고 있음을 보여주고자 말입니다.

공산대표단은 놀란 것 같았습니다. 그들은 즉석에서도, 이후에도 어떠한 반응을 하지 않았습니다. 6월 21일부터 24일까지 매일 열린 회의는 어떠한 결과도 없었습니다.

2. 6월 22일 도쿄의 총사령부는 Kongchon[1]과 부산 수용소에 있는 남한 민간인 수용자 27,000명이 석방될 것이고 남한 관할당국에 맡겨질 것이라고 발표했습니다. 이 과정은 몇 주에 걸쳐 펼쳐질 것이며 유엔한국민사원조사령부[2]가 그 원조를 준비할 것입니다.

---

[1] 정황 상 영천으로 여겨짐.
[2] Uncack. United Nations Civil Assistance Command in Korea.

1951년 12월 18일 제출된 명단에는 기재되어 있지 않은 이들이 1950년 6월 25일 침공 이후 북한군에 강제로 편입되었던 양민들로 포함되어 있습니다. 다른 이들은 안전상 억류되었던 이들입니다. 석방은 신중한 분류를 거쳐 행해집니다. 석방된 양민 각자는 30일분의 식량과 의복 일체를 지급받게 될 것입니다.

3. 거제도 포로 분류는 6월 21일에 완전히 마무리되었습니다. 같은 날 미 8군 참모부 보고에 따르면 81,000명의 포로를 분류했다고 합니다.

6월 23일 9시, 보트너 장군의 명령에 따라 4월 29일 이후 중단되었던 거제도 포로 분류가 재개되었습니다.

미 8군 참모장 크리스턴베리[3] 장군은 이 조치를 발표하면서 포로들이 자신의 선택으로 전면 석방되도록 하기 위해 아무것도 등한시되지는 않을 거라는 점을 강조했습니다. 4월 6일 공산군 사령관이 포로들에게 한 휴전 약속이 크게 알려질 것입니다.

도쿄 제1군단장 밀번[4] 장군은 거제도 수용자들 분류에서 송환되기를 바라는 수감자가 70,000명이라고 공산 측에 제출한 수치는 대폭 수정되지는 않을 거라는 의견을 표했습니다. 만약 그 날짜에 모든 북한인들을 심문할 수 있었다면, 포로 전원이 그랬을 것입니다. 중국 포로 20,790명 중 15,600명은 송환 거부를 표했습니다.

6월 24일 판문점 회담에서 남일 장군은 제네바협정을 위반한 거제도 포로분류가 위험한 조치라고 했습니다. 그런 행동을 하며 포로들을 총알받이로 억류하면서 유엔 사령부가 전쟁을 확대시킬 우려가 있다고 말입니다.

4. 6월 18일 미 해군은 1951년부터 휴전협상 대표단 일원이었던 리비 해군 소장이 현재 태평양 군함 제3함대 사령관 존 대니얼[5] 해군 소장으로 교체될 것이라고 알렸습니다. 한편 6월 20일 공군사령부 보고에 따르면 휴전대표단의 또

---

3) 찰스 크리스턴베리(Charles W. Christenberry). 주한 미8군 참모부장.
4) 프랭크 밀번(Frank W. Milburn, 1892-). 한국전쟁 초기 미1군단장 역임.
5) 존 대니얼(John Daniel). 휴전협상 유엔 해군 대표.

다른 일원인 하워드 터너 공군 소장은 현재 스포캔6) 공군 자재 창고 사령관인
조셉 모리스7) 소장으로 교체될 거라고 합니다.

5. 6월 20일 저녁, 공산 측은 철원 서쪽에서 3km 전방에 있는 상아고지에 연
중 가장 격렬한 공격을 가했습니다. 적이 연합군 전선을 돌파할 수 없었던 몇
시간 동안 지속된 격렬한 전투에 중공군 2개 연대가 참가했습니다. 싸움이 벌어
진 언덕 4군데는 6월 12일과 13일 미 제45사단이 맹공을 가했던 것입니다. 그때
부터 적은 21번의 반격을 가했으나 실패했습니다. 러프너8) 장군에 의하면 이 고
지들을 점령하는 것과 그 방어가 적의 요새에 충격을 주었을 거라고 했습니다.

6월 21일부터 22일 밤에 연합군은 철원 북동쪽 방면의 6개 고지의 부대에 강
력한 기습을 감행했습니다. 연합군은 적군 수백 명을 없애고 기지를 되찾았습니
다.

6. 6월 21일 베이징라디오는 미 비행기가 6월 6일 보균 개미를 넣은 폭탄을
북한의 연합군포로수용소인 Chongchamg 제3포로수용소와, Unsi에 있는 제7포
로수용소에 투하했다고 주장했습니다.9) 베이징라디오는 병균으로 오염되었을
제3수용소에 어느 미국 병사의 이름을 붙였습니다.

7. 전날 행한 폭파 작업을 계속하는 제5공군과 해군 비행기 200대는 6월 24일
다시 장진호와 부전호의 발전소를 폭격했습니다. 전날처럼 F-86이 방어를 맡았
습니다. 이 설비들에서 거대한 연기 기둥과 불꽃이 솟았습니다. Suiho 대형 발

---

6) 워싱턴 주 동부에 있는 도시.
7) Joseph Morris.
8) 클라크 러프너(Clark Louis Ruffner, 1903-1982). 인천 상륙작전 참모장. 한국전쟁 시 미 제2보병
   사단장.
9) 정확한 지명과 포로수용소가 정확한지 여부는 불분명함. 알려진 북한 내 포로수용소는 「6·25
   전쟁 중 북한 포로수용소 실태와 국군포로 사망자 유해 발굴 가능성」, 『군사』(조성훈, 2010,
   국방부군사편찬연구소) 참조. 미 공군은 6월 17일부터 폭격을 시작한 것으로 알려졌음.

전소[10]는 새로운 공격 대상이 될 수 없을 만큼 심각한 상태에 이르렀습니다.

어제 6월 24일 유엔 공군은 1,274번 출격했습니다. 주요 저항선의 바로 뒤에 있는 보급창고와 군부대집합소에 250톤의 폭탄이 투하되었습니다.

드장

---

[10] 내용상 수풍댐 발전소일 가능성이 높음. 6월 23일 미 공군과 해군은 총 305대의 항공기를 출격시켜 145톤가량의 폭탄을 수풍댐에 쏟아 부었음.

**【230】 한국전쟁 2주년 기념 미국을 비난하고 한국을 응원하는 소련 언론(1952.6.26)**

| [ 전        보 ] | 한국전쟁 2주년 기념 미국을 비난하고 한국을 응원 하는 소련 언론 |
|---|---|
| [ 문 서 번 호 ] | 1329 |
| [ 발  신  일 ] | 1952년 6월 26일 07시 30분 |
| [ 수  신  일 ] | 1952년 6월 26일 11시 49분 |
| [발신지 및 발신자] | 모스크바/브리옹발(주소련 프랑스대사관 참사관) |

　신화통신 이하 언론은 남일 장군이 휴전협상 테이블에서 한 발언을 매일 계속해서 보고하고 있습니다. 발언에서 중공-북한 대표는 미국의 태도에 똑같은 비판을 집요하게 되풀이하면서 5월 2일 제안에 기초한 포로문제 해결을 요구하기 위한 주장을 펴고 있습니다. 게다가 오늘 모든 대형 일간지는 미국의 한국 '침공' 2주년을 대대적으로 다루었습니다. 신문들은 일제히 소련국민과 모든 진보주의자들은 영웅적인 한국 국민에게 동포애적인 인사를 보내며, 최근 반세기의 역사는 미 제국주의가 미국에 커다란 이익을 가져다주는 전쟁을 필요로 하고 세계의 패권을 쥐겠다는 계획을 반대하는 사람들 간의 협력과 평화를 두려워한다는 것을 보여주었다고 지적했습니다. 미국이 극동의 평화를 침해하고 한국의 국가 독립을 박탈하길 원했다면, 이는 미국이 추악한 범죄에 전념하며 작년에 소련의 제안으로 시작된 휴전협상을 질질 끌고 중단시키려는 것은 한국을 식민지이자 침략기지로 사용할 목적이었다는 것 역시 지적했습니다. 신문은 또한 국민들은 전쟁을 원하지 않는다고 상기시키고 있습니다. 신문은 평화 수호에 대한 스탈린 총사령관의 발언을 인용해 "민주주의와 사회주의 진영의 자유로운 국민들은 제국주의자들의 음모에 직면해 경계를 강화한다"고 말하며 끝맺었습니다. 특히 『프라우다』 논설위원은 다음과 같이 썼습니다.

"평화적이고 창조적인 일에 몰두한 사회주의 진영의 국민들은 자국 경제 발전 속도를 높이고, 자국 방어 능력을 강화하며 충실한 친구이자 해방자, 전 세계 평화의 성벽 수호자인 소련 주변에 더욱 더 긴밀하게 집결한다. 영웅적인 한국 국민과의 국제적 연대와 평화 수호의 날에 전세계 노동자들, 모든 진보주의자들이 목소리를 높인다. 이 나라의 외교적 기반으로 한국문제를 평화적으로 해결하고 대량살상무기를 무조건 금지하기 위해, 또 한국과 중국 북동부에 세균무기를 사용한 미 침략자들의 범죄를 규탄하고 한국인과 중국인민지원군 포로수용소에서 미군 지도부가 행한 비인간적이고 불명예스러운 억압을 고발하기 위해, 소련 국민은 한국 국민이 조국의 자유와 독립을 위한 영웅적인 싸움에서 성공하기를, 또 현 시대의 강력한 운동인 평화 세력 운동을 전개하고 펼치고 강화하기를 바라고 있다."

한편 모든 중앙지는 각각 "영웅적 행위"와 "미 침략자들에 맞선 싸움에서 한국 국민의 막강함"에 할애했습니다. 『프라우다』는 Perventseur가 「한국 국민은 무적이다」, 『크라스나야즈베즈다』는 부드노프[1] 제독이 「미 침략자들에 맞선 한국인의 영웅적 투쟁」을, 모스크바 『프라우다』는 바실리 코르닐로프[2]가 「용맹한 한국」을, 소련 해군지 『플로트루즈』는 미 약탈자들에 맞선 한국인의 영웅적인 투쟁 2년, 휴전협정을 맺을 필요성에 대해 말하고 동시에 한국과 중국 북동부에 세균을 투하하는, 인류의 수호자인 양하면서 거제도에서 포로들을 학살하는 미 지도층의 파렴치함으로 미-한국인들이 당한 실패를 보고하는 선량한 김일성에 대해 다루고 있습니다. 그는 미국이 전쟁포로를 억류하겠다는 의도를 포기하고 5월 2일의 중공-북한 제안에 기초한 포로문제 해결을 받아들일 때에야 휴전이 체결될 수 있을 거라고 했습니다. 또한 그는 휴전협상이 중단되면 그 모든 책임은 오직 미국에 돌아갈 것이라고 강조했습니다. 만약 미국이 전쟁을 일으켰다면 한국 민주주의 체제의 무력함을 생각했기 때문이었겠지만 그 경험은 미국의 예상이 빗나갔음을 보여주었다고 했습니다. 그는 소련과 모든 평

---

[1] Boudnov.

[2] Vassili Kornilov.

화진영의 사람들이 한국인에게 제공한 원조를 강조하고 있습니다. 끝으로 그는 논설위원들이 고려하지 않는 생각, 즉 한국인이 통일을 위해 투쟁하는 것이라는 생각을 수차례 다시 하면서 "침략자는 패배할 것이며 그 나라는 영원히 독립적이고 민주적인 한국의 단일 정부가 될 것"임이 확실하다고 주장합니다. 오늘자 신문은 압록강 수력발전소에 가해진 폭격에 대해서는 어떠한 암시도 하고 있지 않음에 주목하게 될 것입니다.

브리옹발

**【231】 안보리 회의에 공산 측 대표를 참여시키는 것에 대한 입장(1952.6.26)**

[ 전        보 ]  안보리 회의에 공산 측 대표를 참여시키는 것에
                 대한 입장
[ 문 서 번 호 ]  1493-1496
[ 발   신   일 ]  1952년 6월 26일 15시 00분(현지 시간)
                 1952년 6월 26일 20시 00분(프랑스 시간)
[ 수   신   일 ]  1952년 6월 26일 20시 00분
[발신지 및 발신자]  뉴욕/오프노(주유엔 프랑스대사)


워싱턴 공문 제905-908호

어제 오전 세균전 이용 고발 건에 대해 조사하자는 미국 제안을 상정하는 과정에 대해 논의하던 중, 그로스 씨는 베이징 공산정부와 북한 정부 대표를 논의에 참여시키자는 소련의 주장에 반대할 거라고 했습니다.

미 대표단은 유엔 기구가 유엔군에 맞서 침략을 저지르고 공공연하게 유엔 기구를 계속 무시하고 있는 당국을 이끌지 못한다고 하며 이러한 입장을 정당화할 생각입니다. 미 대표단은 베이징 정부 및 평양 정부와 교섭을 갖고 직무를 완수하는데 필요하다고 판단될 편의를 요청하는 것은 어쩌면 조사를 맡은 위원회의 의무라고 여깁니다.

이와 같은 즉각적인 입장 표명은 대표단들 사이에 어떤 동요를 일으켰습니다. 약간 주저하던 영국 대표단과 네덜란드 대표단은 미국의 의견에 함께 하려는 경향을 보이고는 있지만 그들 정부에 지령을 요청한 상태입니다.

어쩌면 안보리가 관련 영토에 대한 권위를 갖고 있는 정부들의 동의를 미리 확인하려 애쓰지 않고 국제위원회에 의미 있도록 반드시 한 번 또는 몇 차례 현장방문조사를 시키는 것에 어떤 모순적인 것이 있을 수도 있습니다.

또 한편, 미 대표단은 당연히 뉴욕에 중국과 북한 대표들이 보다 눈에 띄고

열정적인 논쟁이 되도록 방문하는 것을 보는 데 관심을 갖고 있지 않습니다. 미 대표단이 조사하자고 제안한 것은 분명 러시아의 거부를 유발한 후 그것을 이용할 목적일 뿐입니다. 중국과 북한 대표들에게 그들의 관점을 설명하러 오라고 권유하는 것이 소련 대표단이 거부권을 중단하거나 거부권 행사를 포기하도록 하게 만든다면, 그 권유는 반대할 수밖에 없습니다.

여하튼, 미국의 결정은 다시 한 번 어떠한 다른 대표단과도 미리 아무런 협의 없이 정해졌음이 알려졌습니다.

미국의 결정은 우리를 다시 기정 사실 앞에 세우고 당연히 모든 면이 똑같이 인정받지 않고 과정이 등록될 수 없다고 여기는 사람들의 비위를 건드릴 수 있습니다.

제 생각으로는 우리 외무부가 이 기회에 저의 입장을 영국 대표단의 입장과 맞추기 바랄 거라고 여기고 있습니다. 사정이 달라지기는 어려워 보입니다. 긴급히 이 문제를 확인해 주시기 바랍니다.

오프노

**【232】한국 상황과 그에 대한 미, 영, 인도의 태도에 대한 견해서(미상)**

| [ 견　해　서 ] | 한국 상황과 그에 대한 미, 영, 인도의 태도에 대한 견해서 |
|---|---|
| [ 문 서 번 호 ] | 298 SC |
| [ 발　신　일 ] | 미상 |
| [ 수　신　일 ] | 미상 |
| [발신지 및 발신자] | 미상 |

발송 명세서

| 서류명 | 수량 | 판독 불가 |
|---|---|---|
| 한국사건 관련<br>(런던회담)<br><br>같은 날 장관에게 보낸 견해서 사본 | 판독 불가 | 판독 불가 |

견해서

한국 사건에 대해

　최근 6월 14일 제921호를 비롯해 회의사무국은 일련의 견해서로 한국 상황을 장관에게 알렸습니다.

　이 상황은 열흘 전과 거의 같은 상태로 남아있습니다. 현재 견해서는 단지 한국사건이 런던에서 3국 회담 도중 거론되기 전에 장관에게 한국사태에 대한 가장 최근 정보를 주는 것이 목표입니다.

하지만 휴전협상 전개를 어렵게 만들 수 있는 것처럼 전술한 견해서가 알린 두 가지 중 한 가지 요소는 현재 힘을 잃은 것으로 간주될 수 있습니다. 사실 북한 포로수용소에서의 사건들은 정상으로 돌아온 것 같습니다. 단지 휴전 덕에 송환되기를 원하는 포로와 송환을 거부하는 포로 간의 분류가 시행되었던 방식에 대해 의혹이 느껴질 여지가 있습니다.

한국의 국내 상황과 연관된 다른 요소는 항상 많은 불안감을 주고 있습니다. 그렇지만 사실 대통령선거 날짜 연기는 이 대통령의 입장을 강화한 것 같습니다. 그러나 내부 분열의 원인들은 계속 남아 있고, 대통령이 단언하듯이 민심이 그의 편이 맞는지는 미래에나 확인할 수 있을 것입니다.

그래서 최근 관심은 압록강 수력발전 설비 폭격으로 눈에 띄는 군사 활동 재개와 알렉산더 경의 극동 방문 소감에 집중되었습니다.

전쟁에 대한 영국 장관의 공개 성명, 도쿄 주재 우리 프랑스대사와의 회담, 또 보네 대사가 워싱턴에서 영국 장관의 의도를 알 수 있었던 것을 많이 검토한 결과 알렉산더 경이 표한 감정과 영국 정부의 유력인사가 행차한 원인이 된 것 같은 회의적인 태도 사이에 명백한 대비가 있습니다. 군사적 관점으로 알렉산더 경은 중공-북한의 공격이 있다면 격퇴시킬 수 있다고 연합군의 능력을 인정한 것 같습니다. 거의 완성된 것으로 보이는 공격 수단은 그런 돌발 사건에 대한 어떠한 직접적인 전조 징후도 보이지 않습니다. 반대로 수적으로 매우 우세한 적을 직면하게 된다면 알렉산더 경이 유엔군을 믿지 못하는 것이 사실입니다. 그래도 그는 군의 수치 보고를 믿는 것이 아니라, 북한 비행장이 집중 폭격을 당해 공산군 비행기를 압록강 북쪽에서 멀리 떨어진 기지에 주둔해야 한다는 사실 때문에 유엔 공군이 우위를 유지하고 있다는 것은 인정했습니다.

알렉산더 경은 포로수용소 문제를 유감스러운 단순한 사고에서 중요한 사건으로 만들었습니다.

국내 상황에 관해 물론 총사령관은 이 대통령의 독재적인 태도를 유감스럽게 생각했지만, 군은 이 대통령만이 남한을 운영할 수 있는 유일한 사람이라고 인정하고 있습니다.

휴전협상에 관해, 알렉산더 경은 그 해결책을 몰랐으며, 어쨌든 중공이 휴전을 원한다고 생각하고 있지는 않습니다. 하지만 영국 장관들은 미 대표들이 협상을 이끄는 방식을 비판하지 않았으며, 그들이 말한 소문대로 본국이 지적하는 것을 요청하지도 않았습니다.

영국 정부 인사들이 오타와 방문 때나 영국에 귀국해 말할 수 있었다면, 드장 주일 대사는 그들의 발언에서 미국이 최선을 다하고 있는 공격이나 관련된 모든 것에 대한 지휘든, 휴전협정 지휘든, 정부나 남한 당국자들에 대해 견지하는 태도든 미국의 작전이 매우 어렵다는 것을 깨달았다는 느낌을 받았을 것입니다.

우리 프랑스대사에게는 알렉산더 경의 출발 때부터 생각할 수 있었던 것처럼, 다양한 각도에서 한국사건 지휘에 있어서 중요한 변화를 이끌어내기 위한 영국의 행동 개시와는 먼 알렉산더 경의 방한은 몇몇 아시아 문제에 대한 관점 차이에도 불구하고 오히려 영국과 미 정부 사이에 몇 달 전부터 기미가 보이는 듯 했던 긴밀함을 강조하는 결과를 초래한 듯해 보입니다.

영국 외무부에서 수집된 정보에 비추어 볼 때, 마시글리 대사는 주일 대사가 제공한 정보를 전적으로 확신했습니다. 그는 도쿄 통합사령부에 영국 부관부터 미 참모장까지 임명하는데 클라크 장군이 맡긴 원칙적 합의를 영-미 보고서에서 생긴 긴장 완화 징후로 보고 있습니다.

아마 압록강 시설 폭격은 다른 명령에 대한 반응을 내포할 것입니다. 하원에서 이루어진 정부 성명은 어쨌든 알렉산더 경이 미리 기별을 받았을 거라는 첫날의 가설을 부인하는 것 같습니다. 이 의견서가 작성될 때도, 외무부는 군사활동 재개라는 결과를 끌어낼 수 있는 정보의 자료가 아직 부족합니다. 하지만 런던에서 문제가 거론되는 것은 불가피해 보이기 때문에, 회의사무국은 한국전쟁을 확대시키려는 모든 발의가 요청하는 사전 협의에 관한 외교부의 입장을 상기시키는 참고자료를 추가로 의견서에 첨부해야 한다고 생각하고 있습니다.

최근 6월 24일 전보에서 마시글리 대사는 런던에서는 워싱턴에서 정기적으로 열리는 격주 회담에 더 이상 만족하지 않는 것 같다고 알렸습니다. 또 우리 대사관은 미 사령부와 함께 전쟁 및 협상 정책 지휘에 관련된 모든 일을 논의하기 위한 도쿄 주재 외국 열강 대사들의 공식 보고 기구를 제시했습니다.

압록강 폭격이 내포할 수 있는 전개대로라면, 판문점 난관을 빠져나오기 위해 장관들 간에 새로운 방법이 검토되고 있다고 기대할 수도 있습니다. 이 방법들 중에는 우리 유엔대표가 포로 문제는 논의에서 따로 두어 긴장이 덜 한 분위기에서 한국 외부에 소재할 합동위원회에 회부하자고 미리 했던 제안도 있습니다. 이 논의의 결과를 기다리면서도 실질적인 휴전은 합동위원회가 합의에 이르면 자동적으로 휴전으로 바뀌도록 이미 이루어진 합의를 기초로 요구될 것입니다. 오프노 씨에 의하면 합동위원회는 양측 사령부가 각각 선택한 인사 2인, 만장일치가 안 되면 국제사법재판소장이 임명한 제3국 1인으로 구성될 것임을 시사했습니다. 그는 멀더라도 회담 장소로 제네바를 제안하고 있습니다. 장관은 워싱턴이 그러한 제안을 받아들일 거라고 아무도 생각지 않을 때에 보네 미대사만은 그 제안이 원래 미 당국과 관련 있다고 여겼다는 것을 알고 있습니다. 오타와 주재 게랭 대사는 이런 류의 계획이 한국 상황에 불안감을 보이는 캐나다의 관심사에 포함될 거라고 보고했습니다. 마시글리 대사에 따르면, 한 ㅁ ㅁ ㅁ에 대한 휴전이 이로 인해 체결될지도 모른다고 여기며 한 서방 정부들의 5월 28일 공개 성명으로 약간 연결되었다고 느끼면서도 런던에서는 오히려 훨씬 유보적인 것 같다고 합니다. 한편으로는 포로문제 해결 이전의 정전 선언은 유엔에게서 공군 폭격을 대체할 수 있는 중요한 압박수단을 박탈하는 것일 뿐이라고 우려하는 듯도 합니다. 압록강 폭격은 최근 논의에 대한 새로운 시각을 던져주었습니다. 6월 18일 부각되었던 날짜에는 우리가 모르는 동안 영국과 미국이 한 번 이상 행동 노선을 결정했을 거라고 생각할 수도 있습니다.

어쨌든 최근 휴전협상에서 미결상태인 문제에 대한 해결책은 전 세계가 관심을 모으고 있기 때문에 그 논의를 멈출 수 없습니다. 또 6월 21일 기자회견에서 자기 나라는 "양측과 우호적인 관계를 유지하고 있기 때문에 비교적 유리한 상황이었다"고 말하며 포로교환이 제기하고 있는 전체적인 문제 해결을 돕기 위해 인도의 원조를 제공하겠다는 판디트 네루의 최근 성명은 이를 증명하고 있습니다. 영국이 인도의 단호한 의지에 대해 어느 정도 회의적인 모습을 보이고 있다는 점을 지적하는 것이 좋겠습니다. 베이징 주재 인도대사가 사임했고 후임자가 두 달 후에 중국에 도착할 것임을 알려드립니다.

## 【232-1】 별첨 1—군사행동 확대에 대한 프랑스의 입장

압록강을 넘어선 한국의 군사행동 확대에 대한 프랑스의 입장

1951년 초반에 워싱턴 정부는 한국에 중국이 개입한 것을 규탄하는 결의안을 유엔총회에 제출하는데 전념하고 있었으며, 프랑스 정부는 1월 19일 주미 대사관에서 제출한 비망록에 그런 결의안은 중국 영토에 군사조치를 취하라고 통합사령부에 주어진 암묵적인 허가가 내포되지는 않았을 거라고 기록하는 데 신경 썼습니다.

대사관은 1월 22일, 이 점에 관해 미 국무부가 다음 사항을 지적했었다고 답했습니다.

"제1항 관련 프랑스 외무부 3급 정보에 대해, 미 정부는 제시된 결의안의 목표가 중국 대륙에 총공세를 펼치는 것을 통합사령부에 허가하거나, 1월 4일 기자회견 중 트루먼 대통령 성명의 의미에서 중국을 폭격하라고 유엔에게 허가하는데 있다고 여기지 않는다. 이 성명에서 대통령은 미국이 한국에서 유엔과 합심하고 있다는 것과 유엔이 그런 허가를 요청하는 게 목적이 아니라는 점을 분명히 밝혔다. 그러나 통합사령부처럼 미 정부도 그의 지휘 하에 있는 유엔군 방어에 필요한 조치를 취할 권리를 남겨두어야 한다고 계속 주장했다. 즉 만주 기지에서부터 유엔군을 향한 대규모 공습의 경우, 유엔은 이러한 공습이 시작되는 비행장 폭격이 자유로워야 하고, 중공군이 한국에서의 활동을 강조한다면 통합사령부는 한국 외에서 유엔군 공격에 자유로워야 한다."

아마 이 조항과 미국 측 비망록의 나머지 부분 역시 프랑스 정부가 제기한 것은 아니었습니다. 하지만 우리가 그것을 히커슨 씨의 암시에 이어 좀 더 나중에 지켜보았듯이, 프랑스 정부 편에서 이의가 없으면 미국의 비망록은 전날 중국을 규탄하는 결의안 투표에서 양 정부 각각의 입장을 보여주고 있는 이 문서

들을 앞세운 프랑스 비망록과 분리되면 안 되는 것입니다. 이 결의안 제출은 총회에서 우리 대표가 그것을 표명하라는 지시를 받은 바대로 각 입장들은 존속시키면서 의견교환을 마무리했습니다.

몇 달 후인 4월, 유엔군은 38선 몇몇 곳을 넘기도 했으며, 북한에서는 중공군의 대규모 집결이, 만주에서는 군사 활동 재개가 눈에 띄었습니다. 이미 전날 중공군을 비난했던 것처럼 맥아더 장군이 규모를 확대했던 것이 가능했다는 이 정보들은 미 국방부가 중국이 유엔에 대한 대규모 공습을 하는 경우 총사령관에게 만주 비행장을 폭격할 수 있도록 한데 충분히 불안감을 드러냈습니다. 영국과 프랑스 담당자에게 그로스 씨와 러스크 씨가 이러한 허가를 확인해 준 것은 1951년 4월 6일과 7일 두 전보로 미 국방부가 1월 19일 견해서가 규정한 것처럼 이 문제에 대한 프랑스 입장을 떠올리도록 해주었습니다.

우선 보네 대사는 이 전보들을 수령하기 전에는 대응하지 않았으므로, 사실 러스크 차관보는 4월 3일에야, 공산국 폭격기가 만주 비행장에서 남한이나 유엔 함선을 폭격하기 위해 이륙했다고 말했습니다. 미 정부는 이 전쟁의 확산을 막기 위한 노력을 더 연장할 수 없을 거라고, 또한 유엔군 안보에 전념하는 유엔사령부는 그들의 영토, 특히 비행기지에서 적을 폭격하지 않으면 안 된다고 여겼습니다, 3일 후 이 성명에 대해 그에게 제기된 문제에서 히커슨 차관보는 앞서 떠올렸던 조건 하에서 1월 22일 미국의 견해서를 거론했습니다. 또 그는 같은 날, 공산군의 대규모 공습이 있으면 중국 영토에 있는 비행장에서 유사한 폭격으로 응수하기 전에 총사령관은 워싱턴의 허가를 요청해야 한다는 것과 이같은 사건이 벌어진다면 미 정부는 우선 관계 정부들의 의견을 듣기 위해 "인간으로서 할 수 있는 모든 것을 할 것"이라고 알려주었습니다.

4월 7일 우리 전보의 표현에 따라 "맥아더 장군의 머릿속에 있는 표현대로 하는 의사결정은 통합사령부에 있을 수 있는 것이 아니라는 것과 그것이 내포하고 있는 전쟁의 전면화 위험이 명백하다는 점과 다른 어떤 순간보다도 더 유엔의 이름으로 평화를 따르는 공동 의무를 맡는데 동의했던 정부들의 사전 협의와 동의가 필요했다는 점"을 알릴 수 있는 것은 우리만이 아니었습니다. 9일 보네 주미 대사는 미 정부가 어떤 조치에서 히커슨 차관보의 발언이 관계국에서 불러일으켰던 우려를 고려하기로 결정한 것 같다고 전보로 알릴 수 있었습니다.

그러나 며칠 후인 4월 26일, 『뉴욕타임스』는 유엔본부 주재 특파원 기사를 게재했습니다. 기사에 따르면 미 대표단 대변인은 미 정부가 한국에 참전 중인 유엔 회원국에게 공산군이 유엔군의 대규모 공습에 넘겨지면 만주 기지가 유엔 공군에 의해 폭격될 것이고 관계국은 이의를 제기하지 않았음을 알렸다고 발표했답니다. 히커슨은 보네 대사에게 이 기사가 미 정부의 입장이 바뀌었다는 것을 의미하는 것은 아니라고 했습니다. 그 외 리지웨이 장군이 맥아더 장군을 대신하는 것은⋯⋯.

(이하 판독 불가)

## 【233】 휴전협상에 대한 남일과 인도 공산당 서기장의 성명을 다룬 언론 기사 (1952.6.27)

| | |
|---|---|
| [ 전        보 ] | 휴전협상에 대한 남일과 인도 공산당 서기장의 성명을 다룬 언론 기사 |
| [ 문 서 번 호 ] | 1346 |
| [ 발    신    일 ] | 1952년 6월 27일 14시 00분 |
| [ 수    신    일 ] | 1952년 6월 27일 18시 53분 |
| [발신지 및 발신자] | 모스크바/브리옹발(주소련 프랑스대사관 참사관) |

신문은 오늘 아침 6월 25일 휴전협상 회의에서 있었던 남일 장군 성명을 보고했습니다. 중공-북한 대표단 단장인 남일 장군은 다음과 같이 상기시켰습니다.

"미국의 '명령'으로 남한이 유발한 전쟁이 이미 2년간 지속되었으며, 전 세계는 미국에게 이 '침략'의 책임이 있다는 것을 결코 잊지 않을 것이다.

소련군이 포위된 독일과 헝가리군에게 항복하라고 명령하기 위해 보낸 최후통첩에 근한 논거에 답하면서, 남일 장군은 미국이 인용한 예는 논쟁 중인 문제와 전혀 상관이 없었으며, 미국이 양측의 동등한 입장으로 참석한 대화에서 채택한 정복자의 태도는 조선인민군과 중공군에게 있어서는 '용인할 수 없는' '불쾌한' 것이다. 앞서 주장했던 것처럼 포로문제는 5월 2일 제안에 기초해 해결되어야 하며, 조선인민군과 중국인민지원군은 정의를 수호하고 있다. 중공-북한의 굳건한 입장을 뒤흔들 수 있는 어떠한 도발 행위나 어떠한 위협도 결코 없었다."

로이터 통신에 따르면, 신문은 압록강 수력발전소 폭격에 대해 인도의회에서 했던 판디트 네루의 성명 역시 분명히 밝혔으며, 한국에서 미국이 저지른 '잔혹한 행위'와 포로를 '억류'하겠다는 그들의 의도를 규탄하고 '포로문제에 있어서 한국 정부가 채택한 올바른 입장을 지원하라고 정부에 요구'해달라고 모든 기구와 모든 민주 정당에 청하는 인도 공산당 서기장 아조이 고시[1]의 6월 25일 공개 성명 발췌도 게재했습니다.

브리옹발

---

[1] 아조이 고시(Adjoi Ghosh, Ajoy Khumahr Ghosh, 1909-1962). 인도 공산당 창당 후 1951년 서기장으로 선출된 후 1953년 재선됨.

## 【234】 한국 및 아시아 문제에 대한 런던 3국 회담 건(1952.6.27)

| [ 전        보 ] | 한국 및 아시아 문제에 대한 런던 3국 회담 건 |
|---|---|
| [ 문 서 번 호 ] | 미상 |
| [ 발    신    일 ] | 1952년 6월 27일 |
| [ 수    신    일 ] | 미상 |
| [발신지 및 발신자] | 미상 |

1952년 6월 27일 3개국 회의

2급 비밀

오후 회의

참석:

| 미국 | 영국 | 프랑스 |
|---|---|---|
| 애치슨 | 이든 | 슈만 |
| 제섭 | 셀윈 로이드 | 마시글리 |
| 기포드 | 리딩 경 | 드라투르넬 |
| 내시 | R.H. 스코트 | J. 루 |

검토 문제: 1. 한국문제.
　　　　　　2. 인도와 동남아시아.

한국문제

　슈만 외무장관은 알렉산더 경의 방한 결과를 알게 되어 기쁘다고 했습니다. 장관은 이어 최근의 압록강 폭격이 여론에서만큼이나 프랑스 의회에서도 어느 정도 동요를 일으켰다고 강조했습니다. 아마 이번 폭격이 군사적인 특징을 갖고 있기 때문일 것이라고 말입니다. 비슷한 작전이 정치적인 차원에서 야기할 수 있는 영향들에 대해 불안해 할 필요는 없는지 물어봤습니다. 슈만 장관은 또한 유사시에 참모장교들이 유엔에 준하지 않고 중국 만주 지역 폭격을 하게 할 수도 있다고 한 최근 러베트 국방장관의 성명을 어떻게 해석하는 것이 좋을지 알기 바란다고 했습니다. 슈만 장관은 최근 사건들이 야기한 불안감으로, 이제껏 정치에서 어떠한 변화도 만장일치로 검토될 수 없었던 것이 명확해질 수 있으면 좋겠다고 했습니다.

　영국의 이든 외무장관은 한국 작전 지휘에 대한 알렉산더 경의 우호적인 인상을 보고하며 미국의 노력에 경의를 표했습니다.

　한국에서 귀국한 영국의 셀윈 로이드 외무차관은 자신이 생각하던 것보다 군사 상황이 더 나은 것 같다고 했습니다. 가장 심각한 우려사항은 중공-북한 측이 북한에 비행장을 건설할 가능성으로 보았으며, 휴전협상 건은 연합군 측으로서는 협상이 매우 만족스럽게 이어지고 있다고 했습니다.

　협의 문제가 남았는데, 이 점에 대해 로이드 차관은 개선이 필요하다고 평가했습니다. 압록강 폭격은 그러한 결정이 가져올 정치적 영향력을 충분히 고려하지 못했다는 것을 잘 보여주었습니다. 방금 일어난 '폭풍'은 예정된 것이 아니었습니다. 때문에 앞으로 사령부는 한국에서 보이는 문제들이 띄고 있는 정치적 측면으로 더 약화될 수 있는 것이 유리할 수도 있습니다. 이 협의를 준비하는데 무엇이 가장 좋은 방법인지 아는 것은 어려운 일입니다. 너무 많은 인원의 위원회는 비능률적일 수 있습니다. 어쩌면 사령부에 정책 고문을 합류시키거나 워싱턴에서 더 긴밀한 협력을 검토하는 것이 필요할 수 있습니다.

미국의 애치슨 국무장관은 압록강 폭격이 정치계에 영향이 있었다는 것을 인정합니다. 장관은 군사적인 면에서는 작전이 완전히 근거가 있다고 했습니다. 단 한 군데 시호[1]를 제외한 폭격된 발전소들은 이미 연합군이 점령한 북한 지역에 있으며 레이더 설비와 비행장, 적의 군수품 공장에 전기를 공급해주고 있는 곳입니다. 최근 공습은 눈에 띄게 발전소의 능력을 축소시켰습니다. 시호발전소(수풍댐 발전소)도 90%로 축소된 능력을 보였습니다.

러베트 성명에 대해 애치슨 미 국무장관은 그 성명이 약간 부정확하게 해석되었다고 했습니다. 그는 모든 행위는 한국 바깥에서, 결정은 워싱턴에서 취해져야 한다고 확인했습니다.

이든 외무장관은 한국에 참전 중인 국가와 사령부 간의 관계 개선 문제를 다시 제기하고 슈만 장관에게 이 문제에 대한 어떤 제안거리가 있는지 물었습니다.

슈만 장관은 일본과의 평화조약 발효 이전에 도쿄에 주재하던 우리 외교 대표들은 신임장을 얻어 연합군최고사령부에 파견되었음을 상기시켰습니다. 그들은 지금 일본 정부에 파견되어 있으며, 더 이상 유엔군 사령부와는 접촉하지 않습니다. 슈만 장관은 이러한 관계가 회복될 수는 없는지 물었습니다.

슈만 장관은 그런 해결책이 일본 정부를 민감하게 건드리지 않는 경우라면, 특별 외교관을 미리 고려할 필요가 없을 거라는 점을 분명히 했습니다. 신임장을 얻은 도쿄 주재 외교관들이 유엔사령부와의 교류도 동시에 맡을 수 있기 때문입니다.

애치슨 장관은 일본 정부가 이러한 방식을 유엔총사령부의 위장된 정상화로 간주하지는 않을지 우려했습니다. 또한 애치슨 장관은 이미 워싱턴에 있는 관계를 중복시킬 수도 있는 새로운 관계가 쉽사리 만들어지지는 않으리라 여기고 있습니다. 능률적인 작전 지휘를 위해서는 다른 협의 센터는 세우지 않는 것이

---

1) 수풍댐.

나을 것 같습니다. 총사령부가 워싱턴 정부의 명령을 받기 때문에 가장 좋은 것은 워싱턴 정부 자체에서 미리 어느 정도 조정을 하는 것일 듯합니다.

슈만 장관은 이 문제는 심사숙고할 것이며, 미 정부가 제시할 수 있는 제안을 알게 되어 기쁘다고 말했습니다.

셀윈 로이드 차관은 이미 총사령부에 파견되어 있는 연락대표단의 권한이 강화되었으며, 이 대표단은 결정해야할 정치적 관점을 거론할 수도 있다는 의견일 것입니다.

애치슨 국무장관은 끝맺으면서 그런 의미에서 미 정부와 해결책을 각별히 검토해보겠다고 했습니다.

회담이 끝날 때, 애치슨 장관은 남한의 정치 상황에 대해 짧게 발표했습니다. 지금 한국 정치 파동이 추구하는 목표는 이승만과 국회의 대립관계에서 현재 띠고 있는 공개 투쟁 성격을 모두 제거하면서 이승만 대통령이 자리를 유지하도록 하는 타협점을 찾는 데 있다고 했습니다.

# 【235】 압록강 폭격에 대한 덴마크 언론 보도(1952.6.28)

| [ 전　　　　보 ] | 압록강 폭격에 대한 덴마크 언론 보도 |
|---|---|
| [ 문 서 번 호 ] | 372-375 |
| [ 발　신　일 ] | 1952년 6월 28일 13시 00분 |
| [ 수　신　일 ] | 1952년 6월 28일 15시 46분 |
| [발신지 및 발신자] | 코펜하겐/부르데예트[1](주덴마크 프랑스대사) |

미 총사령부가 유엔과 사전협의 없이 압록강 발전소를 먼저 폭격한 것은 덴마크 여론의 격렬한 흥분을 야기했으며, 상황 전개가 일으키는 불안감을 더 가중시켰습니다.

대부분의 신문들은 미국의 결정이 적절치도 않고 우려된다고 여깁니다. 『인포메이션』[2]은 "미국의 의도가 무엇이든지 간에 이번 폭격의 결과는 어쩌면 그들이 생각하는 것보다 더 심각할 것이다"라고 썼습니다.

사람들은 국제 정치를 지휘하는 미국의 능력을 다시 의심할 수도 있습니다. 극동에 대한 중요한 결정을 내릴 때 유럽과 의논해야 하는 것은 그 어느 때보다도 필요한 일입니다.

『폴리티컨』[3]도 미국의 행동이 유럽 여론을 불안하게 한다고 확인했습니다. 그렇게 정치적 중요성이 있는 조치가 군부에 의해 취해질 수 있다는 것은 놀랍습니다.

『보르센』[4]은 압록강 폭격이 중국을 압박하기 위한 조치라고 여깁니다. 하지만 알렉산더 경의 영향이 온건한 쪽으로 기울게 할 수 있기를 바라고 있습니다.

---

1) 장 부르데예트(Jean Bourdeillette). 덴마크 주재 프랑스대사(1951-1958) 역임.

2) 『인포메이션Information』.

3) 『폴리티컨Politiken』.

4) 『보르센Borsen』.

덴마크 자유당인 벤스터 당[5] 기관지이자 에릭센[6] 총리의 대변인으로 여겨지는 지방지 『베스테키센』[7]은 미국의 태도를 격하게 비판했습니다.

이번 공격은 분명 예상치 못한 정치적 효과가 있을 것입니다. 신문은 미 지도층이 한국에 유엔의 깃발아래 참전 중인 국가들과 영국의 일반적인 충고를 더 많이 들어야 할 것이라고 덧붙였습니다.

『베를렝스케아프테나비스』[8]와 『베를렝스케티덴데』[9]만이 군사적인 영향력만 미칠 뿐이라며 압록강 폭격을 정당화하려 했습니다.

『베를렝스케아프테나비스』는 영국과는 달리 관변단체들이 미국의 행동에 불만을 나타내지 않고 있는 것은, 아마도 압록강 발전소 파괴가 인도차이나 전쟁의 진행에 미칠 수 있는 파급력 때문인 것 같다고 평했습니다.

덴마크 언론은 현재 프랑스의 행동이 침묵을 지키고 있는 반면 영국의 개입에 희망을 걸고 있다는 것에 유의해야 합니다.

부르데예트

---

[5] Venstre. 덴마크의 자유주의 중도우파정당.

[6] 에리크 에릭센(Erik Eriksen, 1902-1972). 덴마크 자유당인 벤스터의 대표(1950-1965). 덴마크 총리(1950-1953). 북유럽 이사회 의장(1956) 역임.

[7] 『베스테키센Veste Kyssen』

[8] 『베를렝스케아프테나비스Berlingske Afetenavis』.

[9] 『베를렝스케티덴데Berlingske Tidende』

## 【236】 미국의 압록강 폭격과 휴전협상 자세를 비난하는 언론 보도(1952.6.28)

| | |
|---|---|
| [ 전        보 ] | 미국의 압록강 폭격과 휴전협상 자세를 비난하는 언론 보도 |
| [ 문 서 번 호 ] | 1350 |
| [ 발    신    일 ] | 1952년 6월 28일 11시 00분 |
| [ 수    신    일 ] | 1952년 6월 28일 18시 24분 |
| [발신지 및 발신자] | 모스크바/브리옹발(주소련 프랑스대사관 참사관) |

한국 휴전협상에 관해 모스크바의 『프라우다』는 6월 26일 판문점 회의에서 남일 장군이 다시 완강한 중공-북한 입장과 미국의 태도변화 필요성을 요구한 내용을 보고하는 신화통신 기사를 게재한 유일한 유력 일간지입니다.

『프라우다』는 「전 세계 여론은 한국에서 벌인 미국의 야만적인 폭격에 항의한다」라는 제목으로 최근 압록강 수력발전소 폭격에 대한 미국, 영국, 호주, 덴마크 등 외국 언론과 몇몇 민주주의 기구의 반응을 다루는 여러 통신사 기사를 실었습니다.

뉴욕 주재 타스통신 특파원은 특히 미 공산당 의장 윌리엄 포스터[1]의 승인 하에 『데일리워커』에서 실은 기사를 인용했습니다. 그는 "미국이 원하기만 했다면, 오래전부터 공평한 휴전협상 체결이 가능했을 것이다. 하지만 월 스트리트의 전쟁 도발자들은 한국전쟁이 필요하다. 적대행위 중지로 자신들에게 높은 이윤을 가져다주는 군비경쟁 역시 끝내는 것이 두렵기 때문이다"라고 했습니다.

브리옹발

---

1) 윌리엄 포스터(William Foster, 1881-1961). 미 공산당 의장(1945-1957).

# 【237】 휴전협상과 공습 상황(1952.6.28)

| [ 전 보 ] | 휴전협상과 공습 상황 |
|---|---|
| [ 문 서 번 호 ] | 1356 |
| [ 발 신 일 ] | 1952년 6월 28일 23시 00분 |
| [ 수 신 일 ] | 1952년 6월 28일 1□시 21분 |
| [발신지 및 발신자] | 도쿄/드장(주일 프랑스대사) |

사이공 공문 제871호

1. 6월 25일 한국 침공 2주년은 양측 모두에게 포로교환에 관한 완강한 입장에 대해 보다 명확한 측면에서 새로이 해야 할 직무들의 계기가 되었습니다.

남일 장군은 4월 28일 유엔의 제안을 단호히 거절했으며, 모든 포로들이 자신의 집에서 평온한 삶을 살도록 제네바협정에 부합하는 자신의 5월 2일 제안에 따라야 한다고 한 번 더 주장했습니다.

공산당 대표는 격렬한 노여움을 띤 채 6월 25일 이어진 회의에서 유엔 총사령부가 2차 세계대전 당시 소련의 선례를 따르라고 하는 논거를 반박하는데 전념했습니다. 어제 6월 27일 회의가 헛되이 끝난 후, 해리슨 장군은 세 번째로 7월 1일까지 3일간 회의를 중단한다고 일방적으로 결정했습니다.

2. 선더제트와 슈팅스타로 구성된 150대의 제트 엔진 전투폭격기가 6월 27일 □□□와 부산의 저수탱크 전기 설비를 다시 공격했습니다. 이전 공습 중 이미 훼손된 9곳의 발전소는 물론 함흥 북부에 있는 고압중계기 2대와 변압기 1대도 타격을 입었습니다. 북조선의 제1, 2, 3 발전소가 부산 제1발전소처럼 이미 심각하게 손상을 입었습니다.

3. 어제 미-일 모임에서 클라크 장군은 압록강 전기설비 폭격이 정책변화를 나타내는 것은 아니라고 했습니다. 이는 확고한 군사 정책에 부합하는 군사적 결정에 따른 군사 행위라고 말했습니다. 장군은 목표 대상물이 북한에 있었으며 공습은 백만 명에 가까이 달하는 병력을 지닌 공산당의 잠재적인 군사력을 파괴하기 위한 노력의 연장일 뿐이라고 강조했습니다.

국방부에 전달 요망.

드장

## 【238】 압록강 폭격과 영국 외교 영향력에 대해 다룬 스웨덴 언론(1952.6.28)

| [ 전       보 ] | 압록강 폭격과 영국 외교 영향력에 대해 다룬 스웨덴 언론 |
|---|---|
| [ 문 서 번 호 ] | 166 |
| [ 발 신 일 ] | 1952년 6월 28일 14시 00분 |
| [ 수 신 일 ] | 1952년 6월 28일 18시 21분 |
| [발신지 및 발신자] | 스톡홀름/뒤 샤일라1)(주스웨덴 프랑스대사) |

    스웨덴 언론은 압록강 발전소 폭격에 대한 엄청난 비판을 모두 다루면서 이 사건으로 인해 런던과 파리에서 야기된 감정을 오랫동안 보여주고 있습니다. 신문들은 이 사건이 한국에서 영국의 영향력 확대를 가져오게 될 것으로 예상하고 있습니다.

    자유주의 계열의 『익스프레센』2)이 말하는 것은 예외적인 폭격이 반복되는 것을 피하는 결과를 얻기 위함일 것입니다. 사회민주주의 계열의 『아프톤티드닝』3)은 영국의 노회한 외교관이 오래토록 지속되고 있는 한국전에서 더 중요한 역할을 하는 것은 반가운 일일 것처럼 평가했으며, 자유주의 계열의 『스톡홀름티드닝』4)은 판문점 협상을 영국의 외교 책략가에게 맡기는 것이 적절한 일이지 의문을 제기하고 있습니다.

    보수주의 계열인 『스벤스카다그블라데트』5)는 영국 사회당 정부가 미국의 정책을 충성스럽게 수호했을 때 야당 지도자들인 처칠과 이든이 불평분자의 대변인이 되었던 1951년 3월 맥아더 장군 위기에 비해 영국 노동당과 보수당 사이에

---

1) 주레바논 프랑스대사(1946-1951), 주스웨덴 프랑스대사(1952-1955) 역임.
2) 『익스프레센Expressen』.
3) 『아프톤티드닝Aftontidningen』. 스웨덴 석간신문.
4) 『스톡홀름티드닝Stockholms Tidningen』. 스톡홀름타임스라는 의미의 스웨덴 조간신문(1889-1989).
5) 『스벤스카다그블라데트Svenska Dagbladet』.

서의 역할이 완전히 역전되었다고 했습니다. 보수주의 기관지가 때로는 영국을 특징짓는 이런 위선행위에 대해 표명하지 않고 영국 웨스트민스터 의회에서 현재 벌어지고 있는 움직임이라고 결론 낸 것은 생각해 볼 필요가 있습니다.

뒤 샤일라

[ 전            보 ]  압록강 폭격과 영국 외교에 대해 다룬 소련 기사
[ 문 서 번 호 ]  1358
[ 발      신      일 ]  1952년 6월 30일 17시 00분
[ 수      신      일 ]  1952년 7월  1일 10시 14분
[발신지 및 발신자]  모스크바/브리옹발(주소련 프랑스대사관 참사관)


오늘 오전 빅토로프[1]의 글로 언론은 미국의 압록강 수력발전소 폭격에 대한 첫 논평을 게재했습니다.

"이 새로운 도발행위로 인하여" 개입주의자들은 판문점 협상이 실패하기 바란다고 한 후, 빅토로프는 기사문 내내 영국 여론에 대한 야만적인 행위가 야기했던 깊은 인상을 강조했습니다. 그는 특히 한국전쟁이 영국에서는 오래전부터 평판이 나빴음을 보여주는데 전념했습니다. 빅토로프는 알렉산더와 로이드의 방한을 이야기하면서, 유일한 방한 목적은 "영국 여론을 가라앉히는 것"이라고 했습니다. 그는 또 미국이 취한 "새로운 도발 조치들"이 알렉산더가 방한했을 때 영국 지도층의 동의가 있었는지 여부를 알아야 한다는 문제를 제기했습니다. 이든이 미국은 영국 정부의 의견을 구한 적 없다고 인정했었던 점과 "행정 협조 부족"에 대한 6월 26일 애치슨 발표를 언급한 후, 빅토로프는 사실 미국은 "워싱턴 정부가 영국에 유리하다고 여겨질 결정을 언제라도 영국에 알려줄 수 있을 것이다"라고 주장합니다. 마지막으로 그는 1951년 9월부터 이번 수력발전소가 영국의 전임 외무장관 모리슨이 승인한 폭격 대상 목록에 기입되어 있었다는『데일리텔레그래프 앤 모닝포스트』를 인용했습니다. 그래서 "이든과 애치슨의 설명은 미 제국주의자들의 한국 모험에 대한 영국의 복종 증거와 달리 간

----

[1] Viktorov.

주될 수 없다"고 끝맺었습니다.

국제적 조망을 다룬 두 번째 부분에서 빅토로프는 세균무기 금지에 대한 소련의 제안을 영미권이 거부한 건을 논평합니다. 그는 소련 대표들을 제외하고 다른 나라 대표들이 안보리에서 투표에 기권했고 토론은 헛된 것은 아니었는지 주목했습니다. 그 논의는 "제네바 의정서의 지속력"을 입증하고, 특히 "소련의 제안에 반대하는 어떠한 논의도 진전시킬 수 없었던" 미국의 공격적인 정책을 부각시켰기 때문이 아닌가 하고 말입니다. 빅토로프는 "토론은 미국이 국제협약을 위반했다는 것을 보여주기만 할 뿐 아니라, 여전히 협약을 존중하지 않고 위반할 수 있다는 것을 보여주는 기능을 했다"고 썼습니다. 그는 또한 토론이 유엔 창설 역할을 다하지 않고 미국의 공격 정책 도구로 보이는 유엔기구의 무능함을 강조한 것에 주목했습니다.

브리옹발

## 【240】 개헌 투표에 이르게 된 상황(1952.6.30)

| [ 전 보 ] | 개헌 투표에 이르게 된 상황 |
|---|---|
| [ 문 서 번 호 ] | 1371-1374 |
| [ 발 신 일 ] | 1952년 6월 30일 10시 00분 |
| [ 수 신 일 ] | 1952년 7월 01일 13시 52분 |
| [발신지 및 발신자] | 도쿄/드장(주일 프랑스대사) |

6월 27일자 브리옹발 편으로 제38호

본인의 전보 제34호에서 보고했듯이, 필요한 출석 정족수가 의원 감시라는 경찰 압력의 결과였다는 것이 명백한 6월 23일 회의에서 국회가 결정한 것이라 하더라도 지금부터 이승만 대통령은 자신에게 보장된 이익에만 만족할 수 있는 것으로 보입니다.

사실 모든 관공서들이 국회해산을 위해 시위를 반복하는 것을 목격하고 있습니다.

조심스럽게 보조를 맞추고 배제되었던 학생들도 23일에는 관변시위에 동원되었습니다. 결정의 목소리를 입히기 위해 숭배자의 목소리를 버린 삐라와 민중의 성명은 지금 현 국회의 해산을 주장합니다. 게다가 국회 입구에서 매일 열리는 시위에서, 지방의회 대표들은 3일 전부터 회의실 앞에서 터무니없는 '단식투쟁'을 치렀습니다.

정부의 계획은 분명 어떤 대가를 치르더라도 정부가 임의로 해산시키는 너무나 충격적인 위헌의 남용을 피하기 위해 자발적으로 국회를 해산시키려는 것입니다. 그러한 관점에서 본인의 전보 제32호에서 보고한 6월 20일 사건의 기소와 25일 소위 테러 사건의 기소는 정부에게 있어서는 이 사건들을 구실로 특기할 만한 체포를 하면서 압력을 용이하게 하는 기회를 제공하고 있습니다. 그래서 오늘 필요한 정족수로 의석을 채우기 위해, 약해지고 기진맥진한 의원들은 어제도 경찰의 수많은 권유를 받았을 겁니다. 이번 회의에서 단지 농협문제만 논의되었다는 것은 아마 사실 정부가 국회에 기대하는 더 중요한 결정들의 기한을 연장시킨 것뿐일 겁니다.

그런 점에서, 각료 층에서 위기 해결이 임박했다고 아무에게나 말하듯 표명된 확신은 유엔위원회와 이 사건의 외국인 입회 대표들의 비판적인 의견으로 격화된 우려와 초조함을 잘 숨기지 못하는 것입니다.

이 점에 있어서, 어제 몇몇 유엔위원회 위원들이 받았다는 충고와 익명의 위협에 따른다면, 외국의 내정간섭에 반대하는 캠페인이 보여주는 꽤 우려할만한 경고들은 덜 공식적인 형태이지만 더 직접적인 훈계라고 해야 할 것 같습니다.

드장

## 【241】 한국 국내 상황에 대한 미-프 관계자 회담(1952.6.30)

| [ 전          보 ] | 한국 국내 상황에 대한 미-프 관계자 회담 |
|---|---|
| [ 문 서 번 호 ] | 4600-4602 |
| [ 발     신     일 ] | 1952년 6월 30일 21시 30분(현지 시간) |
|  | 1952년 7월 01일 02시 30분(프랑스 시간) |
| [ 수     신     일 ] | 1952년 7월 01일 02시 40분 |
| [발신지 및 발신자] | 워싱턴/다리당[1](주미 프랑스 대리대사) |

보안

뉴욕 공문 제666-668호

어제 워싱턴에 도착한 정보에 따르면, 어제 남한 국회에 보낸 최후통첩은 미 정부가 긴급히 부산에 미국대사를 보내야 했던 그 문제를 다시 제기한 것 같습니다(본인의 전보 제3834호 참조).

미 국무부는 이 새로운 위기에 대해 바람직한 모든 정보 자료를 오늘 오후까지도 못 받은 것 같습니다. 이승만 대통령이 아직 명확히 하지 않았다 하더라도, 해산되지 않으려면 국회에 주어진 기한에 헌법 개정안을 받아들여야 하는 것 같고, 미 당국자들은 남한 내란의 최근 전개를 분명 매우 걱정스러워하고 있습니다.

오늘 저녁 알렉시스 존슨 보좌관[2]과 우리 직원 한 명이 가졌던 대화를 통해, 워싱턴이 특히 이승만 대통령을 뉘우치게 하기 위해 따라야할 방법을 검토한

---

[1] 장 다리당(Jean Daridan, 1906-2003). 워싱턴 주재 프랑스대사관 전권공사 및 대리대사(1948-1954).

[2] 알렉시스 존슨(Alexis Johnson, 1908-1977). 미 국무부 극동담당 차관보 역임. 문맥 상 앨리슨 차관보의 보좌관을 지낸 것으로 보임.

것은 분명해졌습니다.

　사실 미 당국자들은 대통령에게도 최후통첩을 보낼 수 있었지만 앨리슨 차관보가 발표로 대신했습니다. 남한 정부의 수장이 이 최후통첩을 거부하면 어떤 일이 벌어질까요?

　존슨 차관보의 권유에 따라, 우리 직원은 아마 더 완벽한 정보 자료를 소유하게 될 미 국무부와 내일 화요일에 이 문제로 접촉해야 합니다.

다리당

## ㅂ

## ▶ ㅈ

## ▼기타

## 옮긴이

**이지순** 성균관대학교 프랑스어권문화융합연구소 소장

**박규현** 성균관대학교 프랑스어권문화융합연구소 책임연구원

**김 영** 성균관대학교 프랑스어권문화융합연구소 선임연구원